台灣俗諺語典

卷六◎台灣俗諺的社會百態

陳主顯 著

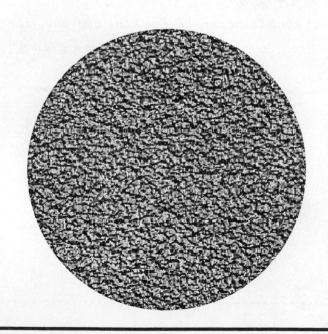

給我的孩子
宜寧、信慧、立德：

食台灣米，飲台灣水大漢的。

Chiảh Taî-oân bí, lim Taî-oân chuí toā-hàn--ê.
(55.02)

　　　　　　──「你是哪裡人？」外國人的問題。

賣茶講茶芳，賣花講花紅。

Bē-tê kóng tê-phang, bē-hoe kóng hoe-âng. (12.88)

　　　　　　──自信茶芳花紅，不忘宣傳廣告！

序　言

最精彩，最有本土特色的台灣俗諺，也許就是那些反映台灣社會，台灣人的社會生活、人際關係、社會道德規範的諺句。這些諺語所反射的多樣社會、文化，實非中、日、英、德等俗諺所能比擬的，君不見，在極短期間內，台灣就從打獵社會，進入高度發展的農、工、商現代社會。

還有，台灣在不到四百年之中，就歷經荷蘭(1624–1662)，西班牙(1626–1642)，明鄭(1662–1683)，清國(1683–1895)，日本(1895–1945)，和民國(1945–)，等不同政權；台灣人在這些不同政治體制下，經驗著複雜的政治、經濟、文化生活。這些政治機器有力地塑造著台灣人的社會意識，影響著他們的社會生活形式。

此外、台灣小島35,759.5460平方公里上面，住有原住民九族，唐山移民而來的閩客二族，和戰後逃難來的各地中國人。這些族群常有公然的，或暗潮洶湧的摩擦、爭鬥，至今仍然是台灣社會的「緊張」所在。台灣人在這種族群意識燃燒不熄的島嶼上，也活出了複雜的適應社會的智慧和實際。

上述這些台灣社會和台灣人經驗的特殊性和多樣性，成爲台灣諺語的重要泉源。如此歷史和文化背景，再加上豐富、靈精、鮮活的台灣話的特色，當然是天生麗質自芬芳，要處處怒放艷麗

的，動人的諺花了！舉出本卷闡釋的幾句俗諺來看看吧：

> 好店底，卡贏三甲穩仔田。（12.07）

> 三百枝打馬火，照儈著。（41.25）

> 巴禮講道，家己攏著。（15.16）

> 憑番勢，李仔春。（42.13）

什麼是「甲」，「打馬火」和「講道」？誰是「巴禮」？「憑番勢」又是什麼？這些都是台灣人接觸西洋文化的痕跡哦！又如：

> 百般生理路，啞值著鋤頭落土。（11.02）

> 看破，做電化。（11.26）

> 油湯趁，油湯食，無趁做乞食。（19.34）

> 九規熟透透，討錢沿路哭。（12.53）

上面這幾句台灣俗諺，反映著農民不安於農，因為得不到溫飽；有的農民只好兼做小生意，上工場做「電化」，賣「油湯」來渡小月。那些比較會打算盤的，就搞標會——倒會了，怎麼辦？但見會首「討錢沿路哭」！

> 自動車運轉手，藝旦間相爭扭。（18.12）

> 第一好做冰枝，化水會堅凍；

> 第二好做醫生，水道水賣有錢；

> 第三好客人莊做壯丁，威勢奪人。（19.29）

> 客人叫保正——好勢。（43.10）

> 造公工，算人額。（54.28）

上面這幾句，反映著日據時代的新興職業：有「自動車運轉手」，有青樓「藝妲」，有製冰工業，有西醫師。日本殖民統治機器中，有「壯丁」，有「保正」；日本政府勞役台灣人，有「造公工」。又如：

耕者有其田。(11.19)

有執照的土匪，穿制服的強盜。(13.37)

一審重判，二審減一半，

三審食豬腳麵線。(13.15; 33.18)

海翁，一年貼大黨三擔肉。(12.69)

假結婚，真賣淫。(17.16)

這些是比較新的台灣俗諺，強烈反應著在中國國民黨政府統治下，人民對於政策、司法、警察、課稅、中國關係，等等的諷刺、怨嘆、嘲笑。

這些反映台灣社會和社會生活的俗諺，就是本書《台灣俗諺語典》第六卷「社會百態」闡釋的對象。我們選擇了關於：各行各業，社會關係，社會生活，社會成就和社會道德，等五個領域的1095句台灣諺語，分成五章30節來做釋義。這樣做，筆者希望能夠釋放這些俗諺中的社會百態的真面目。

第一章，「百般行業有規有矩」。闡釋的是有關台灣社會上各個行業的俗諺：農民、漁民、工人和各種師傅；商人、商場和做生意；官吏、衙門、軍人和警察；西醫、漢醫、赤腳醫生，命卜、風水仙、童乩、紅姨；道士、法師和牧師；媒人婆；藝妲、妓女，和其他行業。我們也注意到這些從業者的感想。

第二章，「社會網絡複雜敏感」。要看的是台灣社會的人際關係，有：主人和賓客；左鄰右舍；老闆和從業員；主人和長工、僕婢；上司與下屬，前任與後繼者；第六倫朋友，有「王哥，柳哥」(26.12)等等損友，有「死忠兼換帖」(26.07)一族的忠義之友。

第三章，「人際互動利害難測」。本章我們釋義的相關俗諺有

六方面:「社交應酬」,含有應酬的重要性、禁忌和方法等;「衝突和解」,包含衝突的情形,和解以及調解人士;「訴訟坐牢」,其中蘊含台灣人所以懼怕訟事的原因;「影響連累」,有正面的牽成,以及負面的連累;「經驗歷練」,有關社會經驗的種種;「冷暖人間」,映照著台灣社會欺貧重富和愛憐弱小的兩面。

第四章,「社會價值在名在利」。名聲和財利是台灣人的社會成就和價值的象徵。人氣啦,靠山啦,勢力啦,威風啦,都和這兩項價值環環相扣。就是個人的成敗、興衰、浮沈也是用名利來論斷,來衡量。

第五章,「社會道德是非分明」。本章,我們選了152句台灣俗語,歸納做:情理,法規,認同,合作和還報,等五方面來顯示她們的社會道德觀。

顯然可見的是,「情理」幾乎取代了「公義」,真是情意太過濫用了。「國法」和「慣例」也是社會行為的準則,但公義的觀念非常稀薄。雖然有「認同」和「合作」的觀照,但認同台灣的意識不足,合作的積極精神不顯。致於「還報」,則凝結在「報恩」;可怕的是,這項私德被宣傳做社會道德,君不見,為了當選,有人處處散財,然後大喊「吃人一口,報人一斗」……,還我選票!

俗諺的社會道德不儘適用於現代,批判地用來對照設身處地的社會倫理狀態可也。2000年,我國的人權指標,在經濟、司法、社會、政治、婦女、老人、文教、兒童等方面都不理想。論者認為是社會缺乏公義,人權不彰的病徵。雖然台灣像一區肥沃的蕃藷園,像一大塊蘊藏著豐富的財寶的金銀島,也像一艘不沉沒的航空母艦;但是,田產的豐收,寶島的繁榮,巨艦的功能,都須要高度的「社會道德」來做動力,做導向,做活動的綱紀法則

來經營，來生產，來發展，來永續。如此，台灣才能成爲平安又美好的國家。

　　本卷書稿終於完成了，滿心歡喜！寫作中，常得書友親朋的關心鼓勵，感謝不盡。讓大家久等了，對不起！因爲此前筆者小體有恙，又有其他不得不停鍵的事，敬請社長林文欽先生和諸位書友同道諒解。雖然筆者用心注釋，但台灣「社會百態」談何容易！缺失之處難免，請您多多指教。

陳 主 顯 謹誌

2001年美國獨立紀念日
於德國古城Mainz

卷六・社會百態

百般行業有規有矩

● 第一章

第一節 農漁、工藝

本節段落：

【01】

百般工藝，呣值著鋤頭落地。

Pah-poaⁿ kang-gē, m̄-ta̍t--tio̍h ti-thaû lo̍h-tē.

Pá-poaⁿ kāng-gē, m̄-ta̍t--tiō tī-thaû lō-tē.

無上工夫翻田土。

舊時村長老用來勉勵子弟們，務必安份守己，認眞耕作，不可懶惰，不許見異思遷，因爲翻田土是比其他「百般工藝」更有價值的工作。

這句俗諺，坊間有解做「努力耕耘，必有收穫」；但這樣解釋，忽略了比較詞組「呣值著」所要強調的做穡的價值。

百般：各種各類；一切。 工藝：泛指工夫界的工作，不指工藝科學。 呣值著：(價值、利益)不如。 鋤頭落地：耕作，做穡也。

貧困的台灣農民，歷經荷西、明鄭、淸國、日本、國府等等政權，一路鋤頭落地，翻過數百年田土，翻出了什麼價值來？農民的艱苦比他們所收穫的五穀多得太多了。請問，那一個政權圖謀過農民的權益，造就了農村繁榮？❶

【02】

百般生理路，呣值著鋤頭落土。

Pah-poaⁿ seng-lí-lō˙, m̄-ta̍t-tio̍h ti-thaû lo̍h-thô˙.

Pá-poaⁿ sēng-li-lō˙, m̄-ta̍t-tiō tī-thaû lō-thô˙.

鋤頭扁下算盤。

用法類似上一句。

上面這兩句俗語，蘊含村長老和農民的焦慮。他們可能意識到「百般生理路，勝過鋤頭落土！」於是，努力掩飾做稼的沒賺，大大宣傳弄鋤頭的神妙。

生理路：泛指大小生意；買賣賺錢的活計。

然而，貧困的農民，除了認眞苦耕那租得的幾分田，還能夢想什麼？說改行，談何容易！反覆思想村長老這句話，說不定隨太陽作息的那種「安定感」，再次變成強力的麻醉劑，麻痺了農民尋求其他可能性的衝動。

安啦，晨曦東升，夯鋤頭巡田水去也！

【03】

深犁重耙，卡好放橫債。

Chhim-lê tāng-pē, khah-hó pàng hoeⁿ-chè.

Chhīm-lê tāng-pē, khá-ho páng hoeⁿ-chè.

放債歹，做稼好！

是一句勸農善言。說的是，農民當認命苦耕，報酬一定會好過那些「放橫債」的人！

深犁重耙：犁，翻開田土的犁頭；耙，鬆土整平的鐵耙。以這兩樣農具的使用，來喻指辛苦耕作。　放橫債：放高利貸一類的地下錢莊。

細想這句俗語，難免要替「深犁重耙」的艱苦農民大叫冤枉！何其忍心，將做稼人和「放橫債」的扯在一起來比較報應？當知，

台灣民間相信那「放橫債」的人，終會「僥倖錢，失德了」，又要殃及子孫，說什麼「放五虎內，好燴過後代！」(427.23)比較極惡之報，還有什麼「卡好」的福氣？眞是！

　　力言「深犁重耙」的好處，有違事實。君知乎，使用手推耕耘機，替農民代工的犁者，因爲長期必須穿長統鞋，跋涉於深及膝部的泥濘中，手要扶機器，腳得力拔爛泥，一犁就是四五個鐘頭。長期犁來，不出四十歲，雙腳無能站立，因爲雙股骨頭缺血壞死。這種「深犁重耙」的職業病，在雲林嘉義一帶，至少已有六起病例。(→《自由時報》1999(3.18):10)

　　農民有啥「卡好」？現在，他們仍然是在生存線上浮沉掙扎。

【04】

天公若有報，做稿人著有靠。

Thiⁿ-kong nā-ū pò, choh-sit-lâng tióh-ū khò.

Thīⁿ-kong nā-ū pò, chó-sit-lâng tiō-ū khò.

農民最後的靠山。

　　這是農民心裏深處的呼喚，也是虔誠的祈願。說的是，上蒼有靈有聖，賜我風調雨順，保我六畜興旺；如此，做稿人就得救了！

　　天公：*台灣民間信仰的至高神，一般認爲是道教的「玉皇上帝」。*(→111.01; 134.25)　　**報**：*上天的眷顧、庇佑。*　　**有靠**：*有所依靠，生活有了保障。*

　　農家如此信靠天公，是對於「超然實在」很自然的依賴感情。君不見，旱災作物枯死，水災田園變河床，風災果實爛成果醬，震災……。僅僅中度颱風「象神」來襲(2000年三月)，全國各地不說，高屏南三縣就損失23億元！這些自然巨災，叫農民要如何抗

拒？如何負擔！又能如何解釋？

【05】

做山有一半，做海攏無看。

Chò-soaⁿ ū chi̍t-poàⁿ, chò-haí lóng-bô khoàⁿ.

Chó-soaⁿ ū chi̍t-poàⁿ, chó-haí long-bō khoàⁿ.

半靠天vs.全靠天。

「做山」的，用來自我鼓勵和安慰，說年多收成不論多差，也有五成。同時，也表達了山漢對「討海」人的看法：討海風險高，漁獲難預期，有時滿載，有時空舟而返，乃是「攏無看」的工作。

做山：泛指陸上的耕地做穡，字面的意思是開山造林，或從事山產的工作。　做海：討海也，打魚捕魚爲生的工作。　攏無看：「看攏無」的倒裝句；如此倒置，第一分句的「有一半」和第二分句的「攏無看」，就有整齊的腳韻[-oàⁿ]。

雖說「做山有一半」，但這一半都不是日日見財。作物的成長和採收須要一定的期間，姑不論成本多低，風險多少。做山的這「一半」，絕無僥倖，山產費時費力，有時薄利難銷，免費任人採摘，還嫌臭屎！

但，做海的子民，面對無盡無際的海洋，聽到海的呼喚，激發出海冒險的意願。做海的人，心雖戀慕自己熟悉的港口，仍然勇敢放洋，深入廣大世界，從那看攏無的外邦，載回新文明、新知識、新的貨幣。

善哉，台灣海國之民！無限的可能性盡在「攏無看」的世界。

【06】

莱金，莱土。

Chhaì kim, chhaì thô͘.

Chhaí kim, chhaí thô͘.

鄙人叫做土土土，業菜農。

　　菜農和果農用來怨嘆的話。菜，貴時如金，賤時糞土不如！

　　爲甚麼？這是因爲「天災」和「人禍」糟踢了蔬果。天災型的「菜金，菜土」可能發生在梅雨期和颱風期。風雨壞了蔬菜、果實，就是要搶收也僱不到工人，更遑論値不得工價。這時，菜農、果農只能眼巴巴的看那成熟的蔬果爛散滿地。此時，市場缺乏蔬菜水果，價錢雖貴比黃金，但菜農沒菜可售，奈何！

　　人禍型的「菜金，菜土」。若是風調雨順，又兼農會一味推廣高價位的蔬果，農民難免一窩蜂爭相種植。結果，生產過盛，供過於求，商人趁機壓低價格，農會毫無辦法。這時，就是操倒了嗓子，又能怎樣？——1999年七月，咱台灣的芒果豐收，十分甜美的，一箱六公斤，只賣得150元。還有十萬公噸尚未採收！可憐，芒農今年難逃三字土了。——2000年六月，苦瓜從過去三四十元一斤，賤到一斤十元以下；說是中南部超種。苦也！正是「滯於苦瓜園，三頓串食苦瓜湯」了！(→134.18)

　　就要來的，可能是WTO型的「菜土，菜金」。報載，加入「國際貿易組織」(WTO)後，外國農產品將會大量輸入。這時我國那些比較不具競爭性的農產品，將取消進口的限制，例如，龍眼、荔枝、橙類、檸檬、葡萄柚、桃、李、柑、馬鈴薯、木瓜、番石榴，還有火雞肉塊、鴨肉塊和魷魚——農漁牧的損失將達542億，農業人口減少十萬人。(→《自由時報》1999(11.29):3)

　　可憐的台灣農民，何時才能翻身？難道只能忍心呆看，天災、人禍、WTO，各型「損農災難」的猛烈襲擊嗎？

【07】

米粉棻萬百孔，千萬家財攏漏空。

Bí-hún pín bān-pah khang, chheng-bān ka-chaî lóng

　　laū-khang.

Bi-hun pín bān-pá khang, chhēng-bān kā-chaî long

　　laū-khang.

天啊！米粉泡湯了。

　　用法有二：一、形容製造米粉是看天吃飯的行業，有失敗的緊張和辛酸。二、破產者的自嘲；花費項目繁多，又無所節制，以致於耗盡家財。

　　本諺造句巧美，用的是起興手法。第一分句是興，祭出無能保留，盡在洩漏的萬百孔「米粉棻」。然後，語氣大變，第二分句說老闆的千萬家財，一盡漏空。到底，米粉工場的老闆是如何漏財的呢？句裏沒有說明，但用「米粉棻」的千瘡百孔，來引起聽者想像家財漏空的許多可能性。本句構句之妙，在此。

　　背景：這句俗諺說的是半成品的米粉，正在大埕曬乾、風乾。誰知忽然變天，雷霆萬鈞的西北雨來襲，工人收拾不及，淋濕了米粉。於是，只好將這數百架米粉棻堆疊在小工場裏，等待風和日麗時，再拎出來晾乾。但天不從人願，連續好多天都是濃陰重雨。只見堆疊在一起的米粉，爛糊的爛糊，發霉的發霉。

　　米粉棻：用細竹片編製，粗疏的攤子，長可一丈二尺，寬約四台尺。剛出大鍋的軟燙米粉，就披在棻上來曬乾、風乾。

　　（比較，「米粉筒，*百百孔*。」427.05）❷

【08】

無種，無收成。

Bô chèng, bô siu-sêng.

Bō chèng, bō siū-sêng.

種田去吧！

　　這句俗語所傳達的訊息無關「自然律」或「因果律」，而是農民用來發洩心內的鬱悶。說的是，再艱苦也得力翻田土啊！

　　不然，農民又能怎樣？做稿雖然苦多利少，但田園總不能讓它荒蕪！何況田租、水費、肥料、粟種，等等一大筆費用，還沒有著落呢。

　　「無種，無收成」是常識，古以色列人留下這樣的話：「勤於耕作的農夫食用無缺；追求虛幻的人愚不可及。」(《聖經‧箴言》12:11)

【09】

播田面憂憂，割稻撚嘴鬚。

Pò'-chhân bīn iu-iu, koah-tiū lián chhuì-chhiu.

Pó'-chhân bīn iū-iū, koá-tiū lén chhuí-chhiu.

流淚耕耘，喜笑收割。

　　這是一句白描，簡簡單單的十個字，道盡農民的苦樂。首句說艱苦耕作，後句說歡喜收成。類語有：「搓草像乞食，割稻是皇帝。」

　　播田：插秧苗於水田裏。　　面憂憂：心身支持艱苦，忍耐疼痛的面部表情。　　搓草：除草也。　　搓草像乞食：農民跪爬在水田裏，用十指搓出雜草，將之打丸塞入軟泥。如此辛苦鬱屈，自嘲乞丐不如。

　　播田，豈只是播田？還得事先灌水、整地、育種、育秧，然後才播田。接著是除草、施肥、巡田水；稻熟了，雖然歡喜收穫，但割稻、脫穀、曬乾、入倉，又是一大堆粗活。應該知道的

是，多少農民還得賒欠種子、肥料，舉債度日。如此，心與身雙重煎熬之下，想到播田面能不憂憂？

好了，憂鬱難伸於一時。還是請陳達如給我們唱曲解心悶吧。

> 透早就出門，天色漸漸光，
> 受苦無人問，行到田中央，
> 行到田中央，為著顧三頓，
> 顧三頓，唔驚田水冷霜霜。
>
> 炎天赤日頭，悽慘日中晝，
> 有時踏水車，有時著搔草，
> 希望好日後，苦工用透透，
> 用透透，曝日唔知汗愈留。
>
> 日頭若落山，工作則有煞，
> 唔管風抑雨，唔管寒抑熱，
> 一家的頭嘴，靠著稻仔大，
> 稻仔大，阮的過日就快活。❸

好聽的「稻仔大，阮的過日就快活」是詩的，存乎希望的境界。真的要「割稻撚嘴鬚」，除了大豐收，還得稻穀價格優厚！不然，在1995年，台灣平均年所得超過一萬美元，報紙稿酬從六角到一元以上；但稻農一分地，一期僅得1300元。如此，收不及支，還不了粟種、肥料、水費、田租！要叫農民同胞如何撥開愁雲慘霧？要叫老農夫如何撚弄那幾根營養不良，脫散將盡的土羊

鬚呢？

【10】

年冬好收，查某人發嘴鬚。

Nî-tang hó-siu, cha-bó͘-lâng hoat chhuì-chhiu.

Nī-tang ho-siu, chā-bo͘-lâng hoat chhuí-chhiu.

忙壞了愛嬌的農婦。

　　可能是農家頑皮的老長工，用來嘲笑愛美又難得保持美容的
農婦。

　　*年冬：收穫也，特指水稻一年二次，或三次的收成。　好收：
（五穀）豐收。　發嘴鬚：調侃地喻指臉孔被柴草的煙塵或田泥髒污了
面子。*

　　收穫期間的村女士和庄小姐，就是平素潔美像觀音大士，也
沒有一個不搞得土土土的。這時查某人不發嘴鬚也難。君不見，
不論下田割稻，上廚做做點心、煮五頓，赴埕曬乾稻穀，沒有一
項不是搞到「發嘴鬚」，搞得腰酸背痛，四肢無力的粗活。

　　「年冬」是緊急的，在短短幾天之內必要完成的工作，不然稻
穀就要生氣，就要遁入大地去了。難怪，智者開示道：「聰明人
按時收聚；收割時瞌睡是多麼可恥。」（《聖經‧箴言》11:09）──安
啦！我們台灣農民啊，莫不按時收割的也。愛嬌的農家女士小
姐，莫不人人爭相發嘴鬚！

【11】

乳流囝哭，死長工閣要轉來食中晝。

Leng-laû kiáⁿ-khàu, sí tn̂g-kang koh-beh tńg-laî
　　chiah-tiong-taù.

Leng-laû kiáⁿ-khàu, si tn̄g-kang kó-bé tng-laī

chiā-tiōng-taù.

嬰仔，乖乖！乳仔來了！

可能是一位「月內」中的產婦的怨言，說盡農家婦女角色的繁重。

本句，素朴有力，尤以「乳流囝哭」和「死長工」最傳神。

死長工：討厭的長工，用來凸顯婦人的大牢騷；此處無關惡口或咒詛。 *闊要：又要、同時要（做某事）。* *食中晝：吃午飯。*

可能的背景：她嫁給一個大農戶，本家僱了幾個「長工」。真不巧，在農忙期，她臨盆了，給人家生了一個老公婆不歡迎的「囝飼也」。她眼見全家都在田裏割稻，想到自己肚皮不爭氣，再怎麼虛弱也不敢躺在床上做「月內」。只好勉強起身下廚，準時給十幾二十人做點心，煮五頓。

生囝後的虛弱尚未恢復，加上灶火燻熬，整個頭殼好像地牛跳舞，真是要命。這時，房裏的幼嬰飢腸轆轆，嘜！嘜！嘜！啼聲陣陣傳來。慈母愛心大動，豐滿的乳房直滴乳汁。

如何是好？幾個死長工和臭男人就要回來吃中晝了！

【12】

一欉菜，一百拜。

Chi̍t-châng chhaì, chi̍t-pah paì.

Chi̍t-chāng chhaì, chi̍t-pá paì.

片片菜葉皆辛苦。

用法有二：一、形容做穡艱苦，生產五穀良非易事。二、教示小孩不可暴殄天物，因為糧食是農夫千辛萬苦耕耘出來的。

要栽培一欉青菜到長大採收，乃是一種艱難的過程；句裏用「百拜」來形容。這樣講，一點都不假。請看，從整地、撒種、培

土、澆水、除草、施肥、除蟲及至收成，菜農彎腰、俯身、屈膝，那一個動作不像「拜拜」？他們細心、謹愼，向蒼天、向大地、向種籽「懇求」長大、收成，其虔誠又何只百拜？

一菜百拜，實非都市㑚所能體會的。但願近年來我國紛紛開辦的市民農園的「假日農夫」，在休閒的「百拜」活動中，養成愛惜土地的感情，發出爭取農民權益的公義呼聲。

【13】

一粒米，百粒汗。

Chi̍t-lia̍p bí, pah-lia̍p koāⁿ.

Chi̍t-liāp bí, pá-liāp koāⁿ.

碗中飯粒粒辛苦。

用法類似於上一句。

愛惜食物是世界普遍的幼兒教育，父母兄姊都是如此教導，老師不忘教學生要感謝農夫，還得背誦「鋤禾日當午，汗滴禾下土。誰知盤中飧，粒粒皆辛苦。」（唐、李紳《憫農》）一類的詩句警言。

［小檔案］按記者王昱婷報導，中研院考古人員在台南南科園區，南關里文化遺跡發現台灣目前已知最早的一粒稻米。它還帶著稻殼，形狀類似粳米。顯示出台灣在4500年前，已經有人在此食用稻米了——全世界最早食用稻米的考古證據，是七千年前的河姆渡文化的遺址。（→《自由時報》2000（9.26）:9）

眼不見稻田，腦不辨米麥，口不離漢堡、薯條的E世代台灣少年，是否懂得一米百汗的道理？會不會認爲，只要啓動電腦，選「台灣香Q蓬萊米飯」，按「開始」，再按「下一步」，按「確定」。「完成」，就是餐桌上出現一碗香噴噴的蓬萊米飯。這樣的話，

「農夫」變成考古學名詞;「勞動流汗」意指「暴力詛咒」;而「一粒米,百粒汗」,當然是神農氏的憨古了。

【14】

第一戇,插甘蔗互會社磅。

Tē-it gōng, chhah kam-chià hō͘ hoē-siā pōng.

Tē-it gōng, chhá kām-chià hō͘ hoē-siā pōng.

錯植了作物。

　　蔗農用來自嘲,說自己是戇人,竟然插甘蔗來被製糖公司剝削。

　　我們應該知道,台灣自有糖廠以來,蔗農總覺得沒有獲得過合理的利益,真是怨聲處處,自責自嘲種甘蔗的愚戇行為。於是,有人說那是人生「第三戇」的代誌(→327.27);有的說是,「第二戇」(→327.28),本句說是,「第一戇!」

　　姑不論「插甘蔗互會社磅」是如何的戇,在台灣史上曾經發生過蔗農忽然覺醒,變得聰明又勇敢,起來反抗製糖會社的剝削;那就是有名的「二林事件」。(→327.27;327.28)。——我國的歷史課本,有沒有「二林事件」?凡我台灣人應該知道的也!

【15】

做穡著認路,田園著照顧。

Chò-sit tio̍h jīn-lō͘, chhân-hn̂g tio̍h chiàu-kò͘.

Chó-sit tiō jīn-lō͘, chhān-hn̂g tiō chiáu-kò͘.

乖乖的翻田土去吧!

　　舊時,農家的父兄或村長老用來激勵子弟,必要安份「做穡」,用心照顧田園,才能糊口,免於飢餓——昔日農村,沒有遊手好閒的少年郎立錐之地。

認路：認份也。清楚意識到自己從事某種工作或事業(尤其是對於粗重、艱難的工作)是自己的本分，責無旁貸！認路是常用的台語，用指比較「消極」的事的承受；「好康的代誌」何須認路？

這句俗語承傳的是抱朴的農村智慧，用力肯定：唯一努力的目標是「做穑」；關心的對象只有「田園」；鋤頭是一種執著，田土卻是生命。如此，長期下來，卻使無數農民失去應付社會急變的能力。「認路」和「照顧」的農村道德，竟然變成失敗和貧窮的原因。

國民黨政府從來是重商輕農的，在對美貿易的談判中，常用台灣農產品為祭牲。雖然農民覺醒得太遲，到了1988年，台中市「山城區農民權益促進會」集結農民，到台北市發動「820」遊行。當天下午，軍警開始追打組織鬆散，抱著高麗菜鼠竄的一千多人。一夜之間，受傷超過千人。隔日，憤怒的群眾化整為零，毀壞好多暴力體制的象徵：蔣介石銅像、警車、吊車等等。

如何才能照顧田園？台灣史證實，農民的「認路」毫無作用，須要的是爭取權利的覺識，追求公義的勇氣和知識！

【16】

賣粟青，對石利。

Boē chhek-chhiⁿ, tuì chio̍h laī.

Bē chhek-chhiⁿ, tuí chiō laī.

飲鴆止渴的佃農。

用法有二：一、舊時，貧苦的佃農用來表示痛苦無奈，因為他們要向地主以高利貸借糧度日。二、現代，仍然有人用這句話，來形容地下錢莊的重利剝削。

背景：清國和日本佔據台灣的時期，農地集中在大地主手

裏，大部份佃農如牛似馬地力耕田園，但不得溫飽。在難以度日的時候，只好向地主預借稻穀，明言在下季收穫時還清。佃農向地主的這種借穀就是所謂的「賣粟青」；清還時，借穀「一石」的話，得還穀「二石」，其利息是「對石」的也！

看了這句俗語，心裏的感受非常複雜。村老勸勉的「百般工藝，唔值著鋤頭落地」，還能相信嗎？所謂，「三年耕，必有一年之蓄。」(宋·楊萬里《庸言》)，有這種故事嗎？可憐，無數佃農，連血汗、熱淚，都被剝削。

然而，卻有聳人聞聽的代誌，說：台灣有一夜暴富的「田僑仔」。又說，他們偶爾也去巡田水。但見僑仔，睡到日頭曝尻川，出門時猶仍哈欠連連。身披汗衫，打赤足，鼻吐烏煙，嘴嘔紅。塞入BMW，絕塵而去。

不錯吧？農家不是很出頭天嗎？非也。據說，那是黑白兩道掛勾，「都市計劃」私通「農地重劃」的魔法。雖有一家暴富，但是千戶貧農還得繼續「賣粟青」。不同的是，收「對石利」的，不是地主而是角頭的田僑仔，有時是黑道大哥。

【17】

便宜田，貴田岸。

Pan-gî chhân, kuì chhân-hoāⁿ.

Pān-gī chhân, kuí chhān-hoāⁿ.

削岸為田！

指出咱台灣農民利用田地的原則，那是「與地爭利，寸土必用」。

這句俗諺，可從嘉南平原的水稻田得到清楚的說明。君不見，田埂修理得非常單薄，成為細細的一條土線。在這田岸上，

連老農都走得七顛八倒。為何要如此這般？還不是因為可耕地太少，只好削田岸為良田，擠出一行半行來播稻。

　　便宜田：擴張水田；便宜，廉而多。　　*貴田岸：削小田埂；貴，稀又少。*

【18】
三山六海，一分田。

Sam-san li̍ok-haí, it-hun tiân.

Sām-san li̍ok-haí, it-hūn tên.

我的心肝仔田。

　　用來強調田園的稀有、價值和重要。本句俗語所持的理由是：田稀少，只佔地球的十分之一，其餘的十分之三是山，之六是海。

　　古人猜測的「三山六海，一分田」，把陸地猜多了一成，海洋少猜了一分。地球科學家測量出來的是「三陸七海」──地球表面共有509,6000,000平方公里，其中陸地只有29%，即是148,000,000平方公里。(→"earth." Encyclopaedia Britannica. (1995), 4:321)

　　[小檔案]全世界的農產地，因人口增加而急速減少。1995年，全球每人平均農地面積0.12公頃，台灣只有0.04公頃。若按照目前行政院的農地釋出政策，則只剩下每人0.03公頃，不及英國的十分之一，法國的二十分之一。(→高成炎「維護生態…」《自由時報》1998(9.26): 11)

　　去年回鄉，訪問三十年沒見面的好友永彰和夫人。談到我們少時一起去泅水摸蝦，嬉戲玩樂的聖地：田中央水門。這是灌溉農田的大圳，平時水高而淨，深可滅頂。整個夏天，水門成為人氣最好的游泳池，老少一同和魚蝦龜鱉沈浮其中，不亦快哉。泅

夠了，日已西斜，沿著貫穿水田、庄社的五六公里牛車路而回。一路，有荷鋤入庄的農夫，有烏甜婿的村姑，有水牛和牠背上的牧童，有「更更枵枵」響的牛車隊。入街前，回顧遠景，但見一片黃昏彩霞，繚繞炊烟。

談得興起，要他載我去水門重溫童夢。車一轉入通往水門的道路，出現了全然陌生的景像。那揚起陣陣尿糞香的牛車道，已變成熱烘烘的打馬膠路。曾經無數次坐在她濃蔭下的一對老榕、數欉大樟和周圍的一大片墓園，都失踪了。無數白鳥棲息的竹圍，和它圍護的三合院，也沒了。村庄一片灰色，這裏一房，那裏一樓，凌亂擁擠著混凝土的粗糙樓房。

好友迷路了，已經認不得昔日閉眼也能走到的水門。只好找住在附近的同窗鏘錐帶路。車轉了幾彎，就看到水門。下車一看，圳溝裏一片漆黑，什麼樣的垃圾都有；垃圾底下蠕動的是膏膏污油！我們就站在昔日當跳台的水閘旁，憑弔腐死的田中央水門。晚風吹起圳底的陣陣屍臭，雙眼不由得模糊了起來。

好友拉我上車，說：「……不該帶你看，免得……」啊，嬒啦，再醜的故鄉，也是心中的最美。只是，只是不甘心翠綠、清流，被自私、愚昧、貪婪強暴。只是，不甘「三山六海，一分田」，被魔鬼糟蹋成糞山、毒海。

【19】
耕者有其田？
Keng-chiá iú kî tiân？

Keng-chià iu kī tên？

超級大地主來也！

用來諷刺國民黨政府在台灣實施所謂「耕者有其田」；原有的

地主階級被瓦解了，貧苦的佃農也因之更加艱苦。

怎麼可能？因為忽然出現許多假自耕農，眞自耕農還有多少農地可以放領？還有，可耕地細零化，又加上政府強徵米穀、甘蔗，加上不合理的稅賦等等。如此這般，大利多的是國民黨政府，以土地改革的美名，成為超級大地主。

背景：1953年一月26日，國民黨政府公佈「實施耕者有其田條例」。其要點，簡言之有：

1.徵收地主土地，他們只能保留中等田三甲，園六甲。

2.地主其餘的土地由政府徵收，以放領給現耕該地的佃農。

3.政府補償地主：徵收土地的價格是該土地主要作物年收的2.5倍，並以70%實物債卷（十年分期償還）以及30%股票補償地主。——補償地主的「債券」「股票」都是灌水公司的，形同廢紙。

4.佃農再以繳付實物（米穀、蕃薯）方式來充當放領土地的代金（十年分期交清）。——強徵收購農產，壟斷肥料等等做法，弄得農民敢怒不敢言。❹

結果，台灣農村解構，地主和眞自耕農雙輸。失業人口大增，農村青年只好出外謀生，販賣廉價勞動了。

【20】
無田無園，盡靠鹿耳門。

Bô-chhân bô-hn̂g, chin khò Lȯk-ní-m̂ng.

Bō-chhān bō-hn̂g, chīn khò Lȯk-ni-m̂ng.

最後的小沙港。

舊時安平一帶的討海人的怨嘆。無可奈何地吐露出一貧如洗，既沒有水田生產稻穀，也沒有菜園可栽培蔬菜，所能「依靠」的只有那個小小的，泥沙嚴重淤積的小海口，「鹿耳門」。

鹿耳門：舊地名，是開台初期的港口，在台南安平。道光三年（1823）七月底，由於一場大風雨，曾文溪挾帶大量泥沙灌入臺江，把鹿耳門港塡成陸地！❺

（參看，「鹿耳門寄普。」132.43）

【21】

一日落海，三日𣍐放屎。

Chı̍t-jı̍t lo̍h-haí, saⁿ-jı̍t boē pàng-saí.

Chı̍t-jı̍t lō-haí, sāⁿ-jı̍t bē páng-saí.

苦啊，解放無力！

討海人用來怨嘆。吐露出「落海」工作的艱苦：不論是牽罟，或撒網，或出海釣魚，都是粗重沒得休息的工作，更別想飽餐足飲。如此操勞一天下來，肚裏既沒啥原料可供輪迴，更是雙腿酸軟，連連三天無力踞磘進行解放！

落海：討海也。不是人掉下海裏，而是漁民下海從事漁撈工作。　牽罟[khan-koˊ]：罟，大漁網。牽罟，在近海用罟圍魚，須要動用數百人來合力拉網上岸。（→435.20）

【22】

放屎漩水面，有趁無通剩。

Pàng-jiō soān chuí-bīn, ū-thàn bô-thang chhun.

Páng-jiō soān chui-bīn, ū-thàn bō-thāng chhun.

餓𣍐死，脹𣍐肥。

漁民的怨嘆。說的是，討海不好玩，收入少，沒啥可賺。

這句俗語粗得可愛，混合著粗糙的借代和率直的白描：「放屎漩水面」指的不是漁婦，不是看海的小孩，是漁夫艱苦的工作。而「有趁無通剩」徹底否定了撈獲滿船旗魚、串仔、闊腹、土

托、烏仔或大紅魽的幸運，肯定的是舊時漁民度小月，哼哭調仔的現實。

　　此情此景，又有誰能預料到，有幾家安平的海民，發展出「度小月擔仔麵」，憑著它特殊的湯頭和鄉土風味，招徠十八港腳的食客，光耀了府城，推翻了「有趁無通剩」的命運。善哉！

　　漩：從上而往下，用力撒出液體，如尿、水。　有趁無通剩：只能過日，不能發財；趁，收入；剩，盈餘。

【23】

釣竿甩互伊遠遠，要釣龍尖佮沙腸。

Tiò-koaⁿ sut-hō·-i hñg-hñg, beh-tiò lêng-chiam kap
　　soa-tñg.

Tió-koaⁿ sut-hō·-i hñg-hñg, bé-tió lēng-chiam kap
　　soā-thñg.

龍尖沙腸快上鉤，急急如律令！

　　這是釣者帶有巫術性的語言，是釣者揮桿下釣的「咒語」。看這個釣魚人何等挑剔，要的只是「龍尖」和「沙腸」——澎湖名貴的魚族也。

　　這句俗語活現了釣魚翁的動態。看他舉起「釣竿甩互伊遠遠」，眞老釣者的架勢也。「要釣龍尖佮沙腸」，突顯他「擇優固執」的心態！

　　龍尖：詞書做「龍占」或「笛鯛」，學名Lethrinus variegatus，英文snapper。龍尖種類繁多，有250種。牠形似鯽魚，鰭硬，顎有硬齒，近頭部有鮮明的圓紅點，爲我國澎湖名貴的魚。（→"snapper."E. B., 10:908）　沙腸：頭尖體圓，呈淺青色，體約3公分，長可20-30公分。牠是肉質鮮美，少幼刺的好魚；我國一般海產店都吃得到。

(→"sand borer." E.B., 12:638)**6**

[小檔案]我國澎湖的望安八島(將軍、東嶼坪、西嶼坪、東吉、西吉、七美、花嶼、望安),是磯釣客非常嚮往垂釣的聖地。不但有日系觀念中的主要磯釣目標魚:黑毛、臭肚,更有各種磯釣的對象:白毛、黃鷄、吊仔、鸚哥、烏尾冬、水針、黑鯛、石斑、拉崙、黃鰭鮪、牛港、紅魽、土魠。每尾動則五六斤以上到超過二、三十斤的都有。讓釣者拉到手臂酸痛,直不起腰來。(→王世國「望安八島…」《自由時報》2000(3.18):35)

【24】

工字,無凸頭。

Kang jī, bô thó·-thaû.

Kang-jì, bō tho·-thaû.

最難搞的是出賣勞力。

舊說,士農工商之中,做「工」這一行沒有出頭天的希望。

這裏的「工」字,指的不是「師傅工」或是「技術工」,而是無須技術的「粗工」——工作粗重、工資少、沒有地位的工作。同類句,有「工字,無出頭。」

凸頭:形容個人獲得優厚的待遇、良好的工作條件;也用指全體勞動者的權益有傲人之處。

先人的世界和他/她們的經驗,做「粗工」是很難超生的。當然,出頭天的工人並非沒有,如澎湖張新聰先生解釋這句俗語時,說,咱台灣有許多企業界大老闆是由小工打拚出頭,同時他們都是「有土斯有財」,紛紛給土字加上一畫,變成「王」。(→「台灣精諺」《自由時報》)

當然,絕對化「工字無出頭」是偏頗的。但應該注意的是:全

體勞工朋友「出頭天」的可能性如何？待遇怎樣？工作環境是否安全？有啥福利？職業傷害，如何救助？工會的功能如何，是否一派資本家的幫閒？這些問題沒有解決之前，說「工字要凸頭」，誰相信？我們應該關心的，不是一二個「工王」的登基。

【25】

工仔做，工仔食；工仔無做，就做乞食。

Kang-á choè, kang-á chiảh; kang-á bô-choè, chiū
　　choè-khit-chiảh.

Kāng-a chò, kāng-a chiā; kāng-á bō-chò, chiū
　　chó-khit-chiā.

做小工來買活路。

　　可能是以勞動力為業者的自嘲，含有一種無奈，也是頗有志氣的自我激勵。她說的道理非常淺顯：做工仔的收入雖然僅能維持最起碼的生活，卻是免得流浪街頭來行乞的手段。

　　本諺的造句特別，充分顯出咱台灣話的靈巧美麗。看，什麼是「工仔做」？是「做工仔」的倒裝句式也。如此，使第一分句變得精簡有力；同時，使「…做，…食」對仗，指出「做小工人，得少薪水」這層意思。然後，第二分句，語氣一轉，道出做工仔的重要性。

　　工仔：小工人；仔，小也。例如，土水師傅能起厝、疊壁，而土水工仔，只能做些運磚、遞磚，攪灰泥，一類無須技術的粗工。

【26】

看破，做電化。

Khoàⁿ-phoà, choè tiān-hoà.

Khoáⁿ-phoà, chó tēn-hoà.

上工廠去了！

　　貧苦失業的人，投身危險多、工資少的工作的自嘲和怨嘆。

　　背景：這句俗語在日據時代的末期，流行在鷄籠一帶。四、五十年代，咱台灣北部有了「電化」(石化)工業，用來生產肥料──後來的「台灣肥料公司」是也。這種高度污染的工廠勞工，工作粗重、工資微薄。但是，失業者一職難求，爲了生活，只好「看破」入廠做「電化」了。❼

　　短短的一句「看破⋯」，沈重地道盡工人冒命求生的辛酸和無奈！

　　[小檔案]我國職業傷害的情形頗爲嚴重。按勞保局的統計資料，1998年，發生三萬七千多次的職業災害。肇下：殘廢5043人；死亡1317人。平均每天有：四名勞工死亡；十四人終身殘廢。以年齡看，35-45歲最多。近十年來，已經有超過300,000名勞工，因職業災害而受傷、殘廢、死亡。(《自由時報》1999(4.15):13)

【27】

鷄規寮仔，歕鷄規。

Ke-kui-liâu-á, pûn ke-kui.

Kē-kuī-liāu-á, pūn kē-kui.

上吹牛廠吹牛去也。

　　製造玻璃的工人的自嘲，或朋友用來調侃他們的工作。

　　這句俗語用雙關修辭法，來關聯用力吹燒玻璃的工人，和吹噓成性的人的吹牛──「歕鷄規」的人上「鷄規寮仔」工作，而「鷄規寮仔」做的是「歕鷄規」。如此關聯，巧妙地渲染著嘲笑的氣氛。

　　背景：這是舊時流行在新竹一帶的俗諺。在日據時代，新竹

是咱台灣玻璃業的重鎮，因爲該地容易取得製造原料矽砂，以及
燒製玻璃的豐富天然氣。尤其是，到了四十年代，該地生產軍需
的重要玻璃器材，一時雇用許多工人上玻璃工廠做工。如此，造
就了新竹許多製造玻璃器的人才。❽

　　鷄規：吹牛皮也。　　*鷄規寮仔：字面是「吹牛皮的小茅舍」；新竹*
人用來戲稱「玻璃製造工廠」，之所以如此稱呼，是因爲工人用嘴巴吹
燒玻璃，使之成形。

【28】

工夫在手，不論早慢。

Kang-hu chaī-chhiú, put-lūn chá-bān.

Kāng-hu chaī-chhiú, put-lūn cha-bān.

怕啥？雙手有的是眞工夫。

　　父兄用來鼓勵子弟去當學徒，學工夫；也是工夫界的一種自
信。

　　在手：（尤指技術、武術等）擁有、身懷。　　*不論早慢：（好壞的*
結果）遲早總會（發生、來到）。

　　這句俗語顯示傳統台灣人的職業觀，認爲只要有一把「眞」工
夫，則生小財，或發大財，是遲早必有的代誌。

　　也許，有人要問：「騙人的工夫也不論早慢嗎？」——例如，
年初，中國女人張穎，來我國「隔空抓藥」詐騙病人，診費一次六
千元以上！(→台灣各報2001(1.5-10))——回曰：「騙術也是不論早
慢！——監獄遲早伺候！」

　　時代急變，不是任何「工夫」都能賺錢。現代勞工，非一身懷
有數種「熱門」工夫的話，失業的陰影可能常相左右。我國勞委會
指出，加入世界貿易組織後，農林漁牧礦業的從業人員所受的衝

激最大。紡織、汽車、化學肥料等產業，可能面臨歇業或閉廠。

何只現代？自有人類社會，多少不隨潮流的「眞工夫」都遭滅頂。

【29】

散人無本，工夫是錢。

Sàn-lâng bô-pún, kang-hu sī chî".

Sán-lâng bō-pún, kāng-hu sī chî".

窮人翻身學工夫。

用法類似上一句。

有本錢的話，當個大小老闆；沒有，就學一項「工夫」吧。語見，《格言諺語》。這類訓勉耳熟能詳，古賢幾乎異口同聲說：「日進分文，不如一藝隨身。」(錢大昕《恆言錄》)

然而，時代不同了！有工夫、專業、專長不一定能靠它來賺錢；決定性的是，要看是什麼樣的「工夫」。有人預測，在二十一世紀裏，教師可能消失，因爲電腦讓學生可能在家裏上課，螢幕就是教室；印刷工人，因爲不用傳統紙張，用的是「數位紙」(digital paper)；郵差，因爲都用電子郵件，無須挨戶送達；汽車推銷員，人人用電腦直購；母親，可用人造子宮，連「卵和精」都不必自己生產，有「銀行」備索。❾

學賺錢的工夫，是不能單憑興趣或性向的。要看準潮流，要拜「孫悟空」爲師，鍛練七十二變工夫。不然，至少要有：人無我有，時代所須的工夫；善搞網路，廣羅資訊的工夫；精通多種國際語言，尤其擅English的工夫；掌握商機，能企善劃的工夫；擅長包裝自己，推銷自己的工夫；培養人氣，建造廣大人脈的工夫；失業仍不灰心的應變工夫；贏得競爭，超越淘汰的工夫；快

速達成目標，創造錢機業績的工夫；不斷學習新知識，新技能的工夫。

　　啊，如何是好？孫大聖的工夫是學不來的啦！學學八戒，學學沙僧，如何？

【30】
拜師學藝。

Paì-su ha̍k-gē.

Paí-su hāk-gē.

真衣食父母也。

　　舊時，用指學徒習得工夫的方法，就是獲得師父首肯，經過正式的拜師禮儀，被收為學徒、徒弟，而後開始在師父的傳授下學習工夫。

　　句裏所謂的「拜師」，說的不僅是師事某一位老師，而且正如字面所說的，是一種「跪拜」師父的入學禮。

　　現象：拜師學藝是古傳規矩，但仍然被現代某種傳統工夫襲用為禮儀。令人注目的是，台北市開平高中餐飲科學生的「拜師大典」，四百多位學生與會，學生代表向師父遞「拜貼」、行三鞠躬及跪拜禮。報登，一位穿西式廚師服，戴廚師白高帽的師父，泰然自若地坐在太師椅來接受穿廚師服的學生代表的仆拜。然後，受拜師父再給學生行授帽典禮。接下來，給餐飲界祖師爺「伊伊」上香禮拜。(→《自由時報》1999(4.18):14)。

　　無獨有偶，喬治高職在教師節，舉辦尋找祖師的「尋根祭典」。他們找到了各科的祖師，除了楊貴妃(美容科)之外，都有認祖的「理由」：影視科祖師爺唐玄宗，因他定音律，傳歌曲；電機科孔明，因他神機妙算，善用武器；觀光科鄭和，因他下西洋，

宣揚國威；日文科徐福，因他率五百兒童到海外求仙丹，「算是日人的始祖」。(《自由時報》2000(9.29):12)如此認祖師，並向他們的圖像行禮。

還有，我國消防署為要使初任隊員適任，發揮潛能和消防倫理，而推動「消防師徒制度」。選任學驗俱佳的隊長等來當導師，並採取「高跪禮」來拜師。(→《自由時報》1998(12.29):14)

又有，台北縣立文化中心舉辦的「大家相招來扮戲」的「奉茶禮」。百多位學員，由代表向列坐在台上的老師們敬茶。老師喝下這杯台灣的烏龍茶，就表示收他／她為徒了。

尊師敬師，是溫馨的情意，但政府機關和立案的學校用類似敬神的跪拜禮來拜師，頗有商榷的餘地。至於，穿鑿附會地認定歷史或傳說的人物為學科的祖師，真是不可思議的了！❿我總覺得，扮戲班的「奉茶禮」真雅，真美。雖未上課練功，師生們已經合演了很精彩的一齣戲了。

注釋

1. 例如，自從1900年，台灣現代化一開始。政府一方面，開路架橋，便利交通，一方面，限制土地的開發和買賣。參看，簡炯仁《台灣的開發與族群》(台北：前衛出版社，1995)，頁125。

2. 趙莒玲小姐的「南投俗諺」，有「米粉孔，百百孔，千萬財產都落空。」一句，而所謂的「米粉孔」，可能是「米粉筒」的筆誤。見，趙莒玲，《台灣開發故事》(台北：中央月刊社，1996)，頁166。

3. 陳達儒，《農村曲》。轉引自，林二、簡上仁合編《台灣民俗歌謠》(台北：正文圖書公司，1979)，頁130。

4. 台灣史學者史明先生，詳細描述了國民黨政府「詭譎的土地改革」以及農民被剝削的情形。參看，史明，《台灣人四百年史》(台北：自由時代週刊社，1980)，頁969-994。

5. 有關鹿耳門，陳冠學先生對於她的地理變遷有所論述。參看，陳冠學，《老台灣》(台北：東大圖書公司，1992)，第二章「滄海桑田」。

6. 關於「沙腸」和「龍尖」的比較詳細資料，請看：孫寶年等編，《台灣地區常見食用魚貝圖說》(台北：正中書局，1994)，頁80, 84。

7. 基隆劉火旺先生，對這句俗語有簡要的解釋。(→「台灣精諺」《自由時報》)

8. 本句背景，我們只是點到為止，但陳華民先生有比較詳細的解說。參看，陳華民，《台灣俗語話講古》(台北：常民文化，1998)，頁109-110。

9. Julie Rawe列舉在這新的世紀，最熱門的以及將要消失的職業各十種。仔細一看，幾乎都是尖端科技的高度發展，所帶來的革命性的改變。顯然的，老台灣、老世界的某些「真工夫」，不見得仍然是可以謀生的職業。參看，J. Rawe, "Visions 21: What will be the 10 Hottest Jobs？…and What Jobs will Disappear？" Times. Vol. 155, No. 21 (May 29, 2000): 54-55.

10. 試想，就算楊貴妃是個愛嬌的大美人，她跟美容科學何關？假如音律歌曲是唐玄宗定的、傳的，跟「影視科學」的淵源又有什麼關聯？孔明再怎樣神妙善武，跟電機是絕緣的！而鄭和下西洋，是徹底的反觀光！君不見，他到處推銷的是「萬邦來朝，列國來貢」的霸道，絕非開大門「歡迎觀光」的招呼。還有，憑什麼說，徐福「算是日人的始祖」？單憑那500個小孩，入海求仙的傳說嗎？──難矣哉！以現代精神和科學方法做為教學原理的學府，能有如此「大發現」！

第二節 市場、商人

本節段落：

【01】

三腳步，二崁店。

Saⁿ kha-pōʼ, nñg-khám tiàm.

Sāⁿ khā-pōʼ, nñg-kham tiàm.

商店處處，貨價不欺。

　　用法有二：一、顧客用來討價還價。說，商店多得很，像這種貨色，沒有賣這麼貴的，打個五折，不然到隔壁買去。二、商家也用。強調本店賣的物件是美而廉的，商店處處，競爭得緊。

　　這句俗語非常通俗，採用了台灣話最有特色的誇張修辭法。她要形容的是商店處處，有的是齊全，美又廉的貨色和親切服務的市況！

　　三腳步：喻指短距離之內；腳步，步伐也，另義「行爲」，例如：「仙人拍鼓有時錯，腳步踏錯啥人無？」 崁：建築物的單位，間也。 店：泛稱一般的營業場所，例如：商店、册店、飲食店、打鐵店、剃頭店、裁縫店。比「店」大的，稱爲「行」。

　　有人預言，「三腳步，二崁店」將會消失。像美國，自從1915

年郵購便開始盛行；近年來，上網購物更是風潮迭起，付款方便，貨物應有盡有：從聖經到兒童春宮光碟都可買到──最近才發生「網路認養嬰孩」的大代誌。

安啦！店舖不可能完全消失，有的反而變得更大規模。君不見連鎖店，連得那麼長，那麼囂張！百貨公司建得愈來愈高大，內容愈複雜。眞難想像，只能打電腦購物，而沒有售貨員的商店。

不過，有某一種店，若是到了三兩步就一崁的程度，那台灣也就完了！有這種「店」嗎？那會是什麼？不是別的，「牛郎店」也。1984年，台北市林森北路就有牛店二十多家；1998年三月，中山分局查獲一牛店，牛郎有156人，女客有98人。怎樣？美麗島又多了一個「大牛寮」的臭名！

【02】

有開井，有拔泉。

Ū khui-chíⁿ, ū poèh-choâⁿ.

Ū khuī-chíⁿ, ū poē-choâⁿ.

同業多，顧客少。

商家用來怨嘆，說他的顧客頗有減少，生意大不如前，因爲在近處又開了三四間同業商店。

本句修辭用的是比對同義格：水井一多，水源消耗就多。而以「開井」比擬開商店；泉，擬「顧客」。同類句有：「新開井，勢拔泉」，喻指新開張的商店，比較能吸引顧客。君不見，政客名人剪綵，影視藝人獻技，商家買一送一又打個五折，大小媒體爭相報導。如此，怎能不「拔泉」？

拔泉：搶我顧客，減我業績；字面義是「吸取泉水」。　勢：（能

力等的比較級）很會、很能。　　有…，有…：台灣話的重要句式，用
表「條件和結果」，例如：「有食，有食的功夫。」（→422.02）

　　試想，咱台灣的電腦街，「三腳步，二崁店」(→.01)，競爭十分激烈，顧客紛紛巡遊瀏覽各店，來個貨比三家，價比隔壁。結果，有競有爭，自然貨不敢差，價不敢亂開；雖然，生意人眞愛「孤行，獨市」(→.16*)。

【03】

濟戲，濟人看。

Chē-hì, chē-lâng khoàⁿ.

Chē-hì, chē-lāng khoàⁿ.

聯台拚戲鬧熱多。

　　用來形容好多商店毗連，招徠許許多多客人，進進出出，看看物件價格，談談材質製造，即使無所交關，店面熱絡，旺店也是遲早的代誌了。

　　濟：（可數的量、數）很多；濟濟，許許多多。　　看：逛街遊賞櫥窗貨品，window-shopping是也。

　　「濟戲，濟人看」的確有利市況，但我國商店街常常是一二樓爲店舖，二三樓以上爲住家。而一街之內，百貨公司、各種商店、餐廳、酒店、咖啡廳、速食店、冷飲店等等和住宅混雜。油煙、噪音、污氣、病毒、人潮、壓迫感難保不傷害工作者和住民的安寧——誰來關懷「演員」的健康呢？

【04】

內場，卡濟繳腳。

Laī-tiûⁿ, khah-chē kiáu-kha.

Laī-tiûⁿ, khá-chē kiau-kha.

三店員服務一顧客。

　　商店老闆可能用來發牢騷，說生意不好，店員比顧客多。也可能用來表示「好看不好吃」，店面大，店員多，但顧客偏偏不上門。

　　台灣民間的地下賭場，一般都是「內場」少，「繳腳」多。本句俗諺，就是在這種背景下來比擬的。

　　內場：開賭場的，主持賭局的人。　繳腳：前來賭博的人。

【05】

三日風，無一滴露。

Saⁿ-jit hong, bô chit-tih lō͘.

Sāⁿ-jit hong, bō chit-tí lò͘.

三日不見財了。

　　老闆的怨嘆。想要生意日日見財，誰知徒開店門，分文未進。

　　本句說的是，大地颳起三日風，吹乾了水氣，以致於天無甘露可降。這是眾所周知的「農諺」，用來喻指店舖開張多日，但沒進分文。難怪老闆嘆息：「店門大開哈北風，三日無趁心發狂。」啊，夢中旺市，要待何時呢？

【06】

好柴，無流過安平鎮；
　婿查某，無留置四鯤鯓。

Hó chhâ, bô laû-koè An-phêng tìn;

　　suí cha-bó͘, bô laû-tī Sì-khun-sin.

Ho chhâ, bō laū-koé Ān-phêng tìn;

　　sui chā-bó͘, bō laū-tī Sí-khūn-sin.

好貨搶手莫來遲。

主要用法:一、有關物件時,重點在第一分句。喻指購買貨物,要見好就買,因爲好貨比較搶市;又指下游小店,買不到好貨色。二、有關人才時,強調的是第二分句;說,人才出眾,不會沒沒無聞,埋沒於野;尤其是,賢又美的小姐,不會久藏娘家。

這句俗語的修辭形式用的是對偶正對;對得很好,對得泥香濃郁。請看,「好柴」對的是「婿查某」,都是有價值的物和人——也許,女性主義者無法苟同這種比對法。結果,雙方的「命運」也類似,都是很快被佔,被娶走。同義句有:「好柴,無通流過關渡門。」

好柴:材質都好,可當大料的原木;這裏指的是流木之佳者。

安平鎮:原爲沙州小島,住著馬來人種的一個叫做Teyoan部落。荷蘭佔據後,在此建Zeelandia要塞;後來,鄭成功據台,將之改名爲「安平鎮」,即今之安平,舊名「一鯤鯓」。(→523.31)❶ 四鯤鯓:今名「鯤鯓」,安平附近,濱海小漁村;鯤鯓,鯨身也,沙州小島。 關渡門:今之關渡,原住民稱之爲「甘答門」。位於台北市北投區,對岸是台北縣五股鄉,獅仔頭。所以叫做「關渡門」,是因爲此處河道狹窄如門的緣故。❷

背景:鄭成功據台時期,有一條叫做台江的大溪流過台南,經過安平而後入海。每年颱風來襲,山區的樹木當風,樹幹常被狂風折斷,甚至連根被大水衝入台江。此時,大江氾濫,多有流木,其中不乏好柴。但是,一到台南就被撿光了,幾乎沒有讓它繼續飄流到安平鎮的可能。似此,「好柴,無通流過關渡門。」在新店溪、大漢溪漂流的好柴,流到艋舺以前就被撿光了,哪有流

到關渡門的。

　　還有，舊時四鯤鯓水質好，眞是貧苦漁村難自棄，娃娃多的是美人。於是外地佳婿趁虛而入，娶走寒村許多美女。甚至，紅顏薄命，許多四鯤鯓好女子，被台南富商納爲細姨。❸

【07】

好店底，卡贏三甲穩仔田。

Hó tiàm-té, khah-hó saⁿ-kah ún-á-chhân.

Ho tiám-té, khá-ho sāⁿ-ká un-a-chhân.

好店舖勝過好水田。

　　農戶的怨嘆，也可能是店家的自誇。說，做穡無利可圖，大大不如做生意的——吳水土的三甲「穩仔田」，不如李見財的一間「好店底」。

　　好店底：地點好、設備好、生意好的店舖。　甲：荷蘭人在台灣建立的田園的面積單位，約一公頃，有9699.32平方公尺。　穩仔田：引水田也。灌漑穩定無缺的水稻田；這是有價值的水田。

　　背景：到底身懷「三甲穩仔田」的，是什麼樣的農戶？當然，不是大地主，但算是中上的大農戶了。當知，台灣自古以來，細零小農戶最多；土地大多集中在大地主手裏。在1921年，有53%農戶的耕作面積不足一甲。可見，三甲水田，已經算是很有地位的農家了。如果這三甲都是「穩仔田」，那當然是很好看的農戶了。

　　那麼，爲甚麼「三甲穩仔田」遜於一間「好店底」呢？因爲這三甲稻作的農戶，做牛做馬一年，賺不到開店的小老闆一日所得。請看台灣史家史明的研究：1931年，三甲以上的農戶，自耕者一年盈餘16圓；半自耕農盈餘111圓；佃農損失12圓。❹

或問，如此情景怎能過日？很難，很難！農家要在這三甲田上面，輪流種甘蔗、蕃藷、烟葉、苧麻；又得從事農產以外的勞動，如，農產加工、農村小販、當工廠臨時工人。如此打拚，也只能在生存線上掙扎浮沈。

實況如此，誰稀罕「三甲穩仔田」？別說「好店底」，就是庄頭一小間「篏仔店」也強過多少甲穩仔田。君不見，頭家娘多麼逍遙自在地「尻川坐於米甕，手摸於錢筒。」(→133.16)

【08】

一時，一時的行情。

Chi̍t-sî, chi̍t-sî ê hâng-chêng.

Chi̍t-sî, chi̍t-sî ē hāng-chêng.

商雲瞬息萬變。

店家用來回答顧客質疑物件賣貴。說的是，不是我們賣貴，只是源頭漲價了。言下之意是，昨天有昨天的行情，今日有今日的價格。

一時…一時：彼時…此時；那時…這時。 行情：商場物件價格漲落的情形。

【09】

一日，三行情。

Chi̍t-ji̍t, saⁿ hâng-chêng.

Chi̍t-ji̍t, sāⁿ hāng-chêng.

物價的大風潮。

用來形容「行情」變化何等快速，短短的一日之中，物價高漲了好多次。

這句俗語字面的意思雖是「物價波動激烈」，但一般指的是漲

價。

一日，三…：*短暫的時間裏，多（變化、狀況）*。

【10】

海裏無魚，蝦姑起價。

Haí-nih bô hî, hê-ko‧ khí-kè.

Haí-nī bō hî, hē-ko‧ khi-kè.

機會大好撈一筆。

用來諷刺。商人趁著主要用品或食物缺貨的時候，哄抬充代的，次要的貨物的價格。

本句是白描。第一分句，喻指市場缺乏某種貨物；第二分句，用粗俗的蝦姑漲價，來譬喻市況惡劣。

蝦姑：又名管蝦，狀如蜈蚣，❺但體形較爲肥短，殼厚硬銳利，肉少但肉質鮮美。

【11】

西北雨——大落。

Sai-pak hō‧——toā-lóh.

Saī-pak hō‧——toā-lō.

她落水，我落價。

這是一句頗通俗的台灣俗語，形容物價大貶，可比「西北雨」的傾盆直瀉。

本句是厥後語。猜謎式的隱喻句是「西北雨」，射中的謎底是「大落」！傑作之處，就是將毫無關係的彼落和此落拉在一起。生活在同一實況裏的人，一聽，腦波一閃，洞然看見市場籠罩在一陣大西北雨之下。

西北雨：咱台灣強烈的「夕暴雨」也。

（參看，「西北雨，落無過田岸。」435.13）

【12】

一分錢，一分貨。

Chi̍t-hun chî", chi̍t-hun hoè.

Chi̍t-hūn chî", chi̍t-hūn hoè.

品牌貨也。

商家用來辯解，看似同類商品，為甚麼隔壁那家便宜，而本家確實貴了許多。

這句俗語是相當詭辯的，道理應該是「一分錢，一分貨！」但實際如何？不無可疑之處。買者有幾個是「行仔內」的？商場如戰場，地雷處處。

【13】

俗物，無好貨。

Sio̍k-mi̍h, bô hó-hoè.

Sio̍k-mī, bō ho-hoè.

水貨啦！

用法有二：一、消費者用來發牢騷，怨嘆自己買不起「貴則好」的物件，或表示貪俗，買到一個很差的東西的後悔。二、商家用來說服顧客，說，便宜貨一定不好。我的雖貴些，但保證MIT好貨也。

【14】

訂死豬仔價。

Tēng sí-ti-á kè.

Tēng si-tī-a kè.

真不二價也？

在那「定價一角，出價五分」的時代，買者用來譏刺賣者，說他把物件的價格定得太離譜，沒有那種行情。

背景：日據時代，養豬戶有了死豬，要不是讓牠入土為安，就是偷偷將牠當做死狗，水葬去了。顯然，死豬是沒人要的，飼養者更是不敢吃牠，何況私宰又是犯法。因此，死豬沒有行情，誰能給牠訂價？似此，若有賣主將某種物價訂得太高，可能招來一聲：「訂死豬仔價！」

去年回來，三姊說要買些香腸、肉酥、肉乾之類的我國台灣名產，給我帶回德國。談說間，憶起在某報好像載有「死豬肉加工」的消息——這樣的話，死豬是有價囉！哀哉，有也！剛才看到一行標題：「一頭病死豬，叫價300-500元」，又說，有業者出來收購，絕大部份流入市面⋯⋯。(→《自由時報》2001(3.27):9)

撫鍵至此，冷汗滲滲，兩眼霧霧，卻見得英格蘭的牧農和軍人含淚撲殺、燒毀、埋葬成千成萬頭狂牛症、口蹄疫區裏的豬牛羊的電視畫面，一幅幅清楚浮現。此情此景，台灣頭腦自動關聯的，顯然是「衛生第一、營養豐富」的火腿、臘肉、香腸、肉乾、肉酥和肉罐頭！歐洲腦筋理解的，卻是拯救更多的牲畜，保障人類的健康，必要的犧牲。❻

啊，要到幾時呢？咱台灣的「死豬、死牛、死羊」才能入土為安。

【15】

死蛇，卡貴烏耳鰻。

Sí-choâ, khah-kuì o͘-hīⁿ-moâ.

Si-choâ, khá-kuí ō͘-hīⁿ-moâ.

毒物比下珍饈。

用法類似上一句。

死蛇：台灣嗜愛蛇肉的人口相當普遍，咸信它有清毒、養眼、扶陽等功能。但一定要活蛇熱肉，認爲死蛇猶使尚未發臭，也已經有毒；死蛇是吃不得的。此處，用指沒有價值，反價值的物件。 烏耳鰻：野生的老鰻魚(→245.03)，幼小的叫做「鰻根仔」；民間認爲烏耳鰻燖以補藥，極能滋陰壯陽，補血有特效，是開刀後恢復元氣的珍品。

雖然古以色列的智者有言：「顧客購物，往往埋怨價昂；及至離開，連連稱讚便宜。」(《聖經·箴言》20:14)這個以色列的古消費者，買的一定不是「死蛇」。不信，賭一杯萊茵河白酒！

【16】

關門，賣癩痔藥。

Koeⁿ-mng, boē thaí-ko ióh.

Koēⁿ-mng, bē thai-kō iō.

獨家仙藥治惡症。

用來譏刺販賣獨家的、少有的，價格非常昂貴的物件的商人。因爲它是特定顧客的必需品，老闆無須廣告，自是一本萬利，關門當老董的生意。類似語有「孤行，獨市。」

這句俗語的震撼力極強，因爲她的表象詭譎。試想，深鎖的店舖，進行著偷偷摸摸的買賣；關門生意，總是令人猜疑。同時，賣的「癩痔藥」是什麼？購買的顧客是何方人士？如此，陣陣烟霧罩住這句老諺！

癩痔藥：醫治癩病的藥品；可能雙關地解釋做「癩痔的」藥方，骯髒藥也。應該注意的，現代台語不說「癩痔」，而說「特別皮膚病」。若

說「癩瘖人」，則指傾向於侵犯女人的色情狂。

諸位書友！當今世界「關門，賣癩瘤藥」的老董還眞不少。君不見，中國領導人，關起門來，藐視民主，凌辱人權，威脅鄰國的安全和幸福。天安門前，膽敢殺害無罪的人民；法輪練功，羅織做邪教活動；台灣人要獨立，喊打喊殺，開口閉口「一國二制」。這種惡霸的行徑，又何異於「關門，賣癩瘤藥」？

【17】

貪俗，貴買。

Tham siȯk, kuì boé.

Thām siȯk, kuí bé.

貪最昂貴。

消費者的警語，也是商家不耐煩地用來回應不停討價的顧客。

這句話一針見血，頗有說服力，因爲「一分錢，一分貨」是常識，也是現實。同類句有：「貪俗，食狗鯊。」「貪俗，食破家。」「貪賒，貴買。」。

俗：價格便宜；無關質料的優劣。　狗鯊：鯊魚的一種，英名 lip shark；學名Chiloscyllium punctatum。　貪賒[thām-sia]：貪圖商店給與賒賬的方便。

雖然現代商場，有時可能買到便宜的好貨，例如，換季、傾銷、關店、倒店、法院拍賣等等貨品。但，「貪俗，食破家！」仍然是不易的忠言。買東西，心裏要是有了「貪」，不論貪俗、貪賒、貪買、貪啥，買到的，可能是更加劇烈的貪婪。

【18】

三好，一公道。

Saⁿ hó, chi̍t kong-tō˙.

Sāⁿ hó, chi̍t kōng-tō.

甬吹的宣傳。

　　商家用來經營事業的原理，也是用來廣告的口號。

　　這是多年前，咱台灣某個財團，所經營的大公司的口號，後來成爲流行一時的標語，商店爭相用「三好，一公道」來打廣告，頗有演成新俗語的可能性。所謂「三好」是，品質好、服務好、信用好；「一公道」是價格公道。

　　稍微一想，這句話宣傳的，不是起碼的，應有的，無須廣告的，商家自己的根本要求嗎？因何打出這種口號來？但願不是「品質壞、服務差、信用無、價格貴」的市場反映！

【19】

秤頭，是路頭。

Chhìn-thaû, sī lō˙-thaû.

Chhín-thaû, sī lō˙-thaû.

斤兩足錢途好。

　　商人用來自我勉勵。說，本店的秤仔，一斤秤，必定是十六兩足足的也。

　　爲甚麼有這句俗語流傳下來呢？她反映的可能是度量衡沒有標準化，或有標準但沒有嚴格管制的時代，大小商店流行著偷斤減兩的陋習。

　　秤頭：重量、斤兩；此處的「頭」是接尾詞。　路頭：指前途，字面是「路程」；信用好，錢途就可能長遠。

【20】

錯買，無錯賣。

Chhò boé, bô chhò-bē.

Chhó bé, bō chhó-bē.

了錢賣？免想！

　　用來斷言，消費者可能買到貴的、不好的物件，但賣者永遠是贏家；虧本生意誰要做？

　　錯買：貨沒看真，價沒比較，買貴了。　錯賣：成本、利益等等沒算準就出售；了錢也。

【21】

猶入，無猶出。

Siáu-ji̍p, bô siáu-chhut.

Siau-ji̍p, bō siau-chhut.

真猶假猶判盈虧。

　　指出生意人對於款項收支的態度，即是收入必要猶，而且必要很猶；支出不可以猶，但「假猶」是可能的。

　　此賺錢的秘訣也。有效嗎？難說！老式商人是如此奉爲金科玉律的。他們對於錢項的收支，知道分別「猶」與「不猶」；將「猶」字玩弄得出神入化。本句的同類是，「戇入，無戇出。」反義句，「猶入燴好，猶出會好。」

　　猶入：猶，熱衷也；斤斤計較進賬；多收入些便宜。因此，古意的老先人咒了一大聲：「猶入燴好！」　無猶出：無猶，精明也；支出款項一定要精明，不能糊塗支出，更不可從寬從多支付。於此，老先人說什麼：「猶出會好！」這是不可能的，多少生意人付款，能緩則緩，能拖則拖；惡質的，早就計劃要倒，要跑。　戇入［gōng-ji̍p］：猶入。　戇出：猶出。

【22】

買者不明，賣者擔當。

Bé-chiá put bêng, bē-chiá tam-tng.

Bé-chià put bêng, bē-chià tām-tng.

贓物謝絕。

　　斷言生意人出售的貨物不但要貨真價實，而且要原廠品檢通過的東西。水貨雖然也無不可，但要來一番「先小人，後君子」。但，「賊仔貨」是千萬賣不得的也。

　　老先人在教示，買者不知情買到贓物，賣主擔當一切責任。

【23】

三個錢，交關一崁店。

Saⁿ-ê chîⁿ, kau-koan chi̍t-khám tiàm.

Sāⁿ-ē chîⁿ, kaū-koan chi̍t-kham tiàm.

買多買少都是顧客。

　　言明生意人的應有態度。入門者是客，不論多麼小額的消費，店家都應該親切招呼。

　　句裏用「三個錢」喻指小少買賣，而「交關一崁店」表示慎重其事，視爲全店的大代誌。這種態度是「和氣生財」的傳統生意法。也許，古之庄腳小店可能如此從事，致若都市的百貨公司如此「交關」，那麼關門大吉是不出三日之事。同義句：「三錢燈心，交關一崁店。」

　　交關： 客人入店買物件。　　**燈心**[tēng-sim]：燈蕊。粗綿線或粗紙撚成的線條，一端浸入油燈吸飽煤油，另一端點燃，燃燒發光。

　　四十多年前，老家右斜對面有一家叫做什麼公司的籤仔店，它什麼都賣。賣鹽、糖、豆油、蔭豉、北海道的紅鹹鰱魚；紅標

米酒、新樂園；鳳梨、梨仔、三文魚罐頭；金紙、銀紙、香；粗
紙、雪文……。「童叟無欺」是一定有的，買他二兩蝦米，都是工
工夫夫地包給你。

　　這時期，好多雜貨店不費分毫就讓人「交關一間店」！每次走
過店門，但見坐在大櫃前的客人，看報的看報、聊天的聊天。顯
然，今天他們不是來買半個鹹鰱魚頭，或三五根香菸的；他們來
哈哈茶，噗噗菸，交換一些五四三的半路消息。閒談間，幾個小
孩擠了進來，要買一角糖含仔，二角尪仔標，要抽一次五毛錢的
籤組。❼但見，頭家娘歡頭喜臉，跟這些台灣的小主人完成一場
重要的交關。

　　現在的百貨公司，就是交關三萬元，也免想哈他一杯水。店
小姐雖然口水會抹，日本禮儀也學得五六分像，若想要「交關一
崁店」，卡早睏咧！舊世界死了，老農民的買賣是前世紀初的代
誌。

【24】

和氣生財，激氣相刣。

Hô-khì seng-chaî, kek-khì sio-thaî.

Hō-khì sēng-chaî, kek-khì siō-thaî.

喜生財，怒招害。

　　生意人的座右銘，說的是笑臉迎人，歡迎的是顧客，也是財
利。若是偶有誤會切勿意氣用事；鬥氣爭吵的話，恐怕相殺收
場。

　　激氣：意氣之爭。　　相刣：動刀相殺。

【25】

新開市，卡好結拜兄弟。

Sin khui-chhī, khah-hó kiat-paì hiaⁿ-tī.

Sīn khuī-chhī, khá-ho ket-paí hiāⁿ-tī.

開頭彩好顧客。

　　舊時走江湖，打拳賣藥的，用來開市、鼓舞交關的口頭禪。

　　這句話不能光說不練，但見，王祿仙大喊：「來，來！『新開市，卡好結拜兄弟！』先喊聲的，買一瓶消痔丸，再送三片狗皮膏……！」如此製造頭彩。不過，人在江湖嘛，凡是交關的，不計先後，一律「一瓶三膏」優待。

　　新開市：開場後，第一個成交的買者。　卡好：（價值、感受的比較級）勝過。　結拜兄弟：義兄義弟。

【26】

買賣無成，情義原在。

Bé-bē bô-sêng, chêng-gī goân-chaī.

Be-bē bō-sêng, chēng-gī goān-chaī.

下次您會交關的！

　　可能的用法：老顧客入店看了許多物件，又問了好多商品情報，搞了好一陣子，沒有成交。但說一聲，「歹勢啦！」店家大大方方，回他：「買賣無成，情義原在！……」

　　歹勢啥？貴客願意光臨鄙小店，算是給我們面子，是有情有義的老主顧也。舊時，做生意講情談義，沒話說；私相授受的也。現代，我國選總統、委員、大小代表，也講究「大哥的面子」，「施捨公帑的情義」！

【27】

烏龜生理。

Oʼ-kui seng-lí.

Ō-kui seng-lí.

眞生意人也。

　　商人的自覺和自勵。說的是顧客至上，對客人凡事要忍耐，要和氣。

　　這句是常用的商業諺。「烏龜生理」是「修持烏龜功的生理人」的省略詞。奠基的是傳統「和氣生財」的商學原理。眞的，要賺人家一分半分錢誠非易事，非得處處實施「戒急用忍」不可！同義句有：「生理人，烏龜性地。」

　　烏龜：形容人修養成烏龜一般的性狀，遭遇攻擊就自動控制情緒來忍耐，來龜縮不敢回應。這是一種唐山功夫，諺云：「近來學得烏龜法，得縮時且縮頭。」（→《增廣昔時賢文》）此處，不指愚善人買來放生的可憐龜，也不指「有錢烏龜坐大廳，無錢秀才人人驚」（→326.06）的特種龜。

【28】

歹歹人客，卡贏一個親家。

Phaín-phaín lâng-kheh, khah-iân chı̍t-ê chhin-ke.

Phaiⁿ-phaiⁿ lāng-kheh, khá-iāⁿ chı̍t-ē chhīn-ke.

顧客，錢來也；親家，囉嗦到！

　　生意人用來表達顧客的重要性。

　　爲甚麼親家被看得這麼扁？據說，這位親家尊性囉嗦，閒來沒事就要光臨小店。一坐就是整天，不停的數落老闆，是如何的教女不嚴，以致於事翁姑何等不孝！如此親家，得罪不得，賠罪又不甘心；「檳榔烟，燒酒茶」招待嫌不足，又得酒菜伺候。唉，可惡的親家！還是，那些挑剔的顧客可愛。

【29】

姜太公釣魚，離水三寸。

Kiang-thaì-kong tiò-hî, lī-chuí saⁿ-chhùn.

Kiāng-thaí-kong tió-hî, lī-chuí sāⁿ-chhùn.

心甘情願買漏甕。

舊時王祿仙的說詞。大吹他的靈丹過後，接下來就是要鼓舞觀眾購買了。此時，他一再抬高身價，說什麼仙藥無須求人購買，只要是識者，都會搶購。同類句是：「姜太公釣魚——願者上鈎，不願者回頭。」

　　上鈎[siōng-kau]：相關詞，用魚的上鈎，喻指生意的成交。

　　典故：當日姜太公思官心切，走到岐州的渭水河邊，釣魚不用香餌，離水面三尺。喃喃自語道：「負命者上釣來！」(《武王伐紂平話》中)。這是幹什麼的啊？當知，太公之意不在魚！後來，他如此招供，說：「臣昔日在於…渭水河邊坐釣之時，非釣魚，只釣賢君！」(《武王伐紂平話》下)。

　　看到了這句俗諺，使我想到幾年前看過一則新聞，說的是現代中國普遍發生「公費釣魚」的怪現象。原來，從1995年中國實施每週公休二天，城裏的有權者每逢休日，結伴攜眷開了公家車下鄉釣魚取樂。他們的釣魚運動，要通知下屬用公款吃飯，飯後進行麻將消遣交際。釣得的大小魚鱉，不論是公池私塘，當然是不付錢的。

　　某個假日，徐州官方魚塘，一次就有釣魚的公家車55輛，特權釣者110人。當然，檢討聲浪一時大興，但「反腐敗一陣風，過去就輕鬆！」釣者依然自樂。(→《中央日報》1995(7.24):4)

　　有啥感想？看來，中國人的「釣魚」是另有玩意兒的了。從姜

太公假釣魚為釣官開始，每況愈下：吊到官的，下鄉釣眞魚，釣部屬，釣酒食，釣麻將，釣釣釣釣，釣成一池腐敗官僚！

【30】

嫌貨，則是買貨人。

Hiâm hoè, chiah-sī boé-hoé-jîn.

Hiām hoè, chiá-sī bé-hoé-jîn.

歡迎光臨指教？

　　店家用來留下顧客的一招。店小姐眼看顧客東挑西剔，熱烈討價了一陣子之後，餘興未盡，頗有再嫌下去的架勢。此時，靈精小姐馬上祭出這句名言來鼓勵客人繼續發表評論。誰知，這位顧客再嫌了0.5句，就斷然成交了；十二分滿足地抱著物件走出店門。古賢人早就預言，有此一日，說：「薄我貨者，欲與我市者也；訾我行者，欲與我友者也。」（《崔敦禮‧芻言》）

【31】

買賣算分，相請無論。

Bé-bē sǹg-hun, sio-chhiáⁿ bô-lūn.

Be-bē sńg-hun, siō-chhiáⁿ bō-lūn.

這時言商，彼時攀情。

　　生意人教戰守則第一條：殺到了底線，算分計釐，錢項分明，一分錢不可少。此外，攀交情、套關係、商官合作，一類的交際，就得大可「無論」了。

　　話雖如此，正派的生意人在商言商，不管「有食，有食的功夫！」（→422.02）人家「相請無論」的生意，用酒精、女色、乾股、回扣、紅包來麻醉，來進行施壓、護航、關說、超貸、脫產。據說，此類合作事業，台灣商人是不幹的。

　　那麼，古意的台灣生理人，是沒有「相請無論」的了？也不盡然！君不見，頭家從大櫃上面拿了一包「新樂園」，趖出一根香菸，說：「來來，噗一枝！」──眞小氣！也許。賺錢有數，哪堪得跑酒廊灌XO？

【32】

敢趁，敢了。

Káⁿ thàn, káⁿ liáu.

Kaⁿ thàn, kaⁿ liáu.

賺多賠少店免倒。

　　斷言生意人是敢賺敢賠的，總結能夠盈餘，生意就可維持下去了。說商場要大小通吃，既不可能，也不合理。試想，誰能壟斷市場？

　　敢…，敢…：台灣話的重要句型，用來表達「條件和結果的相應關係」。例如：「鱸鰻敢做，豬砧敢睏。」（→329.23）

【33】

博繳君子，買賣賊。

Poa̍h-kiáu kun-chú, bé-bē chha̍t.

Poā-kiau kūn-chú, be-bē chha̍t.

遊戲規則和例外。

　　舊說，賭博的有規有則，除非是詐賭；不論打牌、攆投、輪盤、麻雀，除了有淸楚的輸贏標準，也鬥手氣，拚機敏。勝者沈淪，敗者走路自盡，好像頗有「君子」氣概。

　　說「買賣賊」，豈有此理？都是「姜太公釣魚」，都是自願上鈎的也。可是，老先人明明一口咬定說，賊！啊，言重了。舊時，台灣的小小生理人，秤仔缺乏標準，有些「狖入，無狖出！」（→.

21)

　　不過，當今我國出現某些商賈，卻是大有做「賊」的嫌疑。報載，有不少大企業淘空資金，炒作金融，有的洗錢外國，有的搖搖擺擺走進中南海，有的「債留台灣」去投資建設中國。這豈只是「生理賊」！已經是可惡的台奸了。

　　（參看，「繳豬，生理虎。」342.04）

【34】

貪四，無貪六。

Tham sì, bô-tham la̍k.

Thām sì, bō-thām la̍k.

貪讓各有所本。

　　斷言做生意並不事事斤斤計較，該賺則賺，該讓則讓。

　　這是一句老商諺，說的是舊時市場的私規：款項尾數4／10以下者，可貪；6／10以上者，不可貪。例如，價錢5.6角，可收6角整，貪他0.4角；價錢5.4角，只算做5角，讓客0.4角。

　　從數目上看，滿公道的；但關鍵在商人、在斤兩、在算法。生意人是深懂「龜頭，也是龜內肉」，羊毛出在羊身上的原理者。

　　游鍵至此，想到德國人是多麼不懂得「貪四，無貪六」的益處和方便。他們店店喜歡訂個1.9的，19.9的，99.9的價錢。長期下來，害我們積聚了十幾公斤的「一分尼」小銅錢——每次找我0.1時，慷慨之情和隨俗的修養交戰，逼我台灣人這句常用的「免找啦！」如刺梗喉。

【35】

趁貨頭，捨貨尾。

Thàn hoè-thaû, sià hoè-boé.

Thán hoé-thaû, siá hoé-boé.

夠本就好。

舊時蔬果商,到了下午的時候都會降價拋售,說是「趁貨頭,捨貨尾」——貨頭已經賺回本錢,貨尾放著會爛掉,乾脆俗俗仔賣算了。

貨頭:上市不久,鮮美的貨物;這也是市場旺熱的時段,嬌的,好的,排面攤的貨色待價而沽。 貨尾:旺市的時間已過,剩下的,賣不出去的物件;那是貨色較差,鮮美度降低的東西。 捨:取放棄的意味,所以是不算本錢的大俗賣。

看來,「捨貨尾」是國際性的也。德國有一種流動市場,到了下午一二點,蔬菜、果子,都捨成貨尾;五、六點以後,麵包店也然;換季的衣物,過時的日曆、期刊、書籍,都有清貨尾的時候。這時,百貨公司未開大門就排了長龍,趁貨頭的忙得不可開交,買貨尾的手抱大小物件,一路俗俗俗。

【36】

臭焦, 掩無熟。

Chhaù-ta, am bô-sėk.

Chhaú-ta, ām bō-sėk.

有賺有賠。

商人低調地表達經營的業績。說的是,生意馬馬虎虎啦,大賺沒有,只能渡個小月。

本句用的是比擬法,「臭焦」可比大賺,「無熟」擬指少賠;大賺掩蓋小賠,店就撐得住了。傳統的台灣商人不敢自吹「大有斬獲」;據說,準備要借錢的,計劃要落跑的,才做「大趁」的宣傳

廣告。

臭焦：燒焦，如食物煎煮，炒烤過度。　掩：蓋也，補足也。
無熟：生也，如食物煎煮未熟。

【37】

大斗進，細斗出。

Toā-taú chìn, sè-taú chhut.

Toā-taú chìn, sé-taú chhut.

俗買貴賣好賺錢。

民間用來批評奸詐的「糴米商」，說他們的經營法是：進米入店，用大斗來量；賣出去的，用小斗。

其實這是印象的說法，「斗」是公定的，不能變大變細。奸詐在於糴米時的小動作：米斗放得斜斜的，斗界輕快一介，可偷個三四公克白米。

斗：有10.04公升，舊時，米、豆，等乾物的量器。俗語有「一石，九斗冇。」(→317.07)

【38】

熟似，食厝內。

Sėk-saī, chiȧh chhù-laī.

Sėk-saī, chiā chhú-laī.

另類的知己！

老顧客的失望和感慨。說，熟似這麼多年，一向是他的老主顧，但賣給我的大小物件，要不是次級品，就是貴人一二成。氣死我也，王八蛋！

咱台灣人買賣，總是要找「熟似」老店和店員。相信如此可買得真貨實價的物件，甚至可能獲得打折優待，在「橐袋仔，袋磅

籽」(→131.24)時，也有暫賒一下的方便。但這句老諺好像頗懷疑
生意人之「熟似」者。眞象如何？有待親身經驗了！同類句有：
「買賣，趁熟似。」「生理人，騙熟似。」

熟似：*比「點頭」多些認識，但還未及「知己」程度的熟人。*

【39】

主顧，摻酸醋。

Chú-kò˙, chham sng-chhò˙.

Chu-kò˙, chhām sng-chhò˙.

臭酸各自表述？

用來諷刺熟似老闆，說他盡會欺騙好主顧。

句裏說的是飲食店的老闆，他用臭酸料理賣給熟似人。食客
說食品已經發酸，且有了開始腐臭的那種味道。但老闆強辯，
說：「不是啦，邪是招待您這位老主顧，特別摻了許多酸醋的
啦！……」

酸醋：*食用醋也，如，蘋果醋、白酒醋、黑醋、工研醋等等。*

臭與酸截然不同，豈容混淆？似此，一個中國，一個台灣，
何須各自表述？

【40】

老頭家食名，新主顧幹個娘。

Laū thaû-ke chiah-miâ, sin chú-kò˙ kàn-in-niâ.

Laū thaū-ke chiā-miâ, sīn chu-kò˙ kán-īn-niâ.

吃我金字招牌。

用來譏刺老店的不實在。老頭家大吹產品何等優秀，只有本
家，別無分店；同時，物美價廉，無可比擬。一些老主顧信以為
眞，繼續交關老店。

　　誰知，新主顧入店，一照貨色，一看價格，含怒而返。回家，大開三字經，臭罵老店虛有其名，品質粗劣，形式醜陋，價格高得離譜。

　　老頭家：老店的創店老闆，底下可能還有少年老闆。　*食名*：滿有名聲的，徒有虛名也。　*幹個娘*：辱罵人的惡口。台灣話之最壞者，不用爲宜。但請台灣話專家，發明幾句不傷母親、女人的「好罵」，以供奇冤難伸，求之天地人不應者，用來發洩悲憤。

【41】

先小人，後君子。

Sian siáu-jîn, hō͘ kun-chú.

Sen siau-jîn, hō͘ kūn-chú.

儘管殺價，成交認命。

　　舊時買賣的遊戲規則。特別是比較大件貨物的買賣，或重要事物的交涉，所遵循的。就買賣言，店家先接受買者的「小人」，不外是挑剔物件缺點，故意指摘物品瑕疵。萬中挑一之後，再來一場大殺價，要求物品耐久不壞，損害要賠償，修理要免費，等等一籮筐條件。雙方同意，定交以後，就得依約實行，不得反悔；凡此種種，謂之「君子」。

　　時代不同了！現代人沒有這種美國時間和牛皮糖的耐性來操小人，練君子。一般較貴重的物件，價格也頗通透，且有保證。我們去年春天買了一部品牌電腦，保證期一年，到戶服務。眞巧，在保證期滿前天，腦充血，翹了。按址打電話，約時間。電腦工程師準時光臨診斷治療，移植了主機版、顯示卡，馬上恢復健康——何必扮演小人？白紙黑字，眞「君子」也。

【42】

唐山客，對半說。

Tn̂g-soaⁿ kheh, tuì-poàⁿ soeh.

Tn̄g-soāⁿ kheh, tuí-poáⁿ seh.

打虎症候群？

　　用來譏刺中國顧客。說他們根本沒有「不二價」的觀念，買物件總是胡亂殺價；定價一千元的，殺成五百，還要索取一件小東西。

　　台灣老名諺也。本句反映我國市場的歷史，也是文化衝突的顯然事例。一個進步的，控制成本，限定利潤，按營業額報稅的台灣商人，面對一個能賺就盡量賺，能敲就盡量敲的市場的消費者，就發生這種不能苟同的做法。當然，唐山客情有可原！想看看，不殺它五折就買貴買戇的社會，要它的消費者不「對半說」，可能嗎？

　　對半說：殺價一半，說要打五折。文字上，是「說對半」，為對齊韻腳，倒裝表達，反而更能引人注意。

【43】

嘴水給你抹，價錢無走差。

Chhuì-suí kā-lí boah, kè-chîⁿ bô-chaú-choàh.

Chhuí-suí kā-li boah, ké-chîⁿ bō-chau-choā.

顧客至上，價錢第一。

　　形容某一商店的全體店員，對於顧客都是彬彬有禮，回答問題和藹又細心，但是應付討價還價極有一套，相殺了二三個鐘頭，還是那麼一句：「失禮啦，鄙小店參加了聯合國『不二價』聯盟……」

這句俗語用的是對偶反對句式，「嘴水」對上「價錢」，禮貌對上利益；親切的「給你抹」口水，給您貴賓級的招呼，但價錢還是死守陣線，絕無轉進，分釐「無走差」。還有，韻腳[-oah]對[-oah]，對得很動聽。

　　嘴水給你抹：禮貌地跟您講了許多好聽的話；不是「利委」那種醜陋的亂彈。　　**無走差**：絲毫沒有差異，沒有離開原訂的（價格、目標、規格）。

【44】

上天講價，落地還錢。

Chiūⁿ-thiⁿ kóng-kè, lȯh-tē hêng-chîⁿ.

Chiūⁿ-thiⁿ kong-kè, lōh-tē hēng-chîⁿ.

太空人vs.唐山客。

　　用來形容買賣雙方開價和殺價，進行得非常激烈，其間的距離何只天與地。

　　本句修辭用的是比擬法。「上天」和「落地」的高低懸殊來擬指討價還價的拉不攏。

【45】

寸絲爲定，千金不移。

Chhùn-si uî-tēng, chhian-kim put-î.

Chhún-si uī-tēng, chhen-kim put-î.

信用主義萬歲。

　　斷言遵守信用的重要性。說，同意約定的買賣，雙方都講信用，守諾言，就是下寸絲爲定，也無異於千金的效力。

　　據說，古之眞君子，只要一聲OK！連什麼定，什麼絲，都不必要。啊，天眞得太可愛了！如此粗心大意，膽敢藐視詭詐的

人心。

現代人嘛，以小人爲君子，以政治是騙術，大交關大風險；這是不能銀貨兩訖的。例如，在野諸黨吵著要的「核四」，須要國際銀行千萬元擔保，又要全國2,300多萬條生命當做連帶保證人。

難了！萬金不算定，寸絲怎麼行？

【46】

一手交錢，一手交貨。

Chi̍t-chhiú kau-chîⁿ, chi̍t-chhiú kau-hoè.

Chi̍t-chhiu kaū-chîⁿ, chi̍t-chhiu kaū-hoè.

銀貨兩訖。

用法有二：一、舊世界的生意經。斷言做生意要爽快，貨物在此，現金交來；買賣不拖拉，貨出錢入，眞爽快也。二、現代用法。說某大人辦案，你今夜依案件輕重交錢，他明晨判無罪放人。

這句俗語的原始用法，說盡買賣的大原理：「銀貨兩訖」。做生意貨要實，錢要現，正如老先人一再開示的：「無交錢，不成買主。」

做生意，「一手交錢，一手交貨」應該！那麼，擄人來交錢換人，可乎？當然不行，那是綁匪的行徑哦！可是，話說：1997年十月間，有中國捕漁船侵入我國限制水域。我方七保警員莊鎭耀先生前往臨檢，卻被中國漁船聚衆打傷，擄往福建當肉票。中國的說詞是，莊警員打人，傷他是中國漁民的自衛行爲。但中國海協會唐樹備出面要求「賠償金」解決，錢來放人！據說，我國台灣也願意捐獻「慰問金」。(→《自由時報》1997(10.26):4)

　　這！這！這是烏龍八卦吧？國際糾紛該循法律程序解決，也不是海上買賣，豈可「一手交錢，一手交貨」！

【47】

允戲，擔籠。

Ín hì, taⁿ láng.

In hì, tāⁿ láng.

沒問題啦！

　　用指一旦答應人家的事，必定如約實行，辦得既準時，又周到。

　　允戲：戲班應邀公演，也可用指班主請得演期。　擔籠：挑運戲籠也。戲籠，收藏演員的戲服、道具，等等戲班的物件。

　　背景：我國台灣，還沒有貨物車的時代，搬運貨物都得雇用挑夫。尤其是歌仔戲班，在各個市鎮、庄社來回演戲。移動時，他們的「戲籠」都得僱人挑送。當戲班主人允戲之後，必要安排擔籠。班主對挑夫說：「一定要按時來擔籠，不能有誤。」果然，戲班全體王公伯爵，小生苦旦一到，戲籠也已經伺候多時了。

【48】

有賒有欠，百年老店。

Ū-sia ū-khiàm, pah-nî laū-tiàm.

Ū-sia ū-khiàm, pá-nî laū-tiàm.

老台灣的籤仔店。

　　舊說，頭家歡迎交關掛賬賒欠，但待年冬收成算賬。如此這般，造就了寒村的百年老店。

　　背景：自古及今，我國農村有一種所謂「半路店」，村小店，賣一些家庭日用物、罐頭食品、乾貨、烟酒、醬油、鹽糖；還兼

賣些金紙、銀紙、線香。主人可能是村裏的小小地主，經濟還算比較寬裕。眼看後生不堪做稽，新婦又是「讀人之初，畢業的」(→411.17)才女，賬會記，二位數會算。所以，給後生新婦開一間簽仔店，叫他們來服務村友親堂。

老頭家雖然知道「日日見財」的好處和重要性，也希望這間簽仔店大發財利，奈何佃農集結的寒村，頗難如願。自從小店落成的第一天，歷經三代傳承，日夜營業，都是欠還欠還的。但人窮志不窮，村親鄉友，割稻，掘蕃藷，捽土豆，鑿竹筍，賣豬賣鴨，每次收入，都會自動前來清還舊賬──「歹勢啦！欠眞久也。」頭家娘回他：「免細膩！做你來…」當然，一定再來繼續歹勢的。

我國台灣有無數這樣的半路老店，賒賒欠欠，小商貧農同筏共濟，來橫渡次殖民的苦海。

【49】

一千賒，唔值著八百現。

Chi̍t-chheng sia, m̄-ta̍t-tio̍h peh-pah hiān.

Chi̍t-chhēng sia, m̄-tāt-tiō pé-pá hēn.

一鳥入籠勝百鳥在樹。

用來斷言，做生意寧可給他打個折扣來要現金，而不要按照訂價給他賒欠。

現代我國台灣，詭詐的買賣多得很，簽賬一多，風險愈高，倒店的機率隨之高漲。這正是老先人所開示的：「無賒不成店，賒了店不成！」(→.50)賒與不賒之間，該當如何是好？

唔值著：→12.01。 現：現金，現鈔也。

【50】

無賒不成店，賒了店不成。

Bô-sia put-sêng tiàm, sia-liáu tiàm put-sêng.

Bō-sia put-sēng tiàm, siā-liáu tiàm put-sêng.

商店的總開關。

　　生意人用來吐苦水的名諺。說的是，買賣賒欠應有，但這種「應有」多了，周轉必然不靈，店也就應聲而倒。難矣！如何妥當地使用「賒之鑰匙」？

　　本句修辭美妙，用的是對比異對格。第一分句，說開店營業，在乎「賒」字；第二分句，指出關店大吉，也因爲「賒」。全句用「賒」字來串聯成與敗，開或關。

　　這句俗語道盡做生意的風險，但沒有片語隻字來指點避免賒欠的道理。看來，是一句苦參不透的無頭商禪了！

【51】

欠錢，走主顧。

Khiàm-chîⁿ, chaú chú-kò͘.

Khiám-chîⁿ, chau chu-kò͘.

賠了夫人又折兵。

　　用來表達生意人的深沉怨嘆。說的是，一個常來本店賒賒欠欠的客戶，舊賬未清，卻轉到別店去交關，去賒欠了。

　　本句是白描，語氣非常有力；義正詞嚴地責備一個「反叛」的主顧——據說，憤怒的老闆，操了好多句三字經，然後才拚出這句俗語！

【52】

放賬師仔，收賬師傅。

Pàng-siàu sai-á, siu-siàu sai-hū.

Páng-siàu saī-á, siū-siàu saī-hū.

放收自如真師傅。

　　可能是經驗豐富的頭家，對店員的精神訓話。他挑明做生意的困難和緊要處，就是「收賬」！只知道「放賬」的，還算是幼稚班小寶寶。

　　本句的修辭格是對偶反對：「放賬」對「收賬」，是一出對一入；「師仔」對「師傅」，是初級班的學員面對資深的老師。對得真工整，也對出了「放與收」之間的問題：多放少收，難免脫水而亡！這是生意，也是生理。真台灣精諺也。

　　放賬：分送賬單，通知客戶還清賒賬。　師仔：學徒、新手也。　收賬：收回欠賬的款項。通常都是由資深店員負責，要是老闆親身出馬，那代誌就大條了。

【53】

九規熟透透，討錢沿路哭。

Kiú-kui se̍k-thaù-thaù, thó-chîⁿ iân-lō͘ khaù.

Kiu-kui se̍k-thaú-thaù, tho-chîⁿ ēn-lō͘ khaù.

盤珠易打，發財難得。

　　用做警語。開化人，切莫貪財，自以為精於盤算，就要放重利來求暴富。

　　這句俗語是非常入骨的反諷。「九規熟透透」者，乃是善打算盤，精於理財的人。一般的印象是，財神般的日進萬金，夜夜笑哈哈地數鈔票。然而，先人卻說他「討錢沿路哭」。為甚麼會？留

個大問號，來當做勸世的話頭。

九規：*珠算的口訣。*　熟透透：*對於（某門學問、某項技術）非常精通。*　討錢：*收回欠賬，或欠債。*

可能的背景：為甚麼「九規熟透透」的人會「討錢沿路哭」呢？這就要問這個算盤高手闖下什麼災禍來。據說，他很相信自己的聰明，自負一派海口仙的嘴水。於是，冒險當起會頭，四處以會養會，然後放起高利貸，大搞錢莊。

算盤雖熟，但人心難測；會腳倒了，借貸的人落跑了。怎麼辦？討錢去吧！但所到之處，大門深鎖；電話找人，回應的是答錄；上法院申訴嘛，地下錢莊見不得官府。如何是好啊？但見他每次出門討錢，都是如喪考妣的，沿路啼啼哭哭而返。

【54】

請媽祖，討大租。

Chhiáⁿ Má-chó͘, thó toā-chó͘.

Chhiaⁿ Ma-chó͘, tho toā-cho͘.

利不及費，划不來也。

老闆用來怨嘆，說的是雇用店員收賬，進款還不夠付他的薪水。也可用來形容：花大錢，賺小錢。

這句俗語的結構和用詞非常妙，君不見，勞師動眾來「請媽祖」，不是要大拜拜，也不要祈求闔家平安，六畜興旺，竟然是要麻煩她老人家來「討大租」。真愛滾笑，也敢勞煩媽祖婆來收佃租！

請媽祖：*包含迎媽祖和祭祀媽祖。迎媽祖，指她的神誕大拜拜；請媽祖，恭請媽祖神像到弟子的家裏，來祭拜，來請示，來祈安求福等等。*　討大租：*分租頭家，收租金來交給大租戶；租金，可以是現*

金或穀物。

　　背景：自從滿清到日據時代，台灣的農地所有權和使用，可分三大階層：大租戶、小租戶和現耕佃戶。「大租戶」是特權階級，向政府請得一大區土地的開墾權，面積常常是數以千甲。他們當然不會直接耕作，而是分成較小面積來租給小租戶。大租戶到了清中葉，大部分大租權都出賣給小租戶；到了日據時代，大租戶逃回中國者，土地就被政府沒收。

　　從此，小租戶大多成為地主，是土地的擁有者。於是，他們再將土地分租給「現耕佃戶」。當然，田園的實際使用，不僅是這三階段而已，可能層層分租。在1904年(光緒30年)，台灣持有大租權者，有38,000人；小租戶約有300,000人；現耕田戶有750,000人。

　　應該一提的是，在國府的「耕者有其田」(→11.19)以前，台灣有「五大地主」；他們身兼大租小租，擁有大片田園、土地。他們是：台北枋橋，林本源，有5,300甲；台中阿罩霧，林獻堂，1,500甲；新竹，何如蘭，500甲；台中新庄仔庄，吳鸞旂，800甲；台中霧峰庄，林季昌700甲。❽

【55】

大好大敗，無好無醜則常在。

Toā-hó toā-pāi, bô-hó bô-baí chiah siông-chāi.

Toā-ho toā-pāi, bō-hó bō-baí chiá chhiāng-chāi.

暴興暴敗，平淡才久遠。

　　這是老先人長久觀察那些弄大關刀的商人的感想。他歸納出一個道理，說那些直衝翹起的生意，也必很快就疲軟直落，而只有平平的生意，才能持久。

無好無醜：（收入、病情、治安，等狀態）沒有較好，也沒有變差。　常在：（事業，事物）久遠。

這句俗諺含蘊的智慧是非常傳統的台灣人經驗。所說，不可貪婪暴利暴富是淺顯的道理，例如，急功近利的「大膽西進」，是盲於僞裝的陷阱，看到的是眼前的熱鬧。

然而，先人也有思想上的侷限，像「無好無醜則常在」，頗值得檢討。君不見，那些固執於「維持現狀」的商店、公司、社會、國家，那一個能保持現狀？現狀像「莎西美」，冰鎮冷藏，能保幾時鮮？──台灣的維持現狀？這需要大家同心多多祈禱了！

【56】

二一，添作五。

Jī it, thiam chok ngó˙.

Jī it, thiām chok ngó˙.

平分利益，一文不少。

用法有二：一、喻指生意盈虧對除，剛好拉平，沒賺也沒虧。二、主導二人合夥做事者，用來保證，將來所得的利益平分爲二，毫釐不會少給。

這是一句台灣名諺，由珠算的除法口訣演變而成的，就是1／2＝0.5。眞厲害哦，先人的語言能力，連那冰冷的算盤程式，都能應用得如此有人情味，萬分溫暖。但願「二一，添作五」是分享權利和益處的法則，也是分擔義務或苦難的實際，而不是「黑金黨」掏空台灣資源的分贓。

（本句另解，參看435.21）

【57】

三雙來，六塊去。

Saⁿ-siang laî, la̍k-tè khì.

Sāⁿ-siang laî, la̍k-tè khì.

六入又六出。

　　生意人低調地回應親友的「恭喜發財」。說自己的營業：「趁錢？哪有！『三雙來，六塊去』，會直就眞嘉哉了。」

　　這句俗語採用鑲嵌修辭法。「雙」和「塊」的內容，可以不論；玩的是：收「$3×2＝6$」，支「6」，結果「$6-6＝0$」。六來六去，美其名爲「預算精準，收支平衡！」。

　　[小檔案]我國曾發生過「6-6＝0」式的省長選舉「賬」。那是1994年的省長選舉，按選委會規定競選經費，最高限額是「一億零四百九十萬二千元」，並規定在翌年一月二日申報該項經費收支。

　　當時代表國民黨競選，並當選省長的宋楚瑜，在法定期間內提出申報，總收入和總支出，都是「一億零四百九十萬二千元」，和法定最高額「分毫不差」。省選委會審議，認爲所報金額「屬實」，同意通過申報。

　　但另一個候選人陳定南，花了三年的時間清算，他申報收入是「四億七千零八萬零五十五元」，支出「四億五千六百八十七萬五千七百元」，結餘「一千三百二十萬四千三百五十元」。

　　結果，在1998年，省選委會對陳定南的超限額，和超規定時間申報，而從重裁罰四十萬元，創下競選經費受罰的最高記錄。雖然，宋的未超限和0結餘，引起當時民進黨議員王世勛強烈質疑，問起憑據，宋說已經銷毀。(→《自由時報》1999(3.10):3)

　　諸位書友，看了這一件舊聞有何感想？宋楚瑜分毫不差的收支能力，連孫悟空都不敢領教！承報單位斷定申報「屬實」，諒必豬八戒都不相信。這事無解，興票案豈是偶然？不起訴處分，早爲台灣人所預料。司法如此，台灣要如何站起來？

【58】

糶米賣布，趁錢有數。

Thiò-bí boē-pòˋ, thàn-chîⁿ iú-sò.

Thió-bí bē-pòˋ, thán-chîⁿ iu-sòˋ.

馬馬虎虎，小生理啦！

　　小生意人用來做「賒欠謝絕」的婉語。說的是，鄙人做這種「糶米賣布」的生理，正是「趁錢有數」，實在應付不了掛賬。

　　這句是白描，但第一分句「糶米賣布」是「糶米販仔」和「賣布販仔」的省略詞；他們是昔日遊走農村，到處賣米和賣布的小販。

　　糶米：用升用斗，量米來販賣；反義詞是「糴米tiah-bí」，例如「糴米食」，升斗小民也。　有數：（錢、物的數量）有限，屈指可數。

【59】

有算，無貫。

Ū sⁿg, bô kⁿg.

Ū sⁿg, bō kⁿg.

白忙生意。

　　生意人用來怨嘆。說，小店顧客進進出出，小交關多，欠賬也多，賺錢是免想的了。

　　簡單四個字，映出暗淡的油燈旁，頭家娘用失望的眼神注視著一堆「歹錢」。耐心數算，五十一百，分做幾個小堆堆。一看賬簿，扣除本錢，連半個歹錢也沒賺。同義句：「有錢通摸，無錢通趁。」

　　無貫：喻指沒有盈餘。清國時，小買賣用銅錢，錢中央有孔，收帶時用「錢貫」串了起來，打結以免散失。參看，「真勢算，剩一條

貫。」(243.25),「一個錢,拍二十四個結。」(243.12) 有…通…,
無…通…:台灣話的重要句式,用來表達「可能和不可能」;構句用
「有＋名＋通＋動,無＋名＋通＋動」。通,可能、能夠。(→「無通生
食,若有通曝乾。」436.14)

背景:台灣人民的經濟生活,自古就遭受到多方剝削。以本
句俗語來說,銅「錢」要有一定的大小、厚薄,才能保持普遍價值
和標準。但明鄭據台,台灣用的銅錢仍然是中國各省的舊錢,如
《海東扎記》載,台灣多用宋錢,有太平、元祐、天喜等等。這些
銅錢薄不如紙,「千文貫之,長不盈尺。」而通商貿易,則以西班
牙政府所鑄的紋銀爲準。清國統治台灣,始用制錢;康熙27年
(1688)鑄有台灣錢,但錢小於清國內地者,故不通用全國。❾

【60】
利不及費。

Lī put-kı̍p huì.

Lī put-kīp huì.

趁無夠本!

用來評估或結算一項營業可能的結果或實際情形。說的是,
某項事業投資多、開銷多,收入不足支出,是虧本生意,做不得
也。

【61】
頭家趁倒,辛勞趁坐。

Thaû-ke thàn tó, sin-lô thàn chē.

Thaū-ke thán tó, sīn-lô thán chē.

何時商店變病房?

用來嘲諷沒有生意可做,頭家煩惱得四肢無力,頭腦混沌,

只好躺下來嘆氣；辛勞沒事做，只好枯坐入定去了。

　　本句修辭是對偶正對式，「頭家」對「辛勞」，是一般商店的組合；「趁倒」對「趁坐」，對出彼此一派疲軟的樣態。還有，「頭家趁倒」暗藏一根刺，諧音暗諷「老闆賺得倒店」，眞利牙。同類句有：「賣無，趁坐。」

　　不好，眞不好！市場如此，人民要如何過日？若是頭家眞的趁倒，辛勞哪能「趁坐」？近年來，祖國台灣景氣欠佳，但願政府提出有效辦法，來復甦市場，振興民生。好讓頭家和辛勞，大家忙到「尻川無著椅！」(→19.03)

【62】

生理賣無，顛倒好。

Seng-lí boē-bô, tian-tó hó.

Sēng-lí bē-bô, tiān-tó hó.

景氣大壞店要倒。

　　可能是老頭家的自哀自嘆，也可能是準備跳槽的辛勞的嘲諷。說，生意不好，倒店算了。

　　這句俗語的重要句子採用擬音。「顛倒好」是「店倒好」的諧音也。假如是辛勞臭彈的，那眞是「飼鳥鼠，咬破布袋！」(→329.04)

　　生理賣無：買賣沒有；沒有生意。　　***顛倒好***［tēn-tó hó］：這裏當做「店倒好」的擬音；字面義是，（現況不好）反而好（結果）。

　　這句俗語，不好玩！不論是頭家、辛勞，或任何人，都沒有理由說「店倒好」，除非是賣「人肉包」的野店。近一二年來，我國關廠關店者，月月增加，失業人口節節上升，行政院主計處公告，今年元月失業率將超過3.3%，到了二月已經是超過3.5%，本月關廠有500家；全國失業人數超過80萬人。(→《自由時報》2001

(3.23):3)

　　近年來我國「關店」者處處，但在台灣關一店，卻往中國開一廠。這是台灣四百餘年來未曾有的災難。深願接下國民黨爛攤子的新政府，快快提出有效辦法，不然台灣即將失血而亡！遲了，「神盾」何用？也無須中國的一兵一卒。

【63】

要好龜爬壁，要敗水崩山。

Beh-hó ku peh-piah, beh-paī chuí pang-soa[n].

Bé-hó ku pé-piah, bé-paī chuí pāng-soa[n].

成極慢，敗快速。

　　用來形容要做一番事業的成功，其過程是非常困難又緩慢的；但失敗的可能性多，崩潰的速度又極快。

　　這句名諺的修辭式是對比，提出「要好」和「要敗」來比對其難易，而結果用「龜爬壁」和「水崩山」二個暗喻來說明。

　　要好：有意要做好(尤指賺錢事業)。強調品行、學業的「要好」，通常都用「學好」，例如，「學好三年，學歹三對時。」(→325.20)　要敗：故意放肆，淪於敗落。

　　撫鍵至此，想到祖國台灣近五十年來，常常出現類似此二比喻的狀況。例如，「龜爬壁」，毒水池中的烏龜是也！牠們再怎樣拚命力爬水泥池壁，也是萬萬不能超生的。又如，「水崩山」，土石流是也！官商勾結盜林濫墾，破壞生態，美麗鄉土淪為貪婪的祭牲。

【64】

拆破厝，包死牛。

Thiah phoà-chhù, bau sí-gû.

Thiá phoá-chhù, baū sí-gû.

包君了錢的生理。

　　斷言做不得的賠錢生意，莫如「拆破厝」和「包死牛」。

　　拆：拆下，分離。　　包：不秤重，不計單價，物件整批（整隻、全部、一堆）出價而買下來。

　　爲甚麼此二種買賣做不得？因爲「拆破厝」，得先花一筆工資來拆爛屋，搬回來的舊材料一大堆，堪用的、值錢的不多。若將之當做柴薪，雖是高級，卻難利用，須要裁短剖細。此外，還得佔一片空地，來堆積、來待購。至於「包死牛」嘛，就更難賺了。君不聞，「死牛」大都是息勞歸土的老的、病的耕牛。人感念牠們鞠躬盡瘁；吃義牛之肉？不敢，不敢！若包了死牛，橫心剝皮，剮骨取肉，沿戶勸買的話，那麼，誰敢效尤目蓮的令先慈，吃來下地獄，探油鼎？

　　　（參看，「做生理做到刣牛，做穡做到扱蕃薯。」132.01；
　　　　　　「腹肚貯牛肉，嘴唸阿彌陀。」244.21）

【65】
見小利，失大利。

Kiàn siáu-lī, sit taī-lī.

Kén siau-lī, sit taī-lī.

豆眼不見牛肉。

　　用做警語。勸人不要貪小失大。

　　本句名諺也是古賢人所印證的，有云：「顧小利者，則大利之殘也。」《韓非子・十過》雖然，她主要是給商人開示的，因爲他們的專業是圖「利」，開門就得見「財」。然而，這句金言也是向各行各業的人士說法的，蓋「見小失大」是普遍的災害。

有這麼嚴重嗎？有！因「小利」帶有餌一般的誘惑性，看來靈精可愛，刺激人藐視喪命的魚鉤。大魚一時不察，上鉤了！如何是好？台灣先賢，只能爲之嘆息：「想貪，著趒雞檻！」(225.29)無法度啦！

【66】

要利，連母都無。

Beh laī, lēn bú tō-bô.

Bé laī, lēn bú tō-bô.

倒去囉！

用來表達怨嘆。說，錢借給人要生息得利，結果不僅賺不到利息，連免息淸還本金也不可得——借方說，破產了，負債累累，沒錢可還。

利：利息[lī-sek]。 母：母銀，本金也；借出生息的款項。

怎麼辦？債主不好頻頻上門討債，更不可僱黑道來要錢。也許，唯有訴之於法一途了。雖然法院查封，若對方意外的是個「雙腳，挾一個卵脬」(→131.27)的好漢。奈何？

【67】

鳥嘴，牛尻川。

Chiáu chhuì, gû kha-chhng.

Chiau chhuì, gû khā-chhng.

進少出多。

用來形容某公司商店規模偉大，支出驚人，但收入頗少，宛如鳥嘴牛後。

本句修辭格是暗喻。用鳥和牛懸殊的二種器官來比喻收支大大失衡；若不快快轉機，關門就到。同類句有：「水牛，澇屎。」

「閹雞扱碎米，水牛潐大屎。」(→436.12)「做雞做鳥討食，做水牛
潐屎。」

　　比喻和本體在性質上要有所相似才行。本句，鳥「嘴」和牛
「尻川」，是這對禽獸的收支系統，用來喻指金大老闆的吃少瀉
多，搞成瘦骨嶙峋，也頗合適。

　　潐屎[laù-saí]：拉肚子；潐大屎，大瀉不止。　做雞做鳥討食：
喻指生意賺得既難且少，如雞似鳥到處笎小蟲來充飢。

【68】

闊做窄收，狼狽到手。

Khoah-chò eh-siu, liông-poē kaù-chhiú.

Khoá-chò ē-siu, liōng-poē kaú-chhiú.

種多收少，荒。

　　用來形容經營事業的失敗。說，投下鉅資，大事生產，處處
推銷，但市場反應奇冷，銷路差，收入少。但聞金老闆喃喃自
語，道：「狼狽到手！」

　　闊做窄收：大營業，小收入；字面義是，廣闊的種植，少量的收
穫。　狼狽：(事業、家勢、人生)衰敗、困頓、躓礙；前途艱難；共
犯結構，做惡的同志。《博物典彙》載：「狼前二足長，後二足短；狽
前二足短，後二足長。狼無狽不立，狽無狼不行。」　到手：(尤指壞
事、歹運)來到。

【69】

海翁，一年貼大鯊三擔肉。

Haí-ang, chit-nî thiap toā-soa saⁿ-tàⁿ bah.

Hai-ang, chit-nî thíap toā-soa sāⁿ-táⁿ bah.

利不及稅，拚血生意。

生意人用來怨嘆。說，政府課重稅，貪官敲油多，生意快做不下去了！

這是一句很淒美的台灣俗語，用的是借喻修辭法。借「大鯊」的殘暴嗜血，大小通吃，來喻指酷政的萬萬稅，污吏的貪墨；以「海翁」，鯨魚，用指被剝削的商人。句裏的動詞不用「繳」，不用「納」，用「貼」；這「貼」字，非常傳神，發洩出一種鄙夷的情緒：即是不正常的，多餘的，不情願的施捨。噫！課稅，歪糕之謂「貼」！如此政府實在太腐敗了。那麼，海翁貼了這「三擔肉」之後會怎樣？還能怎樣！可能失血而亡！可憐，商人如此苟延殘喘。

值得一提的是，這句俗諺另有二家解釋。許成章教授析賞道：「喻出娘胎便是債務者之宿命。除得繳千捐萬稅外，又得納過路受益費，以供污吏飽餐。現在被捕污吏又將減刑出獄了。到海邊撿鯨魚骨去，並加以憑弔一番，此其時矣。」❿誠然，黑暗時期的台灣，官商有如鯊鯨之間的緊張。

另有，李宗興先生有趣、有創意的解釋。他說：「海中生物最大的是鯨魚……成了大鯊魚的食物，比喻萬物全賴食物鏈互補，有失有得，計較不了……。」⓫我們覺得李先生這樣解釋離開了「大鯊」所要喻指的意義，即是貪婪、兇殘、剝奪，等侵害性。同時，句裏的鯨之於鯊，是「貼三擔肉」的被害者，好像沒有「互補」或「計較不了」的解釋空間。

【70】

矸轆企甚。

Kan-lók khiā-sīn.

Kān-lók khiā-sīn.

繪轉啦！

用來嘲諷某個商家經營不善，宛如「企甚」的「矸轆」。可憐，倒店關門不日可見。

類似句有厥後語：「溪埔拍矸轆——周轉不靈。」

矸轆：陀螺。　企甚：矸轆旋轉到快要力盡倒地之前的原地轉動；無能旋乾轉坤了。　溪埔拍矸轆：浦沙的溪埔打陀螺。企甚？免想！滅頂難逃。君不見，轆索一甩，陀螺沙遁去了。

【71】

賒杉起厝，賣現錢。

Sia sam khí-chhù, boē hian-chîⁿ.

Siā sam khi-chhù, bē hēn-chîⁿ.

倒店生理啦。

用來諷刺營業不善，資本缺乏，東借西籌來慘澹經營。

句裏用的表象是建築商人，說他向建材行賒欠材料，僱工建造房屋，並要求現金交割。本句用的直述法，言雖淺顯，但弦外有音。吐露出：「倒店在即，準備落跑去也。」眞的嗎？但看明天的大小報紙，各台電視新聞。

起：建築、起造(房屋、樓閣、塔台)。　現錢：現金也，

【72】

一千買，八百賣。

Chi̍t-chheng boé, peh-pah boē.

Chi̍t-chhēng bé, pé-pá bē.

神風商人也。

用來譏刺。形容生理人存心惡性倒閉的買賣法。

試想，買的是1000元，僅賣800！哪一國的生意？顯然，老闆是要坐「零式飛機」去的也！可惡，要拖債主一起「玉碎」！另有

更奸詐的商人，他「一千賒，八百賣；講三成，趁五成。」如此免本先收800元，宣告倒閉，由大哥出面「講三成」，淨賺500元。眞厲害啦！妙手空空「趁五成」。

　　這二句俗語，用的是鑲嵌詞格，「一千」、「八百」等數字鑲入「買」、「賣」、「講」、「趁」等詞，讓數量來說話。

　　講三成：協議償還三成債務；講，私下洽商，無關官方任何程序；成[siâⁿ]，成數，全部是十成，三成是30％。

【73】

破產，歸會社。

Phò-sán, kui hoē-siā.

Phó-sán, kuī hoē-siā.

無賺久矣。

　　用來自嘲，說生意不好，做不下去了。

　　這句是誇張，不一定眞的到了「破產」的地步，亦沒有財產「歸會社」來償還債務的事實。當知，「會哀，則有救」，傳統台灣的正派生意人，幾乎沒有自吹「發財」的。不過，大哀「破產」，非正常，有觸商家禁忌。

　　破產：債務多於財產，無力還債，接受法院查封清算；(賭徒、浪子)花盡財產。　會社：(日語)公司也；例如，株式會社，有限公司也。

【74】

七洋八洋，溶了了。

Chhit-iûⁿ poeh-iûⁿ, iûⁿ-liáu-liáu.

Chhit-iûⁿ pé-iûⁿ, iûⁿ-liau-liáu.

血本泡湯了了！

用法有二：一、用來自嘲。雖然擁有鉅款，但不善運用，花的花，貶值的貶值，最後弄得一貧如洗。二、用來諷刺。說，錢被地下錢莊倒掉了。

本句俗語用的是擬音修辭法，而所擬的，是發生在台北市的一件大事。話說，二次戰後不久，台北東站附近有人開設「七洋行」，說是做貿易，搞的卻是地下錢莊。該行規模龐大，後來倒閉，受害者眾。民間怨嘆說，錢被「七洋」八溶，溶了了。❶❷同類句：「賣碗盤的，車倒擔——去了了！」

溶了了：（物質）完全溶化；錢耗盡；貨幣嚴重貶值，例如，「四萬元換一元新台幣，俭一寡錢攏溶了了！」了了，徹底、全部也。車倒：打翻、衝倒；例如，「魏延，車倒七星燈。」(321.19) 去了了：完了！

【75】

生理团，奥生。

Seng-lí kiáⁿ, oh siⁿ.

Sēng-li kiáⁿ, ó siⁿ.

好店員難得。

用法有二：一、泛指天賦稟性適合做生意的，非常的少。二、老闆用來怨嘆，說，他的某個店員個性強又直，很容易得罪顧客，不是做生意的材料。

這句話僅用在比較沒有經驗的店員身上，就算是老闆做生意頗不高明，亦不適用於老闆。

生理团：很會應對、招呼客人，做生意迅速正確的店員。　奥生：難得有；無關老闆娘生產大事。

爲什麼說「生理团，奥生」呢？顯見的原因有：耐性要很好，

笑臉要常開，尊重顧客要能捧為至上，談生意要有快成交來賺錢
的能力，結主顧要有討得男女老少喜歡的人緣魅力。看，如此修
養，如此能耐，豈是什麼「生理人，烏龜性地」(→.27*)所能比擬
的！所以啊，真真真奧生，生理囝也。

【76】

有三年狀元，無三年伙記。

Ū saⁿ-nî chiōng-goân, bô saⁿ-nî hoé-kì.

Ū sāⁿ-nī chiōng-goân, bō sāⁿ-nī hoe-kí.

好伙記難得求。

斷言一個很能幹的好店員非常難得，不是三年四個月的訓練
所能造就的。其難度比考「狀元」高得太多了。

這句俗諺用的是對比異對式，並且對得很整齊，比對出舊時
社會生活史的一頁。「有三年…」對「無三年…」，對出科舉「有」三
年誕生一個「狀元」的軌跡，而頭家「無」能在三年培養出一個好
「伙記」的困難。同類句有：「三年出一個狀元，三年出無一個好
伙記。」

伙記：伙計，辛勞；舊式商店行號的店員。

【77】

弄大枝關刀。

Lāng toā-ki koan-to.

Lāng toā-kī koān-to.

紅頂商人？

用來形容商人事業做得天大地大，但他真正趣味的卻是操弄
金融，勝過經營事業。

本句修辭用的是借代。「弄大枝關刀」he係指關公，他使一

枝大關刀，就憑著它來「過五關，斬六將」（→35.07）。此句，借舞弄關刀衝鋒陷陣，以指商人舞弄事業。現代用法，貶多於褒。溜了嘴，對老董說：「您老人家，眞眞『弄大枝關刀』的也！」不被刣頭，才怪。

弄：操弄，舞動（器具、師頭、武器），引申做經營（商業，企業）。

背景：關公是第三世紀上葉，蜀國的名將。爲甚麼跟商界拉上關係？因爲民間相信關公在商業上有好多貢獻，具有「祖師」資格，「守護神」的功能。

台灣民間咸信：關公創設簿記法，來記錄曹操進貢的「上馬金，下馬銀」和一切貢品。關公投軍前是「販賣草蓆」或「布匹」商人；他講信義，分文不貪，是公司股份企業的模範生。有此資歷，再加以神化而成爲商神。

那麼，「弄大枝關刀」爲甚麼有負面的意思呢？答案不難想像。這枝大關刀鋒利無比，關將軍刀揮頭落的都是匪徒，都是危害邦家的敵人。豈可用這枝關刀的「利」害，來舞弄商界，來殺得同業倒店，伙記失業，社會一片蕭條——大關刀可做爲「拳頭館」的招牌，而不好當做正派商人的武器！

近年來，我國台灣有不少所謂的「大企業家」，勾結黑官，掏空銀行，洗錢於外國，造成一波又一波的金融風暴。他們如此「弄大枝關刀」；試想，關公見此敗壞，可能有何處置？

（參看，「關老爺面前，弄大刀。」323.43）

【78】

磚仔廳，𣍐發粟。

Chng-á thiaⁿ, boē hoat-chhek.

Chñg-a thiaⁿ, bē hoat-chhek.
亦未見青苔。

　　喻指商人資本不足，難以如意順利經營，結果乏善可陳，有
虧沒賺。

　　本句是借喻，用「磚仔廳」不能「發粟」來指出沒有本錢的商
人，絕無發財的可能性。這樣的譬喻雖是粗淺，卻能一言道破商
人難言的苦衷。

　　磚仔廳：鋪紅地磚的客廳。　　𣍐發粟：不能長出稻穀。

【79】

偷掠鷄，也著一把米。

Thau lia̍h-ke, iā-tio̍h chi̍t-pé bí.
Thaū liā-ke, iā-tiō chi̍t-pe bí.
釣魚要餌。

　　用來比喻經營事業必須有資本，那「無本生理」是做不得的
也。

　　本句眞是絕喻！試問，有哪一國的智慧人能將「偷掠鷄」須用
誘米，來比喻「做生意」須要本錢？無啦！或曰，不過將「偷鷄」喻
指「經商」，未免太粗糙哦！是粗了幾毫米，但先人古意，皆「據
實以告」也。

　　然而，「一把米」的見解，古賢也有所發明，說：「長袖善
舞，多錢善賈。」(《韓非子‧五蠹》)又有類語：「做乞食，也著一腳茭
織本。」

　　*也著：(做某件事)同時必須俱備(相應的條件)。例如，「好花也
著好盆，嬌娘也著嬌阿君。」(→521.33)此詞，是重要的功能詞，可
造「相應要求」的句子。　　一腳：物件的單位。例如，布袋、茭織、竹*

籠、木箱等。　茭織［ka-chì］：粗鹹草做成的裝物袋。例如，「做乞食獪曉揹茭織，做小旦獪曉點胭脂。」(→433.35)

【80】

眞商，無眞本。

Chin siong, bô chin-pún.

Chīn siong, bō chīn-pún.

善釣用小餌。

　　斷言，眞正會做生意的商人，不須要大量的本錢；當然，更無須傾家蕩產來經營一個半路店。

　　不得了！比之韓非子「多錢善賈」厲害萬倍，咱台灣的老先人不必眞本，就可扮演眞商。也許您要問，哪有可能？有！但要條件，例如，要商業頭腦，要好機會，要做對生意，還要有「貴人」牽成，等等。「無眞本」做生意，起初較難，一旦上道，錢如雪球滾，大商成矣。

　　請注意，先人說的是「無眞本」，不是「無本」！要做「無本生意」嗎？哪是搶人，是黑官勾結的行徑！本錢總是要的，「偷掠鷄，也著一把米！」(→.79)

　　眞商：很會做生意的商人。　無眞本：沒有恆產鉅金作爲本錢；不是零本錢。

【81】

空手，收單刀。

Khang-chhiú, siu tan-to.

Khāng-chhiú, siū tān-to.

藝高人膽大。

　　用來形容某種商人的厲害，他本錢空空，生意卻做得滾衝

衝。

這句俗語以借喻為修辭格。用宋江陣表演的那一齣「空手,收單刀」,來譬喻沒本的大商人。本句,褒得有幾分詭譎,既說他厲害,又說他憑空走險。君不見,招套一亂,單刀失手,輕者膚裂血流,重者送太平間去往生了。請注意,稱讚貴大老闆,本句不宜。

收:奪下、制伏。 單刀:單刀,長約一尺二寸,寬約三寸。

【82】

山高不必有神,大販不必有錢。

San-ko put-pit iú sîn, taī-hoàn put-pit iú-chiân.

San-ko put-pit iu sîn, taī-hoàn put-pit iu-chiân.

大箍好看頭?

用做警語。說的是,高峻的山岳不一定有神,而大商人不一定有錢。

這句用的是起興修辭式,第一分句,「山高不必有神」是興詞,引出主句,也就是句子所要強調的「大販不必有錢。」

讀此名諺,欣賞構句美麗之餘,不禁感慨涵蓋的真理和教示,尤其是關於台商。他們投資中國有五萬四千家,資金超過一千億美元。報載,這些「大販」之中,有掏空祖國台灣大小企業、銀行、基金的;有關一間台灣店,去開一間中國店的。啊,如此這般的「大販不必有錢」!弄空了的是台灣的真本真錢。

【183】

生理人,豬食狗睏。

Seng-lí lâng, ti chiảh kaú-khùn.

Sēng-li lâng, tī chiā kau-khùn.

寢食不安小商人。

　　形容做生意的艱苦。商人忙得不眠不休，連吃飯睡覺都是一團糟。

　　本句用了一個暗喻，省掉了喻詞「親像」。這「豬食狗睏」，雖是形象粗魯，但形容得十分入骨，充分表露出小生意人的吃不爽快，睡難安穩。

　　豬食：豬，通常餵以冷廚餘，酸潘水；只有養來祭天的「大豬公」，才享有死吃爛睏，冷氣房兼馬殺鷄。　狗睏：忠犬守夜，不敢深眠，是天生神經質帶甲種的保安成員。

　　背景：這句俗語反映的是舊時台灣小生意人的生活實況。小店家從黎明到深夜，忙得像個矸轆團團轉，賺的又是蠅頭小利。想看看，「三錢燈心，交關一坎店」(→12.23*)，閒從何來？還有，店裏必有的那張小桌，要當櫃台，又當飯桌；顧客第一，商人烏龜，隨時準備放下手中的飯碗，來賣一份報紙、半包香菸，一罐米酒。哪怕三更半夜，被瘧蚊叮得難眠的庄親，不敲門來賒一條蚊香，一小盒番仔火。現在嘛，許多小商家算是發財了：營業有時，住宅有別莊，給他們自己添了許多福壽。快哉，皇帝食，豬公睏！

【84】

生理在半天，生命在眼前。

Seng-lí tī poàⁿ-thiⁿ, sìⁿ-miā tī gán-chêng.

Sēng-lí tī poáⁿ-thiⁿ, síⁿ-miā tī gan-chêng.

錢未趁命先休，小商人。

　　可能是勸世老人的善言。用來開化，賺錢不是自己所能把握的，但照顧身體，保持健康才是最現實的事。

　　本句的修辭是對偶反對式。用「生理」來和「生命」對偶，頗有道家養生的意味。同時，以「在半天」來對反「在眼前」，說的是財利尚在虛無飄渺，未知之天，而這個軟弱的臭皮囊快速疲軟，需要大大保養照顧才好。同義句有：「趁錢有數，生命著顧。」「趁錢有數，身體著顧。」

　　這裏的三句同義善語，常常掛在台灣人的嘴巴。看那家家戶戶客廳當拚湊工廠趁外匯的時代過去不久，接下來的是左鄰右舍少年老闆紛紛冒命西進中國搞台商。這一連串的社會大事，令人懷疑台灣人是不是愛財利勝過身家生命的民族。當然，財命雙修最理想，但修持困難，該當如何是好？

【85】

有趁，腳鬆手弄；無趁，面青目紅。

Ū-thàn, kha-sang chhiú-lāng; bô-thàn, bīn-chhiⁿ
　　ba̍k-âng.

Ū-thàn, khā-sang chhiu-lāng; bō-thàn, bīn-chhiⁿ
　　ba̍k-âng.

盈舞蹈，虧破病。

　　用來嘲諷生意人。生動傳神地描繪他們盈虧的兩種樣態。

　　本句的修辭是對比異對格，「有趁」比對「無趁」的二種情形，而「腳鬆手弄」和「面青目紅」描畫的是「有與無」的情態和反應。

　　腳鬆手弄：財至心喜，手舞足跳，走起路來披披佩佩。這時，講話音色大變，調高而甕，僅用右鼻孔出氣。　面青目紅：錢空心驚，面青泛黃，眼佈血絲，弓肩縮背，是正港的破病龜。此時，只知日夜低呻哭調。

　　「有趁」，藏不得人人羨慕的成就感，神經系統亢奮非常，也

就「腳鬆手弄」了！人情之常嘛，應該多多給他喊幾聲「發仔，恭喜！」──不逃稅，不脫產，獻身經濟救台灣，有夠好漢。

「無趁」，如何叫他不「面青目紅」呢？血本如泥牛入海，債主像炒豆的熱鼎，怎能應付？一身重債，就是達賴喇嘛，也難施展清債的灌頂大法。誰知，搞得「面目全非」原是生意的一種結構。

此時也，最該參透的，切實體驗的是「缺乏」這個鬼東西；不准它變成罪惡的野獸。坦然承受「無趁」的「極不方便」吧！但記得，從不方便中減去「痛苦」這一項參數。還有，留心顏面，掃除「面青目紅」，養出了體力，安定下心意，青紅自然消失，紅潤就會展現出來──看啊！自太平洋淵底兔躍而起的朝陽。

【86】

錢大百，人著落肉。

Chîⁿ toā-pah, lâng-tiòh lòh bah.

Chîⁿ toā-pah, lâng-tiō lō bah.

最划不來的投資。

用法有三：一、生意人用來自嘲，或諷刺別的商人。說，無暝無日地工作求財，結果錢是賺了，但自己的健康也完了。二、用做警語。不要因為「錢大百」，就花天酒地，損身害命。三、舊時，用來譏刺性工作者，說她「日夜受人糟蹋，以致身體受傷孱弱。」⑬

本句修辭用的是白描，直述求財傷身這一回事。句裏的「百」和「肉」都押上[-ah]韻，是個工對。同義句有：「錢大百，人消瘦落肉。」

本句，坊間有寫成「錢大把…」者。我們認為這「把」字，音和義都不妥當。在音韻上，「把」音[pá/pé]，和「肉」[bah]不對韻。為甚麼

用「把」？可能是想用北京語音「pâ」來對「肉」韻吧。在意義上，「大百」是百元大鈔，有其諺語的時代背景：日治全盛時期，「百」圓是大錢；不像國民黨政府領台初年，連「大把」也是小錢，四萬元才換得一元新幣；一牛車鈔票，聘不了一個新婦。可見，錢「大把」不能表現「錢大百」這層意思。

我國台灣先賢這句「錢大百，人著落肉」的金諺，和耶穌基督的聖訓頗有異曲同工的地方，他說：「人若賺得全世界，賠上自己的生命，有甚麼益處呢？當然沒有！人還能拿甚麼換生命嗎？」(《聖經‧馬太福音》16:26)。道理是人盡皆知，卻是人人容易輕忽的。

平常唸這句俗諺，雖然十分認同義理，但生涯與錢絕緣，難免理不關己的對待。然而，看近年來一次又一次，我國商人在中國遭到劫殺、禁錮、綁票、撕票、解屍，甚至烹煮身屍，❶頓覺這句俗語對於現時的台灣人仍然是必要的警語。撫鍵至此，不禁敬佩先賢，喊幾句：「小心哦！錢大百，人著落肉！」

【87】

生理嘴，糊褸褸。

Seng-lí chhuì, hôˈ-luì-luì.

Sēng-lí chhuì, hôˈ-luí-luì.

一流嬌生理嘴。

用來嘲諷生意人。說他講話不實在，模糊問題，大吹牛皮，亂呼價錢，給顧客蓋得口沫四射。

生意人的口才嘛，在百業中要算第一。但老先人就是不服氣，偏偏要用「糊褸褸」來遜他，來扁他；說他，講的話好聽，但相當不實在。

生理嘴：好口才，善於說服人；字面是，商人的嘴巴。　糊褸褸：喻指講話不實在，說的意思曖昧，好像小孩大吃冰淇淋，糊塗了大半個嘴臉。

（參看，「紅姨嘴，糊褸褸。」15.01）

【88】

賣茶講茶芳，賣花講花紅。

Boē-tê kóng tê-phang, boē-hoe kóng hoe-âng.

Bē-tê kong tê-phang, bē-hoe kong hoe-âng.

家己擔鮭，呵咾芳。

消費者用來回應店員說盡本店貨價的萬般好處的過度吹噓。顯然的，生意人沒有這種自信，還能做生意嗎？

講茶講花的香紅，不算啥，一嗅一看便知。至於，王祿仔仙的九轉還丹治死症，中國婦人來我國詐騙的「隔空抓藥」，才是嚴重的犯罪行為。總之，這句俗語警告商人，吹牛要有限度；也提醒消費者，看清宣傳廣告的面目。

（解述句，「家己擔鮭，呵咾芳。」317.17）

【89】

會算𣍐除，糶米換蕃藷。

Ē-sǹg boē-tî, thiò-bí oāⁿ han-chî.

Ē-sǹg bē-tî, thió-bí oāⁿ hān-chî.

蕃藷算盤也。

用來諷刺划不來的買賣。

這句俗語可愛的地方在於，第二分句的「糶米換蕃藷」。此句，一語道盡台灣農民的商業社會適應不良症狀。他／她們牛犁耙樣樣精通，只有算盤不精又不通，所以常有高價位買到粗俗物

件的冤枉。句裏的賣米買藷，沒有一斤白米，換得百斤蕃藷的背
景和含義。

糶米：賣米。(→.58)

（*參看，「知進**嘸**知退，識算**嘸**識除。」427.39*）

【90】

飯店判飯。

Pn̄g-tiàm phoà" pn̄g.

Pn̄g-tiàm phoá" pn̄g.

必貴飯店。

用來嘲諷買貴賣貴，早晚準備要關門養蚊的生意人。

句子裏的主人翁是開飯店的人，但他的大廚房不煮飯，而是
到別家飯店「判」飯。這是個譬喻，指出這家商店出售的物件非常
昂貴，因為他的進貨價已經是「零售價」了。

判：判貨、割貨；意指，(貨物)大批買入(以為零售)。

【91】

買物無師傅，加錢買著有。

Boé-mi̍h bô sai-hū, ke-chî" boé tio̍h-ū.

Be-mī bō saī-hū, kē-chî" bé tiō-ū.

錢足貨物多。

用來斷言，只要有錢，什麼東西都能買得到。

這種用法，如此思想，是根深柢固的傳統文化心態，是金錢
萬能的價值觀的反射。它多麼病態地反映在：只要荷包錢多，連
死都可能辦生的「信仰」。似此，金卡在手，哪有刷不出東西的道
理？何況「刣頭生理有人做！」(→19.24)

然而，金錢萬能實在是大迷信！雖然荷包錢飽，可能買到許

多東西，包含一大堆糞埽，但絕對不保證就能買到「好東西」──誰「買」得到蒙娜麗莎(Mona Lisa)的美感和情意？保證不會是「加錢買著有」的土發仔；非「師傅」般的藝術修養者，免想！

好了，談俗諺勿鑽牛角。請教咧！「不加錢」能做到買物的小「師傅」嗎？或許！平時購物，不妨想一想：

・自己須要的是什麼。要「垃圾」，就到垃圾場消費。

・物件的內容、成分、品質是啥。物品相似的多，我要的不多！

・看清楚物件的種種限制。製造有日，效用有期；商品的生命在此。

・發現實用以外的價值。好物精品不盡在用，看看還能買到什麼。

・多少錢來買。分錢分貨雖非絕對，卻是商品的重要參考。

【92】

你無嫌我秤頭，我無嫌你鮭餲。

Lí bô-hiâm goá chhìn-thaû, goá bô-hiâm lí kê-aù.

Lí bō-hiām goa chhín-thaû, goá bō-hiām li kê-aù.

相忍生財嬡棄嫌。

用做警語。諷刺買賣兩方各有所貪，雖然彼此心知肚明，但為要做生意，就得互相包涵來服務鄉親，全國賣透透了。

本句的修辭用的是對偶正對式：「你無嫌」和「我無嫌」是天生的絕配；同時，「我秤頭」的奸詐，也頗堪匹配「你鮭餲」的瑕疵。顯然，本句不是純語言遊戲，而是寓諷刺於教誨的！道理如此開示：賣鮭者，應該對商人說：「Nei！」入一斤18兩，出14。無法苟同！這個商人，應該驅逐鮭販，大聲喊：「Scheisse！」他鮭臭

味四射，污染空氣，入口嗚呼翹翹。

　　你無嫌：（人、事、物）嫌棄的事實或理由，但（因爲某種原因）隱忍了下來。例如，「你無嫌人大枝腳，人無嫌你無蚊罩。」（→525.46*）　　**秤頭：**確實的稱子，足夠的斤兩。　　**鮭餶：**腐臭的鹽漬小魚。參看，「餶鮭，無除盤。」（→235.10）　　**Nei〔nai〕：No！非也！反對！**　　**Scheisse〔shai-sè〕：Shit！狗屎！混蛋！**

　　看此名諺，萬分敬佩咱台灣人的老先覺，他們眞讚的語言能力，萬分奇妙的靈感！威而不猛地諷刺，幽而不默地勸化「是非不分」、「藐視眞理」、「不愛衛生」的子孫。古以色列的智慧人開示，道：「詭詐的法碼，假的天秤，都爲上主所厭惡。」《聖經·箴言》20:23)同時，古今以色列人是絕對不吃「鮭」的，就算是200%的鮮鮭。

　　撫鍵至此，想到咱台灣有那麼多人是，「我無嫌你A錢，你無嫌我小貪」心性，以致於A大錢，行大騙者，能夠高票當選省長，能夠高票落選總統！這種怪現象，是世界文明國家所無者。談心靈改革的人士，請考慮，如何拯救人民免於「你無嫌我秤頭，我無嫌你鮭餶」的集體敗壞！

【93】

買物著看，關門著閂，
　唔通親像烏鼻穿燒火炭。

Boé-mi̍h tio̍h khoàⁿ, koeⁿ-mn̂g tio̍h chhoàⁿ,

　　m̄-thang chhin-chhiuⁿ o͘-phīⁿ-chhng sio hoé-thoàⁿ.

Bé-mī tiō khoàⁿ, koēⁿ-mn̂g tiō chhoàⁿ,

　　m̄-thāng chhin-chhiūⁿ ō͘-phīⁿ-chhng siō hoe-thoàⁿ.

空降仙丹在此結緣。

舊時的江湖諺。王祿仙仔或拋售「倒店貨」的販仔，提醒圍觀眾人，要有自知之明，看清貨品，千萬不可受騙。

本句用的是起興句式，但反常地，將主句「買物著看」放在最前面，然後再接以興句「關門著閂，呣通親像烏鼻穿燒火炭」。如此，反而收到比正常起興句式更有趣味的效果。此外，這句諺語都押了韻腳：「看、閂、炭」對上 [-àn] 韻；整句順口溜來，宛如「反攻大陸」的喇叭聲。

關門著閂：關閉門戶，必要下門閂；虛掩無用。　烏鼻穿燒火炭：喻指不知眞相，看不清面目；字面義是「燒木炭的工人，弄髒自己的臉面而不自知」。

人盡皆知「買物著看」！但，前世紀七十年代以前，其實沒有什麼可看的物件，例如，個人電腦，自由牌的不算，眞是單手可數。然而，現代市場大不相同了；暢銷貨物，想盡辦法要人看個夠，電視報紙廣告，專門雜誌分析介紹，現場展示講介。

年初，買了一件日製的光碟唱機。開封一看，哇！「說明書」是四開近200頁巨冊，按英、西、法、德、意、荷、捷、波、匈，等九國語文印製的。雖然可以按圖文安裝來使用，但說要「看懂」機關，免想！就算冒險拆開來看，還不是一堆亂七八糟的線圈，冰冰冷冷的電路板……「看」！看啥？

話雖如此，還是有許多一定「著看」的。例如，箱外貼的火花、火焰、小瓦斯筒、海賊骷髏頭、三片煽葉，等等圖案。看不懂又不理它，小心「毒藥水」、「侵膚膏」、「小炸彈」、「燃燒彈」，說不定「小核彈」降臨府上。這些都是生命交關的「危險貨品」標誌，堂堂「聯合國經濟與社會會議危險貨品運送專家委員會」莊重公佈天下周知的也！⑮

「買物著看」，千古真理也！雖然，要看懂，是愈來愈困難了！

【94】

一年，三百六十五個戀人入街。

Chi̍t-nî, saⁿ-pah la̍k-cha̍p-gō͘-ê gōng-lâng ji̍p ke.

Chi̍t-nî, sāⁿ-pá lāk-chāp-gō͘-ē gōng-lâng jīp ke.

老主顧，糝酸醋。

舊時，都市的店員用來譏刺入街買東西的鄉下人，笑他們不知天地幾斤重，物件都買貴了，被唬而不自知。

這句是借喻。借「戀人入街」受騙，來說庄裏人進城來買貴物。

一年，三百六十五個：喻指極少數的人；字面是一日一人。　入街：進入市街；誰入街？一定不是市內人。

為甚麼說這些庄腳人「戀」呢？可能是他們少有入「街」的機會，就算入街也沒有逛街比貨比價的習慣，對於貨色和價格都甚陌生。何況，「上天講價，落地還錢」(→.44)的商場文化，是純朴的農民所不能苟同的！他們就是不要做唐山客。嘻，城鄉之間永遠的緊張！

【95】

食名聲，食廣告。

Chia̍h miâ-siaⁿ, chia̍h kóng-kò.

Chiā miā-siaⁿ, chiā kong-kò.

貨不必真，廣告則名。

斷言商家和消費者都已經了然，許多物件的品質實在差差差，但因為時時廣告，成了「名牌」而暢暢的銷了。

食：依靠，依賴（依條件以達到某種狀態）；此處無關吃飯。

這句是台灣新諺，直指現代商品成爲大牌的必要條件。君不見，新品都是廣告，又廣告，再廣告！報紙、雜誌、書籍，收音機、電視、網路，街道、車輛，運動員，飯桌、廁所，何處沒有商業廣告？這就是名牌、品牌、大牌、奇牌、怪牌，等等的「造牌運動」。

大商品、大選舉的廣告，勉強可忍，但是當今我國無數的「小廣告」，卻是詭譎萬分，內面隱藏了許多問題。學者吳娟瑜小姐在「小廣告，問題可大了！」乙文(→《自由時報》2000(10.11):14)指出有人用「老師」、「顧問」、「諮詢前線」的名義登小廣告；她呼籲有問題求助的，應該向專屬機構、社工人員、專業輔導人士求助。

下列抄引幾條「小廣告」，以供防範：

・大愛聯誼，限年三十以上。
・美少女充氣娃娃一千元，全省24小時專送。
・女性冷感救星，金剛持久液半價。
・一通電話，誠心助你，六十萬，月還9900元。
・符法靈通專辦男女移情別戀。
・XX法師，外遇沖開，男女和合，免費問事。

請大家告訴大家，注意不通透，眞幽暗，大曖昧的「小廣告」，很可能是引誘、圈套、陷阱！——不要輕易相信「廣告」，迷信「宣傳」！

注釋

1. 詳見，陳冠學，《老台灣》(台北：東大圖書公司，1993)，頁38-39。

2. 林衡道口述，徐明珠整理，《林衡道談俚諺》(台北：中央月刊社，1996)，頁18-19。

3. 朱鋒，「台灣方言之語法與語源」《台北文物》(1958年7卷3期)，頁23。

4. 此問題，史明先生有所論述。詳見，史明，《台灣人四百年史》(台北：自由時代週刊社，1980)，頁296-301。

5. 參看「蝦」字注釋。許成章，《台灣漢語辭典㈠》(台北：自立晚報社，1992)，頁504。

6. 歐洲人懷疑他們的口蹄疫，感染自遠東。可怪的是，中國農業部卻對號入座，力說無關中國。泰晤士報報導，英國某家中國餐館所使用，自遠東地區走私入境的肉品受到污染，是導致英國爆發口蹄疫的可能傳染源。中國農業部否認歐洲的口蹄疫情蔓延跟中國有關。但一名北京的西方農業專家卻指出口蹄疫在中國非常盛行。(一《自由時報》2001(3.28):10)那麼，台灣口蹄疫的病毒從何感染？未知我國農業部，對此問題有何交代？

7. 記者鄭學庸先生有一篇很好的，很感人的深入報導，是關於傳統商店的變遷，及其生活和文化意義的文章，值得參考。參看，鄭學庸，「時代巨輪踩著傳統商店前進」(《自由時報》2000(8.13):12)。

8. 史明先生對於台灣農業社會「三階層土地所有的關係」有詳細的說明，也可從中領會這句俗語所含有的歷史背景。參看，史明，同上引，頁163-166。

9. 參看，連橫，《台灣通史(上)》(北京：商務印書局，1983)，頁151-152。

10. 許成章，「台灣諺語賞析㈨」《台灣文化》(1988(春季號):30)。

11. 李宗興先生對於這句俗語的闡釋，詳見，「台灣精諺」《自由時報》。另外，台商和中國的關係可能見仁見智，但從最近的報導看來，中國絕對不像「海翁」，台灣亦不比「大鯊」。例如，「統一、南亞、華新，三大登陸企業，未匯回一分錢……達電、國巨、華通…八大公司 無任何

一家電子公司將資金匯回。」(《自由時報》2001(3.15):3)就是有賺，也是一再增資來建設中國。我們也常聽到：中國人聲聲「呆胞！」句句「呆商！」，並且也是萬萬稅的，法令如牛毛的，公安隨時揩油的國家。但願，台商和中國都不像「貼肉的海翁」。

12. 參看，吳瀛濤，《台灣諺語》，頁21；林本元，「台北人講台北話」《台北文物》(1957年5卷4期)，頁78。

13. 曹甲乙，「台北有關男女的俚諺」《台北文物》(1960年8卷4期)，頁102。

14. 參看，蔡孟峰，「賺錢重要，還是命重要？」(《自由時報》2000(12.3):3)。

15. 厚美公司負責人施智璋先生，圖文介紹，認識危險貨品。參看，施智璋，「認識危險貨品」(《自由時報》1999(1.24):15)。

第三節 官吏、軍警

本節段落：

所謂官吏01-06 清廉好官07-13 吃錢黑官14-19 枉法酷吏20-26
如此官場27-31 軍人憲警32-37

【01】

官，帶兩口。

Koan, taì lióng-khaú.

Koan, taí liong-khaú.

食銅食鐵！

　　用來諷刺黑官。有二說：一、當官的一個頭，兩個嘴巴；一口吃薪水，另一口吃紅包。二、黑官練成「兩舌」功夫，是非眞假，隨時打混顛倒。

　　這句台灣名諺，修辭用的是拆字法，即是分析「官」字，一身有兩個「口」字型。雙口動物，怪獸也；雙口官呢？食錢官也。另有福州移民的類似俗句：「老爹，婊子嘴。」

　　老爹：舊時的地方小官。俗云：「班頭，假老爹。」（→324.13）
婊子嘴：花言巧語，看錢講話；用來譏刺貪官污吏。

【02】

會做官，會察理。

Ē choè-koaⁿ, ē chhat-lí.

Ē chó-koaⁿ, ē chhat-lí.

也會自由心證。

用法有二：一、舊說，當官的人一定會明察事理，毋庸小老百姓置喙。二、泛指主持公道者，仲裁者，當然知道如何判斷；說的是，全權交辦，安心可也。

爲官者，尤其是法官，基本能力就是「察理」。當然，我國的法官也察理，特別擅長察黨理，察歪理，察無理，察錢理，偶爾也察一察法理，但根據都是「自由心證」大法！

最會察理的，可能要算高等法院法官林明俊先生了！他連「地址」都用察理法，給刑事自訴人彭太太的正本的地址是：

宜蘭縣『天無絕人之路鄉』大眾路ＸＸ號

唉，察理！──不獨有偶，司法院的大人更是大膽察理，察出這個『天無絕人之路鄉』一鄉「可能是校對或繕打錯誤造成。」《自由時報》1999(7.5):6)

諸位書友，老先人開示的「會做官，會察理」，是如此黑察白察的嗎？

（本句另解，參看434.18）

【03】

做官，騙厝內。

Choè koaⁿ, phiàn chhù-laī.

Choé koaⁿ, phén chhú-laī.

騙猜也！

用法有二：一、反諷。譏刺官僚、政客自以爲上自國家「政策」，下至政黨鬥爭，口水、抹黑、抹黃都是高明的政治騙術，可以用來欺騙人民。二、舊說，斷言某些機密資料或情報，必要保密，不可外漏，就是親信如家屬，也沒有例外。

厝內：是「厝內的人」的簡省詞，意指「家屬」，引申做「親信」。

騙厝內：諷刺地，指自欺欺人，騙騙自家人。

這句「做官，騙厝內」，不是過時的諺語，萬分遺憾地成爲我們台灣的亂源之一，因爲官僚政客都迷信他自己的某一套騙術。政治騙術是邪惡害民的技倆，雖然僅能詐騙於一時，但殘害卻是猛烈無窮的。此中最歹毒的，要算是國民黨政府宣傳的「消滅共匪」。這一群逃來台灣的中國人，就是惡用它來宰制台灣人民，要拉台灣人跟無冤無仇，無緣無故的中國人爲敵！他們「反攻大陸」喊了三四十年，喊倦了，現在卻紛紛結隊朝貢「共匪」，還夢想用台灣當做貢品！世上，有那個歹命的國家，像台灣？

啊，拯救台灣，能不先消滅滿院跑，滿會趁，全國亂竄的騙鼠嗎？

【04】

三年官，二年滿。

Saⁿ-nî koaⁿ, nñg-nî moá.

Sāⁿ-nī koaⁿ, nñg-nī moá.

肚飽膏血，甕滿黃金。

用法有二：一、主要地，譏刺黑官貪婪，食民膏脂，任職不久，就已經A得黃金滿籃了。二、次要的，用來形容官場變化多端，升遷調動難以預料。

俗諺的重要句型之一是簡省法。本句俗語還原一般口語的話，囉嗦有如「三年一任的官職，只要服務二年就算滿任；同時，金銀也已經吃得飽滿了。」但經過簡省，字詞短捷了，語氣也就變得有力！要欣賞俗語，必須把握這種簡省句法。

背景：清國據台，台灣的官吏自道員以下，教職以上，三年

俸滿即升；此所謂「三年官」，即一任三年的職位。但到了雍正七年(1729)，淸政府准台灣道、府、同知、知縣等官員，到任二年，就要向閩省內地物色繼任官員，趁著冬天北風吹的季節，乘船來台灣和舊任者協辦。半年後，舊任者趁夏季南風乘船回淸國大陸。所以，淸官在台的任職，實際上只有二年，所以說「二年滿」。

然而，台灣淸國官的滿，也是「黃金滿」！我們應該知道，來台灣的中國官大多貪污枉法，集腐敗官吏於一窩。同治五年(1866)閩浙總督左宗棠坦言，台灣官都收取陋規來飽滿私囊。廳、縣官，有收至二萬幾兩者。台灣道收受年節、壽禮以外，還有洋藥、樟腦規費。知府受年節壽禮外，又從鹽商抽利。武將欠缺，則肆無忌憚的挪用地方資源。❶

從前某位新科官員，上任前來拜別恩師。請老師教以爲官之道，師開示道：「一年淸，二年濁，三年烏漆抹黑。」新官一聽，痛哭。恩師看了，萬分感動，認爲天下只剩下這個愚生尙有良心。於是安慰他，強調官場原來黑暗。誰知，學生回恩師，說：「…非也，愚生覺得三年太漫長了。煞不過的也！」❷

害了！害了！不出半年，大官大滿，小官小滿，師爺、衙役也滿——台灣人牛馬不如，不反也死，造反也死，竹篙鬥菜刀，拚了！

【05】

官人見錢，蚊仔見血。

Koaⁿ-lâng kìⁿ chîⁿ, báng-á kìⁿ huih.

Koaⁿ-làng kíⁿ chîⁿ, bang-á kíⁿ huih.

毒蟲一窩。

用來譏刺黑官。粗魯地直言，污吏嗜錢如命，正如惡蚊靠著吸血維生。

這句俗語的修辭法，用的是對比同對格。何等「失敬」地將官和蚊來做比對，眞是對得「頗缺文化」，但對出了人民雪亮的眼睛。爲甚麼說是「同對」？君不見，惡蚊黑官是非常臭味相投的：牠吃血，放毒，置人於死；他吃錢，害民，肇惹亡國禍端；都是凶殘害蟲啊！對得很實在，不是嗎？古以色列人的智者有言：「腐敗的法官接受賄賂；他使正義不得伸張。」(《聖經·箴言》17.23)

污穢陰溝生毒蚊，封閉野蠻的文化社會養貪官！我國雖是民主開放的社會，但「貪污」未淨，官僚惡質文化頑強。今年，美國貿易代表署發表的「外國貿易障礙」，直言我國政治人物無論在地方、鄉鎮、中央，都存在著貪污及受賄的情形。(→《自由時報》2001 (4.1):3)顯然的，此台灣國際貿易的惡癌也。

台灣人不停地誓誓唸「官人見錢，蚊仔見血」，也已經有四百多年了！結果，不但毫無路用，反而歪糕案件愈搞愈大。爲甚麼會？顯然的毛病是：極多數台灣人把「毒蚊」當做蝴蝶來崇拜，來黑紗！這種「臭水窟心態」不清掃，要瘧蚊絕跡，免想！

【06】

官，可瞞不可欺。

Koan, khó moâ put-khó khi.

Koan, kho moâ put-kho khi.

愚民守則第一條。

村長老用來敎示少年郎。說，萬一有事，得見官衙，一定要禮貌週到，給官大人十足面子。但眞相，則要可瞞則瞞，會哀「大人啊，冤枉！」更佳。

可瞞：可以隱瞞、欺騙；口供不可實招。　不可欺：不可侵犯官
威；不作「不可欺負」解。

　　普世咸認「誠實為上策」，不是嗎？因何老先覺竟然公開宣揚
「可瞞」？問得好！請不要見怪，老人家不是談道德，是教人生活
在黑官治下的秘訣！要應付腐敗的，不講是非的權力系統，非瞞
不通，這是傳統社會的生活智慧。應該知道，人間關係儘在「不
可欺」，對於當官的尤須如此；這是美容術，是給面子，給禮
數。面子有了，問題才有參詳的可能性，才有環轉的餘地。

　　請別誤解，認為「官，可瞞不可欺」是已死的俚諺！君不見，
四月初，中美飛機撞擦，中國機墜人亡，非常可憐。美機飛行員
功夫好，保住24條機員生命，而迫降海南機場。此事，中國要求
美國「道歉」(apology)，來保自顏面。誰知，美方不認錯，布希總
統僅對機毀人亡表示「心艱苦」(sorry)，「真難過」(very sorry)；再
三聲明，這不是什麼「道歉」。如此，機員也就被軟禁了下來。經
一番折騰，美國仍然這一句「very sorry！」中國政府知道無法堅
持，只好將「真難過」譯成「道歉」！人民一看報紙、電視，歡天喜
地，爭相傳告「美國道歉了」！於是，24個美國兵獲得釋放。

　　噫，民對官是「官可瞞，不可欺」！官對民是「也瞞，也欺」！
傳統的中國治術如此；酷政和愚民如此，互成惡性因果。

【07】

一肩行李，兩袖清風。

It-kian hêng-lí, lióng-siù chheng-hong.

It-kian hēng-lí, lióng-siù chhēng-hong.

形像清新，食飯攪鹽。

　　形容好官。他是多麼清寒，絲毫看不出濁富的跡象，絕無歪

糕的可疑證據。

這句俗語寫的,可能是他「三年官,二年滿」轉任時露現的「窮相」,也可能是退休時的「傾家蕩產」。

這是一句暗喻,用來譬喻清廉的官吏。說來可憐,好官的生活落得如此貧乏,眞是「做官若清廉,食飯著攪鹽。」(→.09)

一肩:用扁擔挑在肩膀上的一擔(東西、行李)。 清風:譬喻身無長物;字面是,袖子裏空空如也,有的是尚未被官場污染的空氣。

這句俗語含蘊的是一肚子封建思想!宣傳什麼「清廉」?若是一個官員服務國家人民,一生只賺得「一肩行李,兩袖清風」,那一定是專制帝王的剝削;這是社會、人民的恥辱。大小官員,應該獲得合理的名與利;官員有了自尊,有了正當的財利,才可能會大大減少貪官污吏。

撫鍵至此,憶起我國著名的法醫楊日松博士,榮退時說過的一句話:「當一個法醫,一定要甘於清寒。」是的,偉大的人格,總是有自願的,主體性的「獻身」的精神!但國家社會,不能祭出「要就幹,不就走人」來維持所謂的「清廉」。

假如一位法醫的待遇,不如一個屠夫。您有什麼感想?

【08】

水清,無大魚。

Chuí chheng, bô toā-hî.

Chuí chheng, bō toā-hî.

濁水好摸魚。

用來形容清廉官吏,因爲不枉法來歪糕,所以當了一世人的大官,仍然貧寒得很。

這是一句暗喻。清澈見底的水流,留不住,也養不出大尾魚

來——就是「三界娘仔」(→433.23)也很難養。不過，免煩惱啦！中國有的是黃河，是黑龍江；我國台灣有濁水溪，絕無「水清」的顧慮；有的是大尾魚、大鱸鰻，甚至有大鯨魚，可釣可摸。

【09】

做官若清廉，食飯著攪鹽。

Choè-koaⁿ nā chheng-liâm, chiȧh-pīng tiȯh kiáu-iâm.

Choé-koaⁿ nā chhēng-liâm, chiā-pīng tiō kiau-iâm.

馬無夜草不肥！

斷言，當官的人要是公正不歪，廉恥自尊的話，那麼他的物質生活一定是非常缺乏的了。

本句直述當官清廉的生活情況。用「食飯著攪鹽」來形容簡朴、貧窮、刻苦的生活。句裏的「清廉」和「攪鹽」的音韻對得很凄涼，也對得人家心湧一陣陣的憐憫。為甚麼好官要「食苦」呢？難道制度如此腐敗，官場那麼黑暗嗎？

不過，要清廉官攪鹽吃飯，也頗不容易的，可能太太不同意，可能僚屬示威罷工。有誰敢革貪污文化的命？《增廣昔時賢文》道：「官清書吏瘦，神靈廟祝肥！」清官豈敢斷絕「書吏」的財路？衙門構造是按照「貪污的共犯結構」來設計的也。

書吏：處理衙門公文的小職員。 *廟祝：廟公也。台灣俗諺有言：「乞食，趕廟公。」(→335.28)*

【10】

文官不愛錢，武官不怕死。

Bûn-koan put-ai chiân, bú-koan put-phàⁿ sú.

Būn-koan put-aī chiân, bu-koan put-pháⁿ sú.

官人的妄講道德。

用法有二：一、傳統的，宣揚一個理想的國家和社會，需要文武官員：不貪財，不怕死。二、用來諷刺，一語界定文武官員大多愛錢，怕死之輩。

相傳這句話是古中國最不怕死的岳飛留下的名諺。有人問岳將軍：「天下何時太平？」岳飛答得萬分實在，說：「文官不愛錢，武官不惜死，天下太平矣！」(《宋史·岳飛傳》)又見，《格言諺語》。

看這句老諺，別以爲她說的是文官，因爲文官貪污已經成名，她也說武官！君不見，「軍購案」層出不窮。自1949蔣介石的軍隊撤退來台，軍弊叢生，只是誰也不敢張聲。因此我國數十年來，用去千億美元軍費：造一艘「成功級」巡防艦費用就高達200多億；這是中國造一個艦隊的價格！又如，一枚一元多的螺絲釘，報帳1500美金。(→《自由時報》1998(3.17):11)如此這般，全球軍費支出，我國第14名！

武官「怕死」，情有可原，因爲老鼠也怕死！但武官「怕死」加上「勇敢A錢」，就大大顛倒錯亂了。可惜，就一關難過；台灣人民花了千億美元的軍費，卻買不到國防的安全感！

【11】

忠臣不怕死，怕死非忠臣。

Tiong-sîn put-phàⁿ sú, phàⁿ-sú hui tiong-sîn.

Tiōng-sîn put-pháⁿ sú, pháⁿ-sú huī tiong-sîn.

一家一姓的忠犬？

斷言，赤膽忠心的臣子，將生死置之度外，鞠躬盡瘁，死而後已。

我們台灣人普遍很忠，也忠得很好！但也有無數愚忠惡忠，

他們忠於專制獨裁，忠於一度要來消滅的「共匪」，忠於黑金邪道政黨，忠於魚肉人民幫會，忠於施捨小利的候選人。慘哉！這是台灣沈淪的罪孽，哪裏是「忠」？

「忠臣不怕死，怕死非忠臣」曾是軍中口號；但卻用「盲忠」來灌輸軍人，宰制人民。嘉哉！近一二年來，我國台灣軍隊有了極大的自覺，從「國民黨黨軍」變成「國家軍」，從「效忠二蔣」，而「效忠憲法」，而「效忠人民」。眞難哦，這種大進化，要有高出「不怕死」萬倍以上的勇敢和智慧！

「忠」錯了對象是一種災難，大官會飛昇「奸臣」，人民墜落成「奴隸」！——「我忠於誰？忠於什麼？」忠對了，心安理得，社會國家自然清淨平安。不過，據說「忠」是宣傳品，不是實用物。君不聞，「忠臣死在先，奸臣死路尾！」誰敢實驗？

【12】

家貧知孝子，國亂識忠臣。

Ka-pîn ti haù-chú, kok-loān sek tiong-sîn.

Ka-pîn tī haú-chú, kok-loān sek tiōng-sîn.

是忠臣獻身的時候了。

這裏強調的是，第二分句「國亂識忠臣。」(→518.11)

誰是「忠臣」？泛言之，全體台灣人都應該是台灣的忠臣。確切要求的「忠臣」則是：滿朝文武官員；全體立法委員；穿官方制服的人員；公教人員。這四種人只能是「忠臣」，而沒有做「奸臣」，通敵國的自由！

「國亂識忠臣」豈是口號？近年來我國頗多利委、要員，墮落做中國吞併我國台灣的應聲蟲，馬前卒。這種顯然的「台奸」行為，政府無法阻止。難怪呂副總統秀蓮女士怨嘆，痛責「滿朝文

武盡是懦夫……」

　　台灣「忠臣」再不出現，恐怕快要「五斤蕃藷，臭八十一兩！」

（→ 436.22）

【13】

國正天心順，官清民自安。

Kok-chèng thian-sim sūn, koan-chheng bîn chū-an.

Kok-chèng thēn-sim sūn, koan-chheng bîn chū-an.

國泰民安的秘方。

　　斷言，政治清平，官員廉正的話，自然風調雨順，國泰民安。

　　舊說，相信天人感應，皇帝百官做得好，自然感應天心，賜人五穀豐登，六畜興旺；朝廷一班好官，不吸食民脂民膏，則人民安居樂業，可期可待。語見，《名賢集》。

　　天心：老天爺之心意。天之人格化，她有心，能思；有眼，會看。有解釋做「天子之心」的，我們認為此處沒有這層意思。　官清：清官也，清廉公正，不歪糕食錢，三頓吃飯攪鹽的官員。

　　什麼是好官？答案可能人言人殊。我們抄引李中立先生的「好法官」（《自由時報》1997(10.19):23）以供參考：

> 我是好法官，執法重如山。
>
> 是非要分明，真理放中間。
>
> 不為權勢屈，不受權勢惑。
>
> 語氣當平和，訊問不草率。
>
> 毋須靠威武，只求案情白。
>
> 憑天地良心，作公正判決。

讓有冤能伸，有罪無所脫。

天下慶太平，人民享安樂。

為甚麼法官要「憑天地良心，作公正判決」？是否懷疑他的「自由心證」有問題？是不是說他證不出天地良心？唉！世俗的權力只要通透化，只要有好的司法體系，只要有可信的機制，何須爭戰良心，煩擾天地，驚動鬼神？

【14】

散秀，無散舉。

Sàn siù, bô sàn-kú.

Sán siù, bō sán-kú.

見官財發。

斷言，讀書不得功名，貧寒難免；一旦中舉，上任為官，也就沒有不暴發的了。

本句用的是省略詞法；所謂「秀」是秀才，「舉」是舉人的縮寫。這種表現法，不可用在生僻的詞句上，否則讀者看不出原意，會模糊掉整個句子的意思。至於「無散舉」，很好的注腳是「三年清知府，十萬雪花銀。」——做一任清國的知府，就A得十萬兩成色好的銀子。

秀：秀才，明清時，指府、州、縣學的生員。無關為官的資格。　舉：舉人，在明清係指鄉試考中者；舉人是一種資格，清朝可以直接任官，本朝知縣有三成半是舉人擔任的。 ❸　*知府[ti-hú]：府的主官；府的下屬有州、縣。　十萬：十萬兩銀。譬喻歪了無數錢財。當知，清官薪水極低，台灣知府的年俸起初僅有42兩5錢5分6釐；到了乾隆八年，增加養廉金，才有500兩銀。* ❹　*雪花銀[soat-*

hoa gîn〕：形容好銀，白如雪花；舊時中國銀幣純度成色沒有嚴格控制，歹銀多的是。銀，以西班牙的紋銀為最值錢。

清國官，二年才歪得「十萬兩雪花銀」太遜了！遠遠不如中華民國的官員！軍弊大案不說，小小的台北縣地政局長莊某，一個人就涉嫌歪得「一億元」，另有「二億元」流向莊某的上司的中山袋。(→《自由時報》1997(12.18):3)

啊！亡台灣何須麻煩中國的解放軍？大小官員繼續歪糕，全體人民繼續裝聾作啞就是了！

　　　(參看，「僥倖秀，積德寧。」411.33)

【15】

一審重判，二審減一半，三審食豬腳麵線。

It-sím tāng-phoàⁿ, jī-sím kiám chı̍t-poàⁿ,
　　saⁿ-sím chiȧh ti-kha mī-soàⁿ.

It-sím tāng-phoàⁿ, jī-sím kiam chı̍t-poàⁿ,
　　sāⁿ-sím chiā tī-khā mī-soàⁿ.

有錢法院八字開。

諷刺我國司法。說，提錢來辦萬事OK，就是再大的案件都能化小化無。

這句俗語用的是排比修辭格：「一審」、「二審」、「三審」排列同一性質的活動，比對出各審的不同結果。本句，音韻好聽，「判」、「半」和「線」都押[-aⁿ]韻，也是「有錢辦生，無錢辦死」的現代注釋。

　　食豬腳麵線：被判徒刑者，出獄時吃這道食品，咸信可以化解霉運。

這句俗諺從國民黨政府撤退來台灣以後開始流行至今，反映

著人民不信任司法的公正性；這是台灣人長久以來的痛苦。近年來雖有司法改革之說，但是主席、利委、文武大官之涉案者，花招百出：有展「保護傘」者，有「託病避查」者，有「逃脫出國」者，有宣傳「政治迫害」來轉移焦點者。曝光大案，罪證確鑿的，下監數日，就可「保外就醫」來「食豬腳麵線」，來競選立委、縣長、議長、各種人民的代表了！

如此，法官難道沒有圖利「豬腳麵線業者」的嫌疑嗎？

【16】

火到豬頭熟，錢到公事辦。

Hoé-kaù ti-thaû se̍k, chî^{n}-kaù kong-sū pān.

Hoé-kaù tī-thaû se̍k, chî^{n}-kaù kōng-sū pān.

買路錢，加班費！

用來譏刺。舊時，大小公務員都有「雙口」的習氣，見錢辦事才順利，否則置之不理，或是多方刁難。

這句俗語的造形奇怪，君不見，忽然空降一顆「紅燒大豬頭」，令你百思莫解；然後，補上一句「錢到公事辦」。是了，這是所謂的起興修辭式。還有，句裏用「火」喻「錢」：火，烤出臭焦香的豬頭皮；錢，給我鋪排發財的道路。

中國官貪吃「紅燒豬頭」，撤退來台灣更加劇烈；吃相難看，民間怒而無處申訴。有諺譏刺曰：「食銅食鐵，食鋁鋁彌」，「有腳食到樓梯，無腳食到桌櫃。」——接收台灣的寫照。鋁鋁彌[a-lu-mih]者，台灣英語，鋁(aluminum)也。

(比較，「有鬚食到鬃簑，無鬚食到秤錘。」422.15)

【17】

王廷幹，看錢無看案。

Ông Têng-kàn, khoàⁿ chîⁿ bô-khoàⁿ àn.

Ōng Tēng-kàn, khoáⁿ chîⁿ bō-khoáⁿ àn.

判金條交保。

　　用來諷刺黑官辦案的共同「特色」：提錢來辦！此所謂「衙門八字開，有理無錢莫進來。」(→33.07)

　　背景：這句俗語可能流行在道咸年間(公元1851年前後)，鳳山一帶。這時王廷幹任鳳山知縣。相傳，王知縣貪污而激起民變，亂民攻陷縣城，知縣全家被害。這是一說，也是諺句字面上要傳達的意思。

　　然而按地方誌，則有相反的記載。民俗學者廖漢臣先生注意及此，引《澎湖廳誌》供人明辨：「王廷幹……道光二十二年，署澎湖通判。愛士尤篤，慮書院[白石書院]經費未裕，乃自爲山長，以束金給諸生膏火。二十四年調署台防。同三十年澎饑…自捐五百兩助賑。咸豐三年署鳳山縣，時奸民蠢動，廷幹招水底寮林萬掌守城，勇叛被戕。」廖先生又指出《台灣詩乘》載有後人弔詩，對他的死表示惋惜。❺

　　不能冤枉好官啊！深願通誌所載正確，而這句俚諺的傳聞有誤。

【18】

中山袋，大個。

Tiong-san tē, toā--ê.

Tiōng-sān tē, toā--ê.

貪官污吏的行當。

　　用來譏刺貪得無厭的黑官污吏，特別用來諷刺國民黨政府的壞官僚。

本句俗語流行在國民黨政府撤退來台灣初期。因爲這時，來自中國的政府官員大多身穿一襲「中山裝」。此裝之最大特色就是：四個大得出奇的袋子，也就是「中山袋」！爲甚麼袋子要設計得如此大又多？問得好。台灣老先人說，紅包、白包、黑包、支票…紛紛吸收，非中山袋之大與多，是裝不了的！

有一段時期，國共的大小官員，很愛穿「中山裝」和「人民裝」。有意思的是，此二裝都有「中山袋」！很適合做貪污歪糕的標誌。君不見，穿人民裝的，僅1999一年，就有價值150億美元的國有資金裝進「中山袋」；檢方近三年來經辦的瀆職案，就有76,000件；冰山一角而已！(→《自由時報》2000(5.13):6)

【19】

五子登科。

Ngó·-chú teng-kho.

Ngo·-chú tēng-kho.

食人吮血！

用法有二：一、主要的，用來譏刺國民黨政府的壞官，他們濫用權勢剝削百姓，大歪大貪；在台灣當官，很快就有「五子」登記在自己的名下。二、舊時，讚美人家賢父母，有五個後生相繼金榜題名，要當官去了。

請注意，在咱台灣，這句俗語有特殊用法，祝賀人家五個子女都攻得博士，或通過高考，都不合適。

背景：所謂「五子登科」，原是恭維話，讚人敎子有方，五個賢後生都中了舉。《宋史竇儀傳》載，竇禹鈞有五子，子子相繼登科。老朋友馮道作詩賀曰：「靈椿一株老，丹桂五枝方。」這種稱讚，老竇歡喜得快要腦溢血。

　　然而，台灣人在痛苦無奈中，發明這句話的新用法——國民黨政府撤退來台灣初期，官吏普遍敗壞，到了「法律千萬條，卡輸金仔一條」的地步。此外，有權有勢的黑官，大多是「雙腳，挾一個卵脬」(→ 131.27)逃難而來的；大貪大歪之後，官官擁有：「金子、房子、車子、妻子、孩子」，「五子」相繼登科。

　　此外，這句俗語挑戰著中國文化的教育理念：當官發財須要「登科」，而「登科」不得不讀書。噫，讀聖賢書，要搞歪糕官？見笑啦！

【20】

判大官大證據，判小官小證據，
　判小老百姓免證據。

Phoàⁿ toā-koaⁿ toā chèng-kù,
　　phoàⁿ sió-koaⁿ sió chèng-kù,
　　phoàⁿ sió-laū-peh-sìⁿ bián chèng-kù.

Phoáⁿ toā-koaⁿ toā chéng-kù,
　　phoáⁿ sio-koaⁿ sio chéng-kù,
　　phoáⁿ sio-laū-peh-sìⁿ bén chéng-kù.

法律不外我心。

　　用來譏刺司法腐敗，沒有公正性，採證和判決都違背法理和社會認知。

　　這句話道盡老百姓的無力感和怨嘆。有何可嘆？君不見，大官大黑，涉大案，要求的是大證據，結果證據總是不夠大，不能起訴的也。小官涉案，證據小的也行，採證容易，可看情形起訴。至於小老百姓嘛，馬馬虎虎啦，看「錢形」再說！反正，法條法理都在心證的葫蘆裏面！

我們台灣司法的公正性被質疑已久，雖然改革的呼聲處處。但，許多大官的大案，不了了之，徹底毀滅了司法的可信性。難怪，這句俗語流行民間不息。

【21】

善的掠來縛，惡的放伊去。

Siān--ê lia̍h-laî pa̍k, ok--ê pàng-i khì.

Sēn--ê liā-laī pa̍k, ok--è páng-ī khì.

本官專業打蒼蠅。

用來譏刺，說惡官枉法，勾結惡人，陷害良民。

「善的掠來縛」，可能嗎？——怎麼可能！就是十殿閻羅，也是獎善罰惡的！OK！那麼，二二八國民黨政府殺了那麼多善人，如何解說？

「惡的放伊去」，可能嗎？——不可能！七爺八爺處處有，專門掠奸治惡。OK！那麼，A億A萬的大小官員代表，為何都是不起訴處分的？這個嘛，「選舉恩怨」吧！不然，「政治迫害」！

【22】

伊通放火燒厝，我唔通點火食烟。

I thang pàng-hoé sio-chhù, goá m̄-thang tiám-hoé
　　chia̍h-hun.

I thāng páng-hoé siō-chhù, goá m̄-thāng tiam-hoé
　　chiā-hun.

汽油彈vs.打火機。

用法有二：一、用來譏刺官府，形容統治者的殘暴，用剝削高壓來凌虐人民。二、表示不滿，特權階級可以公然作奸犯科，善良百姓不能偶有小過。

這句俗語的修辭是對比同對格。「伊」比對「我」，要對的是不同程度，但是同一方向的事情。本句，淺白有力，巧妙又清楚地對出一番無理來：大人您，「放火燒厝」，OK！我小老百姓，「點火食烟」，NO！本句，可能源自「只許州官放火，不許百姓點燈。」(見，《紅樓夢》、《官場現形記》等章回小說)

背景：「放火」一詞，不是土匪的「縱火」燒屋，來趁火搶劫。按《老學庵筆記》說：有個叫做田登的州官，忌諱百姓叫他的名字，犯者都要被鞭打屁股。因此，全州大小都不敢發「登」音，就是「點燈」也得說成「放火」。上元到了，有連續三夜的「放燈」活動。但見官府張貼的榜文，說：「本州依例，放火三日。」

【23】

嚴官府出厚賊，嚴父母出阿里不達。

Giâm koaⁿ-hú chhut kaū-chha̍t, giâm pē-bú chhut
    a-lí-put-ta̍t.

Giām koāⁿ-hú chhut kaū-chha̍t, giām pē-bú chhut
    ā-li-put-ta̍t.

小偷的製造廠。

本節的重點在於第一分句。按常理而言，「厚賊」所以「嚴官」；但，先人卻違反常識，一口斷定「官嚴」所以「厚賊」。到底要如何理解呢？簡單啦！君不忘，嚴近酷，常常背離公義和慈愛。一個缺乏義與慈的社會，何只小偷多，造反、作亂、革命都可能發生。好政治，好治安不在一個「嚴」字——正如「戒嚴」是最壞的控制人民的手段。

(第二分句詳解，請看517.70)

【24】

官，情薄如紙。

Koaⁿ, chêng-poʰ jû-choá.

Koaⁿ, chêng-pō jū-choá.

厚以黃金，可乎？

　　用來嘲諷官吏作威作福，不論是依法嚴辦或循私枉法，變化無常，都在瞬間。

　　說舊時，腐壞的官場。人人知道，要官人變得「情厚」，只有黑紗一途；常言道，衙門八字開啊！據說，就是現今「法治」時代，要法官情意好，也是有辦法的——「火到豬頭熟」(→.16)的物理法則未變。

【25】

錯掠，無錯放。

Chhò liạh, bô chhò-pàng.

Chhó liā, bō chhó-pàng.

保防守則第一條。

　　用來譏刺官府隨意逮捕，羅織罪狀；理由是，寧可掠錯人，而不可走掉罪嫌。

　　「錯掠」是沒有任何理由可言的。顯然的，那是專制獨裁，踐踏人權，缺乏偵查能力的政府，用來宰制人民的手段。

　　台灣人領教過國民黨政府「寧可錯殺一百，不可逃掉一人」的恐怖統治：在那二二八過後，所謂「清鄉」的恐怖時期。我家左對面有位中醫師藤仙，在三更半暝被憲兵用吉普車載走，從此失踪多年。也不知用什麼辦法保住老命。那幾年，鄰居個個如銜豬膽。後來，據說是「因為」他的唐山師父涉嫌匪諜，「所以」弟子也

非常可能涉嫌匪諜——噫，無法無天的霸權！

【26】

鼓不打不響，人不打不招。

Kó͘ put-táⁿ put-hiáng, jîn put-táⁿ put-chiau.

Kó͘ put-táⁿ put-hiáng, jîn put-táⁿ put-chiau.

查無證據？打！

　　用來諷刺國民黨政府的刑警、偵調單位，用刑求來處置涉案者，逼取口供。

　　這句俗語，是國府逃難來台灣以後開始流行的。原來是王祿仙仔的套語，「鼓不打不響，燈不點不亮」(→ 311.33*)加工而成。本句，雖然唸來滑稽好笑，但在那國民黨政府恐怖的統治時期，多少台灣人的菁英，民主鬥士，在「不打不招」的毒手下，凌虐致死。讀這句俗語，不能不爲他們默哀祈禱。古以色列的智慧人有言：「刑罰義人爲不善；責打君子爲不義。」(《聖經・箴言》17:26)

　　台灣人經驗的所謂「祖國」是如此不義，眞是情何以堪！

【27】

官員好見，衙役難纏。

Koaⁿ-oân hó kìⁿ, gê-iȧh lân tîⁿ.

Koāⁿ-oân ho kìⁿ, gē-iā lān tîⁿ.

小鬼難纏！

　　指出舊時衙役，比官長更難以應付。

　　役吏在衙門醬缸浸久了，作威作福，索求行賄，酷刑威逼成習，使涉案百姓遭受無窮痛苦，眞是惡如虎倀。語見，《格言諺語》。

　　衙役：舊時衙門裏的差役。　難纏：鬼胎怪招一大堆，很難應

付。

古時的涉案者，見官之前，先遇衙吏。這關難通過，語云：「閻王好見，小鬼難搪」。小鬼索取，眞難應付：要祭大豬頭，要大幅金，要燒酒飲，要花柳眠。眞是「官繪威，牙爪威！」不過，通常惡官和牙爪是共犯結構，是狼狽爲奸的啦！

雖然舊時的衙役厲害，但遠遜於我國現代的「倀鬼」！前者，陷害個人；後者，毀壞國家：「台灣…『倀』公然出現，仗著背後的『老虎』，張牙舞爪，批東罵西，台灣什麼都不是，只有他的主子老虎，中國吞吃才是……當中國喊一聲『反獨』，倀鬼就磕頭如搗蒜呼應『一個中國』，並抬出老虎會發威，伸虎爪來威嚇台灣。」❻（《自由時報》1999(7.14):2)

台灣人眞衰，衙役斂跡不久，又出現一大群倀鬼。要如何才能平安度日呢？不起來驅倀除鬼行嗎？

【28】

衙門內，好修行。

Gê-mn̂g laī, hó siu-hēng.

Gē-mn̂g laī, ho siū-hēng.

官海無邊，回頭是岸。

用法有二：一、舊時，老人對於官吏的期待，希望他們秉公行正，不要枉法受賄，做個有仁愛，是非分明的父母官。二、用做諷刺，說官吏身在衙門，修的是爾虞我詐，欺善怕惡，逢迎拍馬，陽奉陰違的功夫。

這句俗諺，一語點破「衙門」這種場所的眞面目，露骨地說「官好，衙門歹。」因爲衙門不善，所以又有話說，「身在公門，好修行。」

　　官人不是出家人，爲甚麼說「衙門內，好修行」？理由顯然，君不見，多少惡官把衙門安裝成A錢大工廠，搞成陷害善良，培養惡霸的人間地獄。如此衙門中人，不懺悔修行，可乎？再者，那些好官，廉明公正，善斷是非，矯正罪犯，保護良民。如此，衙門豈不是一個積德修善的好道場？

　　然而，現在雖是「法治」社會，但只要黑官氾濫，這句「衙門內，好修行」的老諺，還是會流行不息的。

【29】

官官相衛。

Koan-koan siong-uī.

Koān-koan siōng-uī.

狼狽爲奸！

　　譏刺官僚都是烏鴉一般，大小官涉案，莫不互相袒護，有罪化無——狼狽相依也。

　　官官：官僚之間；官吏集團。　相衛：互相保護、關照、袒護；狼狽爲奸。「相衛」也做「相爲」。

　　爲甚麼不「官官相衛」？彼此同僚袍澤，關愛提攜，人之常情嘛。更何況是「穿全一領褲」（→53.09）的；褻褲一旦被脫，原形畢露，實在難看，儘管臉皮修得有王城壁那麼堅厚。

　　「官官相衛」是必然的代誌，因爲貪瀆非集體污爛不行。君不見，億萬黑金能夠A來A去，隨意的寄瑞士，匯美國，就像無人管制的關卡。

　　官正，何須相衛？「清白」就是官人最安全的保衛。

【30】

要做頂司狗，呣做下司官。

Beh-choè teng-si kaú, m̄-chò ē-si koaⁿ.

Bé-chó teng-sī kaú, m̄-chó ē-sī koaⁿ.

牛屁股主義萬歲。

用來譏刺人。刺他一派走狗心態，寧願給大官顯要當跟班，也不要當個獨當一面的小主管。

這句俗語的修辭用了對偶反對格，「要做」對「唔做」，說的是彼此不同的意志。接著用「頂司狗」對反「下司官」，來喻指不同意志的內容。

應該一提的，坊間有引用古諺「寧爲鷄口，無爲牛後」和「寧爲鷄首，不爲牛後」來注釋本句。❼我們認爲如此理解並不妥當，因爲本條俗語沒有要「爲鷄口」或「爲鷄首」的意思，反而是要幹「牛後」，要當「頂司狗」的——「頂司」，大官府也，大如牛；「頂司狗」，大官府的小役吏，卑如牛屁股，「牛後」也！

還有，「鷄口」雖小，卻是「說話」、「吃飯」的器官；而「牛後」雖大，卻是「放臭屁」、「拉大糞」的工具。古人如此理解，而鼓勵有志才俊，寧爲「鷄口」，爲「小官」，也不要當「牛後」，不要幹「頂司狗」。讚，眞有志氣！

【31】

朝內無人莫作官。

Tiâu-laī bû-jîn b̍ok chok-koan.

Tiāu-laī bū-jîn bōk chok-koan.

人脈好，關節通。

斷言當官須要靠山。朝廷沒有大官提攜的話，有能力難出頭，有事難排解。

這是一句老名諺，常見於章回小說，如，《蕩寇志》、《兒女

英雄傳》等等；但多說成「朝內有人好作官」。

為甚麼？還不是「官官相衛」的原理。中央有了自己的人當大官，不論要牽成、要保證、要關說、要施壓、要合作、要減刑、要保釋，要什麼的，都方便——就是要槍斃，也能求個一槍報銷。缺此，不但寸官難升，分銀難歪，更像身懷沒有「保險栓」的手榴彈。

【32】

好囝唔做兵，好鐵唔拍釘。

Hó-kiáⁿ m̄-chò peng, hó-thih m̄-phah teng.

Ho-kiáⁿ m̄-chó peng, ho-thih m̄-phá teng.

死勝過當兵？

舊說，好孩子不當兵，因為當兵的都是爛銅斷釘，土匪一般的形像。

這句俗語是1949年「國軍」撤退來台灣的時候開始流行的。那時他們的軍紀、軍容，確實很差。社會流行的兵諺，有：「好鐵唔拍釘，好男唔當兵。」「好銅唔鑄鐘[chù cheng]，好鐵唔拍釘，好囝唔當兵。」

現代軍人必要智、德、勇，等等高水準的素質。不是關公「過五關，斬六將」(→35.07)的那種粗勇，倒是要具備「任天堂」電子遊戲一類的靈巧。如此，戇囝啦，歹銅啦，害鐵啦，是當不了兵的！

然而，台灣人對於服兵役雖不敢異議，但總是提心吊膽。君不見，今年(2001.2.16)高雄市有一對雙胞胎好子弟，在入伍前夜，跳樓自殺。原因說是患了「當兵恐懼症」。台灣的兵役是如此可怕的嗎？難道死亡勝過當兵嗎？

雖然我國早已宣佈「不要」反攻大陸，但中國敵意仍然高漲；台灣豈能沒有保衛鄉土的軍人？

【33】

秀才抵著兵，有理講𣍐清。

Siù-chaî tú-tiȯh peng, ū-lí kóng boē-chheng.

Siú-chaî tu-tiō peng, ū-lí kong bē-chheng.

拳頭拇信徒！

斷言，軍人惡霸，所做所為不講道理，人民避之為吉。

語見，《格言諺語》。舊時，中國軍人一派凶焰，惡如匪徒，進入鄉村漁肉人民。古諺云：「寧逢惡虎，莫逢善軍。」(《注解昔時賢文》)——敵軍、匪軍暴虐，要命要財；就是「我軍」，自家的子弟兵，仍然是萬分難纏的。

秀才：指講理守法的讀書人，也指一般善良百姓；不指府州縣學的生員。

為甚麼中國的「軍兵」總是和「野蠻」劃上等號？是否太迷信槍桿子出道理、出政權？君不見，造反團體一旦變了天、開了國，馬上開始反智運動，製造「救星」來愚弄人民，鞏固軍統體系。另一方面，當然是中國軍隊之中極端缺乏「秀才」！所謂的知識份子，喜歡的是談玄弄虛；中國有史以來，秀才當兵的除了曹操、孔明、岳飛，還有誰？

【34】

蓆老爹，兵大爺。

Chhiȯh ló-tia, peng toā-iâ.

Chhiō lo-tia, pēng toā-iâ.

謝必安，范無救？

用來恥笑軍隊。譏諷他們軍容破爛，紀律蕩然無存，毫無秩序，宛如緊急逃難的群眾。

這句俗語的修辭式用的是指代格，用「蓆老爹」和「兵大爺」此二表象所能表現的滑稽像和惡形惡狀，來指謂窮凶至極，難堪非常的軍隊。

蓆老爹：扛著草蓆的小丑。老爹，小丑也，如，車鼓戲中的「猹老爹」；此處不當做「小官人」解。 兵大爺：兇惡恐怖的兵士。大爺，城隍廟裏的七爺是也；此處不是「僕人對主人的尊稱」的那種大爺。 謝必安，范無救：城隍爺的警察主管也。謝將軍名必安，紅包謝之，必得平安也；民間稱之為大爺、踫爺或七爺。范將軍名無救，衝犯者，無法可救；咸稱細爺、二爺、矮爺或八爺。

背景：這句俗語是從「國軍」在1945年十月25日接收台灣以後開始流行的。顯然是用來譏刺從中國而來的軍人。當時憲兵第四團團長吳維民回憶說：

> 廿五日接收以前，我便裝到台北各地走過，發現這個地方秩序井然，現象真好，並從新職人員得知『夜不閉戶，路不拾遺』……風氣太好了，我非常感動。但是七十軍部隊實在太糟，該軍在基隆未下船前，雖有零星上岸，披著毯子，拖著草鞋，隨便在船邊大小便者……正式下船時，雖然整隊而行，其服裝破爛，不堪入目，於夾道歡迎的人群中，頓使台省同胞失望……❽

那時，筆者八歲，跟著家人前往歡迎，看到一群扛草蓆，抬鼎鍋，揮步槍，漫無軍容的雜牌軍，遠超過「蓆老爹，兵大爺」所

能描寫的。其後，這群軍人駐進我們的學校；有阿兵哥要我們小學生拿香菸來交換子彈，一根可換五發。筆者曾偷過老爸的香菸，交關過幾次。

——阿爸在天之靈！兒偷菸換彈，聊解英雄烟癮，有功於國。敬請明察。

【35】

蝦仔兵，草蜢將。

Hê-á peng, chhaú-meh chiòng.

Hē-a peng, chhau-mé chiòng.

三界娘，水蛙鼓。

用來恥笑軍隊。譏刺他們都是不堪一戰，每戰必敗，未敗潰先逃走的行伍。

本句用的是借喻，用「蝦仔」和「草蜢」來指謂超特種的軍隊。我們都知道，蝦是水族中的弱勢團體，注定做為大魚小魚的糧食；如此兵種，豈能作戰？草蜢雖然善躍，有利牙，究竟不是麻雀的對手；「草蜢將」，逃走保命都自顧不暇，還能指揮作戰？

「蝦仔兵，草蜢將」是舊時中國軍隊的現象，因缺乏嚴明紀律，更無良好的軍事訓練。何況上自五星，下至二兵，莫不紛紛自問：「為何而戰」？如此，士兵能不聞風喪膽？將領能不未戰落跑？

【36】

阿兵哥錢多多，無某癮仙哥。

A-peng-ko chhiân to-to, bô-bó' giàn-sian-ko.

Ā-pēng-ko chhên tō-tō, bō-bó' gén-sēn-ko.

為國守貞？

小孩用來嘲諷軍人。說他們袋裏雖有些錢，就是偏偏沒有牽手，寂寞得很也。

這句俗諺的文學形式是謠諺，詞句有美麗的押韻，可歌可謠，非常好聽。但仔細一聽，勾起一顆憐憫單身老兵的心。啊，無意無思的內戰！犧牲億萬中國人的青春、幸福、生命！

癮仙哥：情慾發作難禁，有如烟癮爆發。俗語有言：「看有食無癮仙哥，親像佛祖蒸油烟。」(→227.24)

這句諺語流行在五六十年代。謠諷的是，外省兵從軍一生，極多數低階軍士無力成家。但佔肥缺的軍人，有辦法弄到錢，也就開始向蕃藷姑娘猛烈進攻了。追上的也有，但為數不多。此情此境，映入台灣幼童眼底，也就唱出這句淒美的謠諺了。

本諺，不適用將校。他們得到政府的特別照顧，不僅結婚生子，幾乎是「一子成道，九祖升天。」(→518.51)全家老少坐享無盡的特權和利益！

【37】

有執照的土匪，穿制服的強盜。

Ū chip-chiàu ê thó͘-huí, chhēng chè-ho̍k ê kiông-tō.

Ū chip-chiàu ē tho͘-huí, chhēng ché-hōk ē kiōng-tō.

次殖民地的警察吧！

用來譏刺政府的軍警人員。在所謂「合法」之下，公然侵犯人民，踐踏民權，傷害百姓，惡行更甚於土匪、強盜。

這是國民黨政府統治台灣之後產生的新俗諺。她的修辭格是借代，「有執照的…」和「穿制服的…」係指國家的治安、憲警人員；這一族，職業是打土匪，捕強盜，但卻公然當土匪，幹強盜。如此，用來突顯矛盾，形成強烈的諷刺，頗能顯出台灣人在

這暴政時期中的痛苦、憤怒和無奈。

　　背景：中國國民黨政府在台灣實施世界上最長的戒嚴(1949.5. 19-1987.7.15)。在這期間中，統治的方式是恐怖的，無數好人喪命在「懲治叛亂條例」(1949.6.21)和「戡亂時期檢肅匪諜條例」(1950.6. 13)之下──動不動就是匪諜、共產黨、思想犯、台獨份子；這都是槍斃的大罪。根據立委謝聰敏先生的調查，這段戒嚴時期政治獄有29,000多件；140,000人受難，其中有3,000-4,000人被處決。❾那麼，是誰實際執行這些惡法？答案就是：「有執照的土匪，穿制服的強盜。」

　　撫鍵至此，為我台灣的過去嘆氣不止，但眼底又出現「中國穿制服的流氓」在肆虐人民！有一首順口溜：

> 一壞就是交警隊，站在路中亂收費
> 二壞就是刑警隊，還沒破案先喝醉
> 三壞就是防暴隊，本身就是黑社會
> 最壞就是治安隊，趕走嫖客自己睡

《中央日報》1999(6.23):7

　　眞慘，為甚麼現代中國還維持著如此龐大的掛牌土匪？人家我國台灣的憲兵、軍人、警察、刑警、交警、獄警等等，都紛紛修行了，警果道果，都是有目共賞的。嘉哉！

注釋

1. 參看,連橫,《台灣通史(上)》,頁101-102;史明,《台灣人四百年史》,頁187-193。「左宗棠摺略」原文:「台灣物產素饒,官斯土者,惟務收取陋規,以飽私囊。廳、縣有收至二萬幾兩者。台道除收受節壽禮外,洋藥,樟腦規費,概籠入己。知府於節壽外,專據鹽利。武營以虧挪為固然,恬不為怪。」轉引自:鍾孝上,《台灣先民奮鬥史》(台北:台灣文藝出版社,1983),頁146。

2. 李南衡先生在「貪官污吏處處有」乙文,說了幾則有關貪污的故事。本則,參考其中的一段。見,《自由時報》1997(10.19):37。

3. 李弘祺,「科舉——隋唐至明清的考試制度」《立國的宏規》(台北:聯經出版社,1983),頁275,282。

4. 連橫,同上引。頁102。

5. 廖漢臣,「台灣歷史與諺語」《文獻專刊》(1952年3卷2期),頁22-23。

6. 這是中間的一段文字,原作前後文是:「倀,傳說是被老虎吃掉,又為老虎役使來害人的鬼,為虎作倀,最令人不齒……老虎可怕,但有形的暴力可以抵抗,倀則化身無形,或政或學或商或媒體或黑道走私槍與毒,台灣要抗虎,必先除倀。」見,《自由時報》1999(7.14):2。

7. 見,吳瀛濤,《台灣諺語》,頁122;徐福全,《福全台諺語典》(台北:作者出版,1998),頁530。

8. 轉引自,李筱峰,《台灣史100件大事(下)》(台北:玉山社,1999),頁9-10。原載:高維民口述,福蜀濤記錄,「台灣光復初時的軍紀」《中華雜誌》(1987年25期)。

9. 李筱峰,同上引,頁40。

第四節　醫生、術士

本節段落：

良醫名醫01-02　另類醫生03-07　醫術醫德08-13　算命相術14-20
堪輿風水21-25

【01】

華佗再世。

Hoâ-tô chaì-sè.

Hoā-tô chaí-sè.

古代名醫。

　　用來稱讚醫生，說他的醫術非常高明，宛如大醫師華佗重現今世。

　　本句，修辭格是借代，借華佗來形容某位醫生的醫術是何等高明。舊時，疑難雜症患者醫癒後，常題這句俗諺於匾額來贈主治醫師，用來讚揚他的醫術和感謝他的救命功德。

　　華佗：*華大醫師名佗，字元化。公元第二世紀末，東漢的醫學家，精通內科、兒科、婦科和外科，尤以麻醉術和外科手術為最有名。他兼通數學和經學，被推薦當官，不就。《三國演義》有華佗給關雲長刻骨療毒，以及要給曹操開腦醫治頭痛，曹疑他替關公復仇而加害的敍述。結果，奧妙醫術因此不傳。（→75, 78回）這是小說家之言，根據陳壽（AD 233-297）的《三國志》，華佗雖然死於曹操手下，但理由是：他拒絕做曹操的御醫，託妻生病屢召不應而被捕，經刑求招認而被殺害。*❶

【02】

點龍眼，醫虎喉。

Tiám lêng-gán, i hó·-aû.

Tiam lēng-gán, ī ho·-aû.

古傳神醫。

用來稱讚醫生，說他醫術高超。連龍和虎的毛病，都醫得了，何況是人。

這句俗諺全句是：「保生大帝，點龍眼，醫虎喉。」台灣民間傳說有，大帝醫治過針鯁咽喉的黑虎，也醫好罹患眼疾的蛟龍。可見，他的醫術是多麼厲害。

保生大帝，宋人，姓吳名本。生於公元979年三月十五日，福建泉州府同安縣白礁村。他是仁心仁術的醫師，經過神話化而成爲漢醫生、藥商和術士的守護神。民間尊稱他爲「大道公」，係根據1171年孝宗諡稱「大道眞人」；而「保生大帝」是以宋仁宗登基時，敕封他爲「萬壽無極保生大帝」而得名。他的寺廟在我國台灣約有162座，以台南縣爲最多，有38座。香火尤以台北市的保安宮，台南市的良皇宮，學甲鎮的慈濟宮等爲最旺盛。保生大帝是我國民間信仰中的一個重要傳統。❷

[小檔案]本句俗諺說的是醫治動物，那麼，「醫樹」怎樣？有沒有醫樹的學問？有！有沒有醫樹的醫生？有！楊甘陵醫師是也。他是我國第一位獲取日本政府發給的「樹醫師執照」(1993年獲得)，科班出身自日本東京農業大學園藝系。他行醫已經有三十餘年了，醫癒許多路樹和公園樹。(→《自由時報》1999(7.3):7)

【03】

好醫生開嘴相褒，赤腳醫生動手開刀。

Hó i-seng khui-chhuì sio-po, chhiah-kha i-seng
    tāng-chhiú khui-to.

Ho ī-seng khuī-chhuì siō-po, chhiá-khā ī-seng
    tāng-chhiú khuī-to.

心身兼治好醫生。

用來論斷好歹醫生。所謂好的，知所「相褒」；歹的，說是喜歡開刀。

本句的修辭用的是對比同對格，用好的和不好的醫生來比對，雖然同樣要醫病，但做法是何等不同；一是「開嘴相褒」，另一是「動手開刀」；同時，「相褒」和「動刀」對得多妙，韻用[-o]。看來，這句是日本統治台灣以後，引進西式醫療方法以後的代誌。

開嘴相褒：寬慰鼓勵患者；這裏不指「抹口水」。　赤腳仙：鄙夷話，宛如土醫生。不一定指「沒有資格」或「非學院出身」的醫者，雖然「赤腳」有喻指「無學」、「粗魯」和「勞動」等意思。（→435.08; 513.07）

這句俗諺反映著一般台灣人，對於醫師的期待和批評。當然，這種極端的看法有其偏頗之處，但仍然有參考的價值。

期待的是：醫生看的是「病人」，而不僅是「疾病」。他親切又細心，運用受過訓練的眼、口、耳、手和心來看診。只是認為必要，才用儀器來檢驗，尤其是要開刀動手術的話，都有清楚的說明和溝通。同時，這種醫師會說安慰、鼓勵的話。如此，病痛已經減輕了七八分，痊癒是指日可待的事了──這可能是所謂的「開嘴相褒」好醫生。

批評的是：醫師眼中一儘是「疾病」，就是沒有「病人」。他不問病痛，不屑一顧病況，但興趣開檢驗單，更是喜歡開腔剖腹。

但病患者出院了，還不知道自己害了啥毛病，割掉了什麼器官；清楚記得的是一大堆可怕的儀器，打不完的針和無法吞嚥的藥——這大概是「動手開刀」的赤腳仙吧？❸

醫生須要「開嘴相褒」嗎？專業好就很厲害了。夫復何求？不過嘛，人在生死大病中，再堅強如猛虎、像蛟龍都會變得軟弱似赤子。醫生「褒」他幾句，也頗合此情此景吧。當然，盡量啦！

【04】

赤腳醫生。

Chhiah-kha i-seng.

Chhiá-khā ī-seng.

土醫生。

用指沒有經過醫學院校的正規教育，直接跟開業醫學習，後來獲得醫師的開業資格者。

這一類醫生，現在也已經走進台灣的醫學史了。他們對於台灣人的身體健康有一定的貢獻。然而，這句俗語在實際應用上是輕蔑的，是背後的話。

雖然我們台灣的醫生已具國際水準。但我們台灣人的醫學常識和求醫的態度如何？說來慚愧！君不見，今年元月，中國婦女張穎還有機會向「呆胞」行「隔空，抓藥」的治病、詐財！更詭異的，又有教授曖昧地好像肯定這種「特異功夫」。(→國內各報，2001(1.10s)

這種奇現象透露出什麼訊息？糊里糊塗糊地崇拜中國的方術和功夫！為甚麼輕看台灣的「赤腳醫生」呢？

【05】

企三年藥店櫃頭，道要做大先生。

Khiā sāⁿ-nî iȯh-tiàm kuī-thaû, tō-beh choè toā sian-siⁿ.

Khiā sāⁿ-nī iō-tiàm kuī-thaû, tō-bé choé toā sēn-siⁿ.

敢著快做先生媽！

　　從這句俗語看來，她應該是日本據台以前的俚諺。說的是，藥店的「辛勞」(學徒)，見習漢醫不久，就要扮演大國手，老華佗，眞是「給個祖公，借膽！」(→323.29)

　　（本句詳解，請看323.48）

【06】

藥局生，卡勢醫生。

Iȯh-kiȯk seng, khah-gaû i-seng.

Iō-kiȯk seng, khá-gaû ī-seng.

糊塗醫生。

　　用來諷刺，說醫生看病不仔細，診斷不確實，開出的藥方無效，大大不如他的藥局生。

　　前世紀四十年代以前，台灣用來檢驗生化的知識和醫學儀器極其有限，就是西醫仍然普遍倚靠經驗來診斷。如此，醫生不細心看病的話，誤斷的機會相當高。類似句有：「醫生講無代，護士聽了挍頭。」——資深護士看出病患命在旦夕，醫生還說，安啦！

　　藥局生：按醫生開的處方箋，來合藥的人。他也兼醫生助理，在舊時候他也負責打針。　無代：沒事，沒有代誌。　挍頭[haiⁿ-thaû]：搖頭，不以爲然。

【07】

久病成名醫。

Kiú-pēng sêng bêng-i.

Kiu-pēng sēng bēng-i.

另類華佗。

　　用法有二：一、用來諷刺土醫。一個沒有正式學過醫學的，只因為長年纏疾，竟然會給人治病。二、用來強調經驗的重要性。

　　舊時，台灣民間確實有這種「名醫」；不過，所謂「名醫」，是諷刺的說法。他實際上是「土醫」，目濡耳染，懂得一二種漢藥方或偏方，來治療那一二種疾病而已。

【08】

節脈爆爆，開藥大約。

Chat-me̍h pok-pok, khui-io̍h taī-iok.

Chat-mē pok-pok, khuī-iō taī-iok.

症用猜，藥亂開。

　　用來譏刺醫生。說他看病是一派糊塗，「節脈」時只覺得脈搏毫無意義的震動，「開藥」只好甘草桔梗，隨隨便便。

　　節脈：切脈，漢醫的脈診。醫生用食、中、無名三指端，切按在患者的腕關節後的脈博動處。由此察得脈象的頻律、節律、盈虧、暢礙等等數十種情況，以爲斷病的根據。　爆爆：喻指脈博的振動。
大約：約略，量其約也。

【09】

家己做醫生，尻川爛一旁。

Ka-kī choè i-seng, kha-chhng noā chi̍t-pêng.

Kā-kī chó ī-seng, khā-chhng noā chi̍t-pêng.

捨己爲人？

　　用法有二：一、用來嘲諷病弱的醫生。說他連自己的病都醫

不好，哪有可能醫治別人。二、恥笑人，工於謀人，拙於謀己。

　　本句可能是頑童發明的謠諺。萬分不敬地將醫師先生的「尻川」放在嘴邊來謠；還好，只是用來譬喻。噫！鬼頭鬼腦，將「做醫生」和「爛一旁」搞在一起，毫無邏輯概念！但，牽連得實在好笑，韻也響亮，都是[-eng]。

　　其實，頑童謠的也有幾分歪理，假如醫生自己病倒在床的話，還能繼續行醫嗎？另外，咱台灣的醫生，文質彬彬的多，像鐵牛那麼粗勇的極少；同時，又是高感染細菌病毒的族群，要不「尻川爛一旁」就得小心保養了。同類句有：「醫生，自病不能醫！」

【10】

家己病醫獪好，閣沿路賣聖藥。

Ka-kī pīⁿ i boē-hó, koh iân-lō͘ bē siàⁿ-iȯh.

Kā-kī pīⁿ ī boē-hó, kó ēn-lō͘ bē siáⁿ-iō.

不治己的仙丹。

　　用來譏刺賣藥的江湖仙仔。他說「清肺暢氣丹」包醫久年嗄龜大喘。但見王祿仙，一邊宣傳聖藥，一邊蝦也龜也的要命爭喘。

　　聖藥：聖人秘傳藥方；療效99%的藥劑也。

　　背景：台北晉川先生，在解釋這句俗諺時，提到她的背景，他說：「光緒年間，泉州石碼有個姓孔的人，自稱孔子第六十二代裔孫。他沿街賣『聖藥』，自吹能醫百病，而自己卻痼疾纏身，一副風吹就倒的樣子，一時傳為笑話，久了成為諺語。」❹

　　眞眞孔聖人的賢後裔也！看他一身清寒相，也沒有做生意的腦漿。應該雇用「山東辣妹」來推銷才好。同時，藥叫「聖藥」實在呆板得可以，人盡皆知孔聖人是編修《六經》，參詳《易經》的；孔

老先師不懂什麼《本草》，不搞炮製丸散這一類的藥學。多叫幾聲「聖藥」，難免有黑糖攪米糠的嫌疑！

【11】

神仙𫧃救無命囝。

Sîn-sian boē-kiù bô-miā kiáⁿ.

Sīn-sen bē-kiù bō-miā kiáⁿ.

認命莫怨醫。

　　斷言，再高明的醫生，都有無法醫癒的病症。

　　這句俗語表現出舊時台灣民間的一種「生命觀」：深信「命」是一切，命注死，也就醫不活；反之，醫不好的，也就是命該絕的了。本句也寫做：「神仙𫧃救無命人。」

　　然而，自從五六十年代以來，台灣民間這種「認命」的思想表現得相當薄弱，顯然可見的是抬棺索賠的醫療糾紛相當不少。當然，「三分天註定，七分靠打拚！」(→242.04)的「三分命」信徒也大有人在。

　　𫧃救：無法救助；不能也，非不要。　無命囝：壽數該終，必死的人。

【12】

指甲眉深。

Chng-kah-baî chhim.

Chng-ká-baî chhim.

成本高也！

　　用來譏刺醫生。說他向患者收取的醫療費用比當地的其他醫生高出太多。

　　指甲眉：手指頭長出指甲的那個部分，有月眉形白色之處。 ❺

　　這句俗語漢醫、西醫通用。特別是指舊時代，鄉鎮的「醫生館」、診所、醫院的高收費；那是診察費和醫藥費包含在一起的。

　　為甚麼用「指甲眉深」來喻指這回事呢？可能是，舊時漢醫師喜歡留長指甲，他切脈診察時，掐得太重了，患者覺得痛疼。付醫生醫藥費是應該的，但覺得貴，心裏有了疼痛；但醫生收費高不好意思明說，只好說醫生的指甲眉深。如此，從切脈的膚痛來關聯付醫藥費的心痛。

【13】

醫術好，呣值著醫德好。

I-su̍t hó, m̄-ta̍t-tio̍h i-tek hó.

Ī-su̍t hó, m̄-ta̍t-tiō ī-tek hó.

仁心仁術好醫生！

　　用法有二：一、斷言，醫生的「醫德」比他的「醫術」重要。二、用來嘲諷。說某位大醫師，醫術好是好，就是「醫德」不好！

　　醫德者，醫生應該遵守的倫理原則也。這是醫學院的一個學科，也是倫理學者所探究的重要題目。舊時漢醫，沒有「醫學倫理」一科，大概是遵照儒家的仁信忠義廉恥來修養吧！常用的稱讚是「仁心仁術」，這是醫生理想道德的傳統見解。

　　西醫在公元前五世紀，已經有嚴格的醫師倫理傳統，大致不離醫學之父，希臘人希波克拉底(Hippocrates, 460?-?377 BC)所擬定的「醫師倫理綱領宣誓」(Hippocratic Oath)。例如：不傷生害命，不給毒藥，保守患者的秘密等等。

　　二次大戰後，「世界醫學協會」發佈的《國際醫學倫理法典》，有謂：「醫師必須經常保持最高度的專業行為…必不因利益為動

機來影響專業…必要隨時謹記拯救生命爲本務…必要保守患者的
秘密……」等等。❻然而，醫師倫理非常複雜，例如，發現「愛
滋」，醫師應否通知其配偶？安樂死可行嗎？複製人如何？等等
都是論題。

言歸本句俗諺吧。所謂「醫德好」，咱台灣民間把它講得太現
實，同時太超現實，又太聖人化。咸認親切啦，好參詳啦，收費
俗啦，可賒帳啦，只是「初級」的醫德。「中級」的是不嫖，不賭，
不酗酒，不娶細姨！至於「高級」的醫德是太玄虛了；據說，醫生
娘賢慧，醫生翁富貴，子子孫孫都是大國手好醫生。難囉，好醫
德竟然纏上了三世因果報應！

【14】

倚韻，看命。

Oá ūn, khoàⁿ miā.

Oa ūn, khoáⁿ miā.

聞風發揮！

　　斷言看命不可信。理由是，命相家是察言觀色，從問答間探
出問題，然後因循論命。

　　倚韻：說話按照對方的口氣，附和對方的意向。

【15】

算命若會準，草仔埔都會生竹筍。

Sǹg-miā nā-oē chún, chhaú-á-poˋ to-oē sⁿ tek-sún.

Sńg-miā nā-ē chún, chhau-a-poˋ tō-ē sīⁿ tek-sún.

沒有這回事。

　　用法同上一句。本句斷得比較強烈，說相命若是可信，那
麼，沒種植竹子的草埔也可能發生竹筍。

這句俗語是白話直述，表達有關「算命」的態度，可說是一般台灣人的見解。這也頗符合傳統賢人的教訓，王符有言：「聖人不煩卜筮。」(《潛夫論》)聖人要求自己盡人事，而不要筮卜。

【16】

算命若會靈，世上無散人。

Sǹg-miā nā oē-lêng, sè-siōng bô sàn-lâng.

Sńg-miā nā ē-lêng, sé-siōng bō sán-lâng.

斷命不論財利。

用來諷刺。說算命家的話是不能相信的，君不見，這位相士自己還不是漂來泊去的仙人？言下之意是，算命靈的話，他一定是個財主了，何必謀生於江湖？

無散人：沒有貧民；散人，散鄉人，窮人。

【17】

相士會相別人，燴相家己。

Siòng-sū ē-siòng pa̍t-lâng, boē-siòng ka-kī.

Sióng-sū ē-sióng pa̍t-lâng, bē-sióng kā-kī.

專門謀人大相士。

用法和意思類似上一句。

相士：命相家，相命仙也。　會相：有看命的知識。

看到這句俗語，憶起馬鳴遠先生的「術士算不出自己的災厄？」。文章開頭，引台北市某瞎眼術士外遇，生殖器被老婆剪下，丟進抽水馬桶沖掉乙事。但社會和媒體關心的，卻是這位術士爲甚麼無法預料並化解這大劫。文中多有論述，其中一段說：

　　就功能論，八字和斗數都只有分析而無預測的功能，因

爲命裏都是共盤推論，如何一個結論同命者都要符合，假設
盲眼術士從他的八字中預知將在某年某月某日被太太閹割，
那麼，同命者都無一倖免，這個世界非亂不可。（《自由時報》
1999(4.12):42）

該文下結論時說，要是術士能夠預測災難，光是給航空公司
做顧問，保證年收入上千萬，還要躲在陋巷中做算命，引人側目
嗎？

【18】
坐罔坐，看命著錢。

Chē bóng-chē, khoàⁿ-miā tio̍h chîⁿ.

Chē bong-chē, khoáⁿ-miā tiō chîⁿ.

旁聽免費。

用來形容相士的職業。他是朋友閒聊的好對象，因爲口才
好，見聞廣；但是要跟他談專業，看命批卜，就要付錢了。

*坐罔坐：漫無目的，也無時間觀念地跟別人坐在一起（聽話，閒
談）。「罔」字，台灣話的重要副詞，用指「漫無目的地」，「隨意地」；
例如：「報紙罔看」；「話罔講」；「鷄脚罔囓」；「我罔講，你罔聽」。*

背景：這句俗語非常寫實！舊時，鄉鎮小街的相命館，通常
是半開放式的，不論在騎樓下，或是在店裏。擺個「相命桌仔」，
安好香爐，擺好幾本命書，一份報紙，就可招徠看命了。那些租
大旅社候教的，都是外地相士。

相士旣是本地人，自有一些親朋熟人，平時無事也會來相命
館聊天。大家罔坐罔開講，噗噗菸，喝喝茶，也算是一種捧場。
但當眞的要相士看命，他就要燒香，起課來論命。這時，禮金就

得準備好，沒有賒帳的也。

【19】

心思無定，抽籤算命。

Sim-su bô-tiāⁿ, thiu-chhiam sǹg-miā.

Sīm-su bō-tiāⁿ, thiū-chhiam sńg-miā.

民間的心理協談。

斷言，心理狀態不安定，或抑壓，或憂煩，或疑忌的人，常會去問神卜卦。

這是一句老諺，但尚能描述今日一般台灣人精神生活的一個方相。《格言諺語》做「心思弗定，抽牌算命。」

抽籤：這裏指的是在廟裏燒金燒香過後，祈禱神明賜籤，來指示善男信女的叩問。通常在正殿神案的兩旁都有「籤筒」，禮拜後，搖動籤筒，來抽出衝得最頂端的哪一枝籤。然後，按照籤的號碼去對籤詩。這時，可以自解，或請會解的「廟公」，或廟裏的「相士」解釋神意。

【20】

怯僝愛照鏡，歹命愛看命。

Khiap-sì aì chiò-kiàⁿ, phaíⁿ-miā aì khoàⁿ-miā.

Khiap-sì aí chió-kiàⁿ, phaiⁿ-miā aí khoáⁿ-miā.

救我破船，SOS！

斷言，來看命的人，大多是時運不濟事的歹命人，有如醜八怪很愛「欣賞」鏡裏的芳顏。

這句俗語的修辭用的是對偶同對格。「怯僝」對「歹命」，眞是人生苦海中的配偶。同時，彼此都在挑戰著高難度的現實，一個勇敢地「愛照鏡」；另一個不信邪地「愛看命」。

怯僫：面貌繪春風，拍結球，無好看啦。

【21】

子丑寅卯，木虱蟉蚤。

Chú thiú în-baú, ba̍k-sat ka-chaú.

Chú thiú în-baú, ba̍k-sat kā-chaú.

鬧營業！

用來諷刺相士。說他的相命占卜既不可解，也不可信。

這句俗諺是順口溜。第一分句「子丑寅卯」模倣相師的唸唸有詞；第二分句「木虱蟉蚤」忽然溜出毫無關聯相命的害蟲來。如此，達成一種刁滑的戲弄。

爲甚麼說這句話是用來譏刺相士的？我們根據的是她的修辭格：借代。「子丑寅卯」指代相士；推算天干地支是相士的生命，它代表算命仙。而「木虱蟉蚤」指代騙局，譏刺相士是騙仙！咱台灣俚諺說：「七佬食八佬，木蝨食蟉蚤。」(→335.04)——這「木虱吃蟉蚤」是什麼？是全騙的也！

子丑寅卯：地支也。算命術用地支來記月份和時辰：子時，俗稱夜半，鐘錶時間是23:00-01:00；丑時，鷄鳴，01:00-03:00；寅時，平旦，03:00-05:00；卯時，日出，05:00-07:00。　木虱：臭蟲。蚤：跳蚤。

【22】

穿山龍，萬世窮。

Choan san-liông, bān-sì kêng.

Choān sān-liông, bān-sí kêng.

毋是頭路！

用做警語。斷言「穿山龍」是不好做的，此非興家致富的行

業，更非子孫富裕所能寄託。

為甚麼如此？舊時民間相傳，要學做看風水的專業者的時候，必要向天咒誓，從殘廢、貧窮、孤獨、短命，等等凶厄中擇一，來抵償洩漏天機的罪過。據說，吉地都有神靈，人類不可以隨意佔有，意圖興旺。

穿山龍：喻指堪輿師，俗稱風水仙，以替人看風水，特別是墓地為專業的人。所以稱為「穿山龍」，可能是由於風水仙穿探山野龍脈吉穴的行為而得名吧。

應該一提的是，「萬世窮」或「萬世富」尚在未知之天，但舊時台灣民間的一般堪輿師確實普遍清寒得很啊！傳聞，三四年前有當時國民黨政府的大官曾邀請中國的風水仙來給他們做最好的風水，據說「紅包」是算千萬元的。為甚麼叫價如此之高？說是攸關「帝位」的也。

真好，失靈！不然大皇帝君臨天下，台灣人又要做豬奴才了！

【23】

九代黃金九代窮，割藤背団出聖賢

Kaú-taī hông-kim kaú-taī kêng, koah-tîn aīⁿ-kiáⁿ chhut séng-hiân.

Kau-taī hōng-kim kau-taī kêng, koá-tîn aīⁿ-kiáⁿ chhut séng-hên.

克難教子才是務本。

用法類似上一句。

本句修辭用的是對比反對格。第一分句，說的是「黃金」業的沒有希望；第二分句，主張「割藤背団」的奮鬥才有盼望。如此表

達,有一破一立的意思:「九代黃金九代窮」是破,開化風水先生
最好改行,因為九代人專門搞「黃金」,結果遺傳下來的仍然是悠
久的貧寒文化。「割藤背団出聖賢」是立,賢夫妻要刻苦來教養子
弟,很可能調教出一個大聖大賢的後生。

*黃金:指代「風水仙」,字面上是「枯骨」(→「家己揹黃金,給別人
看風水」433.62)。　割藤背団:認真工作生產來教子成器;本句是
「背団割藤」的倒裝句。*

【24】

讀書不成,山醫命相。

Thȯk-su put-sêng, san i bēng-siòng.

Thȯk-su put-sêng, sān i bēng-siòng.

落第秀才的行業?

舊說,科舉落第,當官無望,搞「山醫命相」去了!

毋庸贅言,這句俗語說的是那讀書當官為至高,而「山醫命
相」這些職業還談不上高度專業化,也還沒有系統化或制度化的
時代。所以,落榜的人可能在短期間轉業成功,來獲得糊口。由
今觀古,這句俗語真是笑話,試問,「讀書不成」還能當什麼「醫
生」?就是「山命相」,也要一定的學識——要打響知名度,不被
人踢館,都要比考個秀才難上百倍。

*讀書:讀出功名,當然說的是應舉的讀書活動了。　山醫命相:
這裏指的是山醫命相四項職業,山,穿山龍,風水仙,地理師也;
醫,醫生,指漢醫;命,算命仙;相,相士也。*

【25】

山醫命卜相,真識是半仙。

San i bēng-pok siòng, chin-bat sī poàn-sian.

Sān i bēng-pok siòng, chīn-bat sī poán-sen.

最難精通的學藝。

　　　斷言「山醫命卜相」這些學問和技術深奧難學，精通的話就像「半仙」那麼厲害了。

　　　山醫命卜相：這裏係指「山醫命卜相」這五門學藝；山，堪輿術；醫，醫術；命，算命；卜，卜筮，占卜；相，相命術。　真識：精通，真能認識。　半仙：無異於神仙，非常厲害的也；字面是「半個神仙」——只能是「半仙」，全仙的話，就死翹翹了。

注釋

1. 吳海林、李延沛編，「華佗」《中國歷史人物辭典》(大連：黑龍江人民出版社，1983)，頁84；陳壽，《三國志·魏書·方技傳》。許敏生等編，「華佗傳」《醫古文選讀》(河南技術出版社，1985)，頁188。

2. 有關「保生大帝」傳說繁多，可參看下列資料：黃得時，「保生大帝的傳說」。由高賢治主編，《台灣宗教》(台北：衆文出版社，1995)，頁311-316;阮昌銳，《莊嚴的世界(下)》(台北：文開出版社，1982)，頁5-132-133；吳瀛濤，《台灣民俗》(台北：振文書局，1970)，頁63。或說「保生大帝」是唐朝的孫思邈(581-489)，或是晉朝的吳猛者，但我國民間一般以保生大帝為吳本。

3. 衛生署副署長黃富源醫師的「醫師的眼、口、耳、手勝過檢查儀器」乙文很有啓發性，筆者引用了他的見解。例如，他說：「其實70%的病，光靠醫師問、聽以及檢查病人身體，就能得到正確的診斷，根本不必動用『高明』的儀器檢查；若醫師的眼、口、耳、手也無法診斷，或者經此診

察之後仍有懷疑，此時再安排儀器檢查，才是『正途』。」(黃富源，《自由時報》2001(4.14):15)

4. 晉川，「台灣精諺」《自由時報》。

5. 陳修，「掌甲」，《台灣話大詞典》(台北：遠流出版社，1991)，頁269。

6. "Legal Aspects of Medicine" E. B., 23: 823.

第五節 宗教人

本節段落：

童乩道士01-06 尼師法師07-15 傳道牧師16-18

【01】

紅姨嘴，糊褸褸。

Âng-î chhuì, hô͘ luì-luì.

Āng-ī chhuì, hō͘ luí-luì.

亂彈一通。

　　用來譏刺紅姨，指她胡言亂語，滿嘴荒唐，極不可信。

　　紅姨：女靈媒也。她的職業是扮演家人和親人的魂神，或鬼神之間的媒介。　糊褸褸：講話不實在，很曖昧。　褸褸：雜亂的樣態，一團骯髒。

　　（參看，「生理嘴，糊褸褸。」12.87）

【02】

紅姨順話尾，假童害眾人。

Âng-î sūn-oē boé, ké-tâng haī chèng-lâng.

Āng-î sūn-oē boé, ke-tâng haī chéng-lâng.

神意如此傳達。

　　斷言紅姨通靈意的方法是「順話尾」，而假童乩傳達的神意會陷害眾人。

　　這句俗語顯示台灣民間信仰者心靈上的矛盾。他們一方面表現得非常有理智，很會批判紅姨和乩童的不可信；但是，另一方

面暴露出心靈上的軟弱，他們多麼容易接受紅姨和乩童的影響。本句，有單獨使用第二分句「假童，害眾人」的。

　　順話尾：講話的方法之一。從對方說話的意思，來繼續發揮，或附和。 　*假童：假託神明附身，來跳童，來宣告神意。*

　　民間認爲紅姨所以「靈驗」，是因爲從那些要通靈的家屬的談話中，得到一鱗半爪，而拚湊成的。至於「假童害眾人」，可能是僞託神意，說弟子沖犯黑狗精什麼的，或說神明要建大廟一類的，或宣告什麼大劫就要來臨，等等。

【03】

見人講人話，見鬼講鬼話。

Kìⁿ-lâng kóng lâng-oē, kìⁿ-kuí kóng kuí-oē.

Kíⁿ-lâng kong lāng-oē, kíⁿ-kuí kong kui-oē.

靈媒的語法。

　　用法有二：一、用來調諷紅姨和童乩。說他們一派鬼話，不可相信。二、用來譏刺。做人沒有原則，講話可黑可白，應加防備。

　　字面「講人話…講鬼話」，說的是紅姨童乩通人鬼的語言，這是靈媒一行必要的職業能力。這句俚諺，就是借此通靈的「鬼話」來影射人際間的「鬼話」。本句也寫做「見人說人話，見鬼說鬼話。」(《格言諺語》)

　　這句老諺，對於當今台灣人有話要說：一、不要合理化「見人講人話，見鬼講鬼話」。咱台灣人很容易將「一口二舌」的人當做能人；其實，這是詭詐心思的具體表現。台灣政治亂源，在於許多委員、代表帶有這種毛病。二、請正視「見人講人話，見鬼講鬼話」的「鬼化」人性的危害。且不要高興自己會說「鬼話」！爲

甚麼不？問題在於這個人要講鬼話之前，得先變成鬼。驚死人啦！

我們認為「講鬼話」是咱台灣政治和宗教的亂源，也是個人心身痛苦的禍根。有意脫出這些混沌苦難者，請奉行耶穌基督這句金言吧！他說：「你們說話，是，就說是；不是，就說不是；再多說便是出於那邪惡者。」(《聖經·馬太福音》5:37)正如古賢人所經驗到的：「言悖而出者，也悖而入！」(《禮記·大學》)

(參看，「對人講人話，對鬼講鬼話。」311.07)

【04】

無悾無戇，無做童乩。

Bô-khong bô-gōng, bô choè tâng-ki.

Bō-khong bō-gōng, bō chó tāng-ki.

童乩的本錢。

用來諷刺。斷言做為一個童乩，一定是又悾又戇的人。

這句修辭式是反諷。所謂「無悾無戇」，說的正是「有悾有戇」；用雙重否定的表現法，來加強悾戇的重量。

為甚麼台灣民間如此評斷「童乩」呢？可能是來自乩童的「破童」吧！看他用七星鯊魚劍砍額割舌，用百針釘球傷背，用鐵線穿通臉面；還得蹦跳、顫抖、抽搐，如瘋似狂。如此，難免那些批判性較強的人，吐出這句俚諺了。本句，精神醫學、心理學和宗教現象學，都有見解。

【05】

地獄烏縷縷，串串關法師。

Tē-gėk oʻ-lu-lu, chhoàn-chhoàn koeⁿ hoat-su.

Tē-gėk ōʻ-lū-lu, chhoán-chhoàn koeⁿ hoat-su.

必要的修行！

　　用來譏刺「法師」。可能是因為他犯了什麼大罪，被監禁在黑暗的地獄裏受苦。

　　烏縷縷：黑漆漆的。　串串：偏偏，往往。　法師：佛教的出家人的尊稱，民間道教的道士也稱為法師。

　　這句俚諺，台北陳明哲先生如此解說：「法師、道長原本是應教人修行，但卻有些人耍神通，進行斂財騙色的勾當，而其寺廟，道場也大多以侵占國有山坡地、違章興建而成，破壞水土保持，禍延後代子孫。宗教界人士原應有較高道德標準，怎奈有些妖道竟連法律規範都不願遵守，罪大惡極。」（「台灣精諺」《自由時報》）

　　是的，「耍神通」，「斂財騙色」是宗教人的墜落，是台灣「迷信亂象」的根源。至於，「寺廟、道場侵占國有山坡地」，破壞國土，延禍子孫，則是教棍和政棍狼狽為奸怪的罪行。可憐，一個美麗的島嶼，受此糟蹋，難怪正氣之士深惡痛絕。許思先生有「怪力亂神當道」吟曰：

　　　　……

　　　　法師有名聲
　　　　神道當時行
　　　　怪力亂神大車拚
　　　　拜訪大師千里行

　　　　一款查埔囝
　　　　學術真出名

大師面前跪定定
搖頭唸經哮聲聲

一款小娘囝
堂堂學士名
改運遇著豬哥精
送入眠床被食定

一件過一件
永遠騙未驚
失財失身失名聲
算來大師上好命

《自由時報》1997(10.15):23)

　　啊，「算來大師上好命」！難怪台灣的「大師」處處有，騙色詐
財是「一件過一件」。難怪，達賴喇嘛痛心地指出，我們台灣人很
熱心要「灌頂」，就是不喜歡聽他講經。是了！一個不追求真理，
只迷信靈異的個人和社會，何只亂七八糟，悽慘痛苦都是可能的
報應。

　　(比較，「地獄烏縷縷，串關傳道佮牧師。」J.18)

【06】

毛呼龜粿粽，紅包在你送。

Mô·-ho· ku-koé chàng, âng-pau chai-lí sàng.

Mō·-ho· kū-koe chàng, āng-pau chai-li sàng.

心不在經在紅包。

用來譏刺道士。說他唸經不專心，不虔誠，一心要的是報酬，是錢財。

（本句詳解，請看437.63）

【07】

阿彌陀佛，食菜拜佛。

Oʾ-mi-tôʾ-hut, chiah-chhaì paì-put.

Oʾ-mi-tōʾ-hut, chiā-chhaì paì-put.

修淨土吃齋唸佛。

頑童用來揶揄出家人，特別是淨土宗的法師，當他／她們挨家挨戶化緣，唱佛號的時候。類似句有：「阿彌陀佛，食菜無拜佛。」

阿彌陀佛：佛名，梵文Amitābha的音譯，意思是「無量光」，「無量壽」。祂是淨土宗的主要信仰對象，也是西天極樂世界的教主。

食菜拜佛：淨土宗二項主要的修行方式：守齋和唸佛。

【08】

菜好食，行奧修。

Chhaì hó-chiah, hēng oh-siu.

Chhaì ho-chiā, hēng ó-siu.

菜好食，行奧修。

斷言，學習佛法，修佛道是困難的，不比吃齋一般的容易。

這句俗語的造句法是倒裝和插字法。分析而言，就是將名詞「食菜」和「修行」倒裝成「菜食」和「行修」，然後拆開，再插入副詞「好」和「奧」來修飾動詞「食」和「修」。啊，真正奇而美的台灣話也。

【09】

食菜，食到肚臍爲界。

Chia̍h-chhaì, chia̍h-kaù tō˙-chaî uî kaì.

Chiā-chhaì, chiā-ká tō˙-chaî uī kaì.

菜好食，色難戒。

　　譏刺出家人，沒有徹底修行。

　　本句修辭用的是反諷。字面上是說「食菜」修行，但骨子裏說的是「沒有修行」，因爲他只修到「肚臍」上方爲止。僅僅修到此一部位，是不算數的啦！爲甚麼不算？色未空也。

【10】

食菜無食臊，狗肉焄茼蒿。

Chia̍h-chhaì bô chia̍h-chho, kaú-bah kûn tâng-o.

Chiā-chhaì bō chiā-chho, kau-bah kūn tāng-o.

心中有佛，何妨酒與肉？

　　用來譏刺宗教人士的僞善。嘴巴說是「吃齋的也」，但「狗肉焄茼蒿」是他的最愛。

　　這句老謠諺，原是順口溜。第二分句的「狗肉焄茼蒿」，將第一分句強調的「無食臊」的修行徹底推翻。另有造句相似，意義相同的：「食菜無食臊，狗肉燖米糕。」（→246.09）

　　有趣的是，「食菜無食臊」是客氣話。眞的要破戒，「狗肉茼蒿火鍋」，或是「狗肉筒仔米糕」的功效都是一樣的啦。

　　焄：（通常是豬肉、牛肉）慢火久煮。　　茼蒿：菊科菊屬，一二年生草本。芳名很多，通稱「拍某菜」，因爲一大碗公落水一燙，只剩下半小碗，貪食的老翁懷疑老妻先吃爲快。茼蒿雖然出身地中海，但移民台灣已經數百年了，是眞正的台灣菜，收成期在九至十一月間。它

是鹹湯圓，或台灣式火鍋最對味的菜蔬；往火鍋滾燙一下，沾好料而
食之，滋味真是難以言宣。食著知啦！。

　　這句俗語，台北吳瑜貞小姐是這樣注釋的：「濟公和魯智
深，雖是葷酒不忌的酒肉和尚，卻有俠義心腸，專門打抱人間不
平，可算是『酒肉穿腸過，佛在當中坐』的活佛。反觀當今許多口
稱『食菜無食臊』的出家人，暗中卻吃『狗肉焄茼萵』，實在是宗教
界敗類。目下尚有些政治人物，常以種種動聽的口號對外騙票。
選民可得先查證他們是不是出口食菜，入口食臊。」(「台灣精諺」
《自由時報》)

【11】

食，食施主；睏，睏廟宇；唸經無夠人抵。

Chiảh, chiảh si-chú; khùn, khùn biō-ú;

　　liām-keng bô-kaù lâng tú.

Chiā, chiā si-chú; khùn, khún biō-ú;

　　liām-keng bō-kaú lāng tú.

功德不及業債。

　　用來諷刺出家人。說他們要是不認真唸經，來為善男信女多
做功德的話，是有罪過的。因為他／她們不事生產，生活的一切
都是靠施主供養。

　　這是一句順口溜。可說是舊時一般民眾對於對「出家人」的典
型態度。在揶揄間顯示出對「出家」這一回事的不諒解，說的是再
認真唸經，也無法補償施主施捨財物供養生活的功德。

　　施主：即是檀越，梵文Dānapati一詞的意譯：給寺院或出家人捨
施財物、飲食的善男信女。　　無夠人抵：不足以償還虧負(的價值)。

【12】

出家，更帶枷。

Chhut-ke, koh giâ-kê.

Chhut-ke, kó giā-kê.

苦戀罪孽。

用來譏刺。說出家人修行不徹底，食菜未清，仍然繼續掛勾罪惡。

本句修辭用的是指代格，「出家」指薙掉三千煩惱絲，要專心修行向佛的人；「帶枷」指罪刑隨身，表示悔改不徹底，仍然在罪惡中打滾。

枷：項械，清以前的中國刑具。兩片半圓形的厚木板，中央留一圓孔，左右另留銜手小孔。動刑時，將此兩個半圓木銜住項頂，用肩負枷。重量有五十斤者，也有更重的，視罪之輕重而不定。

【13】

尼姑和尙某，和尙尼姑奴。

Nî-ko͘ hoê-siūⁿ bó͘, hoê-siūⁿ nî-ko͘ lô͘.

Nī-ko͘ hoē-siūⁿ bó͘, hoē-siūⁿ nī-ko͘ lô͘.

志同道合。

用來譏刺。說男女法師之間有了曖昧的關係。

這句俚諺的修辭用的是對偶串對格。第二分句「和尙尼姑奴」串聯又對偶著第一分句「尼姑和尙某」。

舊時，台灣人頗不會尊重人，對於宗教人都有隔閡，懷有偏見。尤其很不諒解「出家人」，習以惡語攻擊。這句俚諺應該禁用才是。

【14】

出家如初，成佛有餘。

Chhut-ke jû chho͘, sêng-pút iú-û.

Chhut-ke jū chho͘, sēng-pút iu-û.

成功盡在本初衷。

用做警語。斷言，最初真純的動機和意願最好，能夠貫徹的話，不論是出家修道，或是做學問，做事都能達成，都能成功。

這句有名老諺，雖然字面上說的是「出家成佛」，但主要是做一般的用法：鼓勵人保持最初的，最好的動機來努力工作，認真做事。能夠如此的話，成功是必然的代誌了。語見，《增廣昔時賢文》。清、翟灝有言：「修道如初，得道有餘。」(《通俗編》)

如初：保持像原始的(心意、志氣、動機、條件等等)。 成佛：修道有成，覺行圓滿，達到佛教修行的最高境界。

顯然的，這句話之能夠成立，是假定「出家」是對的，無須後悔的。那麼，假如有某一件事本身有「問題」，或是它後來有了問題，是否仍然要堅持「初衷」，來從一而終？這是相當現實的問題。也許，現代社會和現代人，都得從「初願」和「變節」(說得多麼難聽啊!)來尋求存活的小空間了。

【15】

交和尚，倒桶仔米。

Kau hoê-siūⁿ, tò tháng-á bí.

Kaū hoē-siūⁿ, tó tháng-a bí.

小心化緣！

用來諷刺。說交陪出家人，有損無益，都是要求施捨，要來化緣。

倒桶仔米：喻指施捨，雖字面是「倒出米桶裏的白米」。

　施捨是信徒的宗教本分之一，豈只是佛教，就是猶太教、基督教和伊斯蘭教都有這種教條。甚至於，「奉獻」有明文規定，例如，什一捐等等。當然，施捨到糧盡米絕，沒有這層教理的，信士要知道量力而為。但重要的是「喜捨」！否則，法師們食必難嚥，嚥也不一定會消化！

　顯然的，這句俚諺是產生在台灣人普遍鬧窮的世代。但時過境遷了，單說這次(2001年春)供養達賴喇嘛的就有一千三百多萬元。據說，平常台灣的大型法會，千萬元捐獻算是常事；寺院附設的骨灰塔、長明燈更是「孤行，獨市」(→12.16*)，收益都是天文數字的。若又加上給政客，巨賈「灌頂」、「護持」、「開示」，紅包裏的「孫中山」和「蔣介石」又是難以計數的了！

　別再說啥「交和尚，倒桶仔米」了！彼大法師，大和尚，誰稀罕施米，施飯？君不見，單單「XX大師」身上那一襲袈裟，就花去高中老師半年以上的薪水了！

【16】

巴禮講道，家己攏著。

Pa-lé káng-tō, ka-kī lóng-tio̍h.
Pā-lé kang-tō, kā-kī long-tio̍h.

理不出公斷？

　用來譏刺基督教的傳教師。說他宣揚的道理，都自以為是，其他的道理都不對。

　巴禮：可能是在台灣的英國宣教師巴克禮博士（Rev. Dr. Thomas Barclay）吧。他原是電機學者，後獻身傳道而研讀神學。於1875年來台灣傳教，建設教會，辦神學教育、翻譯聖經，辦教會公報，代表市

民迎接日軍無流血進入府城。*1935年逝世並埋葬於台南市，享壽87歲。* ❶ *家己：自己。　攏著：都對，全部對。*

【17】

後山路遠，眞歹行；十個傳道，九個驚。

Aū-soaⁿ lō͘ hn̄g, chin phaíⁿ-kiâⁿ;

　　cha̍p-ê thoân-tō, kaú-ê kiaⁿ.

Aū-soaⁿ lō͘ hn̄g, chīn phaiⁿ-kiâⁿ;

　　cha̍p-ē thoān-tō, kau-ē kiaⁿ.

傳道畏途東台灣。

　　用來形容台灣「後山」地區的傳教工作的困難，一聞到被差派到那邊傳道，心裏就害怕了。

　　這句對於台灣基督教會有其傳教史的重要意義，記錄著清末傳教師不喜歡到東台灣傳教的事實。爲甚麼？這句話說是「後山路遠，眞歹行」，事實並不只是交通不便，生活和工作條件都是叫人「驚」心的也。

　　後山：東台灣也。…十個…九個：大多數（人、物、事情）；十中有九。

　　[小檔案]清政府統治台灣初期，不但沒有開發東台灣的意思，而且是採取封閉政策。到了同治六年(1867)恆春原住民排灣族殺害美國羅發號船員；七年後，船難的琉球人民，再度被排灣族所殺，分別引起美國和日本派兵攻台。於是，清廷才著手所謂「開山撫番」的措施。❷此後，才有「後山」的開發。

　　基督教傳教師第一個到「後山」的，可能是在南台灣傳教的英國李麻牧師(Rev. Hugh Ritchie)。他1867年來咱台灣，並在1875年四月，由打狗坐帆船，經14日久，過鵝鑾鼻來到寶桑(台東)傳

道。但此前三年，已經有台東原住民頭目的夫人，來打狗給宣教醫師治好腳疾。❸

【18】

地獄烏縷縷，串關傳道佮牧師。

Tē-gėk o͘-lu-lu, chhoàn-koeⁿ thoân-tō kap bȯk-su.

Tē-gėk ō͘-lū-lu, chhoán-koeⁿ thoān-tō kap bȯk-su.

嚴肅的自省。

　　用來譏刺基督教的傳道和牧師。說他們可能犯了上帝重大誡命，而被監禁在黑暗的地獄裏受苦。

　　通常這句話是基督教的傳教師的「自我批判」，因為一般教徒修養很好，不輕易代替上帝來審判人，將別人定罪來打入地獄。

　　串關：專門用來監禁(特定的犯人)。　傳道：傳道師也。基督新教的傳教人員，可能是神學教育完成未久，大都在地方教會工作；他／她尚未按牧，沒有授與獨立治會的責任。　牧師：基督新教經過按牧的人員，有駐堂、教育、行政、社會服務等等牧師。就台灣基督長老教會而言，牧師是總會的正議員，有完整的權利和義務；而傳道師，只是參議員。

　　(參看，「地獄烏縷縷，串串關法師。」.05)

注釋

1. 我們如此猜測，是因爲巴克禮博士台語精通，學識淵博，在台灣工作的

時間長久，接觸面廣闊，頗有可能成為這句俗語所傳述的主角。同時，「巴克禮」誤寫成「巴禮」的可能性相當高。雖然陳修先生注釋這條俗語時，說「據稱巴禮是西班牙的傳教士。」(陳修，《台灣話大詞典》，頁1294)但舊時台灣，西班牙傳教士的傳教時間太短，活動範圍太小，頗不足於被製成俗語來流傳的條件。當然，要徹底探究，一查西班牙在台灣的傳教師名單就得了。不過，這就有待台灣的教會史家來指教了。

2. 參看，許極燉，《台灣近代發展史》(台北：前衛出版社，1996)，頁75-76。

3. 黃武東、徐謙信合編，《教會年譜》(台灣基督長老教會，1959)，頁31-32。

第六節　媒人婆

本節段落:

【01】

牽豬哥，趁暢。

Khan ti-ko, thàn thiòng.

Khān tī-ko, thán thiòng.

成人好事。讚！

業餘媒人用來自我調侃，或是嘲笑熱心湊合婚事的人。意思是說，介紹成這件婚事，心裏覺得很快樂。

看到這句台灣名諺，聯想到有比「牽豬哥」更前進的，更加直接的「趁暢」，哪是另一句老俚諺:「送嫁姆也，趁暢。」

話說舊時，送嫁姆也[sàng-kè-m̄--ah]，陪伴新娘出嫁，隨她在男家一住就是四天。沒有別的，主要任務是扮演新娘的「顧問」，指點她怎樣實踐人倫，來製造百子千孫。在那新婚花燭夜，她老人家得負責看守龍鳳紅燭，確保它的火熱光明。此夜，但見她老人家通宵達旦，萬分開放地窺賞亞當初會夏娃的伊甸樂園大戲了。

（詳解「牽豬哥，趁暢。」請看523.49）

【02】

做一擺媒人，卡好食三年清菜。

Choè chit-pài moê-lâng,

khah-hó chiảh sa_n-nî chheng-chhaì.

Chó chỉt-pai moē-lâng,

　khá-ho chiā sā_n-nî chhēng-chhaì.

好人好事第一名。

　用來央求做媒，也可用來表達給人介紹成一門婚事的歡喜。

　（本句詳釋，請看523.47）

【03】

成就一對夫婦，勝造七級浮屠。

Sêng-chiū chỉt-tuì hu-hū, sèng-chō chhit-kip hû-tô˙.

Sēng-chiū chỉt-tuí hu-hū, séng-chō chhit-kip hū-tô.

媒人功德無量。

　用法和意思類似上一句。

　這句俗諺顯然是在另一句名諺，「救人一命，勝造七級浮屠」來加減改造而成的。而這種做法是製造俗語的一種方式，譬如，「掃黑反核，勝造七級浮屠」或「獻身獨立建國，勝造七級浮屠」等等，都是可能的新諺。

　浮屠：佛塔。梵文Buddha Stūpa的訛音加上簡略而成的。此塔，專爲供奉和安置舍利子、經典、法物的；塔有五、七、九、十三等級，但是以「七級」爲最普遍，所以說「七級浮屠」。在家衆不准爲自己造塔，當然造給佛寺是功德無量的。當知，現代我國一般的骨灰塔，是營利的工具，哪裏是浮屠佛塔？

【04】

父母之命，媒妁之言。

Hū-bú chi bēng, moê-chiok chi gên.

Hū-bú chī bēng, moê-chiok chī gên.

多多拜託大媒人了！

重點在第二分句。她強調的是媒人的重要性，男女雙方種種的探聽，進行婚事的交涉，甚至聘金妝奩的討價還價，蓋由「媒妁」居間周旋。媒人真是婚姻的捐客，難怪說是「買賣憑仲人，嫁娶憑媒人。」(→.05)

（本句詳解，請看524.01）

【05】

買賣憑仲人，嫁娶憑媒人。

Bé-bē pîn tiong-lâng, kè-chhoā pîn moê-lâng.

Be-bē pīn tiōng-lâng, ké-chhoā pīn moē-lâng.

用法和意思相似於上一句。

仲人：牽猴仔，捐客也。舊時，仲人介紹田園厝宅的買賣，以從中賺得佣金；大批貨物的買賣，通常也都有仲人。

【06】

無針不引線，無媒不成親。

Bô-chiam put ín-soàⁿ, bô-moê put sêng-chhin.

Bō-chiam put in-soàⁿ, bō-moê put sēng-chhin.

另類導航人。

斷言，嫁娶這件大事非媒人不成，正如細線必要用針來穿導，才能夠縫衣物。

在那舊時代，沒有媒人，婚事免談！自從前世紀五十年代以後，自由戀愛風氣大開，少年人很會給自己做媒；雖是如此，到了正式談婚嫁的時候，還得按照禮俗來「掠媒人」。這位「便媒人」，總是頗有名望，為女方家長所認識，所敬重的人士。

這句俗諺的修辭式用的是對偶正對格，「無針不引線」和「無

媒不成親」都在強調某種必要性：正如線必要鋼針來牽引，親事須要媒人來湊合。同時，此二分句中「無針」對「無媒」，「不引線」對「不成親」，也是對得相當別出心裁的。

無…不…：雙重否定的肯定式，用來表示「必要、必定」。這是台灣漢語的重要句型，例如，「無師不說聖，無翁不說健。」(→317.25)；「…世間無媒不成親。」(→.07)

【07】

天頂無雲艙落雨，世間無媒不成親。

Thiⁿ-téng bô-hûn boē lȯh-hō͘,

　　sè-kan bô-moê put-sêng chhin.

Thīⁿ-téng bō-hûn bē lō-hō͘,

　　sé-kan bō-moê put-sēng chhin.

用法和意思相似於上一句。

這句俗諺的文學形式美妙，用的是起興修辭格。說「天頂無雲艙落雨」，聽者難免瞠目結舌，除非一片西北雨就要捲襲而來；此興句也，談天氣製造氣氛。然後突然掉出驚喜，力主媒人介紹太太的重要性，說什麼「世間無媒不成親！」讚，如此從「天氣」飛躍到「媒人」，連孫大聖都要苦嘆不如。

【08】

媒人嘴，糊褸褸。

Moê-lâng chhuì, hô͘ luì-luì.

Moē-lāng chhuì, hō͘ luí-luì.

職業媒婆的嘴臉。

斷言，職業媒人婆或媒人公的話不可信賴，他／她們唯利是圖，很會閃爍其詞，模糊事實。

(參看，「生理嘴，糊榇榇。」12.87)

【09】

三人共五目，日後無長短腳話。

Saⁿ-lâng kāng gō͘-ba̍k, ji̍t-aū bô tn̂g-té-kha oē.

Sāⁿ-lâng kāng gō͘-ba̍k, ji̍t-aū bō tn̂g-te-khā oē.

仔細看囉，隔空抓親！

　　媒人的套語，也是仲介、捐客的行話。說的是，事實都擺在當事人的面前，該講的都交代過了。請當事人看清楚，以免將來有什麼糾紛。

　　這是一句台灣的老名諺，算是「台灣媒婆傳說」的一則笑話了。

　　這一則笑話，流傳極廣，恕不贅述，但抄引幾句翁博文先生的故事詩，「三人共五目，日後無長短腳話」(《台灣教會公報》1998 (12.6):18)以供欣賞：

　　……

一個媒人婆大王	二件婚事在走趒
獨眼小姐尋翁婿	跛腳少年尋太太
二人身軀攏缺憾	雙方家長託媒人
媒人婆仔好撇步	將個二人鬥翁某

　　……

跛腳少年倚梯坎	身靠欄杆假好漢
輕鬆漂撇好風度	向望會通娶婧某
獨眼小姐匿門後	露出好目來相見
假出見笑的款式	表出迷人的甜蜜

......

媒人當場做聲明	三人五目攏看明
日後繪使有反悔	繪使有長短腳話

......

洞房見面眞著驚	媒人胡亂做親成
翁某天光去抗議	媒婆開剖講玄機
二人加上媒人婆	三人五目並無錯
跛腳當然長短腳	少年想來笑哈哈

......❶

【10】

姻緣到，唔是媒人勢。

In-iân kaù, m̄-sī moê-lâng gaû.

Īn-ên kaù, m̄-sī moē-lâng gaû.

客氣，客氣！

媒人用來回應感謝的話。她／他絲毫不敢居功，將這門好親事，推給渺茫中的姻緣天定！如此回答，是很自然的事；一則台灣民間大多如此相信，再則將來婚事乏善可陳的話，也有消閃的餘地。讚！好一個轉進的缺口。同義句有：「姻緣天註定，唔是媒人腳勢行。」

(本句詳解，請看522.01)

【11】

包你過門，無包你生团。

Pau lí koè-mn̂g, bô pau-lí sīⁿ-kiáⁿ.

Paū li koé-mn̂g, bō paū-li sīⁿ-kiáⁿ.

媒人保證的底線。

　　用來調侃媒人，也可能是媒人的詼諧。說的是，順利娶新娘
進門，鄙媒人絕對負責，至於弄璋弄瓦嘛，就要看賢仇儷的努力
了。類似句不少：

　　　「包入房，無包你生囝。」
　　　「包入房，無包你生卵脬。」
　　　「包入房，無包你生後生。」
　　　「包入房，無包你生雙生。」
　　　「包入房，無包你一世人。」
　　　「保領入房，無保領一世人。」
　　　「做媒人，包入房，無包你生囝。」

　　（參看，「包入房，無包你生囝。」523.48）

【12】
媒人婆，食百頓。
Moê-lâng pô, chia̍h pah-tǹg.
Moē-lāng pô, chiā pá-tǹg.
有抓閣有食。

　　用來形容媒人吃喝的機會很多。看他／她替男女雙方說親，
從介紹、提字仔、對看、小訂、完聘、送日頭、結婚，等等，都
須要媒人出面周旋，而且並不是一說就成，囉嗦的還得跑無數
處。當然，媒人每次登門商量、聯絡親事，難免男家請客，女家
招待，真是吃喝得不亦樂乎。

　　*媒人婆：職業女媒人也，因為這類媒人一般的年紀都比較大，所
以叫做媒人婆；做現成的媒人，男士的話叫做「紳士媒人」，女士則單*

稱媒人,而不稱「婆」。 食百頓:頻頻被留下來吃飯;百頓,是誇張
的說法。 提字仔:女方將小姐的八字給男方,請相士對看男女的命
底是否和順相成。 送日頭:相士卜得結婚的吉日吉時。

【13】
媒人禮,卡濟聘金。

Moê-lâng-lé, khah-chē phèng-kim.

Moē-lāng-lé, khá-chē phéng-kim.

虎媒人。

　　用法有二:一、用來諷刺媒人。形容某個職業媒人非常貪
心,央她做一門親事,要這要那,很難應付。二、頭卡大身。

　　本句俗語,誇張得很厲害。我們知道,職業媒人的謝禮,民
間有一定的「行情」,不然就是明言按聘禮金額的幾巴仙爲酬勞。
說「媒人禮」超過聘金,是很難想像的!然而,要非如此放大,不
足以形容媒婆的貪婪和囉嗦,可以想見她的一班德性了。

【14】
媒人婆,三日倚壁趖。

Moê-lâng pô, saⁿ-ji̍t oá piah-sô.

Moē-lāng pô, sāⁿ-ji̍t oá piá-sô.

下班了!

　　用來形容媒人的任務要到娶新娘過門的第三天,回娘家「做
客」爲止,才算完成任務。

　　三日:第三日通常是新娘歸寧會親,宴會女方親友的日子。這日
媒人還得忙碌一天。此後,她可能閒得倚壁趖了。 倚壁趖:靠邊
站,字面是身體靠壁而慢慢移動,有如烏龜散步。

【15】

媒人，頭尾包。

Moê-lâng, thaû-boé pau.

Moē-lâng, thaū-boe pau.

萬事拜託了！

　　用來形容媒人全方位的角色。媒人從第一日開始介紹親事，到了最後新娘歸寧會親爲止，負責傳達男女兩家的意見，關照指揮婚事的實際進行，眞是包頭包尾。

　　這句俗諺坊間諺書有解釋做：「台俗，訂婚時媒人在前頭帶路，結婚時媒人在隊伍尾巴押後，並負責拿「尾擔」，故有此諺。」就筆者所知，我國台灣福佬人親迎到男家的行列中，沒有這種媒人押後，拿「尾擔」的婚俗。

　　一般親迎到男家的行列中，媒人是坐轎的，備有「媒人轎」在行列中的第二位，前導是「拖竹簑」❷。我們認爲媒人「拿尾擔」的可能性幾乎是零，因爲這「尾擔」不是別的，就是「子孫桶」或稱「四色桶」：腳桶、腰桶、屎桶、尿桶是也。各用紅布袋裝成兩袋，是行列中的最後一擔，故名「尾擔」。一般人不願意扛它，雖然有比較大的紅包可拿。❸可見，親迎行列中，媒人並不在隊伍尾巴押後，也不負責拿「尾擔」。

【16】

做得好免煩惱，做呣好掛鐵鎖。

Choè-tit hó bián hoân-ló, choè m̄-hó koà thih-só.

Chó-tit hó bén hoān-ló, chó m̄-hó koá thí-só.

貨眞價實，驚啥？

　　用法有二：一、舊時用來說職業媒人；媒人也可用來自諷。

說的是，媒人婆自己深知介紹婚事是帶有責任的，所以紅線牽得萬分實在；不論雙方家世，男女主角的個人身份資料，都是實事實說，分毫不敢虛假。二、用做警語。凡是擔待深責重任的，一定要做好；不然，牢獄伺候都有可能。

本句修辭式用的是對比異對格。「做得好」和「做嘸好」兩相對比，而其結果是那麼不同，一個是快快樂樂來享受「牽豬哥，趁暢」和一個大紅包；另一個是「掛鐵鎖」去了。

掛鐵鎖：喻指銀鐺入獄；鐵鎖，字面上指手銬、腳鐐、鐵鍊之類的戒護器具。

【17】

做媒人，貼聘金。

Choè moê-lâng, thiap phèng-kim.

Chò moē-lâng, thiap phéng-kim.

榮譽大媒人也！

用法有二：一、「便媒人」自我調侃。說的是，少年人是戀愛結婚的，家長是同僚好友；媒人禮豈只不能收，還得包二個大紅包來賀喜呢！二、一般用法。自掏腰包，來給別人做事。

這句俗諺，有這樣的說法：做媒人做得不好，會被雙方譴責，甚至得賠人聘金。這是可能的。媒人詐欺圖利，何只罰「賠人聘金」，告到衙門法院，「掛鐵鎖」(→.16)都有！

貼聘金：詼諧地說，還得倒貼一個大紅包；這裏用做譬喻，若是「賠」或「罰」，就不能說是「貼」。便媒人：現成的，掛名的媒人；請人當便媒人，叫做「抓媒人」。

注釋

1. 翁先生的原詩頗長，我們只能引用這幾行。為一貫本書的台灣字，我們用「走趖代原文的「走閪」，「翁婿」代「尪婿」，「撇步」代「碧步」，「倚」代「徛」，「漂撇」代「漂泊」，「見笑」代「見誚」。還有，為順暢文氣，筆者插入「洞房見面真著驚，媒人胡亂做親成；翁某天光去抗議，媒婆開剖講玄機。」等四句。未事先請得同意，敬請翁先生諒解。
2. 吳瀛濤，《台灣民俗》(台北：振文書局，1970)，頁131-132。
3. 洪惟仁，《台灣禮俗語典》(台北：自立晚報，1986)，頁143。

第七節　性行業

本節段落：

【01】

狐狸精，愛錢無愛人。

Hô·-lî chiaⁿ, aì-chîⁿ bô aì-lâng.

Hō·-lī chiaⁿ, aí-chîⁿ bō aí-lâng.

金狐祟。

　　用法有二：一、舊時民家婦女用來謾罵妓女，可能是她的翁婿將他大部分收入都交給這個狐狸精吧。二、勸善人用來開化，說花街柳巷玩不得，那些女人像狐狸精，濃抹艷粧，裝得無比妖嬌溫柔，切莫自作多情誤爲艷遇，她要的只是金錢。

　　這句俚諺的修辭格是指代，而指代的形象是「狐狸精」。就是用狐女的善變、嬌美、魅力、採陽補陰、剝奪生命，等等特技，來關聯「歹查某」，指她們也有這一類功夫，例如，狐女的採陽，娼婦的愛錢。

　　狐狸精：喻指娼妓，歹查某。這是咒罵語，不但用來罵娼女，也罵所有拐騙男人或人家金翁婿的婦女。所以叫做「狐狸精」，可能是因爲民間故事的渲染吧。牠們修練成精，但思春而不願成仙，於是變做艷婦來迷惑男人，食其精髓，傷他生命。

　　這是舊時代，大男人惡霸的社會，要求的是單面道德。男人

好色，不論是買春，或是金屋藏嬌，他是主角，爲甚麼單單「侮辱」女人？若果眞性工作是她的專業，叫她不「愛錢」，而「愛人」，豈不天下大亂！

然而，用這句俗諺點出床頭金盡的狼狽相，還有幾分道理，若是用來臭罵「狐狸精」則大可不必。附帶一提，蒲松齡(1640-1715)非常難得，在那封建閉鎖的社會裏，藉著他的筆，宣揚仁慈，同情那出賣性的弱勢族群，連狐女也常常給予人性化。

❶

【02】
台北金龜，有食罔窩，無食著過區。

Taî-pak kim-ku, ū-chiảh bóng-u, bô-chiảh tiỏh koè-khu.

Taī-pak kīm-ku, ū-chiā bong-u, bō-chiā tiō koé-khu.

求生存的金龜。

可能是下港人，用來諷刺台北下來賺錢的妓女。刺她們像金龜子隨食物而飛地漂流趁食。

金龜：喩指娼女。金龜喩指金錢，由此轉指「淘金女人」；「金龜婿」，有錢的翁婿也。　有食：有錢賺，收入好。有食，是「趁有食」的省略詞。　趁食：娼女也，「趁食查某」的略詞。　罔窩：姑且，將就地留了下來。　過區：遷移到別的地方；字面上是越界。

這句謠諺，毫無道理地諷刺妓女；要她「無食」也留下來，豈不是要她的命！「有食」則留，「無食」則飛，乃是連金龜子都有的生之智慧。何況是人？——啊，罵人的話都是如此的「不講道理」！

從咱台灣社會的民風看，「台北金龜」下來中南部賺錢，必有難言之苦，例如，年老色衰。如所周知的，台北比台灣的其他任

何地方都好「趁食」。有一首「落下港」的民歌唱道：

歹命落下港	Phaiⁿ-miā lȯh ē-káng,
愛錢無愛人	aì-chîⁿ bô-aì lâng;
父母呣知囝輕重	pē-bú m̄-chai kiáⁿ khin-tāng,
查某不比查埔人	cha-bó˙ put-pí cha-po˙-lâng.

頂港擔魚落下港	Téng-káng taⁿ-hî lȯh ē-káng,
零散呣賣要倚行	lân-san m̄-bē beh oá-hâng;
小娘在厝金拔桶	sió-niû ti chhù kim-phoȧh-tháng,
出外無揀好歹人	chhut-goā bô kéng hó-phaíⁿ lâng.❷

【03】

一錢，二緣，三婿，四少年，五好嘴，

六敢跪，七疲，八綿爛，九強，十批死。

It chiân, jī iân, saⁿ suí, sì siàu-liân, gō˙ hó-chhuì,
　　lȧk káⁿ-kuī, chhit phî, peh mî-noā, kaú kiông, chȧp
　　phoe-sí.

It chiân, jī ên, saⁿ suí, sì siáu-lên, gō˙ ho-chhuì,
　　lȧk kaⁿ-kuī, chhit phî, peh mī-noā, kau kiông, chȧp
　　phoe-sí.

浪子的文攻武嚇。

　　舊說，要獲得青樓藝旦、妓女的歡心，有金錢、英俊、年輕、敢死，等十大要件。

　　這是台灣的老名諺，修辭用鑲嵌式。罕見地，鑲進十項本錢、條件和特技，而它們是按照「先文後武」的項目為順序排列

的；這十項，有的諺句用不同的字詞來表達，但意思都大同小異。這沒有對錯的問題，乃是諺語的文字現象。本句，我們根據的是台南府城的流傳。

緣：緣投；這裏不當「姻緣」解，因爲談的不是婚姻。 疲：死懶疲，寡廉鮮恥的態度。 綿爛：風雨無阻的接觸，不停地獻慇懃。 強：積極專攻；不是強暴。 批死：孤注一擲，身敗名裂在所不惜；不是什麼「成仁取義」。

連雅堂先生(在1933年)，對於相關的俚諺如此記載：「男女相暱，以情乎？以財乎？抑以勢乎？⋯⋯台南里中謂：男子之對女子，須有十要。何謂的十要？一錢，二緣，三水，四少年，五好腳，六好嘴，七牽，八迷，九強，十敢死。」同時，連先生是將這句俚諺放在有關「勾闌院」的前後文的。❸

坊間諺書有將本句說成「追求女人」的要件者。此說太泛，令人疑問：追求台灣的女人，須要如此「文攻武嚇」嗎？台灣男人，追求一般女人，如此無所不用其極嗎？哪有這款代誌！這是不符合台灣大社會的男女「交際」的實況的。

那麼，這「十要」是要向那一種女人施展的呢？顯然不是台灣的一般女人，而是賣藝賣春的女人吧。再者，擁有這十要件，而又敢操作的，也不是一般台灣男人，而是風月浪子。先人有言：「行暗路：一錢、二緣、三美、四少年。」(→341.02)是的！這前「四要」，在風月場所可以揚威；而後「六要」——好嘴，敢跪，疲，綿爛，強和批死——用來乞憐，用來死纏，用來強迫。這都是暗路浪子對待舊時藝妓娼女的惡行了。

還有，試將本句諺語放在像馮夢龍《醒世恆言》描寫的，煙花寨裏爭強，鴛鴦會上鬥勝，賣油郎獨佔花魁，一類的小說來

看，這「十大要件和特技」眞是處處派上用場。

【04】

來悾悾，去戇戇，枕頭公，腳桶王。

Laî khong-khong, khì gōng-gōng, chím-thaû kong,
　khā-tháng ông.

Laî khōng-khong, khì gōng-gōng, chim-thaū kong,
　khā-thang ông.

唸動咒語驅豬入寮。

　　鴇母、烏龜、娼婦用來祈求興旺生意。他／她唸唸有詞，拜請邪慾之神「枕頭公」和「腳桶王」去迷惑人來交關。

　　這句諺語源自勾闌院，妓女戶的咒語。句裏的「枕頭公，腳桶王」是關聯性事的物神；前者，是枕頭的神化；後者，是小木桶，哪是辦事前後清洗的用具的神化。業者相信，如此唸咒，有男人如醉如癡，悾悾的前來消費，戇戇的無事而去。

　　這一類咒語，連雅堂先生的語典也留意及之，載道：

　　　　台南勾闌之中，祀一紙偶，曰「水手爺」；即南鯤鯓王之水手也。龜子、鴇兒每夕必焚香而祝曰：「水手爺，腳曉曉，面綠綠，保庇大豬來進寮。來悾悾，去戇戇，腰斗攄阮摸。朋友勸唔聽，父母罵唔驚，某囝加講食撲駢。❹

　　這句古俚諺，反映出妓女戶或色情場所的營業者，是那麼粗陋地將顧客先生當成「大豬哥」。又請得枕頭公、腳桶王、水手爺一幫邪神來狼狼爲奸，把好好的一個男人製成「悾悾戇戇」的豬哥。眞是活該！也眞好笑！

【05】

餲婊若有情，神主就無靈。

Aù-piáu nā-ū chêng, sîn-chú chiū bô-lêng.

Aú-piáu nā-ū chêng, sīn-chū chiú bō-lêng.

用錯情了，哥哥！

　　用做警語。要人看破煙花界的女人，斷言這些婊子對嫖客是沒有感情的，不然的話，祖先就不靈聖了。

　　這句俚諺用的是對比反對格，是那麼「無禮數」地將「餲婊」和「神主」來做比對；結論不言可喻，祖先的神靈是靈驗的，所以婊子的愛情是虛假的。真不簡單，咱台灣的老先人，為了勸善戒嫖，連神主也抬出來。同義語有：「餲婊若有情，扁佛就無靈。」「煙花女若有情，厝內公媽就無靈。」

　　餲：腐爛，發臭。　神主：祖靈，祖先的靈位；晨昏焚香禮拜，列祖的神主，宛如在生一樣。　扁佛〔piⁿ-put〕：神主也。沒有雕刻成偶像，只是用「牌位」，材料大多用上好的檜木，用好墨寫「顯考某某公神位」或「顯妣某某夫人神位」。

　　這裏共有三句同類俗諺，都是用「神主的靈聖」來否定妓女感情的不實在。為甚麼？理由是，傳統認為子孫留戀婊子是敗壞家勢的大惡；若果祖先有靈聖的話，怎麼會出這個敗家子？但，祖靈享受不絕的香火，按時的祭祀，明明是很靈聖的呀！顯然，這婊子是鬥不過祖先的了。拖這個戀妓不肖，來跪在神主靈位前，來責罵、訓誨、修理一番，要他痛改前非。

　　對於這些罵娼的俚諺，您有什麼感想？是否覺得矛盾？一般台灣人在「錢財」和「色情」之間的價值觀念是那麼紛亂，心態相當不平衡。君不聞，一口兩舌地說什麼「笑貧不笑娼」，罵什麼「餲

鮭…！」何必呢？擁娼也好，反娼也好，只要社會一天有妓，那麼人性關懷，法律保護，制度保障，是她們最緊急的需要。不是嗎？

公開罵人是違法的哦！

【06】

餲鮭，成蠅。

Aù kê, siâⁿ sîn.

Aú kê, siāⁿ sîn.

臭鮭誘蠅。

舊時用來臭罵娼妓，將她們引誘男人的行為，鄙夷做穢物之吸引蒼蠅。此古書「不有穢臭，則蒼蠅不飛」(《後漢書・陳蕃列傳》)的具體說法吧。

遭此惡罵，娼妓不得不反唇相譏了，她說：「餲鮭，餲人食！」──就算是「餲鮭」，那麼，前來「食」我的金龜令婿，就是「餲人」了。貴夫人呢？也是被「餲人」「食」的也；所以……！

成蠅：招引蒼蠅。成，(散發臭、香，刺激，等等氣味)以引誘，吸引(人、禽獸、昆蟲)前來。例如，用糖仔成狗蟻。

一旦身為娼妓，要叫她不招引顧客，不展示性的誘惑力是不可得的。有趣的是，古以色列的智慧人也曾注意觀察過妓女的迷惑。他們留下了一些相關的美麗的文學。讓我抄引幾句，以供欣賞：

> 看哪，有一個女人來迎接他，
> 是妓女的打扮，心裏打轉著詭詐的念頭。
> 她向來放蕩無恥，常在街上招搖，

……

她拉住那年輕人，親吻他，

嬉皮笑臉地對他說：

> 今天我還願獻祭，家裏留有祭肉，
>
> 所以我出來找你，你果然在這裡。
>
> 我已經用埃及的彩色床單鋪好了床，
>
> 用沒藥、沈香、桂皮薰了床褥。
>
> 來吧！讓我們整夜做愛，
>
> 盡情取樂……

女人用她的媚態引誘他，

用花言巧語迷住了他。

年輕人跟她走，像牛被牽去屠宰，

像鹿跌進陷阱，被射穿心窩；

像鳥兒飛入羅網，竟不知死期已近。

(《聖經‧箴言》7:19–23)

　　比對來看，我們台灣的智慧人，比較喜歡「物化」、「鬥臭」性工作的女人；罵什麼「狐狸精」啦，「餲婊」啦，「餲鮭」啦，「北港香爐」啦！另一方面，以色列的智者，卻是傾向於人性原慾的描述和社會規範的開導。

　　(*參看，「餲鹹魚假沙西米，菜店查某假淑女。」335.25*)

【07】

北港香爐，衆人揷。

Pak-káng hiuⁿ-lô͘, chèng-lâng chhah.

Pak-káng hiūⁿ-lôˑ, chéng-lāng chhah.

如此膜拜神女！

用來咒罵性服務業的婦女。

這幾句俚諺的同類句有：「路邊尿壺──衆人漩」；「廟內籤筒──人人搖」；「乞食灶孔──人人穿」。

上面四句都是厥後語。她們的修辭格用的是「仿物」，都是一陰一陽造型的器物。例如，「香爐、尿壺、籤筒、灶孔」等都是凹入的，用來指代女陰。而插入這些器物的東西，如，香、尿、籤、柴，指代的是陽具。還有，那插入的動作，像插、漩、搖、穿，要形容什麼樣的行爲呢？不說也罷，以免敎歹人的囡仔大細！

漩[soān]：（水、尿等等液體）從容器或噴筒，由上往一定的位置噴出。 乞食灶孔[chaù-khang]：喻指有客就接的人。 穿[chhng]：（人物）出入其間。

【08】

食人骨髓，拐人家伙，後日做乞食煞尾。

Chia̍h-lâng kut-chhoé, koái-lâng ke-hoé,
　　aū-ji̍t choè khit-chia̍h soah-boé.

Chiā-lāng kut-chhoé, koai-lāng ke-hoé,
　　aū-ji̍t chò khit-chiā soá-boé.

洗不清冤情狐狸精。

舊時，主婦用來詈罵「狐狸精」的惡口。看來，是她的金龜婿親近這婦人，而弄得不成人形，床頭金盡，非常落魄。苦恨酸醋大發作，於是拉她出來示衆，大罵一番。

食人骨髓：咒罵那蕩婦荒淫無度，使她的男人精髓枯竭。道家養

生術認爲骨髓生精液，男女性交無異於女人吸食男人骨髓。　拐人家伙：民間咸信，狐狸精主要的目的是拐騙人家的財產。　煞尾：終局，下場。

【09】

做婊趁，生瘡了。

Choè-piáu thàn, siⁿ-chhng liáu.

Chó-piáu thàn, sīⁿ-chhng liáu.

終於感染了！

　　舊時婦女，用來咒罵婊子。咒她得不到絲毫好處，煞尾是生毒瘡而一無所有。

　　　趁…了：賺錢…花費淨盡。　生瘡：泛指感染性病，患有花柳毒瘡，例如，舊時的淋病、梅毒，近代的愛滋病等等。

【10】

生爲萬人妻，死做無夫鬼。

Seng uî bān-jîn chhe, sí choè bô-hu kuí.

Seng uī bān-jīn chhe, sí chó bō-hū kuí.

閻王做媒好辦法。

　　用法同上一句。罵她生前人盡可夫，咒她死後的魂神沒有歸宿。

　　這樣咒詛，是因爲台灣民間相信婦女死後，她的鬼神仍然會回來找她的丈夫，來享受夫家的香火。「無夫鬼」是非常可憐的，都淪爲一群孤魂野鬼，不得祭祀，不得安息。啊！苦毒的咒詛，何等毒恨的惡口。

　　撫鍵注釋了上面這幾句臭罵妓女的俗諺(.05-.10)，心裏深深爲這群可能的姊妹難過，爲甚麼我們的社會要如此歧視她們，咒

詛她們？要是我們的社會沒有辦法提出有效的幫助，最起碼也該有個理解和同情，讓她們享有為人的尊嚴；她們的工作已經有夠慘了，無須多加臭罵，多來說教。

看過阿姆斯特丹的紅燈區之後，鄭寶娟小姐寫了一篇「櫥窗女郎」。其中大有值得台灣人思考的話，她說：

> 性是愛情專有的語言與儀式，性的大部分形式都與愛情同構，她們出售性，同時也就出賣了愛情，想走向愛情，將會發現自己已失去了表達的能力與工具，要賺多少錢才能彌補她們這種心靈上根本的丟失呢？

接著又說：

> 她不是具有邪惡力量的「粉骷髏」，只是一群受命運撥弄，在淫媒的操縱與剝削之下，在性病的威脅與摧殘之中，喪失了希望與對美好事物的感受能力，喪失了人生餘情的社會邊緣人罷了。（《自由時報》1999(1.14):41）

【11】
烏龜宰相量，賊仔狀元才。

Oˈ-kui chaíⁿ-siòng liōng, chha̍t-á chiōng-goân chaî.
Ōˈ-kui chaiⁿ-sióng liōng, chha̍t-á chiōng-goān chaî.
不知醋味的男人。

　　用來恥笑烏龜，刺他度量極大，宛如宰相的肚量，肚皮裏可以泛舟撐船。

　　這裏強調的是第一分句，拿「烏龜」來鬥臭；這隻「烏龜」看來是個經營私娼寮的老闆，他連賢妻也推入火坑趁食。如此，他不修養「宰相量」也不行。

　　（參看，「有錢烏龜坐大聽，無錢秀才人人驚。」326.06）

【12】

烏龜，假大爺。

O͘-kui, ké toā-iâ.

Ō͘-kui, ke toā-iâ.

龜奴一個。

　　嫖客用來譏刺傲慢的烏龜。刺他裝什麼派頭，還不是娼家門戶。

　　假大爺：擺大架子；字面義是假裝大爺。大爺者，大戶人家的僕人，對他主人的尊稱；另外，城隍廟裏的七爺也叫做大爺。（→13.34）

【13】

火炭做枕頭——烏龜。

Hoé-thoàⁿ choè chím-thaû——o͘-kui.

Hoe-thoàⁿ chó chim-thaû——ō͘-kui.

胭脂巷出烏龜。

　　以來諷刺烏龜先生，妓女戶的戶長。

　　這是一句厥後語，玩了一回台語遊戲，「火炭做枕頭」像燈謎，要射一種甲魚，而謎底竟然是「烏龜」。為什麼？還不是因為頭枕火炭，塗黑了「頷頸」，成為個「黑頷歸」的人。從此，再把「頷」省掉，進化成「黑歸」人；先人童心大作，再給「黑歸」訛音化而成烏龜。

【14】

烏龜食到肥朒朒，白龜餓到嘴開開。

O·-kui chia̍h-kau puî-chut-chut, pe̍h-kui gō-kaù
　　chhuì-khui-khui.

Ō·-kui chiā-ká puī-chut-chut, pē-kui gō-kaú
　　chhuì-khuī-khuī.

吸盡膏脂烏龜精。

　　用來譏刺烏龜。說的是他剝削戶裏的小姐，榨取她們賣身所
得的錢。

　　這句俗諺用的是對偶反對格。用「烏龜」對「白龜」，來譬喻一
寮一戶裏的二種人；再用「食到肥朒朒」和「餓到嘴開開」來形容一
個是大腹便便錢多多；另一個是瘦骨嶙峋窮又苦。

　　肥朒朒：非常肥胖，像個大脂肪球。　白龜：烏龜治下的女奴，
娼妓也。　嘴開開：形容極度飢餓，喻指所賺的錢都被剝削，已經是
一文不名了。

【15】

食軟飯的。

Chia̍h nńg-pn̄g--ê.

Chiā nng-pn̄g--è.

烏龜同志。

　　用來罵人。刺人游手好閒，倚靠妻子或女兒當妓女，或賣笑
所得來生活。

　　舊時，這句話罵在粗人身上的話，可能引起一場血拚；現
代，公開罵人「食軟飯的」難免坐牢。怪的是，我國立法大殿堂
上，竟然有立委用這句話來罵一個政大傳播學教授。這一罵，顯

然罵錯了人；有趣的是，引起了「誰是食軟飯的傢伙」的熱烈議論。

靠妻女賣淫生活的軟飯，算是落伍的了！國策顧問周平德先生在「誰是『吃軟飯』的傢伙？」一文(→《自由時報》2000(8.17): 15)，讓我們看到了新式的「食軟飯的」；可歸納如下：

一、「刑事涉仔」：日據時代，警察的線民，利用通風報信，領獎金來生活的人。

二、「抓耙仔」和「職業學生」：國民黨政府撤退來台之後，這些人當調查局與警備司令部的線民。潛伏在各機關、學校、軍隊、各行業，製造莫須有的罪名，打小報告，來陷害善良。長年領取獎金、津貼來生活。

三、蔣家打手突變爲中共的馬前卒：近十年來，有一群人原是蔣政權的打手，卻突變爲中共的傳聲筒，逢台必反，見李必罵。他們吃裏扒外，國新親共，四黨通吃。

噫，「現代食軟飯的」真是可惡，何只寡廉鮮恥，簡直就是衣冠禽獸；看那「吃軟飯的烏龜」，只是爛泥中一隻可憐的小烏龜罷了。

【16】

假結婚，眞賣淫。

Ké kiat-hun, chin boē-îm.

Ke ket-hun, chīn bē-îm.

禮義廉之邦！

這是形成中的新俗語。用來指摘，近年來從中國來我國賣淫的方式：以嫁給台灣郎爲名，進入台灣來操淫業是實。

背景：人蛇集團以結婚爲由誘騙中國女子和台灣的人頭假結

婚。這種集團的組織嚴密，在中國有人安排、協調；在台灣有人找「人頭」充當中國新娘的丈夫，有人負責入台手續，賣淫分帳，犯罪規模龐大。

台北市曾破獲六個「假結婚，真賣淫」的應召站，其中有：「中國小姐」，知名女星，中央電視台記者兼節目主持人，大專女生…等高價位的業餘的中國女人。(→《自由時報》1999(2.6):6)

中國來的「假結婚，真賣淫」女人，大部分非常可憐。她們在台灣的行動被控制，低價位的每次賣淫代價三千。然而，她們必須先還清五十萬的「手續費」後，才能分得一半的賣淫所得，並且要負擔每月三萬元的「人頭費」。在賣淫六個月後，才能與假結婚的人頭離婚。(→《自由時報》1999(4.7):6)

哀哉，中國和台灣「私通」之下，已經有如此猖獗的惡性犯罪。要是有朝一日，來個什麼「大三通」，那清淨的台灣不就沉淪成大淫窟？台灣男人，是要多多的戒之在淫了！

【17】

援助交際。

Oān-chō˘ kau-chè.

Oān-chō˘ kaū-chè.

助我賣春。

當今台灣的電子應召女郎也。她上網廣徵「援助者」，而這種援助的實際內容好像是：小姐國中生，沒錢真要命，宵夜或談天，上賓館也行。

這是形成中的台灣新諺語。一定不是先代智者所認識的，也不是他們在天之靈所樂見。她們在「網路咖啡館」開闢的「成人網頁」，來尋找提供「援助交際」的對象。而援助一次，有八千至一

萬的代價；也有長期的援助者。

　　我們的教育部當局應該注意啦！從事援交的大多是十幾歲的在學少女，有什麼辦法來輔導，來關心協助嗎？麻煩刑警單位，多多注意網路犯罪的防範和取締吧！

注釋

1. 蒲松齡筆下不乏通人性的「狐狸精」，藉著小說的「奇怪」特性，來發揚他所堅信的人性良善之常。他的這種做法可從「蓮香」這個狐女看到。（→《聊齋誌異・蓮香》）

2. 這首民歌，説「歹命落下港，愛錢無愛人」，看来她是迫不得已才来下港趁食的。同時，對下港男人，好像頗有意見。她暗示卿本佳人，原是「金拔桶」，是有錢人的小姐，不是「零售」的貨色。她來到下港想要「倚行」，想要洗盡脂粉來從良嫁人。奈何，倚行不成，仍得重操舊業，接受「出外無揀好歹人」的惡運了。——歌詞抄引自，李獻璋，《台灣民間文學集》（台北：文光出版社，1970），頁8-9。筆者做標題和白話字注音。

3. 連雅堂，《台灣語典》（台北：金楓出版社，1987），頁285。

4. 同上引，頁195。

第八節　其他行業

本節段落：

——「老師」諺，請看第四卷，413.01-20相關諺句——

【01】

有食有縛，無食濫擅縛。

Ū-chia̍h ū-pa̍k, bô-chia̍h lām-sám pa̍k.

Ū-chiā ū-pa̍k, bō-chiā lām-sam pa̍k.

工夫不在手，在胃腸？

　　譏刺棕簑師傅。請他們到家裡縛棕簑，若招待的吃喝滿意，那就可望施展眞工夫，縛出不漏水，不鬆脫的好簑衣。不然，敷衍了事，凊採縛縛咧。

　　這句俚諺的造句雖然平常無奇，但一言道盡舊時台灣民間請師傅到家裏來工作的訣竅：食！這裏指的不是「A錢」的食，而是「吃好料的」；口慾滿足了，精神飽滿，好工夫自然從腸胃發揮到雙手。爲甚麼？豈只爲了食？當然不是，只是有食才有「面子」，才有「裏子」，兩全其美。奇妙哦！

　　不僅是縛棕簑的師傅，做木的師傅也是「有食無食的工夫。」那做籠床的福州師，更是食名遠播的「縛籠床，有食有食的工夫。」

　　濫擅：不按照章法，不守規矩、秩序的行爲。　　做木的師傅：木

匠也。舊時查某囝要出嫁之前，就得請木匠到家裏來做陪嫁的傢俱。　籠床：蒸籠也。

（參看，「有食，有食的功夫。」422.02）

【02】

拍金仔無透銅，會死丈人。

Phah-kim-á bô-thaù tâng, oē sí tiūⁿ-lâng.

Phá-kīm-á bō-thaū tâng, ē si tiūⁿ-lâng.

以銅易金？

　　用來譏刺金銀匠。刺他打造的金銀飾物，一定有偷取些金銀，加進些賤金屬，如此才能維持生活。

　　這是舊說，當然這是一偏之見；每個時代都有誠實的金銀匠。可能是因為金銀是貴金屬，也可能是金銀匠的收入不豐，才會引起這種猜疑。仔細一想，聰明的師傅絕不會「透銅」的，因為造成K金，並非易事，萬一弄出來的是12K，馬上被告到衙門，划不來的也。《格言諺語》有這麼一句：「銀師[gîn-sai]無偷銀，餓死一家人。」

拍金仔：打造金飾品的師傅。　透銅：加銅（入黃金）；透，糝進（其他物質），例如，酒透水。　銀師：打造銀器、銀飾品的師傅。

【03】

拍拳頭，賣膏藥。

Phah kûn-thaû, boē ko-ioh.

Phá kūn-thaû, bē kō-ioh.

江湖謀生。

　　用來嘲諷。說的是，走江湖的人，很會吹牛，說他有萬靈膏藥，不論多麼嚴重的打傷跌傷都是神效萬分。

　　這句俗語用王祿先生的兩項謀生方式,「拍拳頭」和「賣膏藥」來構成的,而此二者互爲表裏。前者是表,是假的,目的盡在招來觀衆;他們排場時有這麼一句拜碼頭的話,說「藥是眞的,拳頭是假的」,請求本地拳師大哥高抬貴手,拳術是很遜的也。後者是裏,一定是眞的,假藥怎敢賣錢?

　　拍拳頭:行拳,打拳。王祿仔仙的拍拳頭,大多是擊打自己的身體,然後服用要販賣的丹膏丸散,來證明其神效。

【04】

有錢捧錢場,無錢捧人場。

Ū-chîⁿ phâng chîⁿ-tiûⁿ, bô-chîⁿ phâng lâng-tiûⁿ.

Ū-chîⁿ phāng chīⁿ-tiûⁿ, bō-chîⁿ phāng lāng-tiûⁿ.

人財兩得。

　　王祿仔仙的邀請。當他們耍了幾套拳頭或魔術之後,要開始賣藥,就用這句話來鼓勵觀衆捧場消費,請他們「捧錢場」。當然此時,那些只看不買的觀衆,也不可讓他們離去來冷場,請他們留下來「捧人場」。好厲害的口才!

　　捧錢場:買啦;花錢買他們的狗皮膏來捧場。　捧人場:加油,觀衆鼓勵,共造熱烈場面。

【05】

搬戲悾,看戲戇。

Poaⁿ-hì khong, khoàⁿ-hì gōng.

Poāⁿ-hí khong, khoáⁿ-hí gōng.

假悾激戇。

　　第一分句,用來恥笑搬戲的人。刺他／她們大多裝瘋賣傻,顛顛倒倒,好不正經。

　　當然，這是舊見舊說，自從演戲成爲學科，進入藝術學院，上演在國家劇場之後，大部份演員都是很出頭天的了。紅生名旦家財萬貫，艷聞頻頻，電視報紙爭相報導。

　　（本句詳解，請看425.11）

【06】

棚頂婿，棚腳鬼。

Pîⁿ-téng suí, pîⁿ-kha kuí.

Pīⁿ-téng suí, pīⁿ-kha kuí.

原貌畢露。

　　戲迷用來感嘆。說戲台上的演員，美如仙女；下台卸妝，一看，爲甚麼相當不漂亮？

　　棚：野台戲的戲台；因爲這種戲台都是臨時搭建的，左右後三面和頂上蓋以布篷，所以叫做棚。　棚頂：穿戲服，大打扮來演戲的時候。　棚腳：演員鞠躬下台，下戲班的時候。　鬼：形容其醜無比，難看至極。

　　（參看，「棚頂婿，棚下鬼。」425.09）

【07】

婊子無情，戲子無義。

Piáu-chú bô-chêng, hì-chú bô-gī.

Piau-chú bō-chêng, hí-chú bō-gī.

戲迷的覺醒。

　　用來譏刺。說，演戲的人唯利是圖，不講信義。

　　這裡強調的是第二分句。爲什麼說「戲子無義」呢？可以是戲迷對某個小生的單戀吧！贈金送銀再多，也是一廂情願的代誌，豈可想入非非？也許，戲子的「義」，就是來者不拒，但不

回應。

　　戲子：戲仔，輕蔑的稱呼。

【08】

鑼鼓陳，腹肚弦；鑼鼓煞，腹肚愒。

Lô-kó͘ tân, pak-tó͘ ân; lô-kó͘ soah, pak-tó͘ chhoah.

Lō-kó͘ tân, pá-tó͘ ân; lō-kó͘ soah, pak-tó͘ chhoah.

逐三餐的藝人。

　　舊時，演大戲或歌仔戲的人的自我調侃。說，他／她們生活得相當艱苦，三餐是否著落，就要看是否經常有「鑼鼓陳」的機會。可惜，戲班多了，這種日子也就相當難得。

　　本句修辭式用的是指代格，鑼鼓「陳」和「煞」代替戲班的工作和賦閒，而腹肚的「弦」和「愒」，指代溫飽和飢餓。可憐，舊時戲班過的就是如此不安定的生活。

　　陳：撐，彈也。彈響、敲打(樂器，器物)使之發出響聲。　腹肚弦：(飲食充足)肚皮飽脹的感覺。　鑼鼓煞：偃旗息鼓，戲班失業了。　腹肚愒：(缺乏食物)腸胃空虛，肚皮顫抖。

【09】

行船跑馬，三分命。

Kiâⁿ-chûn phaú-bé, saⁿ-hun miā.

Kiāⁿ-chûn phau-bé, sāⁿ-hūn miā.

船破車毀真危險也。

　　斷言，河海、陸路，船車送貨載人，都是危險性很高的職業。

　　舊時，船舟構造、航海知識、氣象預告都是相當有限，加上海上英雄的掠奪，「行船」是頗有危險的。那麼「跑馬」有何危

險？若是在馬場操練「馬術」，當然沒啥危險，但那綠林響馬出沒頻頻的時代，馬車載物載人的「跑馬」，是有夠危險的了。

話說，舊時「行船」只有三分命，並不就是說，現代科技發達，已經有萬全保命的行船。君不見，大如英國的「鐵達尼號」，宣稱是永不沈沒的巨輪，誰知，卻在處女航，因人為疏忽而沈淪。不久以前(1994.9.29)，一艘「愛沙尼亞號」渡輪，在芬蘭海域，遇暴風雨而翻覆，有860多人罹難。此前，一千人以上的大船難有以下數件(按死亡人數順序)：

- 中國商船，在東北外海爆炸沈沒，死6,000人(1948.11.1)
- 菲律賓渡輪「多納巴茲號」，在菲海域撞船，死4,386人
  (1987.12.20)
- 上海附近難民船爆炸，死3,920人(1948.12.3)
- 英國「鐵達尼號」在北大西洋撞冰山沈沒，死1,503人(1912.
  4.14)
- 日本渡輪「東京丸」在日本津輕海峽沈沒，死1,172人(1954.
  9.26.)
- 菲律賓渡輪「唐璜號」，在明多羅島撞駁船沈沒，死一千
  人以上(1980.4.22)
  (→《中國時報》1994(9.29):3)

大海難，容易引起世人的警惕、關注和哀悼。那麼，小海難呢？常是被忽略的事件。其實，都是關天的人命大事！此事，僅以我國高雄市籍漁民，出海死亡、失踪的情形，就能清楚看出它的嚴重性來：

> 1986年，死亡70人，失踪114人
>
> 1987年，死亡69人，失踪111人
>
> 1988年，死亡91人，失踪77人
>
> 1989年，死亡70人，失踪124人
>
> 1990年，死亡101人，失踪109人
>
> 1991年，死亡87人，失踪78人
>
> 1992年，死亡44人，失踪39人
>
> (一《台灣教會公報》1994(7.24):16)

我們無意強調海難的可怕，但要喚起大家關心，特別是我國有關當局，對於魚船喋血海上的背後許多問題。我們小老百姓也能用祈禱來做「行船」人和漁民的精神上的支持。

【10】

有風，宰相；無風，猴。

Ū-hong, chaiⁿ-siòng; bô-hong, kaû.

Ū-hong, chaiⁿ-siòng; bô-hong, kaû.

順風好駛船。

描寫山區河川拉船工人的苦樂：船順水而下，船家與船客一同舟欣賞咱台灣美麗的山川；逆水而上，船家和拉船的工人就要屈身拉繩，引船溯溪而上了。

宰相：喻指船家坐在船上不必勞動，快樂逍遙，宛如宰相遊山玩水。　猴：喻指船家弓身拼命拉船，狀如老猴。

背景：這是流行於桃園的俗諺。趙莒玲小姐的解釋是這樣的：「過去，有專行駛於山地河川的木船，那時以人工在沿河岸

上用條長繩繫住船頭，另在長繩左右各繫一條短繩，分別用七、八個人來拉繩。往下流時，不費絲毫人力，船家佬可神氣活現的與乘客瀏覽沿岸風光，但回程時，則必須喘吁吁的拉縴，這句俗諺便是形容當時畫面。」❶

【11】

駛車的，紅衫穿一半。

Saí-chhia--ê, âng-saⁿ chhēng chi̍t-poàⁿ.

Sai-chhia--è, āng-saⁿ chhēng chi̍t-poàⁿ.

監獄的邊緣人。

　　用做警句。說，司機的工作是危險的，萬一不小心出了車禍，不論是傷人死人，都是要「穿紅衫」。小心駕駛哦！

　　這句俗諺用的是指代格，「駛車的」說的是駕駛車輛的小姐先生；「紅衫」指的是囚犯，日據時代罪犯入獄後穿的紅色衣服。

　　這雖是舊時代的台灣俗諺，但是含有永遠的真理。不論駕駛什麼，機車、轎車、巴士、貨車、沙石車、油罐車，都要小心在意──開坦克車的，更是要戰戰兢兢才好，豈能隨便開進「天安門」城來殺害無辜的人民？

【12】

自動車運轉手，藝旦間相爭扭。

Chū-tōng-chhia ūn-choán-chhiú,

　　gē-toàⁿ keng sio-chiⁿ giú.

Chū-tōng-chhia ūn-choan-chhiú,

　　gē-toáⁿ keng siō-chīⁿ giú.

錢多情好，運轉手也。

形容舊時公共巴士的司機先生，深得「藝旦」的歡迎。他們一進入「藝旦間」，她們就熱烈獻媚，爭相拉攏——爲甚麼？駛「自動車」的「運轉手」錢多多，性情也較一般人開放。

自動車[jidōsha]：日語，泛指機動車輛，此處指的是公共巴士。 *運轉手[untenshu]：司機，駕駛員。*

【13】

一更散，二更富，三更起大厝。

Chi̍t-kiⁿ sàn, nn̄g-kiⁿ pù, saⁿ-kiⁿ khí toā-chhù.

Chi̍t-kīⁿ sàn, nn̄g-kīⁿ pù, sāⁿ-kiⁿ khi toā-chhù.

二更天烏地變金。

形容入礦探金人，時來運轉，一夕之間，從極散鄉而暴富，而建置產業。

這句是台北縣九份的俗諺，多麼生動地描述著採金者命運的轉變。他們發財至速，「三更起大厝」，但願不要「四更拆艙赴」才好。可能不會吧！因爲採金人的幸運，也是來自冒著貧窮的痛苦，以及生命的危險而獲得的。

（比較，「一更散，二更富，三更起大厝，四更拆艙赴。」342.20）

【14】

日時像乞食，暗時變紳士。

Ji̍t-sî chhiūⁿ khit-chia̍h, àm-sî piàn sin-sū.

Ji̍t-sì chhiūⁿ khit-chiā, ám-sî pén sīn-sū.

日有分，夜有別。

用來形容採金人的工作和生活。下礦採金時像乞食，晚上福至心靈，扮裝成風流名士，娛樂去也。

　　這是舊時九份仔採金熱潮時的狀況，趙莒玲小姐如此描述：「挖黃金時，九份白天到處所見都是身穿髒衣服和拿鐵碗的礦工，就像沿街討飯的乞食；但是入夜後，礦工穿上西裝，搖身變爲花天酒地的紳士了。」❷同義句有：「日時全乞食，暗時全紳士。」

　　本句修辭用的是對比同對格，比的是同樣快變化的二個方向：白天的乞丐vs.夜間的紳士。而「乞丐」和「紳士」都是譬喻，喻指襤褸與艱苦，以及漂撇和歡樂。

【15】

呣通笑我散，炮聲若陳你著知。

M̄-thang chhiò goá sàn, phaù-siaⁿ nā-tân lí tio̍h-chai.

M̄-thāng chhió goá sàn, phaú-siaⁿ nā-tân lí tō-chai.

新任財神爺到！

　　採金人的自我激勵。說的是，且別笑我一貧如洗，當你聞聽到鞭炮聲爆滿山谷的時候，你就知道誰是財神爺了。

　　炮聲若陳：喻指掘到金礦了。字面是「若是鞭炮聲響的時候。」

【16】

去鷄籠擔土炭，轉來錫口當被單。

Khì Ke-lâng taⁿ thô͘-thoàⁿ, tńg-lâi Siah-khaú tǹg
　　phoē-toaⁿ.

Khí Kē-lâng tāⁿ thō͘-thoàⁿ, tng-lāi Siá-khaú tńg
　　phoē-toaⁿ.

床頭金盡一礦工。

　　舊時松山人用來恥笑阮囊羞澀的嫖客。他們不比採金人，採煤炭是工作苦，工資薄的工作，哪堪留戀花柳之間？

去鷄籠擔土炭：上基隆幹挖煤炭工人；土炭，煤炭也。

背景：淸代的錫□一地，到了日據時代(1920年)才改名爲松山。在淸嘉慶年間，自福建運來的貨物都在這裏卸貨，也是基隆、宜蘭、淡水、台北各地貨物的集散地。因爲萬商雲集，商旅過客宿泊，搬運工人在此謀生，所以酒家、妓院、茶樓、賭場處處，也博得「小蘇州」的艷名。在此情景下，有不少採煤工人，從基隆來此尋花問柳，花盡血汗錢，窮苦不堪。最後，連被單也得拿出來典當。❸

（參看，「*食飯配菜脯，儉錢互查某。*」431.03）

【17】

已經入落土，只是猶未埋。

I-keng jı̍p-lȯh thôʿ, chí-sī iáu-boē taî.

I-kēng jı̍p-lō thôʿ, chi-sī iau-boē taî.

礦工不死已凋零。

採煤炭的礦工用來怨嘆。他們身入百千公尺的地洞挖煤，工作困難又危險，健康和生命深受威脅。他們深感無奈，拚出這句話來自嘲。

這是一句直述句。但用了雙關語「已經入落土」，來喻指「礦工已經進入坑道」，和「屍體已經放進墓壙」。啊，眞無捨施，將自己做如此無情的嘲笑。

背景：這句俗語流行在台北縣東北角各鄉鎭。本地區在採煤極盛的時代，有數十家礦場，二萬多名礦工。如所周知的，礦工的工作環境惡劣又危險，坑洞裏溫度高達40℃。雖然他們身壯如牛，但長年吸入大量粉塵，不知不覺罹患了「塵肺病」。有位受「塵肺病」蹂躪的老礦工回憶說：「在礦坑內長期吸入煤粉，連

拉的屎都是黑色的。」

　　礦工的這種「塵肺病」全國有一萬一千多件。他們直到1999年才得到勞保局的給付。老礦工也因此獲得些許的生活保障和生命的尊嚴。由於我國台灣產煤的成本比從外國採購的高出許多，而由1968年產500公噸，漸減到1998年的八公噸。

　　終於在1999年，三峽利豐煤礦關場後，我國煤礦業，就已經走入歷史。記者劉力仁先生，在他的專題報導中，做了一個對聯，來懷念為我國貢獻良多的礦工：

　　　　頭燈已滅人已散，故事說不完；
　　　　英雄鐵漢成病漢，豪情風中散。❹

【18】
一條索仔撣互去，十個牛販九個詙。

Chi̍t-tiâu soh-á tàn-hò͘-khì, cha̍p-ê gû-hoàn kaú-ê sut.
Chi̍t-tiāu só-á tán-hō͘-khì, cha̍p-ē gū-hoàn kau-ē sut.

小心牛販！

　　斷言，大部分牛販會騙人，介紹買牛，或是他賣牛給人，都是那麼急促，給人一種壓迫成交的感覺。

　　本句是白描。第一分句，描寫牛販的買賣行動是「一條索仔撣互去」，真是把牛販在牛墟的賣牛動作描寫得非常逼真。接下來第二分句，「十個牛販九個詙」，給牛販下了一個相當不好的評斷，說他人格可議。

　　咱台灣在前世紀五十年代以前，牛還是農村主要的勞動力，牛販也就扮演著相當重要的角色，因此留下了不少相關俚諺：

　　說牛販好賺錢──「第一行郊，第二牛販。」(→19.30)

　　說牛販食量大──「交官窮，交鬼死，交牛販食了米。」(→31.21)

　　說牛販不可靠──「交陪醫生做藥櫥，交陪牛販駛瘦牛。」(→31.22)

　　撑互去：（可拋擲的物件）丟給人。　牛販：舊時，耕牛買賣的職業介紹人，也兼仲介病牛、死牛供人做獸肉；一般牛販都要會相牛，又懂醫牛的草藥。　誅：欺騙；誅仔，騙子。

【19】

睏晏晏，燒火炭。

Khùn oàⁿ-oàⁿ, sio hoé-thoàⁿ.

Khún oáⁿ-oàⁿ, siō hoe-thoàⁿ.

公務老爹鐵飯碗

　　用來諷刺公務員。說他／她們捧的是鐵飯碗，慢慢起床，慢慢上班，慢慢辦公，快快的下班，好不自在啊！他／她們福利多，一般家庭燒的是柴是草，他／她們燒的是「火炭」　吳新榮醫師注曰：「小公務員自足之態。」❺

　　這句俗語描寫出一部分我國公務員的心態。他／她們大多抱著「多做多錯，少做少錯，不做不錯」的鴕鳥式的悠閒。辦起老百姓的公事，官架十足，毫無禮貌，處處麻煩；然而，對於民代委員，上頭長官，和為之宣傳廣告的媒體，卻是逢迎拍馬。

　　公務員的傲慢敷衍，真是一言難盡。最奇怪的是，近一二年來檢察官和法官鬥法頻頻，一抓一放，再放再抓，互相指責。令人萬分懷疑：我國法律有毛病，還是司法人員有問題？好多違背常識的不起訴、起訴、判決；更有不可思議的，保釋出重犯來競

選立委，各級民代，來逍遙法外。這不是玩法弄權，是什麼嗎？最壞的公務員心態！

那麼，爲甚麼有這種怪現狀？還不是國民黨政府長期豢養，寵壞的！但政黨已經輪替了，公務員應該看清楚，誰是服務的對象，誰是付薪水的老闆。

(*參看，「多做多錯，不做不錯。」437.43*)

【20】

事少錢濟，離厝近。

Sū-chió chîⁿ-chē, lī-chhù kīn.

Sū-chió chîⁿ-chē, lī-chhù kīn.

務私人員頭路好。

用來諷刺公務員。斷言工作少，薪水多，上班的地方離家近，就是公務員的心態。

要求上下班求便，薪水多，也是人之本性，無話可說。但享有這種權利，又不認同全體人民，故步自封在「軍公敎」階級，來享受「鳥鼠仔，食飯坩中央！」(→515.13⇄)就太鴨霸了。

近年來我國歲收赤字，民間公司行號紛紛關門，倒店的倒店，落跑的落跑。但，咱台灣的公務老爹還吵著要調高薪水，行政院也允以調薪三個百分點。爲甚麼？如此嬌縱，一味討好！看韓國經濟危機時，公務員認同國家人民的艱難，自行減薪，全民攜手來共渡難關。韓國能，我們台灣的公務員不能嗎？唉，⑫務私人員！

【21】

乞食做三工，田園放乎空。

Khit-chiàh choè saⁿ-kang, chhân-hn̂g pàng-ho͘ khang.

Khit-chiā chó sāⁿ-kang, chhān-hn̂g páng-hō͘ khang.

百般工藝不如乞。

指出，只要當三天乞丐，所得到的錢要比整年勞苦種田的收入還要多；所以啊，良田荒廢沒啥，搞丐仙去了！

背景：這句俗諺所說的「乞食」不是沒有行乞技藝的所謂「大本乞食」(→242.41)，而是「有藝乞食」；他／她們在求乞之前，先表演一項技藝，以求「賞金」，例如，彈月琴、唱曲、抽籤、拍膨管，等等民俗技藝。

按民俗學者劉還月先生的考察，這群乞食到了八十年代中期以前，是最典型的逐廟會的一群人。他們跟在迎神隊伍之後，沿戶搖動小獅頭和說好話來換取主人的賞賜。如此，一天竟有幾千元至數萬元的收入；有人看到如此好賺，就棄舊業來做乞食了。❻

如此，「乞食做三工，田園放乎空！」一種台灣新興行業於焉開幕。

注釋

1. 參看，趙莒玲，《台灣開發故事》(台北：中央月刊社，1996)，頁54。

2. 參看，上引，頁26。

3. 參看，上引，頁45；陳正祥，《台灣地名辭典》(台北：南天書局出版，1993)，頁171-172。

4. 劉力仁，「礦工不死，只是凋零」《自由時報》2001(4.15):14。本句有關

資料，我們參考了劉先生的這篇報導。

5. 吳新榮著，吳南圖、張良澤合編，《南台灣鄉土誌》(彰化：秀山閣，1978)，頁325。

6. 參看，劉還月，「為錢走天下──大班乞丐現象與丐幫祭祖活動」《台灣的歲節祭祀》(台北：自立晚報社，1991)，頁269-271。

第九節 行業觀感

本節段落：

要求代價01-06 要有依憑07-11 要有恆心12-14 要不浪費15-16
咒罵惡官17-19 商人形象20-26 好的行業27-30 呣是頭路31-36
另眼娼業37-40 行行精彩41-44

【01】

人無艱苦計，難得世間財。

Jîn bû kan-khó͘ kè, lân-tit sè-kan chaî.

Jîn bū kān-khó͘ kè, lān-tit sé-kān chaî.

橫財橫受更艱苦！

用來鼓勵人奮鬥。斷言，天下沒有不勞而獲的事，要得到任何利益，一定要付出心血，來努力追求、建造。

這句老格言，簡單十個字直斷一項大道理：「世間財」是「艱苦計」的果實。有一句名諺的第二分句，也有相似的積極的態度：「人無橫財不富，馬無夜草不肥。」(《增廣昔時賢文》)

人無…，難得…：構成否定條件句的句型，用來強調「有C條件，就有R結果」。 艱苦計：辛苦的計較、奮鬥；計，雖是事之本，是策劃，但這裏別解。 世間財：喻指收穫、成果，雖然包含「財」利。 橫財：不正當的財利，例如，貪污、A錢、掏空銀行等等；原義是意外之財，如中了一億五千萬美元的彩卷。 馬無夜草不肥：這是寒帶冬季的養馬經。在那長達十幾個小時的寒夜，懶人都不餵馬，馬養得瘦骨嶙峋；只有那勤勞不畏寒冷的，才餵夜草。❶另

外，「夜草」有誤做「野草」者。

　　我們解讀這句古諺，其中蘊含的「忍耐艱苦，獲得報酬」道理，是我們熟悉的，日常經驗到的普遍法則！這層教誨，我們沒話說。但「有話說」的，可能是：我付出的「艱苦計」太多，所得的「世間財」太少，要怎麼辦？古今通用的一個方法是「另謀高就」；現代化的大公司，大機構的話，工會代表出面「交涉」，談不攏就「罷工」、「示威」——今年春天，本地的警察先生小姐走上街頭，要求提高「世間財」；最近，德國航空公司的機師機員也在鬧罷工。

　　另有一種，類似仙家的方式：來一份半份「艱苦計輕，世間財少」的工作。如此，工作輕鬆，雖然薪水少；沒有被剝削的感覺，也沒有白吃老闆的虧欠，真心安理得也。但，這不容易，須要特種的人生觀和生活態度。我們有個德國朋友，他放棄全職工作，只幹半職的，而且堅持只做49％！為甚麼？不是他有錢，不是他懶惰，只是他相信：不要為了多賺些，而喪失自我和充分的生活。

　　也許，我們台灣人還是篤信力行「人無艱苦計，難得世間財」比較好。因為轉途困難，今年四月，我國的失業率迫近4％！那麼，示威、遊行、罷工呢？有啥路用？人家大老闆的企業、公司、工場、員工，抽到中國去了！

【02】
驚坱，唔通入土礱間。
Kiaⁿ eng, m̄-thang ji̍p thô͘-lâng-keng.
Kiāⁿ eng, m̄-thang ji̍p thō͘-lāng-keng.
愛吃生魚又怕腥。

斷言,各行各業有它不同的苦處,要吃那行頭路,就得覺悟,忍耐從事。

這句俚諺單刀直入,用來強調既然要幹「挨土礱」這一行,就不應該「驚埃」。句裏的「挨土礱」是個譬喻。

驚埃: *害怕四處飛揚的灰塵;**埃**,埃埃[eng-ia]的省略字。* **入:** *在(所在)從事(工作、讀册、治療等等),例如,入營,入院,入學;此處,不是單純的「進入」。* **土礱間:** *舊時的脫穀工場,因工具是土礱,故名。*

【03】

尻川無著椅。

Kha-chhng bô-tiȯh í.

Khā-chhng bō-tiō í.

席不暇暖。

用來形容認眞做事的人。說他不是坐以妄想亂彈,而是起而行事奮鬥的人;因此,冷落了太師椅。

這句俗諺,台北市吳玉蓮老師提出一個很根本的質問:「有的人同樣不坐在那裏,卻是開溜摸魚,到外面搞一些無益的勾當,自然一事無成。所以空著的位置不是問題,問題是此仙是去『煉丹』或是去『雲遊』了?」(「台灣精諺」《自由時報》)

是的,全國走透透不一定就是盡忠職守的人,應該看清楚:他溜出去幹啥?我國版圖小,全國走透透,何難之有?總之,這句俚諺的精神是好的:力行職事,不可毛飛!

【04】

敢開飯店,呣驚人大食。

Káⁿ khui pn̄g-tiàm, m̄-kiaⁿ lâng toā-chiȧh.

Kaⁿ khuī pn̄g-tiàm, m̄-kiaⁿ lâng toā-chiā.

飯菜多的是！

用指敢做敢當。開飯店招徠顧客吃飯，沒有顧忌大吃的道理，因為羊毛出在羊身上；吃得飽足爽快了，說不定還給本店當個免費宣傳員。

這句俚諺是用開「飯店」為譬喻，來點出：敢做這一行工作，就得應付它的要求，付出代價。

【05】

提人錢財，替人消災。

Théh lâng chîⁿ-chaî, thè lâng siau-chai.

Thē lāng chīⁿ-chaî, thé lāng siāu-chai.

愛錢死好！

用法有二：一、當工作做得太辛苦的時候，用來怨嘆。說是為了要賺人家的薪水、工資，等等報酬，不得不勞心苦戰。二、用來譏刺黑官、黑道，等等不法之徒，因為收了人家的好處，只得為他們幹了犯法的勾當。

這句俗語貶義的，消極的意思多，特別是第二用法；有點「見不得人」，是見鬼的那種味道。她可能源自民間道教的道士們的自嘲，說，如此辛苦來畫符唸咒，步罡踏斗，冒命來驅鬼壓煞，為主人家消災解厄，還不是為了錢財，收了人家的紅包。

【06】

在職怨職。

Chaī-chit oàn chit.

Chaī-chit oán chit.

辭職如何？

　　用來形容一個不願爲自己的職業付出責任和代價的人，心裡總是嫌東嫌西；這種職員要不是官派的，要不是不勝任的，就是心破病的人。

　　怨什麼職，我的工作難道不是自己去應徵來的嗎？是的話，「當一天和尚，撞一日鐘！」沒話講。老是滿腹怨氣，怎不走人？咱台灣有句客家諺語說：「今日有官今日做，明日無官賣雜貨。」❷眞瀟灑！

　　至於Z世代人類，要他／她們不怨職一定很難。君不聞，他／她們工作的「六句眞言」，是如此宣言的：

> 錢多事少離家近
> 權高位重責任輕
> 睡覺睡到自然醒
> 老闆說話不用聽
> 五年就領退休金
> 享受生活還年輕❸

　　噫，用這些「眞言」來修煉的人類，可能早已入定，無能感應「在職怨職，無職想職！」(→437.06)撫鍵至此，我好像聽到：「…想啥職？無職…爽！」

【07】

朝無赤腳宰相，野無穿鞋農夫。

Tiâu bô chhiah-kha chaíⁿ-siòng, iá bô chhēng-ê lông-hu.
Tiâu bō chhiá-khā chaiⁿ-siòng, iá bō chhēng-ē lōng-hu.
筆頭鋤頭各有山頭。

斷言，各個行業，要有適得其份的能力，正如在朝的宰相是「穿鞋的」，而在野的農夫是「赤足的」。

本句修辭，用的是對偶同對格：「朝」對「野」，「宰相」對「農夫」，和「無赤腳」對「無穿鞋」。所謂「無赤腳」是穿鞋子的，指代文士；傳統上，他們是米麥不辨的孔子學者，但知詩詞八股。而「無穿鞋」是赤足的，指勞動者，是專事生產五穀，不言之乎者也的大丈夫。如此，比對出不同職業，要求不同能力。

這句俗語說的雖是古早的代誌，但涵蓋的「不同職業，要求不同能力」的義理，仍然是現代事實。

【08】

做官無離印，做生理無離秤。

Choè-koaⁿ bô-lī ìn, choè-seng-lí bô-lī chhìn.

Chó-koaⁿ bō-lī ìn, chó-sēng-lí bō-lī chhìn.

威權和工具在此！

斷言，做每一件事，都要有專業的知識、能力和工具，以便行使職權，進行工作。

本句，用的是指代修辭式。印，代表當官的權力和效力的根據；秤，表示買賣交易，有公平的，兩方利益交換的標準和工具。古人有言：「農夫佩其耒耜，工匠佩其斧斤，婦人佩其鍼縷。」(班固《白虎通》)所以，官商不可離印離秤；但更重要的是，印不可濫蓋，秤不可竊改；那是枉法受賄，是敗壞社會秩序。

洪長源先生寫短文「印」，頗可愛，抄幾句來看：

> …雖然離石器時代已經好幾萬年了，但重視印章的我國社會，出門仍須帶著一顆石頭同行，彷彿又在石器時代。

簽名與捺指模，雖也可以表示身分，但…有時甚至還只認印不認人。

合約書，印章一壓，不可反悔。保證書，印章一壓，保證有效。領薪水，印章一壓，生活有著落。

石頭刻成印，代表著持印人的行為了。❹

噫，「帶著一顆石頭同行，彷彿又在石器時代！」多美的想像。

君知否，花蓮要蓋一座海洋公園，申請時間長達五年不說，印章要蓋817個！(→《自由時報》1999 (9.19):3)啊，印，印，印，官不離印！蓋817個印。官僚看守著這一大堆石頭印，台灣人彷彿活在21世紀的石器時代。

【09】

江湖一點訣，妻子不可說。

Kang-ô͘ it-tiám koat, chhe-chú put-khó soat.

Kāng-ô͘ it-tiam koat, chhē-chú put-kho soat.

最後的小秘密。

斷言，江湖術士，巡行四處來謀生，靠的是秘方、秘術。這一點點功夫訣竅，就是親愛如賢妻，也不可透露。

這是一句老俚諺，第二分句的「妻子」，到底是「妻」和「子」呢？或者是「太太」？從江湖繼承秘方秘術的傳統看來，該是太太；子，男的可以說，女的不可說；為的是保持萬世一系的秘方。本句，《格言諺語》寫做「江湖一點訣，不對妻兒說。」

江湖：江湖術士也。例如，打拳賣膏藥的，擺攤占卜、相命、堪輿等等。　一點訣：沒啥，秘密儘在那一點點訣竅而已。

(參看，「江湖一點訣，講破唔值三針錢。」434.09)

【10】

會扛轎，即通開轎店。

Ē kng-kiō, chiah-thang khui kiō-tiàm.

Ē kng-kiō, chiá-thāng khuī kiō-tiàm.

事半功倍內行人。

　　斷言，不論大小事業，若要獨當一面，一定要內行；譬喻，轎店老闆，也應該要會抬轎。

(*本句詳解，參看433.02*)

【11】

敢死的，提去食。

Káⁿ-sí--ê, thê-khì chiah.

Kaⁿ-sí--è, thē-khí chiā.

達目的不擇手段。

　　古意人的感嘆。斷言「敢死」為成功之本，許許多多缺乏實力的人，混出一片事業，搞出名堂來的重要憑藉。

　　這種敢死，不是神風特攻隊的那一種，而是為目的不擇手段的凶惡；這種敢死，也不是飛太空、下深海、入險地來探測的冒險，而是沒有廉恥的貪婪。我國自五十年代以來，「敢死的」到處可見，於是「英雄」、「救星」、「名流」、「要人」、「專家」、「大師」處處有。等而下之，敢掏空、敢霸占、敢A錢、敢綁架、敢勒索、敢殺人、敢做台奸，等等「敢死」出現！

　　敢死成為一種「可能性」，有其社會背景：大眾的價值觀顛倒錯亂，缺乏分辨是非的能力和勇氣；大多數人藐視社會公義，追逐的是功利享受，和不勞而獲的僥倖。這種社會環境，「敢死的」

才能遂其所願，才能源源不絕。

遊鍵至此，覺得愛笑。想到世上有這般敢死的：他們，昨天還是蔣介石要消滅「共匪」的打手；今天，已經是「共匪」的馬前卒，應聲蟲！

（*本句另解，參看223.12；*

參看，「敢，著快做媽。」223.11；

「敢死，唔驚無鬼通做。」223.13）

【12】

戲棚腳，企久人的。

Hì-pîⁿ-kha, khiā-kú lâng-ê.

Hí-pīⁿ-kha, khiā-kú lāng-ê.

死豬鎮砧？亂講！

用來鼓勵人，要盡忠職守，持之有恆，就有上進的機會，有出頭天的時候。如人看野台戲，最初的位置雖不理想，但只要忍耐站下去，總能慢慢擠到前面的「戲棚腳」，來觀賞一場好戲。

戲台腳：喻指職業上的高位，成就的高峰，或個人追求的目標；字面義是，接近野台戲的戲台前面，視聽的最佳位置。

背景：我們台灣的鄉鎮，每逢酬神還願，或是大拜拜，都有大戲，或布袋戲演出。在那電視尚未普遍的時代，任何戲幾乎都是人山人海，慢來的話就得站在人山外圍來探望了。

沒關係！只要有「耐心」，只要隨時注意觀眾的「流動」，只要隨時記得「上進」。那麼，到中場之前，可能晉升到戲台腳了。

【13】

貓徙岫，三窟無一著。

Niau soá siū, saⁿ-khut bô chi̍t tio̍h.

Niāu soa siū, sāⁿ-khut bō chit tiō.

別跑！稍安勿躁。

序大人用來責備少年人。說他見異思遷，總是空思夢想，常常改行換途，以致於一事無成。

句裏用的是借代修辭式，借「貓徙岫」來比擬一個人的常常遷居，時時轉業。這樣的譬喻，實在萬分可愛，雖然冤枉了貓媽媽；人家徙岫是一種不得已的「安全措施」，是母愛天成，參與造化的「轉進」，不是戰敗落跑的將軍，不是浪蕩的人子。

（本句詳解，參看424.21；

*　　參看，「一年，換二十四個頭家。」437.72）*

【14】

腦丁，免做兵。

Ló-teng, bián choè-peng.

Lo-teng, ben chó-peng.

恆心當中有大福。

用來勉勵。說的道理是，做人一定要甘願吃苦，恆心堅持本務，自然有好的結果；譬如，腦丁。

背景：這是一句流行在桃園、新竹、苗栗一帶的俚諺。句裏的主角腦丁，是日據時代，砍伐樟樹，煉製樟腦油的工人。他們工作的地方就是深山，工作粗重，生活無聊，是很少人願意做的；願意繼續做的人更少。

然而，因為樟腦油是軍需重要用品，是化學和藥品的主要材料。於是，日本政府免除腦丁上戰場的義務。那些繼續苦幹腦丁的，因此沒有被徵召去南洋當軍夫，充炮灰，而逃過了大劫。❺

【15】

燒磁食缺，織蓆睏椅。

Sio-huî chiåh khih, chit-chhiòh khùn í.

Siō-huî chiā khih, chit-chhiō khún í.

撿頭拾尾製造者。

　　斷言，器物的生產者，得不到自製的方便，上好的產品都捨不得自己用，那是製作來賣錢的。看，磁窯老闆和編草蓆的師傅，吃飯用破碗，睡的是椅條。本句，也寫做「賣磁的食缺，織蓆的睏椅。」

　　食缺…睏椅：這是「食飯用缺陷的碗…睡覺是睏在椅條上」的省略詞；缺和椅，是不能吃的，不供人睡的。

【16】

裁縫師傅穿破衫，做木匠的無眠床睏。

Chhaî-hông sai-hū chhēng phoà-saⁿ,

　　chò båk-chhiū--ê bô bîn-chhâg khùn.

Chhaī-hōng saī-hū chhēng phoá-saⁿ,

　　chó båk-chhiū--ê bō bīn-chhâg khùn.

為人做嫁妝。

　　用法和意思，類似上一句。

　　這二句俗語用的是誇張修辭法，吃破碗，睡椅條、地板，穿破衫，等等，都是譬喻；眞的如此，也就太違反常情了！

　　雖然不致於吃破，席地，穿爛，但是自家製造的上好的磁器，編織的最華麗草蓆，裁縫的最漂撒時裝，製木的最浪漫紅眠床，應該自己享用才對啊！因為不用買，自製成本低，時間和工夫又是免本的；眞是不通情理，更缺情趣。

是的，這就是咱台灣的老先人的德性，是工作者，事業人的「職業道德」。當知，上好的產品，要賣得好價錢；師傅的工夫，專要服務別人來錢賺，服務自己就是荒廢工作。雖說材料方便，多少要本錢，裁來爲己，就是賠錢。顯然的，上面這兩句俚諺，就是「節儉」和「勤勉」的現身說法。

如此，所以古早的台灣，食缺的，睏椅的，穿破衫的，眠土腳的，處處可見。唯有如此，這些師傅才覺得「安身立命」！

【17】

九牛六娼，三寡婦。

Kaú-gû la̍k-chhiong, saⁿ koáⁿ-hū.

Kau-gû la̍k-chhiong, sāⁿ koaⁿ-hū.

弱勢團體反欺凌。

用來咒詛枉法貪官。這是極權統制下的人民，受盡黑官凌辱壓榨的憤怒和無奈的發洩。而「九牛六娼，三寡婦」咒的是上天報應惡官和他們的子孫。多麼可怕的毒咒啊！

所謂「九牛六娼，三寡婦」，其中的數字代表的是轉世投胎的「世代」：惡官來生受報應，將要投生爲牛九世，爲娼六世，爲寡婦三世。當知，牛、娼和寡婦是舊世代的「三大苦」。

這一類官咒，流傳久遠，不僅流行在舊時台灣社會，在古典章回小說裏也是常見的。同類句有：「一世做惡官，三世絕。」「一世做官，三世牛，九世寡婦。」《格言諺語》有「一代贓官，七代娼。」

【18】

做官，好無過三代。

Choè-koaⁿ, hó bô-koè saⁿ-taī.

Chó-koaⁿ, ho bō-koé sāⁿ-taī.

天有目睭！

　　斷言，高官厚祿沒有傳過三代人的。就算是好官的好善報，也少有祖父孫三代當大官的。惡官嘛，咒死都有！

　　這句老諺不難嗅出咒詛的味道來。為甚麼說「做官，好無過三代」？因為老先人相信「風水輪流轉」，是從報應觀點來說教。我們知道，官場如戰場，再厲害的大官也經不起殘酷的鬥臭鬥死！一下放，就清潔溜溜了，還有什麼三世。

　　看了上面這幾句咒官俚諺，有何感想？會不會為了老先人的毒咒而大驚失色？會不會說他們太粗？大可不必！該想的是，他們的歷史；被惡官欺凌剝削，咒他幾聲也是人性之常。何況他們萬分隱忍，沒操「XXX」；咒罵的，根據先人的宗教信仰，請出「老天爺」來主持公道，執行報應。君記得否，咱台南市的延平郡王祠博物館，懸有一塊名匾，上面有十六個大字，寫道：

　　　　爾俸爾祿　　Ní-hōng ní-lȯk；
　　　　民膏民脂　　bîn-ko bîn-chí；
　　　　下民易逆　　hā-bîn īⁿ gȯk；
　　　　上天難欺　　siōng-thian lân khi.

這是台灣知縣白鸞卿，在同治己巳(1869年)節錄宋太祖聖訓，掛在當年台灣縣署內來自勉自勵。這種官在舊世代，算是難得的了。但看「下民易逆」四字，就可想像污官之可惡。

　　好了，官若不自勵要如何？造反！官迫民反嘛。但迫到絕路

之前，一般都是咒詛，都是呼告上天報應。也許，您說咒詛不好，該據理力爭。是的，免咒詛最好，和平示威也可以。但受害良民不是「之乎者也」的族群，要叫他們學曹操罵什麼「諸葛村夫，安敢如此！」(《三國演義》41回)辦不到。要叫他們上國際法庭來控訴惡官，或靜坐國會立院，卻是生非其時。

總之，咒詛和讚美一樣，不會逾越族群的社會現實，心裡感受，思想形態和語言習慣。如此理解台灣受苦的先人的咒罵，可乎？我相信，就是佛陀和我主基督，必能體諒——說不定，異口同聲，來責備他們幾句。

【19】
不能治家，焉能治國？

Put-lêng tī-ka, ian-lêng tī-kok?

Put-lēng tī-ka, ēn-lēng tī-kok?

三千粉黛難治國。

用法有二：一、舊時，用來譏刺官僚，說他們三妻六姜，家事紛亂難以排解，不堪當官治國。二、用做警語。那些自稱為儒者，鼓勵自己往修齊治平的大道，循序精進。

這句諺語可能源自：「所謂『治國必先齊其家』者，其家不可教，人能教人者，無之。故君子不出家，而成教於國。」(《禮記・大學》)

君知否？咱台灣歷史劇場中，這句名諺曾被用做「要命的諷刺」，成為謀殺鄭成功的一劑毒藥。劇情是：

> 方年二十歲的鄭經，娶前尚書唐顯悅的孫女為妻。這時成功在台灣，而鄭經留守廈門。經文武兩全，謙恭慈讓，只

是寡人好色，和四弟的乳娘陳氏有了關係，生得一個男嬰。鄭經大喜，詭稱侍妾所生，報喜鄭成功，而獲得許多賞賜。

後來，陳氏乳娘引子為貴，失禮於鄭經元配唐氏夫人。於是，唐氏夫人回娘家哭訴。唐親家大怒，修書大罵鄭成功養子不教。罵道：

人有三父八母，乳母也居其一。今令郎與其弟之乳母私通，而且已生一子，賢侄不但未加管束，反而大加賞賜。子不能教，何以教民；家不能治，何以治國？

成功一看「家不能治，何以治國？」心火大焚，傳令廈門，要斬鄭經和陳氏；要治夫人，教子無方之罪。後來，雖得成功堂兄抗命，而保得鄭經一命；但好強、好勝的鄭成功，百感交攻，深責自己忠孝兩虧，家不齊，國不治，憂憤發病，延到翌年而逝。❻

言歸釋義。這句老諺說的頗有道理，要是家庭常常開運動會，叫他如何去幹天子的欽差來治國？現代，更加困難，沒黃的都要抹黃，沒說嘿嘿的都要說嘿嘿，❼要是真的有點什麼，報刊電視爭相挖糞，各級議院圍剿質詢。人鬥臭了，還能當什麼官？

然而，從中國和台灣的政治歷史看，到底有幾個搞政治的，按這套高論來修養，來服務國家、天下的？沒有！鄭延平和二蔣，只說不練；後來的諸位總統先生／女士也不須要有。為甚麼？因為治家和治國，兩套不同系統，不同對象；講求不同學問，不同方法。治家行，治國不一定行，反之也然。噫，魚範魚，蝦範蝦也！

可憐鄭成功，竟然被此古諺毒死。其實，當官，要的是公

義、智慧和能力；雖然私德高尚，可喜可敬。

【20】

生理錢三十年，流汗錢萬萬年。

Seng-li chîⁿ saⁿ-chàp nî, laû-koaⁿ chîⁿ bān-bān nî.

Sēng-li chîⁿ sāⁿ-chàp nî, laū-koāⁿ chîⁿ bān-bān nî.

一代富vs.萬世窮。

　　老農夫用來諷刺商人。說他們賺錢容易，發財迅速，但是花錢如水，破產如崩，好不過三十年；看我一分一文，一滴血，一滴汗，鋤頭錢，保得萬萬年。

　　本句用的是對比同對式，說的都是「賺」的代誌，但老先人不敢明言，不敢比較彼此賺得了什麼。從台灣社會現實看，商人賺大錢，黃金滿簍，何只「三十年」——這是故意貶損。農民賺流汗，結果是舉債度日「萬萬年」；至今何只未能翻身，加入WTO以後，可能更糟。

　　這句俚諺，村長老用心良苦，企圖掩蓋農民沒賺的事實，想用「萬萬年」來糊塗農村經濟崩潰。幸虧，無數農村賢子弟，看穿萬萬年貧困的凶惡，紛紛放下鋤頭，走出農村，向其他有賺的行業精進。

【21】

做生理，恰如針得削鐵。

Choè seng-lí, kah-ná chiam teh siah-thih.

Choé sēng-lí, ká-na chiam té siá-thih.

做生意？談何容易！

　　斷言，做生理要賺人家一毛錢，都難得像用繡花針來切割鋼鐵。

恰如針得削鐵：如同用針削鐵；恰若，宛如，猶如；得，台灣話重要的功能詞(function word)，置於前名詞，後動詞之間，來表達這個名詞的動作的繼續。例如，紅嬰仔得睏；伊用電腦得寫台灣俗語；台灣人得選總統。

【22】

敎人生敎人死，無敎人做生理。

Kà-lâng siⁿ kà-lâng sí, bô kà-lâng choè seng-lí.

Ká-lāng siⁿ ká-lāng sí, bō ká-lāng chó sēng-lí.

機關在庫不傳授。

　　斷言，什麼都可以傳授，就算是敎生敎死，但敎人做生意來惡性競爭，辦不到！說好聽些，搞不好他去開了一個「倒店」，豈不罪過。

　　這句俗諺用的修辭式是對比異對格，她對出可敎的，如受胎術、生囝學、自殺學、死亡論，等等；不能洩漏的，如客戶資料、營運方法、賺錢秘訣──商學，可傳；商術，可以討論。

【23】

刣頭生理有人做，了錢生理無人做。

Thaî-thaû seng-lí ū-lâng choè,

　　liáu-chîⁿ seng-lí bô-lâng choè.

Thaī-thaū sēng-lí ū-lāng chò,

　　liau-chīⁿ sēng-lí bō-lāng chò.

利，刀割禾也。

　　斷言，賠本生意是沒有人做的，也做不成；但利之所在，就是上至金星，中入黑牢死監，下至十九層地獄，照樣手提007，去也！──呆包，呆商算啥！

　　這句用的是對比同對修辭式，同樣說賺錢大事，同樣強調利之所在，就是「生理」之處，不要說冒險，就是犯法，就是做無頭鬼，都有人幹。

　　刣頭生理：喻指犯大罪的賺錢勾當；刣頭，殺頭；生理（此處含輕蔑意味），買賣也。

　　第二分句，「了錢生理無人做」，義理顯然，勿庸贅言。但「刣頭生理有人做」，確實詭譎萬分。既然「了錢」生意沒人做，那麼這種「有人做」的刣頭生意，就是包賺的囉？假定是包賺的，但「刣頭」的成本不能不預算在內。萬一賺到「刣頭」，那麼，這筆生意有賺嗎？

　　我主耶穌基督有言：「人若賺得全世界，賠上自己的生命，有什麼益處呢？人還能拿什麼換生命？」（《聖經‧馬太福音》16:36）是啦，無利益啦！賺錢也是為著這條老命。

【24】

會做的生理，獪做的先死。

Ē-choè--ê seng-lí, boē-choè--ê seng sí.

Ē-chò--ê sēng-lí, bē-chò--ê sēng sí.

走鋼索的啦！

　　斷言，做生意萬分困難，非常緊張，非「生理」，即「先死」，沒有商量求情的可能性，更無保釋就醫來選利委的機會！

　　這句俗諺萬分實在，修辭用的是對比異對式，拿「會做的」和「獪做的」生意人來比對，而彼此的命運殊途，那個有「生理」，這個得「先死」。本句，也造得很漂亮，君不見，「會做的生理」，玩了一個「攀」［pun］──語意雙關的詼諧也──俏皮地點出「生意」做得好，就有「生理」，有生存之道；「生意」做得不好，一定「先

死」！

【25】

十商，九奸。

Cha̍p siong, kaú kan.

Cha̍p siong, kau kan.

患了紅眼症！

用來諷刺商人。大膽斷言，生意人奸詐，十不離九。

這很可能是村長老的抹黑。一對老花眼看那商人日進萬金，大商行的老闆，是高級紳士，一派科頭；就是本鄉的半路小店的店東，也是我的債主。爲甚麼能賺錢如賺水？想來想去，想去想來，想不通；簡而言之，「奸」來的也，「詐」來的啦！不是奸商哪能發如此橫財？

還有，這種想法反映著農村社會和商業社會之間的隔閡與緊張，也是從政府所謂「重農」的長期欺騙和剝削之下的驚覺。試想，當一個草地人入城，看到商人家家富裕，低頭想到自己的村落戶戶苦寒，家家負債。怎能不怨嘆？「奸」情怎能不大燒？

若一定要說商人「奸」，那麼這「奸」是急智，是腦筋轉得很快，是情報資訊靈通，是得失看得很根本，而不可能是「詐」；唐山爛泥巴當桐油外銷，行得通嗎？——商人「奸」得好，祖國台灣歡迎台商再「奸」回來，如何？

【26】

商人，無祖國。

Siong-jîn, bô chó͘-kok.

Siōng-jîn, bō cho͘-kok.

反商主義？

台灣人用來譏刺，也用來激發台商愛國的感情。感慨萬千地請他們，根留本國，切莫掏空台灣，去建設口口聲聲要打要殺的中國。

這句是台灣九十年代的新俗諺。說得非常沈重，但相當實在，君不見，自從1980年至今，台灣商人投資建設中國數以千億美元，技術轉移的價值更難估計。因此，留在台灣的中小企業、傳統行業和一般人民，莫不驚覺，台灣的商人的心裏，根本就沒有台灣這個祖國。

曾幾何時共產黨鼓吹「工人，無祖國」，要無產階級的社會；結果犧牲了無數寶貴的生命。現在，是誰在宣傳「商人，無祖國」？商人出入中國，奔走天涯海角，看似沒有國境，其實商人不能沒有祖國，須要祖國的後援和支持。世界各國也難接受一個沒有祖國的商人——多少人，不得不買一本外國護照！

咱台灣商人的感受是可以理解的。因爲台灣這個祖國，實在太畸形了。她有心奧援自己的商人，但自己妾身無名，被中國打壓得不成人母；連咱們的前總統李登輝博士要去日本看病，都比一般小百姓困難萬倍，豈非怪事？

祖國台灣啊，站起來！完完全全的獨立起來！商人不能沒有您，美麗的台灣祖國。

【27】

百般工藝，呣值著鋤頭落地。

Pah-poaⁿ kang-gē, m̄-ta̍t--tio̍h ti-thaû lo̍h-tē.

Pá-poaⁿ kāng-gē, m̄-ta̍t--tiō tī-thaû lō-tē.

做穡最好。

做穡有什麼好？台灣老祖，說不上來；只有以農立國的皇帝

知道，還有犧牲農業來建設工商的政府。

（本句詳解，請看611.01）

【28】

第一好，做醫生；第二好，賣枝仔冰。

Tē-it hó, choè i-seng; tē-jī hó, bē boē ki-á-peng.

Tē-it hó, chó ī-seng; tē-jī hó, bē bē kī-a-peng.

做醫生最好。

用來嘲諷醫生。說他賺錢多又快，是很好的頭路。其次是，賣冰棒的。

這句是謠諺，修辭用的是鑲嵌式，將兩種職業鑲進序數裏，來表達他們不同的好處。這句也造得奇思怪想，大膽假設「賣枝仔冰」的小朋友的所得，僅僅稍遜於醫生。可愛！

那麼，做醫生是否真的「第一好」？好是好，可是從付出的奇高代價看，並不很好。君不見，讀醫學院的，那一個不是從幼稚園到高中，都是不眠不休的力拚第一？考上了，醫學是艱深又精密的學問，解大體、記骨塊、析神經、近病人，豈是好玩的？學費貴，學習期間長，考執照困難；資格有了，醫術差的話真是一言難盡的悽慘。如此，醫生不是「第一好」賺的生意！

南投鐘文宏醫師現身說法於「醫生成了待宰羔羊」《自由時報》1997(10.26):23）一文。他說醫生難為，歹徒要勒索，醫療糾紛多，社會要求重，又得替健保做牛馬，是無利可圖的行業。令我感動的是，鐘醫師的結論非常「有道」，用祖父的「救人積陰德」聖訓來自勉，有詩為證：

醫療糾紛病人罵

> 健保賺錢政府拿
>
> 怕被勒索且被殺
>
> 不愼又被愛滋扎
>
> 辛苦賺錢老婆花
>
> 人人當我是傻瓜
>
> 笑問何不關門罷
>
> 然燒生命照亮他

　　從「享受」看，醫生不是「第一好」，但好的是醫生娘和醫生翁，再來是醫生囝，其次是先生公和先生媽，再其次是泰山和泰水！——其實，「醫生舅」也大有好處：15年前，我的賢甥女雅慧，甥婿徐學誼醫生治我骨刺；去年十月，我的賢甥林語堂醫師給我開刀植牙。哈，哈！免費又有紅包可拿；快哉，阿舅也！

　　那麼，醫生本人眞的沒有「第一好」的嗎？也有！我認爲那是，通過專業能力來解除病患的痛苦，恢復人的尊嚴。在此過程中，醫生體現著參與上帝創造和拯救的工程——這是做爲人的醫生的自我完成。也許，這才是醫生眞正的「第一好！」

【29】

第一好做冰枝，化水會堅凍；

　第二好做醫生，水道水賣有錢；

　第三好客人莊做壯丁，威勢奪人。

Tē-it hó choè peng-ki, hoà-chuí oē kian-tàng;

　tē-jī hó choè i-seng, chuí-to-chuí boē ū-chîⁿ;

　tē-saⁿ hó kheh-lâng-chng choè chòng-teng, ui-sè

toa̍t-jîn.

Tē-it hó chó pēng-ki, hoá-chuí ē kēn-tàng;

　tē-jī hó chó ī-seng, chui-tō-chuí bē ū-chîⁿ;

　tē-sāⁿ hó khé-lāng-chng chó chóng-teng, uī-sè

　　toa̍t-jîn.

賣水生意最好賺。

　　用來嘲諷。指出三種好行業，前二種是錢「好」，後一種是勢「好」。

　　做冰枝：生產冰棒的生意。五、六十年代，咱台灣鄉鎮大都有這種小店，它也兼賣各色各樣的冰淇淋和冷飲。　化水會堅凍：變水爲冰塊。　水道水賣有錢：喩指醫生的「藥水」；俏皮話，說成自來水裝來賣錢。　壯丁：壯丁團的團員；日本據台，於1940年成立「皇民奉公會」，在這主軸下，台灣總督府成立壯丁團。壯丁是「奉公」的，義務的也，沒賺。

　　那麼，「做冰枝」的生意，是第一好賺的嗎？可能！假如眞的是「化水會堅凍」——免本生意也，正如中國的特異功夫，隔空抓冰。如此，不會是第一好賺的嗎？日本人都說"Mizu shiō-bai"，賣水生意，最好賺。

　　爲甚麼「做醫生」降了一級，成爲第二好？先人可能認爲，醫生的「水道水賣有錢」，須要付出較高的成本。君不見，醫生的「藥水」是「水道水」加上「藥物」，而「做冰枝」僅僅是「古井水」加上「化冰」過程。如此，冰水當然比藥水好賺。

　　或問，「客人莊做壯丁」，也能算「好」嗎？實在沒啥，「威勢奪人」有什麼好？當知，當壯丁是沒有薪水的，是台灣總督府組織下，天皇的忠犬；他們雖身穿卡其制服，但沒有地位，乃是殖

民地人民的無奈。句裏的「好」，是諷刺；刺客人壯丁，誤認當走狗爲光榮，藉著日本頭子來亂咬亂吠，來發洩莫名其妙的自卑感和迷幻式的狂傲。

【30】

第一行郊，第二牛販。

Tē-it hâng-kau, tē-jī gû-hoàn.

Tē-it hāng-kau, tē-jī gū-hoàn.

抽稅納捐最好賺。

斷言，賺錢最多是「行郊」，只管抽稅收錢，最有賺；牛販先生也不錯，只要出入牛墟，看牛角，數牛齒，錢就來了。

爲甚麼說「行郊」好？當知，它就是台灣清朝時代的「內郊」，是全島的雜貨、日用品、食品的大小商人的同業公會。其組織遍滿全台，用來制約度量衡的標準、約束貨幣的種類、商品的規格、交易的規約，運費、仲裁規準、罰則。它由眾多會員徵收會費和捐金。這個機構，錢多多的也。❽

牛販先生也很「好」賺嗎？是的。憑他「知牛」的知識和三寸不爛的舌頭，就能做買賣。特別是在我們台灣還是農業社會，處處用牛爲動力的世代。

【31】

第一衰，剃頭歕鼓吹。

Tē-it soe, thih-thaû pûn kó͘-chhoe.

Tē-it soe, thí-thaû pūn ko͘-chhoe.

頂上工夫哪會衰？

頑童用來諷謠。說剃頭師傅和鼓吹手最倒楣。

　　鼓吹：樂人，所謂吹手；婚喪喜慶時，受僱來演奏的人。

為甚麼說「剃頭」和「歕鼓吹」是不好的行業呢？從現代觀點看，這都是正當的職業，沒有什麼衰不衰的。但這句俚諺的舊社會，是中國惡質科舉文化影響下的產品。在那封建社會裏，這兩種職業，受到毫無理由的歧視，他們的子孫甚至被剝奪參加科舉的權利，也不能和其他階級的人通婚。受到如此虐待，真冤枉，真衰的也。

決定衰不衰的標準是當時的社會階級，所謂的「上九流」和「下九流」。前者，可受到和士農工商同等，或以上的對待；他們是師爺、醫生、畫工、地理師、卜卦、相命、和尚、師公、琴師。後者，卻遭受到社會的輕視，例如，娼女、優伶、巫者、樂人、剃頭、僕婢、拿龍、土公。❾

當然，現代社會已經不是用「科舉」來分類，而是用「藝能」和「服務」的品質和社會要求來評定價值的。君不見，明星、髮師、樂師，都很出頭天的；就是「娼女」也已經得到「不笑娼」的對待。

總之，我們台灣人應該學會人性的看待和人際間應有的尊重。

【32】

要做猴頭，唔做會頭。

Beh-choè kaû-thaû, m̄-choè hoē-thaû.

Bé-chó kaū-thaû, m̄-chó hoē-thaû.

標會族長不好做。

這裏強調的是第二分句。斷言，民間標會的會頭是做不得的頭路，風險太大，會腳良莠不一，萬一被倒，那就太糟糕了。

合會流行在東南亞不少國家，也是我國民間理財行之已久的習慣。這種民間會、人情會，只要是大家誠實，量力而為，是頗

有助益的「小團體」。過去，台灣民間從「標會」得到解決金錢上的急需，但也肇造層出不窮的事端，大大影響民間經濟。

所以如此，是因為這種小額資金的通融制度，建立在「良心」、「信用」和「人情」，其義務、權利和規章沒有法律規範，是為「無名契約」。但二年前，立法院已經三讀通過民間合會的法條。❿但願這樣一來，民間的道德價值觀得有改善，使人「要做會頭，嘸做猴頭！」來改良社會風氣，活潑民間經濟。

(本句另解，參看427.44)

【33】

放五虎利，剩錢燴過後代。

Pàng ngó͘-hó͘ laī, chhun-chîⁿ boē-koè aū-taī.

Páng ngo͘-ho͘ laī, chhūn-chîⁿ bē-koé aū-taī.

詈罵毒咒難消受。

用來咒詛「放五虎利」的行業，說他們幹的宛如趁火打劫。雖然暴富，但後裔一盡浪子，仍然是散鄉的下場。

放重利的人，如同高價出賣海水給缺水將死的人。今之地下錢莊，屬這類型，遠之為福。

(本句另解，參看427.23；

參看，「擋久，著輾管甫。」427.19)

【34】

油湯趁，油湯食，無趁做乞食。

Iû-thng thàn, iû-thng chia̍h, bô-thàng choè khit-chia̍h.

Iū-thñg thàn, iū-thñg chiā, bō-thàng chó khit-chiā.

大碗滿墘很難賺？

做油湯的人用來自嘲，說這種生意不好搞，整天忙碌，只賺

得三餐；不做嘛，又不能度日。

　　油湯趁：做小吃攤生意，如賣麵、米粉、餛飩等等。　油湯食：全家活計，就靠這油湯攤。

　　是的，油湯不是什麼大生意，但薄利多銷，做得出色的話，像「老X牛肉麵」也由小攤，搞出一片大天地，發財的很也。

　　撫鍵至此，想到張沅先生的一篇小品；很有意思，抄幾句來欣賞吧：

> 　　不算寬敞的店面，煙氣蒸騰，中年的老闆夫婦，樸實親切，忙著招呼客人，端菜下麵，是典型的小麵店。門面兩側貼著：
>
> 　　　　餛飩乾坤大
> 　　　　麵條歲月長
>
> 　　褪了色的春聯。靜靜的文字，竟似說了千言萬語；平凡的營生因為勤勤懇懇，構築出安家立命的美麗期盼。
>
> 　　二十多年前在北部港都看到的這幅聯，一直刻印在心裏。那麼自足自重的生活態度，至今想起來，仍然有著共鳴與感動啊！⓫

　　老先人說得萬分謙卑，其實好吃的「油湯」，一旦登上「蚵仔麵線大王」，「筒仔米糕大王」，或「鴨血豬血湯大王」的寶座，都是很發財的也。

【35】

揹死人過溪。

Aīⁿ sí-lâng koè khe.

Aīⁿ si-lâng koé khe.

千萬做不得。

用做警語。蘊藏著職業工作的一項指導原則：凡是吃力又招引災禍的「頭路」，絕對不可爲。

世上應該沒有「揹死人過溪」的職業吧！這是個譬喻。雖然如此，現代我國台灣有某種行業的從業人員，卻是冒著「揹死人過溪」的危險，後果勘憂哦。❷這種「揹業」，要避之爲吉。

【36】

公家生理歹做。

Kong-ka seng-lí phaíⁿ choè.

Kōng-kā sēng-lí phaiⁿ chò.

回扣綁標難應付。

用法有二：一、舊時，用來斷言彼此「公家」經營的生意，很難做；因爲「合字，歹寫」。二、現代，指出「公家」機關的生意，很難做；因爲黑道綁標，白道回扣，萬一得標，工程勢非偷工減料不能爲。

這句俗諺，在「公家」一詞的發音，分別出不同用法：一是，全然台灣白話「公家」[kong-ke]，用指「股份、合作的」事業或公司等等。二是，台灣漢字發音「公家」[kong-ka]，政府機關也——台灣話的微妙，常常呈現在白話和文音的交叉變化。

【37】

三十桴，四十嬌，五十搞破人豬寮。

Saⁿ-chap iau, sì-chap hiâu,

　　gō͘-chap kòng-phoà lâng ti-tiâu.

Sāⁿ-chap iau, sí-chap hiâu,

gō͘-chȧp kóng-phoá lāng tī-tiâu.

老先人的性業解。

斷言，不同的年齡層，「賣性」的原因各有不同：三十年代，是因爲枵；四十年代，爲了媱；五十年代，因爲「擋不住」[tòng boē-tiâu]。

這句俚諺用的是層遞前進式修辭，由三十而四十，而五十歲，層層增加；同時，爲娼的不可獲得社會容忍度，也愈來愈強，由枵，媱，而損破人豬寮！如此理解，是一大偏見，一片胡思亂想；但如此文字，不失爲共賞的奇文。

枵：飢也，生活艱難，爲生存而下海。 媱：好男色也；原義，淑女之嬌美者。 損破人豬寮：慾火攻心，難以自制，而衝入色界者。

【38】

有錢烏龜坐大廳，無錢秀才人人驚。

Ū-chîⁿ o͘-kui chē toā-thiaⁿ,

　　bô-chîⁿ siù-chaî lâng-lâng-kiaⁿ.

Ū-chīⁿ o͘-kui chē toā-thiaⁿ,

　　bō-chîⁿ siú-chaî lāng-lāng-kiaⁿ.

馬克斯下放孔子。

用來具體表達「笑貧，無笑娼」。可憐的寒酸秀才，猥褻如同鬼魂；有錢的烏龜，卻是到處受人歡迎，敬爲貴賓。眞是馬克斯唯物，壓扁了孔夫子的道德。

（本句詳解，參看326.06）

【39】

泉北郊踔踔趒，卡輸大腳卻仔一粒蟯。

Choân-pak-kau chhek-chhek-tiô,

　khah-su toā-kha Khioh--ah chit-liap giô.

Choān-pak-kau chhek-chhek-tiō,

　khá-sū toā-khā Khioh--à chit-liap giô.

大商不如大娼？

　　褒中帶貶地指出，商輸娼。說的是台北艋舺某年中元普度演戲大車拚，大腳卻仔一個老鴇聘請的戲班，壓過來勢洶洶的泉北郊。

　　泉北郊：乾隆59年（1794）艋舺開港，北路郊商雲集，隨即成立北郊、泉郊。北郊者，商郊的船隻來往福州、江浙者；泉郊，赴泉州者，也稱頂郊。郊，郊商也。（「行郊」→.30） 踦踦趒：躍躍欲試；（有寶要現的）坐立不定。 大腳卻仔：人名，娼家老鴇；大腳，天足也，暗示她是粗俗的女人，原是嫺婢族的；卻仔，舊時所謂「賤民」的女兒名。 蟯：鄙語，女人；原義，粉蟯，象形女陰。

　　（比較，「永來伯仔九條茄，唔值著盧阿香一粒蟯。」112.

　　11）

【40】

笑貧，無笑娼。

Chhiò pîn, bô-chhiò chhiong.

Chhió pîn, bō-chhió chhiong.

中山伯仔阮最愛！

　　窮人的自嘲。好像懷疑自己的「清貧」，因爲一般社會大衆是多麼的肯定「濁富」。

　　這句俗語是極其簡單的直述句。說的是「笑」，恥笑、輕賤貧窮的人；「無笑」，默許，甚至暗含羨慕娼女。台灣人自古以來是

「笑貧，也笑娼」的，未知何時修養成「無笑娼」的了！本句，顯示出對於娼業的一種態度，好像插一腳，份一股，踞一角，都很有興趣的樣子。

台灣人的「不笑娼」傳達的是什麼樣的訊息呢？是否默許「性工作」來紛亂人性價值？是否容許色情業來髒污人文的社會環境？是否暗示我國的各級議員，已經準備好「就地合法化」娼業？難道我們台灣人，看不出「性工作」不是「服務業」嗎？難理解的是，1997年北市府，每月補貼被廢公娼45,000元，而津貼中殘者每月只有3,500元！

咱台灣已經不再是個「貧國」，我們自己慶幸微笑；台灣若墜落成為「娼島」，我們2,300萬人，要哭都無目屎！

（本句詳解，參看326.05）

【41】

行行出狀元。

Hâng-hâng chhut chiōng-goân.

Hāng-hâng chhut chiōng-goân.

賊，有廖添丁！

這是常用的俗語，用來激勵人不論是幹那一行業的，都有可能成功成名，務必盡力而為，把大小事業發展到頂峰，來榮登一行一業的狀元。

同類句：「三百六十行，行行出狀元。」語見，《格言諺語》，《兒女英雄傳》11回等。

狀元：進士參加殿試第一名的頭銜；第二、三名則稱為榜眼、探花。考狀元，始於武則天女皇帝，她在天授元年（公元690年）親臨廷試。　三百六十行：指各行各業，或所有行業。老台灣，不一定有這

麼多行業，所以有謂三十六行、七十二行；社會高度發展後，就用
「三百六十行」來表示所有的行業。

　　台灣社會頗流行「行行出狀元」這句話，好像深得大眾的共
識！但台灣人眞的要「行行」的狀元嗎？台灣社會能產生「行行」的
狀元嗎？困難也。所謂「行行狀元」是多元價值的展現，但台灣人
的價值世界太小，習慣於「寡行」格局。

　　今年，「第二屆亞洲物理奧林匹亞競賽」，我國代表榮獲四面
金牌。報載，這四位物理「狀元」，都放棄保送大學的物理系；一
位要讀醫，三位要攻電機。意外吧！不，咱台灣人的教育觀和社
會價值，就是如此。

　　（本句詳解，參看413.12）

【42】

行行出狀元，類類有高低。

Hâng-hâng chhut chiōng-goân, luī-luī ū koân-kē.

Hāng-hâng chhut chiōng-goân, luī-luī ū koân-kē.

彼狀元不比此狀元。

　　斷言，各個行業在社會價值的尺度上有高低之別，雖然都是
各行的狀元。

　　當然，每一行都有頂尖人才，傑出人物，但社會本身自成一
種職業價值的分類系統，所以狀元有高低是一種非常現實又自然
的代誌。如此，所以「閹雞狀元」的身價，不等於「閹人狀元」；無
法度的啦，人類社會如此設計。當然，雞類社會是「雞狀元」吃香
的了。

【43】

三年出一科狀元，十年出無一個戲狀元。

Saⁿ-nî chhut chi̍t-kho chiōng-goân,

　　cha̍p-nî chhut bô-chi̍t-ê hì-chiōng-goân.

Sāⁿ-nî chhut chi̍t-khō chiōng-goân,

　　chāp-nî chhutbō-chi̍t-ē hí-chiōng-goân.

考試狀元易得，演戲狀元難求。

　　用來強調，要成爲一個傑出的伶人是很困難的，不能像那科舉的狀元，按時源源出現。

　　這句諺語用的是對比異對修辭式，要對出產生科舉狀元和戲狀元的不同難度。如此比對，用「量」來模糊「質」；「三年」定期出廠，當然比「十年」難產容易得太多了。同時，因爲皇帝殿試和觀衆欣賞之間的難度不同，也沒有標準可做比較，所以存而不言。諺語文字如此，眞厲害也。

　　什麼是「戲狀元」？戲狀元是台灣歌仔戲內外場所有的藝能都精通的藝人。施如芳小姐說：「戲狀元必須前場(小生、武生、老生、旦、三花、大花)企會住，後場(手鼓、頭手弦)坐會允，也就是所謂『八隻椅仔坐透透』的人。」又說，近百年來，擔得起「戲狀元」頭銜的，只有三位，而以蔣武童的名聲爲最響亮。**⓭**

　　「戲狀元」辛苦了！但願咱台灣人懂得欣賞歌仔戲，好好的給您一個適得其份的榮耀。

　　　（比較，三年出一個狀元，三年出無一個好伙計。12.76*）

【44】

隔行如隔山。

Keh-hâng jû keh-soaⁿ.

Ké-hâng jū ké-soaⁿ.

請方家指敎。

　　用來強調行行精彩，須要彼此尊重。因爲各行各業的知識、技術、形式和實際，都有其特殊處，而彼此的特殊性之間的距離又是那麼遙遠。

　　這句是常用的老諺語，見於《格言諺語》等。

　　爲甚麼「隔行如隔山」？從社會學觀點來說，是「專業能力」的獨立性，這是不可混淆的結構。但現代人，幾乎不可能孤立自己在一己的從業絕鋒，而要攀登一些關聯的山嶽。這不容易，但確是豐富的知識和經驗所須要的探險。

　　現代人，說要保持一業而終身的，必然是愈來愈難。如何使自己「通行」，擁有多種「專業能力」，確是值得好好想一想的代誌了。

注釋

1. 馮作民先生從中國東北的背景解釋本句時，提到在零下幾十度，長達十八個小時的寒夜，懶人不餵「夜草」，馬就養得很瘦；只有養「夜草」的馬肥。參看，馮作民編譯，《增廣昔時賢文》(台北：偉正書局，1987)，頁117-118。

2. 本句俗語，我們參考了台北市徐淑貞老師的注釋。她又說，這句話顯出「客家先人那種負責、硬頸瀾脬的精神」，使後生晚輩欽敬。參看，「台灣精諺」《自由時報》。

3. 史玉琪，「遇見21世紀的Z人類」《自由時報》1999(1.2):44。

4. 洪長源，「石頭心語」《中央日報》1952(2.14):4。

5. 本句背景，我們參考了桃園縣黃清南先生關係本俚諺的注釋。看，「台灣精諺」《自由時報》。

6. 參看，譚慧生編著，《台灣史的通俗演義》(高雄：百成書店，1971)，頁4-5。

7. 我國副總統呂秀蓮女士，被誣指深夜打了一通「嘿嘿⋯」密電給某雜誌社。說是她散佈陳總統有啥的謠言。代誌大條，目前在法院審理，該社提不出任何證據。該案尚未了結。

8. 所謂「內郊」簡述如此。又有「外郊」，則是國際大貿易商的同業工會，當然是多金的團體。非但經濟，「郊」對台灣的宗教、文化，都是有力的影響。台灣史家史明先生有清楚的論述。參看，史明，《台灣人四百年史》，頁182-186。

9. 參看，片岡巖，《台灣風俗誌》，頁146-149。

10. 例如，新增條文：「若會首因破產、逃匿等情事致合會無法進行時，已得標的「死會」會員(即會腳)必須繼續繳交會款，由未得標的「活會」會員均分。」等等修正，當可扭轉原有不合理的法條。參看，「社論」《自由時報》1999(4.3):3。

11. 張沅，「永遠的對聯」《中央日報》1999(1.16):5。這是張先生在我國基隆港口的小飲食店看到的。

12. 桃園黃淑容女士注釋本句時，如此闡明：「堂弟在證券公司當營業員，爲了業績，向朋友借錢給客戶炒股，沒想到最近股票大跌，該客戶不堪損失，竟避不見面。叔叔知道此事痛罵堂弟：『明明知影是揹死人過溪的代誌，你也敢做！』」爲甚麼不能做？黃女士認爲有三不智：過溪涉險，不溺水也累人；人死不能救；被誤會涉案。(→「台灣精諺」《自由時報》)

13. 施小姐繼續說：「近百年以來，擔得起『戲狀元』之最高榮銜的，終究只有三個硬裏子的男演員。他們便是：蔣武童、蕭秀來和喬財寶。施如芳，「香火傳盡──戲狀元蔣武童(上)」《自由時報》1998(11.16):39。

第二章

社會網絡複雜敏感

第一節 主人、人客

本節段落：

主人之道01-07 主人冷淡08-11 主多客少12-13 不速之客14-20
做客須知21-29

【01】

人腳跡，肥。

Lâng kha-jiah, puî.

Lāng khā-jiah, puî.

福來也！

　　斷言，主人慷慨好客，門庭若市，喜氣洋洋，好不福氣。

　　本句「人腳跡，肥」是個借喻，說「人腳跡」帶來的不是口蹄病毒，不是傳染病源，而是人緣、福氣和財利。這雖然是傳統民間信念，卻也有幾分道理，君不見，深院重鎖，階前濃厚一層青苔，一片陰森，會有什麼歡喜吉祥？

【02】

起人，起客。

Khí lâng, khí kheh.

Khi lāng, khi kheh.

親切有禮好招呼。

　　用法有二：一、形容主人親切有禮，凡是入門的，不論老幼都熱誠歡迎，待之以禮。二、舊時，特別用來稱讚查某囝和新婦，說她非常賢慧，很會招呼客人。

這四字可解做「起而歡迎人客」的省略詞；反義詞是「大相狗〔toā-siùⁿ kaú〕」，這種人眼中沒有客人，對進來的貴賓，不看一眼，連一聲"Hi!"都沒有，只是大剌剌地原地死坐。如此，無異於給客人一記耳光。古賢人有言：「善迎人者，親如弟兄；惡氣迎人，害於戈兵。」(《管子‧心術》)

【03】

在厝有人客，出門有主人。

Chaī-chhù ū lâng-kheh, chhut-mn̂g ū chú-lâng.

Chaī-chhù ū lāng-kheh, chhut-mn̂g ū chu-lâng.

客氣對客氣。

用做交際守則。斷言，來我家的客人，一概好好款待；我到人家做客，主人也如此待我。

這句俚諺用的修辭是對偶同對式，說的是同一件禮尚往來，而以「在厝」對「出門」，用「有人客」來呼應「有主人」。社交如此，也算是天公地道，公平交易的社會啊。關係句頗不少：

「在厝膾曉迎人客，出厝則知少主人。」

「在家不會迎賓客，出門方知少主人。」見，《訓蒙教兒經》——好事者，給它接上另一句，成對如：「在家不會迎賓客，出門方知少主人；客到家中無款待，走到人家無精神。」(《增廣昔時賢文》)

「客來主不顧，自是無良賓。」——這句話的回應是：「良賓主不顧，應恐是癡人。」(《注解昔時賢文》)❶

上面這幾句，總在說這麼一個根本道理：做個好主人，以禮相待，就會有「尚禮往來」！是的，私人間的交際，此說頗有可能。

那麼，國際間的交際規則如何？根據的是否「禮尙往來」這一套？不，不是！君不見，我國台灣對待任何國家，包含敵國，說話像日本下女，救災像救火隊，投資如媽祖割香。但，我國所得的對待是什麼？300多座飛彈伺候！

其實，國際間的「禮讓好客」沒有秀的功能！人獨立，國獨立，才是最重要。唯有如此，台灣總統陳水扁博士，才能尊尊嚴嚴地走在紅地毯上，來訪問大小國家——向布希總統先生要幾隻「神盾」戰艦來玩玩，也是易如反掌的也。

【04】

客無親疏，來者當受。

Kheh bô chhin-soʼ, laî-chiá tong-siū.

Kheh bō chhīn-soʼ, laî-chià tōng-siū.

客人一同。

違心地勸人，凡是來訪的客人，應一視同仁，誠懇接待，不分大細漢。

這句俚諺說來好聽，頗像「勸善良言」。然而，咱台灣人在公開的場合可能沒有人反對這句話，但實際上幾乎沒有人身體力行！我們是很會分別「親疏」，精確地排列大小階級的民族。君不聞，「坐，請坐，請上坐！」迭起迭落；誰不是那個「茶，泡茶，泡好茶！」的「和尙」？

【05】

誠意食水甜。

Sêng-ì chiảh-chuí tiⁿ.

Sēng-ì chiā-chuí tiⁿ.

井水靈通主人情。

主人的客氣話。說的是，沒啥好物來招待客人，但誠意一大把，所以就是喝喝古井水，也一定覺得很甘甜的。

這是很常用的應酬話，老一輩的台灣人頗喜歡用這一句話來表示：「眞失禮，招待不周！」然而，這是「假客氣」的也；您不能回她說：「是的，是的！誠意最好……」；更不能問：「恁的水道水，有沒有摻農藥……」同義句：「情意好，食水甜。」

【06】

醜醜一下笑，燒燒一杯茶。

Baí-baí chi̍t-ē chhiò, sio-sio chi̍t-poe tê.

Bai-baí chi̍t-ē chhiò, siō-sio chi̍t-poē tê.

茶笑當中有賓道。

斷言，對待客人，主人不須要一副仙子臉或小生面，只要歡迎的微笑和一杯燒茶或冷飲。

這句俚諺說的是那麼自然樸實，借「醜醜也笑」和「燒燒的茶」，來擬指無須做作的親切和應有的招待——笑，述說主人「歡喜見面」之情；燒茶，表示主婦「好意接待」之意。也許，應付e世代人類，就得說：「打電腦請隨意開，冰箱有可樂自己來！」會比較有誠意。

顯然的，「燒燒一杯茶」情意好，不一定要哈燒茶。但是，「醜醜一下笑」點出永遠的待人之道，那就是「眞誠」；眞誠的心意，才有歡喜微笑的容貌，不然只是「皮皮仔笑」，掩飾不了冷淡的也。同時，這句「醜醜一下笑」又點出一項極寶貴的美容信息：眞誠微笑，化夜叉爲阿里山姑娘。不信？試看看！

還有，這種眞誠的微笑帶有薰染的功能，不只使客人覺得賓至如歸，就是全家大小，厝邊鄰右，也都會感應得輕鬆自在，心

神歡喜。

【07】

加到，一塊碗，一雙箸。

Ke-kah, chi̍t-tè oáⁿ, chi̍t-siang tī.

Kē-ká, chi̍t-té oáⁿ, chi̍t-siāng tī.

既來之，食之也。

　　主人的歡迎詞，可能用來回答客人「不好意思留下來吃飯」的客氣話。說的是：「免客氣，飯眞大坩咧！哪有加到你一塊碗，一雙箸。」

　　加到：小數量的增加，例如，「薪水加到一二百元」。　箸：筷子。大約在3,000年前，紂王時代，就已經用箸了。箸是所謂的「正字」，後來才變爲「筷」，可能和船家「箸船不行」的忌諱有關，而改稱「筷」，行舟快也。 ❷

　　這句俚諺的場合，常常是忽然在吃飯時間到來的客人，同時，飯菜都可能做好了，是家常便飯。邀約的話，不論在家裏，或上夜市，或上餐館吃飯，都不能用這句話。

　　眞好，主人親切好客，那麼我們做客的，也應該表現一下餐桌禮儀，至少，要知道如何使用筷子，以免辜負主人「加…一雙箸」的誠意。記得吳倫先生在他一篇有關筷子的文章裏，歸納出用筷子的「十忌」：

　　　　一忌迷筷，即舉筷不定；

　　　　二忌翻筷，即用筷從碗底，翻菜揀食；

　　　　三忌刺筷，即用筷當叉戳食；

　　　　四忌拉筷，即用筷撕口中的魚肉；

五忌淚筷，即用筷從湯中撈物；

六忌剔筷，即用筷做籤挑牙縫；

七忌吸筷，即將筷放在口中吮滷汁；

八忌供筷，即將雙筷直插碗中；

九忌敲筷，即用筷敲擊碗或桌；

十忌指筷，即說話時持筷點人。❸

好了，好好用箸用筷，認眞食飯了。且慢，用湯匙，用碗，就算是用「赤手空拳」吃飯，都有姿勢和規矩。眞麻煩！

【08】

來者承受，去者不留。

Laî-chiá sêng-siu, khì-chiá put-liû.

Laî-chià sēng-siu, khì-chià put-liû.

要走了？

形容主人對於來者一派冷淡。說的是，要來，就來；要去，就去。這位客人根本就是毫無份量的人物，有來沒來都一樣；說不定，來了反而覺得麻煩呢！

【09】

加人加水，無加米。

Ke lâng ke chuí, bô ke-bí.

Kē lâng kē chuí, bō kē-bí.

多煮些泔來喝。

用法有二：一、在那家庭經濟不寬裕的家庭，有客人要留下來吃飯，厲害「大家」就用這句俚諺來指揮「新婦」，稀飯多加水，不必加米。二、慷慨的主人用這句話來留客吃飯，說的是：免客

氣啦，反正只是多摻些水來煮糜而已——其實，大家早已吩咐多
加米了，連老鷄母都宰來上桌的。這時，客人可用這句話來製造
氣氛，說：「知啦，恁攏嘛是加水，無加米！」

這句俚諺，反映著台灣經濟史的一頁。在那台灣社會散鄉的
世代，大多數人三餐不繼，有的吃野菜，吃雜糧；好些的，煮蕃
藷簽脯來食；再好些的，蕃藷箍摻幾粒米來煮糜。所以，有一段
時期，說「加人加水，無加米」是寫實的；後來，咱台灣人的經濟
改觀，這句俚諺也就成爲笑料了。

【10】
看人撒油。
Khoàⁿ-lâng soah-iû.

Khoáⁿ-lâng soá-iû.

分大細漢。

用來批評人，說他接待客人冷熱度，因人而做不同程度的調
整；特別是一起來做客，卻遭到顯然厚薄的看待。

其實，「看人撒油」之成爲問題，是在「做油湯」買賣；生意人
待客必須公道，要實行「賣麵的，看人撒油」(→222.11)是極不可爲
的。同義句有：「揀佛燒香，揀菜落油。」

【11】
騙請，害餓。
Phiàn chhiáⁿ, haī gō.

Phén chhiáⁿ, haī gō.

小氣得很。

用來說吝嗇的主人。說「今晚八時正，過來坐坐咧！」誰知，
坐了一個晚上，飢腸轆轆，只哈得他一杯冰水。

其實，惡意的「騙請」幾乎沒有，所以會「害餓」可能是誤解。例如，德國人約您「晚上八時見」，那並不是飯局，只是喝喝茶，除非特別聲明。

【12】

主人食，互人客坐數。

Chú-lâng chiảh, hō͘ lâng-kheh chhē-siàu.

Chu-lâng chiā, hō͘ lāng-kheh chhē-siàu.

託貴客的食福。

用法有二：一、名為招待客人，其實是招待自己一家人。看那桌上擺滿的山珍海味，一個客人能吃下多少？二、主人點菜，說要招待貴賓。買單時，但見賓主在那裏推來推去，誰知主人卻在最後關頭撤退，給客人破了鈔。

這句俚諺的第一用法的同義句：「一個人客，九個主人。」

坐數：（行為的結果）算在（某人）的名下。例如，「先生，食互拍土礱的坐數。」（→336.20）；「嘴，食互尻川坐數。」（→422.63）

【13】

羅漢請觀音──主多客少。

Lô͘-hàn chhiáⁿ Koan-im──chú-to kheh-siáu.

Lō͘-hàn chhiaⁿ Koān-im──chú-to kheh-siáu.

主人食互人客坐數。

用法和意思，相似於上一句的第一用法。

本句是厥後語。為甚麼說是「主多客少」呢？因為主人「羅漢」共有十六或十八，是所謂的「十六／十八羅漢」也。當然，觀音只有一位。反義句是：「觀音請羅漢。」

羅漢：道行圓滿，為度眾生而不願成佛的人物。按玄奘譯《法住

記》，說，羅漢受釋例佛的屬託，不入涅槃，常住世間，受世人的供
養，而爲眾生作福。然而，「十八羅漢」沒有經典根據，是附會的；從
宋、元以後流行民間。❹

　　請注意！句裏的「羅漢」不是咱台灣歷史特有的那群「羅漢
腳」。

　　（參看，「紅柿出頭，羅漢腳目屎流。」131.40）

【14】

紅管獅白目眉，無人請家己來。

Âng-kóng-sai peʰ bak-baî, bô-lâng chhiáⁿ ka-kī laî.

Âng-kong-sai pē bak-baî, bō-lāng chhiáⁿ kā-kī laî.

自動報到暴食族。

　　舊時，可愛的頑童用來嘲諷。說，有一種人很喜歡吃喝，凡
是有什麼好吃好喝的，都會邀請自己光臨。

　　這句是謠諺，修辭式用的是起興手法。第一分句是用「紅管
獅」爲興詞，然後引起「無人請家己來」這個主句。我們知道，興
句旨在製造氣氛，引起注意，其意義和主句，並沒有直接關係，
例如，「紅管獅」、「土地公」或「烏面祖師」和「無人請家己來」之間
的關聯都不清楚；只是民間任憑浪漫的想像，將這些人物歸類在
「自動暴食族」。同義句有：「土治公白目眉，無人請家己來。」
「烏面祖師白目眉，無人請家己來。」

　　紅管獅：淡水蟹的一種，體殼大不過三寸，淺赤混淺綠豆色，螯
利而有力，會剪人。牠生活在農田小排水溝，洞居於兩邊溝岸，洞口
總是排了一小堆土丸。農村小孩常臨洞，抓紅管獅來玩。應該一提
的，坊間諺書，有誤解做「煮熟的蟹螯」。　烏面祖師：清水祖師的偶
像共有金、烏、赤，等三種面色，其中的烏面者是也。所以有不同顏

色，據說是因爲法力和藥種威力不同的結果。相傳，所以烏面，是因爲祖師給嫂嫂煮飯時，用他雙足爲火柴，結果他整個人從烟囪飛出，因此變成「烏面」。❺

【15】

放鷄屎，無生鷄卵。

Pàng ke-sai, bô siⁿ ke-nñg.

Páng kē-sai, bō sīⁿ kē-nñg.

來拉屎的客人。

用來罵客人。他可能是一個常常過來走動的熟人，或親朋戚友；也許是太「靠俗」了，但每一次來，要不是囉東嗦西，就是惹是生非，既無聊又損人。

這句話用的是借代修辭式，借跑進來拉屎的鷄，指令人討厭的客人；拉的臭屎，指這個壞客帶來的一切不愉快或問題。

請注意！咱台灣人都愛惜情面，所以這句罵諺，只當做「尻川後話」，背後唸它幾句來消消污氣而已——大怒的話，反而顯出主人修養不足。

【16】

煙茶炭，鼻黏涎。

Hun-tê thoàⁿ, phīⁿ liâm-noā.

Hūn-tê thoàⁿ, phīⁿ liām-noā.

製造髒亂的客人。

可能是主婦用來嘲諷一群不速之客。說的是，客人一坐就是大半天，奉茶請菸，燒炭泡茶；但見，敲東西，彈南北和鼻黏涎齊飛。茶哈多了，津津咚咚，瀉了一大桶尿。

這句俚諺修辭式用的是白描，六字眞言，勾勒出沒啥衛生的

社交活動。同義句：「來時嘿嘿叫，去時一桶尿。」——多麼美妙的擬音，請聽：「嘿嘿叫，一桶尿」，眞讚哦！

炭：燒火炭熊水來泡茶，在茶車還沒有出現前，茶桌附近都置有小烘爐。　鼻黏涎：傷風感冒或肺癆病患的呼吸器官的排出物。　嘿嘿叫[hē-hē-kiò]：人多吵吵嚷嚷的聲音。

這二句俚諺是多麼寫實，簡單明瞭地繪出客人集體製造「煙茶炭、鼻黏涎、臭屎尿」的大污染社交活動。或問，難道台灣人的社會生活眞有如此「不衛生」的一面嗎？抱歉，確是有此髒亂的一面！

不過，我們台灣人接受性很強，特別是男主人，總認爲賓客多「嘿嘿叫，一桶尿」是自然現象，沒話說！「煙茶炭」是起碼的待客禮貌和難免的垃圾，也沒話講！至於那製造「鼻黏涎」的貴賓嘛，一向如此，誰也沒有被感染，沒問題的也！

不過，太太心裏的不高興是可以理解的。不速之客離開之後，誰來清理這些髒亂，誰來消毒如此的不衛生？這位製造「鼻黏涎」的貴賓，該看的是醫生，不應該跑出來傳染疾病。

【17】

食煙茶，入來坐。

Chia̍h hun tê, ji̍p-laî chē.

Chiā hun tê, ji̍p-laī chē.

來坐啦！

順口溜。這是一句遊戲語言，實際上沒有人如此這般招呼客人的；意思主要是「入來坐啦！」的親切招呼，而這是有別於商家的招呼生意。在那舊世代，台灣人在客人進門之後，「食烟食茶」是常有的招待。三十年前，筆者偶爾遊山，走過山家卻常常獲得

「來坐啦！來食茶啦」的招呼——不是賣茶人，是一般山農人家。有時，走得倦又渴，就進去打擾，談談山產，哈哈青草仔茶。頓時消除疲勞，心裏歡喜感謝。

每當憶及，舌頭湧出甘甘的草茶餘韻，心肝感應著無限歡欣。何時再遊祖國台灣美麗的山林，哈鄉親調煮的茶湯？

【18】

拍狗，無帶著主人。

Phah kaú, bô taì-tiòh chú-lâng.

Phá kaú, bō taì-tiō chu-lâng.

打人忠犬不通情。

用來責備。說為客的不通情理，如此公開貶損、傷害主人的心腹手下，或他的孩子。

這句是借代，借痛打主人的愛犬，來說一個沒有看僧面，也不顧佛面的人。這是違背傳統台灣人的「帶念某人」或「看某人面子」的信條。

帶著：帶念也；想到、考慮到(和某人的好關係，厚情誼)。

【19】

乞食趕廟公。

Khit-chiàh koáⁿ biō-kong.

Khit-chiā koaⁿ biō-kong.

喧賓奪主大惡客。

用來譏刺，反賓為主，強佔人家地盤的土匪。

（本句詳解，請看335.28）

【20】

冤鬼，拜正。

Oan-kuí, paì-chiaⁿ.

Oān-kuí, paí-chiaⁿ.

不速惡客大消毒。

　　用來咒罵。有一個極不受歡迎的客人來訪，他／她毫無忌憚地在人家大喜之日，人人開口閉口「恭喜發財」之時，大放臭屁，說了一大堆凶話，褻瀆了吉祥。

　　這句俚諺的修辭式是指代。「冤鬼」指的是帶來不愉快和麻煩的人，而「拜正」是元月一日，拜年賀喜的社交活動，這裏當做反諷——破壞交際，極差的行爲。不過，當面用「冤鬼，拜正」來消毒的話，是很刺激的，無疑的是響亮的絕交的號角！

【21】

入門禮識，出門禮唔識。

Ji̍p-mn̂g-lé bat, chhut-mn̂g-lé m̄-bat.

Jīp-mn̂g-lé bat, chhut-mn̂g-lé m̄-bat.

有入無出難爲人。

　　用指，不懂禮尙往來的大道理的人。

　　入門禮：人家送來的禮物、禮數，例如，婚喪喜慶的紅白包等等禮節。　出門禮：個人應該呈獻人家的種種禮數。

　　舊時，產生這句社交俚諺的世代，「禮數」大多是正常的，是量力而爲的人情世事。這種「禮」不是現代官場的，種種選舉的歪糕枉法，買選票、綁椿腳的黑禮、歪禮。

【22】

豬母豬仔，朱歸陣。

Ti-bú ti-á, chhoā kui-tīn.

Tī-bú ti-á, chhoā kuī-tīn.

帶隊上槽！

可能是主婦的譏刺。說劉老太太帶了一家公子千金，來吃腥臊，一坐就是1.5桌。

句裏的「豬母豬仔」都是指代，諷刺十足地傷人一家大小。劉老太太眞靠俗了，這頓腥臊，一定是很難消化的也。又說什麼「炁歸陣」？難道是一小隊枵豬，來搶槽！

炁：帶頭、帶隊。 歸陣：一大隊，一整群。

【23】

出門看天色，入門看面色。

Chhut-mn̂g khoàⁿ thiⁿ-sek, ji̍p-mn̂g khoàⁿ bīn-sek.

Chhut-mn̂g khoáⁿ thīⁿ-sek, ji̍p-mn̂g khoáⁿ bīn-sek.

愉快做客有徵兆。

爲客的常識。一進門，看到的是主人賢伉儷一人一副撲克臉，眞是不知如何是好了！要馬上拜拜不是，要進來坐坐也不是。然而，若這次拜訪是交涉重要事務，「看面色」更是絕對必要的參考。古人更加在意「入門看面色」，說：「入門休問榮枯事，觀看容顏便得知。」(元、雜曲《凍蘇秦》)

第一分句「看天色」，不難了解，也很現實。就是衛星氣象預測相當準確的現代，人們仍然是那麼本能地，先看看天色，來決定要保溫，或是要防水；該穿破裘，或是帶枝破雨傘。本句諺語，見於《格言諺語》。

【24】

有，在菜砧；無，在灶頭。

Ū, tī chhaì-tiam; bô, tī chaù-thaû.

Ū, tī chhaí-tiam; bô, tī chaù-thaû.

不忘偷偷看廚房。

用來斷定是否留下來吃飯。主人賢夫妻口口聲聲「吃了飯，再走！」嘴巴甜，不知眞相是否如此。這時，就得從廚房動靜來求解了──有得吃，好料的都擺上菜砧了，夫人也在灶腳嗤嗤炒炒；沒有吃的，夫人踞在灶前面，喃喃「唸經」，如要入定，這是應該盡早拜拜的也。

【25】

互人請，呣通嫌鹹淡。

Hō͘-lâng chhiáⁿ, m̄-thang hiâm kiâm-chiáⁿ.

Hō͘-lāng chhiáⁿ, m̄-thāng hiām kiām-chiáⁿ.

誠意食水甜嘛！

爲客的吃飯須知。凡是主人親切招待的食物，一概都要說：「眞好吃！」眞難下嚥的，也得發明一句「好吃謊言」，來刺激食慾。

句裏的「呣通嫌鹹淡」，是警告食客，不可說「鹹得發苦」或「淡出X來」之類的不像話，雖然實況確實如此。

【26】

互你請到，飽閣醉。

Hō͘ lí chhiáⁿ-kaù, pá koh chuì.

Hō͘ lí chhiáⁿ-ká, pá kó chuì.

多謝你的槽蹋。

用來警戒做客的。說的是，感謝主人招待食腥臊，吃得十二分飽足，XO Cognac也乾了二三瓶。臨別，歡歡喜喜，力捭這

句感謝的話，自覺得意。但見，主人家一時啼笑皆非，不知如何是好。

　　爲甚麼會發生這種尷尬的場面呢？問題發生在這句「飽閣醉」；不是食腥臊的滿足，而是被糟蹋，被諷刺，被整得難以招架，快要發作的情態。

　　然而，並不是說絕對不能用來表示「謝謝！」，這是要看說話時的態度是否眞有醉漢的釋放，輕鬆愉快是否飄散酒氣；當然，還得看，主人家是否知己的，懂得幽默的朋友。總之，小心使用爲要。

【27】

大船，奧起錠。

Toā-chûn, oh khí-tiàⁿ.

Toā-chûn, ó khi-tiāⁿ.

一坐24小時。

　　用來嘲諷，整天攪擾人家的不速之客；此類貴賓一概假定，主人沒事做，以陪人磨牙爲職業。

　　本句，將這位老先生譬喻做「大船」，好不偉大！這隻偉大的「台灣鐵達尼」要拉上船錠開帆，當然要花一天半天的也。類似句：「請神容易，送神難。」

　　奧：難，不容易；例如，奧講，一言難盡。

【28】

久住令人賤，貧來親也疏。

Kiú-chū lēng-jîn chiān, pîn-laî chhin iā soˑ.

Kiu-chū lēng-jîn chēn, pîn-laî chhin iā soˑ.

貧無親，富多客。

用來教示為客之道，不可「久住！」

這句老俗語反映出先人切身的經驗。「久住令人賤」是很自然的事；客人或親戚，久住了難免給主人一家帶來許多不便，特別是舊時台灣一般人經濟困難，多一個人就多一份支出，就是住的空間也很有限。凡此，主人家的厭賤實在是再自然不過的了。雖然這句話說得很實在，卻非鐵則，君不見，世上仍然有不少滿心慈愛，充滿雅量的主人。

至於，「貧來親也疏」，可能牽涉到「借錢」的事吧！常言：「濟急不濟貧」，要是加上「有借無還」，實在很難應付，就算是國家銀行也一樣。這句俚諺，有說成「捷來親也疏」的；頻頻走動，一旦「靠俗」了，疏遠難免。相關句有：「初見易得好，久住難為人。」（《增廣昔時賢文》）

請容許筆者和您分享甜蜜的感動。撫鍵至此，心裏湧起無限的懷念和深刻的感謝，因為有人推翻了這一句「久住令人賤，貧來親也疏」的俗語，那是博永、美惠和婷玉，我義弟的一家人。來德國之前的好長一段日子，我就是這家的一分子；他／她們周到的關愛、幫助和親切的交陪，使我常常想念和祝福！

【29】

客隨主便。

Kheh suî chú-piān.

Kheh suī chú-pēn.

方便就好。

點出為客之道，要在隨著主人的意思安排，來做配合。

這句話聽來令人心悅誠服，會說這種話的人，一定是個好賓客。實際上，咱台灣人都是服膺這句真言的人，不僅是私人間的

訪問，就是國際間的官方接觸，也都是非常「客隨主便」。

然而，從所謂「禮義之邦」中國來的客人，卻不懂得這句話。二年前出身在台灣，現在擔任中國海協會顧問的林麗韞女士，回到闊別59年的故鄉淸水鎭。鄉親大大歡喜，盛大歡迎。但林女士，偏偏不願進入會場，說是「國旗不可以」，要拆下來才可以。接待人員奉命如儀，一時找不到拆國旗的工具，只好找來兩片白板遮住。(→《自由時報》1999(2.5):7)

哀哉！回鄉「探親」的中國客人。爲甚麼如此無禮，如此的粗陋！「客隨主便」不懂也就算了，還要拆下「中華民國」的圖騰！——台灣人應該自問，爲甚麼如此重大侮辱來自中國？爲甚麼中國人說一聲「拆旗」，台灣人就走狗不如的卸旗，遮旗，醜態百出？

啊，一個願意放棄尊嚴的主人，必然得不到「客隨主便」的尊重。

注釋

1.「客來主不顧，自是無良賓。」意思是說，這個主人不理他的客人，這客人當然不是「良賓」。這裏不解做「自以爲是的人，就沒有好的客人。」如此解釋，可由《注解昔時賢文》所加上的一句下聯，「良賓主不顧，應恐是癡人。」看出來。同時，這句話有個典故。按《賢文》舊注：晉時，嵇康知會稽，某日，鍾會前來拜訪。嵇康預料鍾會又有一番囉嗦建言，而沒有以禮相待；鍾會只好忿憤而退。這時嵇康譏他：「客來主不顧，自

是無良賓。」鍾會也不是省油的燈，回他：「良賓主不顧，應恐是癡
人。」──《增廣昔時賢文》一般地説成：「客來主不顧，應恐是癡人。」

2. 吳倫，「筷子文化，筷子家族」《中央日報》1994(11.7):4。

3. 同上引。

4. 參看，中國佛教研究所，《俗語佛源》(上海：上海人民出版社，1991)，
頁16。

5. 郭和烈，《台灣民間宗教》(台北：作者出版，1970)，頁187, 189。

第二節 厝邊、鄰右

本節段落:

鄰居重要01-04 影響密切05-12

【01】
千金買厝，萬金買厝邊。

Chhian-kim bé chhù, bān-kim bé chhù-piⁿ.

Chhēn-kim be chhù, bān-kim be chhú-piⁿ.

好厝邊真價值。

　　斷言左鄰右舍的重要性。說房屋本身的堅固華麗雖然重要，但是厝邊鄰右，人文的和自然環境才是更要緊，更寶貴。真是所謂「買厝，買厝邊。」

　　這句古諺用的是對比同對式，同樣提到「買厝」，但用買「厝本身」的十倍價錢，要來買「厝邊」。這樣一比一對，厝邊的價值和重要性也就不言而喻了。此，古諺所謂的:「千金買產，八百買鄰」(《格言諺語》)❶古人卜居最重視厝邊:「非宅是卜，惟鄰是卜。」(《左傳·昭公三年》)

　　這種買「厝邊」的思想是非常古老的，「孟母三遷」傳說就是一個著名的例證。那麼，為甚麼古人那麼重視厝邊呢？老先人心中的「鄰居」是萬分可愛，又非常現實的:

　　　　莫把鄰居看輕了，許多好處說你聽;

　　　　值來賊盜憑誰趕，必須喊叫左右鄰;

萬一不幸遭火災，左右鄰居救紛紛；

或是走腳或報信，左右鄰居也可行；

或是種田或建屋，左右鄰居好請人；

或是見官並跪府，左右鄰居把冤伸；

或是子孫並赴考，左右鄰居寫封信；

或是家中不和順，左右鄰居善調停；

任是遠親多豪富，看來不及左右鄰。

（《訓蒙教兒經》）

　　噫，厝邊太重要了，他們扮演著：警察、消防、信差、工人、代書，和「見官跪府把冤伸」的訴願族，以及「家中不和善調停」的家庭問題諮詢員。看我們現代的厝邊，彼此關心的可能只剩下「消防」一項了。真好，不然「見官跪府」和「無鬚仔老大」都不是人幹的，搞不好賞你「五十大板」兼「兩邊都是臭人」。

　　也許，我們要說現代是個人主義的社會，鄰居一戶一門，老死不相往來，哪有啥「鄰居」！嘻，美國、英國、德國可能沒啥「鄰居」觀念，但因咱台灣大多是家家毗連，鄰居也就變得很要。想看看，如果貴府隔壁是「牛郎間」、或「妓女戶」、或「博繳間」、或「卡拉OK」、或「發射台」、或「瓦斯行」、或「鞭炮店」，您有何感想？且不說、爆炸、電子波、噪音等等為害，就是瀟灑丈夫，艷麗太太，恐難逃避牛郎春女的誤會哦！

　　這樣講，當然是半個玩笑！請看一則舊聞吧：台中市的民族路、大雅路和五權路等十條街路，長不過16.32公里，卻有可能的「色情店」258家，平均每公里有15.8家，每12個店舖就有一家色情業，每1150人分得一家色情店，而每50-60人，就有一人從

事色情行業。(→《自立晚報》1993(12.17):11)

安啦，台中市的鄉親們！現在文化城有的，一定是萬金難買的好厝邊了！

【02】

企厝愛好厝邊，做田愛好田邊。

Khiā-chhù aì hó chhù-piⁿ, chò-chhân aì hó chhân-piⁿ.

Khiā-chhù aí ho chhú-piⁿ, chó-chhân aí ho chhān-piⁿ.

鄰居好平安自在。

用法和意思相似於上一句。同類句：「起厝好厝邊，做田好田垺。」古典小說中常可看到這層說法：「不見古人卜居者，千金只爲買鄉鄰。」(馮夢龍《醒世恆言》)

這裏，我們只釋義第一分句：「企厝愛好厝邊。」此說，是自明的道理，難道有擇惡鄰而居的嗎？可惜，這句老諺沒有提供答案。那麼，什麼是好厝邊呢？我們試以現代台灣生活情景，只提出二點：

一、生活作息正常又謹慎的鄰居。這樣的厝邊好處多多，主要的是「安全」和「寧靜」！咱台灣的住宅毗連，「防火」和「防噪」最爲重要，也是最爲脆弱，普遍都沒做好防範。若是鄰人的生活正常又謹慎，自然將這兩項危險和傷害消弭於無形。

二、職業「同質的」就是好。所謂「好」，是頗爲相對的。但顯然的，職業和工作性質同類或相近的厝邊，較不容易發生衝突。例如，夜生活、夜工作的住在同一座公寓；彼此同行同志，一視同仁。雖說一人一戶，但咱台灣的住宅，門對門，壁連壁，所以同質的鄰居，住在一起才會自在。──何謂「高級住宅區」？區中混雜「XX戶」的話，算嗎？

【03】

牛食岸，相放伴。

Gû chia̍h-hoāⁿ, sio pàng-phoāⁿ.

Gû chiā-hoāⁿ, siō páng-phoāⁿ.

敦鄰睦牛好厝邊。

　　用來形容鄰居和睦相處，若有小侵犯，互相忍讓；若有彼此須要，也慷慨分享，毫無怨言。

　　這句的修辭式用的是借喻，借著咱台灣農村在稻穀收成時期，放牧的情形，來說厝邊鄰右彼此互惠，和睦相處。

　　食岸：牛吃田岸上的草。　　*相放伴：（同樣的行爲、動作）前後輪流而爲，互不計較。*

　　背景：按屏東退休自耕農洪震聲先生，給這句俗語的現身說法：田岸平時不准牛隻損害，尤其是別人的牛不許進去踐踏。但是在稻穀收成後的空田時期，則自由開放，鄰居的牛可進來享受田岸上的嫩草，就是牛踏崩了田岸，也是下期稻作整地時，各自整修，互不計較。這就是舊時農村睦鄰又牧牛，人畜熙熙和樂做一團的寫照了。❷

【04】

遠水難救近火，遠親不如近鄰。

Oán-suí lân kiù kīn-hoé, oán-chhin put-jû kīn-lîn.

Oan-suí lān kiù kīn-hoé, oan-chhin put-jū kīn-lîn.

最佳鄰居消防隊！

　　用做警言。教示敦睦鄰人的重要性，因爲要守望相助，要救火救難，都須要近鄰！

　　這句老諺的修辭式用的對偶正對格，「遠水」對「遠親」，對得

好，水是人類的最親，沒有水就完了。接下來是同病相憐，遠水和遠親，都成不了事，救不了火，幫不了忙。——第一分句，見《韓非子‧說林上》載：「本失火而取水於海，海水雖多，火必不滅矣，遠水不救近火也。」第二分句則見於，元、秦簡夫《東堂老曲》。

本條整句，見《增廣昔時賢文》。《訓蒙教兒經》說：「遠水難救近處火，遠親不如左右鄰。」。台灣先賢進一步，說：「遠親不如近鄰，近鄰不如對面。」

「遠親不如近鄰！」也是古以色列人的智訓，《聖經‧箴言》27:10說：「不要忘記朋友，或父親的朋友。遭難時不要向兄弟救助；鄰近的朋友勝過遠方的兄弟。」是的，但先要問一聲：什麼樣的近鄰？是朋友呢？或是敵人！

其實，也不一定要「敵鄰」，光是「險鄰」就很難安居樂業囉。君不見，多少火災來自左鄰的礦油店、瓦斯行；來自右鄰的鞭炮店，銀紙鋪。假如近鄰是消防大隊，就比較有希望；救火是他們的專長，也是職責。

至於，那些嗜愛飛彈，製造恐怖；一黨專政，奴役人民；窮兵黷武，恐嚇鄰邦的霸權，都是國之凶鄰。凡有良知的人民，應該起來反對這種暴政、惡鄰。

【05】

隔壁親家──𣍐親。

Keh-piah chhin-ke──boē chhin.

Ké-piá chhīn-ke──bē chhin.

太靠俗了！

用來提醒人，雖然是鄰居互相親密，但最好保持應有的距

離。因為人間關係的距離拉得太近，接觸太繁，那份應有的敬重，就會失落！

　　這句俗語是用「隔壁親家」為借喻，來講保持親善的鄰居關係。

繪親：缺乏親密的感覺和歡喜見面的熱情。

　　（參看，「歹歹人客，卡贏一個好好親家。」514.02）

【06】

好家教，歹厝邊。

Hó ke-kaù, phaíⁿ chhù-piⁿ.

Ho kē-kaù, phaiⁿ chhú-piⁿ.

難為了孟子媽。

　　斷言，厝邊鄰右的重要性。說的是，不論個人的家庭教育多麼好，只要鄰居四圍的人文條件不好，那麼，好的家教，也是事倍功半的。這就是古早孟老夫人的苦心所在。

　　賢矣哉，孟老夫人！遠離「歹厝邊」的教誨。是的，智者應該遠遠的離開惡鄰。可惜，國民黨政府用心灌輸台灣人「中國文化」，偏偏「遠離惡鄰」這一課沒教。以致於，誤認出賣台灣，凌辱台灣的中國惡鄰為「祖國」！君不見，1999年我國大震災，「國際救援」熱烈可感，但中國顯出猙獰面目，要阻攔救濟，捐款援助要向中國請示。❸

　　請看！台灣認真做中國的「最佳鄰國」：有災去救災，未開發去投資。反觀中國，正是趁火打劫的「歹厝邊」。跟這種鄰國打交道，不論台灣有多麼好的「家教」都發揮不了作用！唯一的辦法，就是學孟老夫人，遠遠的離開「歹厝邊！」

【07】

囡仔，起大人事。

Gín-á, khí toā-lâng sū.

Gin-á, khi toā-lāng sū.

驚動老子。

　　用做睦鄰警言。提醒人，厝邊頭尾的小朋友，你兄我弟，難免有冤家的時候。那時，家長不可冒然去責備別人的孩子。

　　起大人事：家長參戰；字面義是，惹起成人間的衝突。

　　（參看，「是呣是，罵家己。」517.18）

【08】

無好厝邊，相連累。

Bô hó chhù-piⁿ, sio liân-luī.

Bō ho chhú-piⁿ, siō lēn-luī.

禍發隔壁。

　　用做睦鄰警語。斷言，惡鄰是大小災難和一切不幸的根源。

　　這句俚諺雖然語不驚人，但點出驚死人的重要訊息：小心防範臭鄰、病鄰、毒鄰、凶鄰、猛鄰、惡鄰，因爲他們可能是百般凶惡的根源和連累。

　　當然，注意厝邊，加以理解是必要的。不過，問一下自己：「我是人家什麼樣的鄰居？」我是人家的貪鄰、污鄰、病鄰、爛鄰、臭鄰嗎？鄰居是生存的共同體，也是締造幸福的，高品質的生活的同事，豈能不自修自省？古人有言：「治家嚴，家乃和；居鄉恕，鄉乃睦！」(清、王豫《蕉窗日記》)

　　敦睦鄰居鄰國是文明的個人和國家的必要。看我國民進黨政府對中國釋出無限善意，如奴似婢的屈辱，但贏得的回報是文攻

武嚇，要侵要犯。這正如十九世紀，墨西哥總統迪亞斯對當時面
對美國霸權的處境的嘆息：「可憐的墨西哥，你離美國太近，離
上帝太遠！」是的，我國台灣的痛苦就是離中國太近，離台灣人
的尊嚴和整全的獨立意識太遠！

（參看，「城門失火，殃及池魚。」336.22）

【09】
頂厝人教囝，下厝人囝乖。

Téng-chhù lâng kà-kiáⁿ, ē-chhù lâng kiáⁿ-koai.

Teng-chhù lâng ká-kiáⁿ, ē-chhù lâng kiáⁿ-koai.

殺鷄教猴效應？

用指家庭教育，有彼此影響之功。話說，舊時我國台灣有個
狀元村，住在庄頭的丁老先生打罵出一個「進士」，大大光耀了祖
宗。庄尾的田太太一見，非常羨慕，馬上開始實踐嚴厲的嘗罵教
育；結果，也製造出幾個落第秀才來。

這句俚諺雖然義理相當死板，但句式整齊，是諺語常有的一
種形式；用的是串對修辭格，以「頂厝人教囝」爲原因、條件，以
收「下厝人囝乖」的結果、功效。

頂厝…下厝：左鄰右舍；字面是，上面那家…下邊那戶。

在那舊時代，多數父母頗不尊重孩子的自尊心。所謂「教
囝」，採取的要不是「雜唸」，就是「嘗罵」；不是「罰跪」，就是「毒
打」；更可怕的是，在大路旁，碎石地，畫個圓圈來罰跪，跪到
尿流屎泄，還不干休。如此「教囝」，據說，功效非常顯著！

時過境遷了！打罵教育已經土遁去了，流行的是家家戶戶從
幼稚園開始給孩子補習。可憐的孩子，補到瘦枝落葉，面色青損
損，目睭架著放大鏡。父母看在眼裏，疼在心裏，但嘴巴還是補

補補，讀讀讀。爲甚麼？說是相信「頂厝人補習，下厝人上榜。」噫，鄰居壓力，總是如此強暴。

【10】

演武亭的雀鳥仔，㤪驚銃。

Ián-bú-têng ê chhek-chiáu-á, m̄-kiaⁿ chhèng.

Én-bu-têng ē chhek-chiau-á, m̄-kiāⁿ chhèng.

危機感的喪失。

用做擇鄰警言。斷言，不論什麼樣的居住環境，不好的，就是不好，並不是習慣了，就會好。看那靶場的鳥雀，雖然習慣了槍聲（？），並沒有消弭流彈的威脅。根本地，慣於懷抱炸彈的人，並沒有改變它爆炸殺身的危險性。

是的，人生多少不幸是由於習慣而喪失應有的警覺。危險是不可以習慣的，危機意識是身處危險鄰居，危險鄰國，應該有的警醒啊！

（另釋「演武亭的雀鳥仔，㤪驚銃。」請看321.10）

【11】

曲館邊的豬母，會拍拍。

Khek-koán-piⁿ ê ti-bú, ē phah-phek.

Khek-koan-piⁿ ē tī-bú, ē phá-phek.

環境決定論者。

用做擇鄰警言。斷言，環境本身就是一個龐大而有力的學校，目濡耳染，默默地影響人。就像以曲館爲鄰的母豬，不教而會打拍子。環境如此有力，何況是活生生的鄰人的影響了！類似句：「豬母近館邊，會歕簫，會打拍。」

　　曲館：學習唱曲，吹奏傳統樂器的所在，分南館、北館。　拍

拍：打拍板；拍是傳統樂器，多片硬木組成，用來擊出節奏。　歕
[pûn]：吹。

【12】

一家有事，百家忙。

It-ka iú sū, pek-ka bâng.

It-ka iu sū, pek-kā bâng.

門腳手過難關。

　　舊說，一旦某家有了什麼緊急狀況，那麼附近的鄰居都會過
來幫忙。

　　這是一句古諺語。《景德傳燈》載：「問：『見色便見心，諸法
無形，將何所見？』師曰：『一家有事，百家忙。』僧曰：『學人不
會，乞師再指。』師曰：『三日看取。』」──但見，小法師為這公
案，忙得像無頭蒼蠅。

　　有事…忙：（病苦、死喪、禍患等）幫忙。

　　幫忙有代誌的鄰居，也是一種內外共有的善德。古以色列的
智者有言：「要盡你的力量，向須要幫助的人行善。你現在有力
量幫助鄰人，就不要叫他等到明天。不可謀害鄰人，他相信你，
定居在你的旁邊。」(《聖經‧箴言》3:27-29)

　　值得一提的是，古時候有個猶太經學教師要試耶穌，問他
「什麼是永生之道？」耶穌扼要地說：「實行愛上帝，愛鄰人…」
但，經學教師再問：「誰是我的鄰人？」這一問，耶穌道出流傳萬
世的比喻：

　　　　有個猶太人出外，在旅途中遇到強盜，被打個半死，倒
　　在路邊。有個祭司路過，看而不理；另有個祭司族人路過，

也是如此。可是，有個跟猶太民族絕交的撒瑪利亞族人路過，看這個猶太人受傷慘重，就動了慈心，給他急救，又帶他到客棧，給他錢和需要的幫助。

耶穌講完了這個比喻，就問經學教師說：「誰是這個遇強盜的鄰人？」經師回答說：「以仁慈待他的那個人。」❹

這裏，耶穌基督將「鄰人」，做了超鄰里，越國界，泛民族的解釋和主張。真讚！做為「世界村」的村民，都要有這樣的胸懷和準備！

（參看，「一人一家代，公媽隨人祀。」516.28）

注釋

1. 古注引《南史・呂僧珍傳》：「宋季雅罷南康郡，市宅，居呂僧珍宅側，僧珍問買宅價，曰：『一千一百萬。』怪其貴。季雅曰：『一百萬買宅，千萬買鄰。』」——所謂「買鄰」，選擇鄰居也。可見，厝邊的重要性。古典小說，有此濃厚的思想，如所謂的：「千金買鄰，八百置舍。」（明・高明《琵琶記》）

2. 參看，洪震聲，「台灣精諺」《自由時報》。

3. 按「中央社莫斯科二日電」，提到俄羅斯的救援隊，苦候14小時，要求中國同意飛越其領空來台灣救助，但不可得，只好改道「胡志明走廊」。

又，日本的救援隊，也遭到中國的刁難。詳見，《自由時報》1999(10.3): 4。

4. 這是按照《聖經》改寫的。詳見《路加福音書》10:25-37。

第三節 頭家、辛勞

本節段落：

頭家須知01-10 對待要領11-16 頭家刻薄17-22 辛勞形像23-29
拐誘辛勞30

【01】

一工錢，二課稅。

It kang-chîⁿ, jī khò-soè.

It kāng-chîⁿ, jī khó-soè.

第一優先發工資。

　　頭家守則。說的是，身為老闆最直接的責任就是按時發放工資給辛勞或工人。其次是納稅，那是不能逃避的國民義務，也是頭家的責任。

　　從這句話，可以看出咱台灣頭家，心裏有的是辛勞和工人，分享的是溫暖的照顧和尊重的感情。在這舊世代裏，頭家和僱員大多和和氣氣地合作，共存共榮。❶

　　另一方面，頭家都有清楚的「納稅」意識；這是他的重擔，因為台灣自有殖民政府到九十年代民主化以前，過著「一隻牛剝幾哪重皮」的酷政。也許，先人心有怨氣，就把「課稅」當做第二。

　　總之，這句俗語清楚顯示台灣頭家的責任意識，以及他們很濃厚的人情味。

【02】

貧憚頭家，無骨力辛勞。

Pîn-toāⁿ thaû-ke, bô kut-la̍t sin-lô.

Pīn-toāⁿ thaū-ke, bō kut-la̍t sīn-lô.

辛勞一起跟我做。

　　頭家用做警言。一語點出，懶惰的老闆，產生懶惰的辛勞。

　　為甚麼會這樣？懶惰會「感染」嗎？會的，常言道「上行下效」！不過，頭家貧憚的不多，除非準備要「倒店」。君不見，在那沒有嚴格的上下班制，老闆總是比辛勞認真，「看頭看尾」的是頭家。其實，老闆不敢懶惰，整天思想的，打拚的，是發展事業，努力賺錢。賺錢的歡喜，數算一大堆鈔票的快樂，鼓勵著頭家潦落去啦！

　　那麼，貧憚辛勞可能嗎？可能！假如工作分配不清楚，授權不足，毛飛的空間就多了。其實，這句俗語的世代裏，辛勞要積極，要認真的可能性不大。幹的都是例行工作，此外若能做到「撿頭拾尾」，那已經是很骨力的辛勞了。

　　辛勞，誰敢不骨力？一年一聘！貧憚的話，食尾牙著知苦了。

　　貧憚：懶惰、懶散，做事不積極；應該做的事做得不夠多，不夠專心。　骨力：認真、勤勉，貧憚的反義詞。　辛勞：（舊式店舖的）店員。

　　（參看，「一年換二十四個頭家，返唇食尾牙猶赴赴。」
　　437.72）

【03】

伙計食飯配烏鯧，頭家食飯配鹹薑。

Hoé-kì chia̍h-pn̄g phoè o͘-chhiuⁿ,

　　thaû-ke chia̍h-pn̄g phoè kiâm-kiuⁿ.

Hoe-kì chiā-pn̄g phoé ō͘-chhiuⁿ,

　　thaū-ke chiā-pn̄g phóe kiām-kiuⁿ.

山薑海味好頭家。

　　用來形容刻己優待僱員的頭家。自己配飯的是「山薑」，給伙計的是「海味」。

　　這句俚諺極有人情味，充分流露出頭家的一派勤儉、忠厚，刻己待人的美德。從形式看，本句用的是對偶同對修辭格。「伙計」對「頭家」，對得很商業化；伙計可能在店裏開飯，而頭家回家陪頭家娘喝糜。再說，兩人下飯佐膳的，也是對偶，台灣最好的，富翁才敢買來吃的「烏鯧」，來對那時甲級貧民配泔的「鹹薑」。啊，頭家如此刻薄自己，卻是那麼好款待伙計。難得！難得！但，自奉過儉，也算是可憐人一個。

　　伙計：同「辛勞」。另外，地下夫人也叫做「伙計」。　烏鯧：正名銀鯧；俗名烏鯧、白鯧；學名Euphrasen，英文名white pomfret。產於我國西部沿海，以基隆為最多；週年生產的魚類，但盛產期是二至四月。牠是高價魚，肉質嫩而細，骨脆，味鮮美。❷烏鯧是我國台灣三種好魚之一，俗語說：「一鯧，二鮸，三加魶。」❸

【04】

會食，則會做。

Ē chiảh, chiah-ē choè.

Ē chiā, chiah-ē chò.

不食而作，未之有也！

　　頭家須知。用來提醒頭家和頭家娘，絕對不要吝於給辛勞、僱工吃個飽足痛快。因為勞動的力量和高度的工作意願，來自吃飽的快感。

　　這句是常用俚諺，很有意思，在國民黨政府治台時期，這句話也是用來諷刺貪官污吏的。另有帶第二分句者：「會食則會做；會睏則會大。」（→428.04）

【05】

有三年狀元，無三年伙計。

Ū saⁿ-nî chiōng-goân, bô saⁿ-nî hoé-kì.

Ū sāⁿ-nī chiōng-goân, bō sāⁿ-nī hoe-kì.

好伙計難得求。

　　斷言一個很能幹的好店員非常難得，不是三年四個月的訓練所能造就的。其難度比考「狀元」高得太多了。同類句：「三年出一個狀元，三年出無一個好伙計。」

　　　（本句又見，12.76；12.76*）

【06】

有蝕本頭家，無蝕本辛勞。

Ū sī-pún thaû-ke, bô sī-pún sin-lô.

Ū sī-pún thaū-ke, bō sī-pun sīn-lô.

蝕本頭家，失業辛勞。

　　用做頭家須知。說的是，頭家經營事業，賺賠都是他自己的事，辛勞只是按時領取薪水，不會虧本。話雖如此，但是辛勞要有同舟共濟，興旺店家的覺悟和實際才好。萬一老闆蝕本太多，「樹倒猢猻散」，辛勞就得「呼狗，食家己」（→435.02）。這不是很糟糕的代誌嗎？

　　這句俚諺的修辭式用的是對比異對格，對得很實在，很商業化。用「有蝕本」比對「無蝕本」，而這種風險「頭家」和「辛勞」各有不同命運。

（參看，「師仔師傅差三年，辛勞頭家差本錢。」413.09）

【07】

做天，也𣍐合衆人意。

Choè thiⁿ, iā-boē hȧh chèng-lâng ì.

Chó thiⁿ, iā-bē hā chéng-lāng ì.

好好先生也不合意。

　　用做頭家的警言。他的決定，行事作風，薪水待遇等等，都很難得到全部員工的認同；正如天公地道的老天，不論是普照炎陽，或是破隙大雨，都不能叫「賣冰」和「賣雨傘」的通通滿意。

　　這句俚諺是從頭家的立場提出來的反省，記得決斷和處事如此困難的話，可望更加小心從事，力求圓滿。

【08】

臭耳人醫生，無聽見人得哀。

Chhaù-hīⁿ-lâng i-seng, bô-thiaⁿ-kìⁿ lâng teh ai.

Chhaú-hīⁿ-lâng ī-seng, bō-thiaⁿ kìⁿ lâng té ai.

耳不聞爲清靜，頭家也。

　　辛勞用來怨嘆。說頭家獨行其是，對於員工的困難、不滿或意見，總是不聞不問——正港的「臭耳人醫生！」

　　這句俚諺用醫生不理病患的痛楚呻吟，來比擬頭家的冷淡，使下情不能上達。啊！在老先人的世代，「下腳手人」能發表啥意見。君不聞，人家頭家宣傳的口號：「愛就滯，唔就煞！」

　　臭耳人：聽障人士。據悉，聽障者不准讀醫科；句裏的，只是個譬喻罷了。　哀：大聲叫痛。

【09】

一砠魚脯，專專頭。

Chi̍t-phiat hî-pó͘, choan-choan thaû.

Chi̍t-phet hī-pó͘, choān-choān thaû.

難吃的午餐。

大行號大公司的小職員的怨嘆。說他服務的地方，「頭家」太多了，大小主管，新舊同事都爭著要搞「意見領袖」，眞難應付。

這也是一句借喩，借「一砒」來譬喩一行一店，一個機關單位；而用「魚脯，專專頭」來玩雙關遊戲。如此，把死鹹魚頭說活了！

砒：小磁盤。　專專：全部(是)，到處(有)。　全全頭：雙關詞，一小碟魚脯，都是「魚頭」；一個公司裏，人人都要當「頭家」。

【10】

有幾年的朋友，無幾年的頭家。

Ū-kuí-nî ê pêng-iú, bô-kuí-nî ê thaû-ke.

Ū-kui-nî ē pēng-iú, bō-kui-nî ē thaū-ke.

昨爲頭家今辛勞。

對待僱員須知。用指頭家和辛勞的關係有時是「無幾年」的事，所以老闆無須權威盡展，酷待工人。但是，做朋友的話，彼此的關係則是頗「有幾年」的；說不定風水輪流轉，辛勞變頭家也是有的事。

有幾年：(時期，期間)比較長些，有那麼多年。　無幾年：(時期，期間)短暫，只有幾年的時間。

背景：這句俚諺是以台北縣九份礦場爲背景的。因爲經營礦場的風險相當高，萬一發生災變，或產量不足，或成本太高，在短期內破產也頗不乏人。這時，老闆恐怕就得放下身段，當礦工來謀生了。所以說，當頭家是「無幾年」的事；但是，不論事業盈

虧、人生變化，朋友關係總能維持較久，除非勢利和自卑嚴重衝突。

【11】

疑者莫用，用者莫疑。

Gî-chiá bȯk-iōng, iōng-chiá bȯk-gî.

Gî-chià bȯk-iōng, iōng-chià bȯk-gî.

100%任用。

對待辛勞須知。斷言，任用辛勞、僱員，或下屬，必要信任他／她的能力和操守。一面任用，一面懷疑，難得忠誠無間的合作。

這句有名的老諺，修辭用回環式，第一分句尾詞莫「用」，當做第二分句「用」者的起頭。本句，《格言諺語》做「疑人不用，用人不疑。」《金史・熙宗紀》載：「四海之內，皆朕臣子，若分別待之，豈能致一。諺不云乎？『疑人勿使，使人勿疑。』」又見《警世通言》等章回小說。同類句有：「嫌戲無請，請戲無嫌。」

當然，這句諺語雖然強調任用必要信任，但並沒有鼓勵「放任」，只是提醒「疑人」是很不好的態度。其實，自古及今，小自私人店家行號，大至國家機構，都有其「人事制度」來防範的。胡亂懷疑，不會是一個好的老闆。

【12】

校長，兼摃鐘。

Haū-tiúⁿ, kiam kòng-cheng.

Haū-tiúⁿ, kiām kóng-cheng.

雜插的頭家。

什麼都做的老闆。說他做一些辛勞或下屬應該做的工作；若

是「一人店」，當然沒話講。

此句的修辭式是借喻，借校長做校工的工作，來說主管降格逾份。

顯然的，這句俗語算是比較近代的。在那日本領台的時期，大戰末期以前，學校的作息時間，都是用「摃鐘」，敲筒鐘爲號。而這項工作正是工友的「神聖」責任。職責有專司，不可隨意胡搞，就算是主管！

【13】

要刣，也著食一頓飽。

Beh-thaî, iā-tiȯh chiȧh chȧt-tn̄g pá.

Bé-thaî, iā-tiō chiā chȧt-tńg pá.

餓漢無限公司。

用來譏刺頭家。說他的工作要求多又苦，報酬又少，眞是萬分刻薄。

這句俚諺的修辭式是反諷。用要被刣頭的囚犯享有「飽餐而後受刑」的待遇，來諷刺員工的待遇不如死囚。噫，眞可憐的老先人！難道咱台灣有這種虐待恁的頭家嗎？應該不會很多才是。記得，阿母提到她當年做頭家娘時，多麼堅持待遇從優，總套一句俗語，講：「朝廷不差餓兵。」

現在，我們台灣勞工，不僅是敢言，而且有法律做後盾。根據勞委會，去年自一月到十月，勞資爭議件數有6,378件，是十四年來最多的一年。其中一半以上是工作權引起的勞動契約爭議；有二千多件是欠工資和資遣費的爭議等等。(→《自由時報》2000 (12.27):2)

舊時候朝廷是差餓兵作戰的也。皇軍所到之處「在地取糧」，

百姓見兵如見鬼！現在呢？又是一種極端，看我國多少將校涉嫌軍購大貪污！政府也用盡辦法來善待可憐的老英雄。

眞好，現代台灣的勞動者，已經脫離敢怒不敢言的困阨，那麼有力地維護著自己的權利。可是，鬥倒了老闆，飯碗也就毛了！

　　　（比較，「食飽，換枵。」435.01）

【14】

押鷄，唔成孵。

Ah ke, m̄-chiâⁿ pū.

Á ke, m̄-chiāⁿ pū.

專制獨裁鷄反抗。

　　斷言，要求員工、下屬、工人，甚至是學生、子女，按一定的目標做事，是不能用強迫的。如同，不能勉強母鷄乖乖地去坐岫孵卵。

　　押：（強制人）去做（事，達成要求）。　唔成：做不到，不能完成（要求、目標）。

【15】

掠秀才，擔擔。

Liȧh siù-chaî, taⁿ tàⁿ.

Liā siú-chaî, tāⁿ tàⁿ.

另類勞解。

　　指出一種錯誤的對待。頭家用人必要考慮適才任用；不然，彼此都不好。

　　這是一句借喻，借強迫秀才挑荷重擔，來喻指不當的人事管理。

掠：*強迫，字面是捕捉、逮捕。* 擔擔：*用肩挑荷。例如，「看人擔擔，免出力。」*（→412.19）

秀才挑重擔，效率一定不好。不過，無業秀才只能找到「擔擔」的話，要他不放下身段來謀生也不可得。去年台北市府招考「儲備清潔隊員」，有5,163人參加考試，為要競爭只有5.8%的錄取名額；其中，大專以上的就有520人；高中高職2,200多人。（→《自由時報》2000(8.27):13）看來，秀才是掠來擔擔的，無法可想，失業情形太嚴重了！

不過，清潔隊員的職業算是「鐵飯碗」；應該關心的，反而是在學的男女秀才的打工。淡大做的調查指出，學生十大危險的打工，依序是：酒店公關、少爺；檳榔西施；快遞、比薩外送；KTV、卡拉OK、Pub；工地臨時工；馬路清潔員；送報員、派報員；餐廳廚房工作；服務生；加油站。（→《自由時報》2000(6.4):7）

撫鍵至此，螢幕浮現古今二群「學者」。一群古秀才，面黃肌瘦，長噓短嘆，委委屈屈地「擔擔」。另一群現代秀才，活活潑潑，不知天地幾斤重，社會有啥陷阱，勇敢地處處「打工」：有的打酒店少爺的工，有的打檳榔西施的工，有的打XYZ……。

啊，現代秀才，頭腦清楚，頸椎有彈性，真讚！但願複雜的，亂亂的台灣社會沒有給你們太多困難。

【16】

差牛去趒馬，馬去連牛無。

Chhe-gû khì jiok-bé, bé-khì liân-gû bô.

Chhē-gû khí jiok-bé, bé-khì lēn-gû bô.

用人不當牛做馬。

用做人事管理警言。頭家用員工首重適才適用，宛如牛和馬

各有不同能耐和擅長；若用水牛當警騎，一定是次次歡送響馬，恐怕連牛都得當祭牲。古人早已經驗到這種錯誤，說：「將吾劍兮切淤泥，使良驥兮捕老鼠。」(《唐詩記事》卷40)

這句俚諺是回環修辭格，第一分句的尾「馬」，正是第二分句的「馬」首。同時，用這二種動物做表象，利用彼此之間的不搭調，來喻指人事管理的不妥當。

差：差派，派遣。 ***趄**[lip]：追趕。*

【17】

扛棺柴，兼包哭。

Kng koaⁿ-chhâ, kiam baū-khaù.

Kňg koāⁿ-chhâ, kiām baū-khaù.

多功辛勞。

辛勞用來自嘲。諷刺地，說頭家倩我這個辛勞啊，一身兼數職。看咧！我著顧店，我要去收帳，我也著加頭家娘煮月內，洗尿布，鬥抱嬰。

這句俚諺的修辭式是借代，用抬棺柴的「阿兄」，土公，得兼任「哭手」，來指出一人兼數種極不相干的工作。我們知道，土公的專業是抬棺埋葬，喪家要他兼做孝男來哭靈，太不近人情了。哎！這句俚諺如此借喻，眞是滑稽好笑，從哪裏得到這麼怪異的想像？然而，如此闡明「不合理」，算是很成功的。

兼包：(店員)同時包辦(奶媽)。

【18】

鷄報寅，做到日落申。

Ke pò-în, choè-kaù jĭt lŏh-sin.

Ke pó-în, chó-kaú jĭt lō-sin.

整天工作不休。

用來形容自己這份工作不好賺，工作時間很長，得從黎明一直工作到日落西海。

句裏用了兩個專有名詞：「鷄報寅」和「日落申」。這是還沒有機器鐘的世代，老先人藉著動物和自然界的感應特徵，來做詩意的時間表述。眞讓人羨慕那「日出而作，日入而息」的世代。

鷄報寅：雄鷄啼曉；寅，寅時(3-5時)。　日落申：日落西海；申，申時(15-17時)。

背景：我們要知道，五六十年代以前的工人，是從鷄報寅之後，早上六七點鐘開始工作，一直做到日落申才收工。這中間，也只有吃午飯的短時間休息。所以，這句俚諺，對於勞工而言，並不是詩情畫意的，而好像是亞當被耶和華趕出樂園後，勞碌整天，臭汗淋漓，疲倦得要死的「刑罰」。(→《聖經・創世記》3: 14-19)

(參看，「一日煩惱日落申，一暝煩惱鷄報寅。」216.01)

【19】
九房的時鐘，行倒退。

Kaú-pâng ê sî-cheng, kiaⁿ tò-thè.

Kau-pâng ē sī-cheng, kiāⁿ tó-thè.

偷竊時間的頭家。

用來譏刺刻薄的頭家。說他暗地裏延長了工作的時間。而這個老闆的奸計是，等工人上工後，將時鐘撥慢。

背景：按嘉義蔡長庚先生的注釋。好久以前，有一個名叫九房的人，常常僱人做工。爲了要延長工人的勞動時間，他就把時鐘撥慢一個小時。因爲在那時，大多數人沒有手錶，都是依靠頭家的時鐘做放工的標準。後來，頭家龜腳趖出來，工人就發明這

句話來諷刺他。❹

看了這句俚諺，覺得眞無捨施！九房老兄怎能想出這種撥慢時鐘，來剝削勞工的詐術？眞奸鬼也。

時代大大不同了。不僅人人腕戴精確手錶，我國台灣更有立法保障勞方的工作時間。報載，經建會、經濟部、勞委會和勞工代表會商，希望到了2002年，立法通過每週工作縮短爲40小時，週休二日。(→《自由時報》2000(6.3):2)

長短合適的工作時間很重要，太長或太短都有礙身心健康。

【20】

貓肚，馬腳，牛港力。

Niau-tōˑ, bé-kha, gû-káng la̍t.

Niāu-tōˑ, be-kha, gū-kang la̍t.

免汽油大卡車。

用法有二：一、用來譏刺刻薄的頭家。他對待僱工是：工資少，會奔跑，力氣大。二、舊時，農村的老泰山泰水，要招贅賢女婿的條件：吃飯少，勤快跑，氣力大。

這句俚諺借用了三種動物的「消化」和「動力」特徵，來比喻頭家和岳父母刻薄對待工人，或贅娶的快婿。好，讓我們來分析他們的能力和特長吧。

貓肚：吃得極少，有午餐沒晚餐的動物，宛如全心奉獻的義工——工仔趁，工仔食；贅婿沒有工資！

馬腳：做工勤快又謙遜，從不示威叫苦，不病不死，不罷工——工人不坐椅，頂多踞他幾秒鐘；贅婿，天未光上工，月高懸才敢入門。

牛港力——壯公牛牽引深犁重耙行滿田，載動萬噸貨物走大

路，多功多能，不知疲勞，至死方休的活機器——工人和贅婿，背百斤粟包，100m／12秒！

　　咱台灣有這種頭家，有這種泰山泰水嗎？無啦！這是古早古早的代誌，又是個誇張放大的譬喻。非如此譏刺，頭家和泰山賢伉儷，怎能反省？

【21】

招若招軍，拍若拍賊。

Chio ná chio-kun, phah ná phah-chhát.

Chio na chiō-kun, phah na phá-chhát.

先禮後兵待工人。

　　用來諷刺惡待工人的老闆。說他須要人手時，以禮以利招募，一旦上工，就開始驅使工人如牛似馬地工作，眞是大失人性。

　　這句老俚諺修辭用的是借喻，借「招軍」時誘人以利，但待遇卻如同被追擊的賊兵。

【22】

食豆腐水，摃扁擔刀。

Chiáh taū-hū-chuí, kòng pin-taⁿ-to.

Chiā taū-hū-chuí, kóng pīn-tāⁿ-to.

食無打有惡頭家。

　　用法和意思類似上一句。

　　這句用了「剝削」和「暴力」的表象來做譬喻，那是「食豆腐水」和「摃扁擔刀」。豆腐水，是壓乾豆腐時，流出來的清水，哪裏是果腹的東西？所謂「摃扁擔刀」，也就是用扁擔來處罰做錯了事的工人。當然，現實上這種頭家是沒有的，這當然是一種譬喻，也

是誇張。

【23】

厝內無貓，鳥鼠仔曲腳。

Chhù-laī bô niau, niáu-chhí-á khiau-kha.

Chhú-laī bō niau, niau-chhi-á khiāu-kha.

有監有工奴隸性。

用來嘲諷那些不知道，或不願意自動自發工作的僱工。他們只有在頭家的面前，在監督之下才會認眞工作。

這句是常用的俚諺，修辭格是指代：貓擬指頭家的權威，鳥鼠指出懶惰的僱工的習性。如此譬喻，顯示出舊時頭家對於管理知識的缺乏，以及工人消極的習性。類似句「將軍無於地，小鬼拍獵。」

曲腳：休息；字義是架起二郎腿。　將軍：這裏指的是城隍廟的鬼捕神將，范、謝二位將軍。　無於地〔bô tī--teh〕：不在（地點、家、屋）　拍獵〔pah-la̍h〕：遊戲去了；字面義是打獵。

【24】

做無一湯匙，食欲歸糞箕。

Choè-bô chi̍t thng-sî, chia̍h-beh kui pùn-ki.

Chó-bō chi̍t thng-sî, chiā-bé kuī pún-ki.

四肢無力胃強壯。

頭家用來譏刺顒顡辛勞，諷他能力沒有，食慾旺盛，工作成果少，爲他付出的代價多。

這句俚諺用的是對比反對修辭格，頗能突顯能力的和無能的工作者，以及生產和消費之間的差距。同義句：「會食，𣍐相咬。」「顒慢，兼偷食。」

（比較，「*會食則會做，會睏則會大。*」428.04）

【25】

歹牛，損索。

Phaíⁿ gû, sún soh.

Phaiⁿ gû, sng soh.

惡質員工。

　　用來責備浪費原料的工人。刺他宛如野性難馴的牛隻，總是很快就磨損束縛牠的繩索。

　　這句俗語的修辭是借代格，用「損索」來說他惡意的消耗資源，而這種行為可比「歹牛」！嘻，工人如此，責他一句「歹牛」，也是「名符其惡」；老闆算是相當客氣了。

【26】

做，唔驚長工死；食，唔驚頭家散。

Choè, m̄-kiaⁿ tn̂g-kang sí; chia̍h, m̄-kiaⁿ thaû-ke sàn.

Chò, m̄-kiāⁿ tn̄g-kang sí; chiā, m̄-kiāⁿ thaū-ke sàn.

勞資糾紛第一幕。

　　用來勸解頭家，勉勵長工。諷刺地說，頭家萬分刻薄，工作粗重不說，一年到頭得不到休息，真是「對死裏，拚倒轉來！」（→437.18）長工敢怒不敢言，俗語說，「要刣，也著食一頓飽！」（→.13）只好發揮大吃的本領，來做報復。

　　這句俚諺的修辭式是對比異對格，比對著「做工」和「吃飯」；比對著「做到死」和「吃到窮」，真是比對得愁雲慘霧。就思想言，勞資雙方所以大車拚，好像是互成因果的，但從舊社會的實況看，這種「糾紛」大多數由於頭家過份刻薄引發的。當知，一般長工幾乎是「人窮志短」（→131.45），哪來發動「大食」抗議的膽量？

長工：舊時大地主，長期雇用一定的工人，外耕作田園，內操作厝內的工作，頭家供給三餐和微薄的薪水。顯然的，長工極大多數是貧民。

從「食，唔驚頭家散」看，做「長工」的人好像都是腸胃強大的漢子。頗有可能！因爲農田運動極耗體力，不大吃的話，駛犁踏耙的力量從何而來？

另一方面，長工的三餐大概以蕃藷摻幾粒米的糜或飯，配他鹹菜脯、醬菜，或三不五時的鹹魚；至於大魚大肉，只有一年三大節可望吃他幾塊。當知，缺乏「油臊」的話，大吃是很自然的事。當然，句裏的「食，唔驚頭家散」，仍然是小氣鬼的大誇張。

【27】

伊無嫌你貧憚，你無嫌伊少錢。

I bô-hiam lí pîn-toāⁿ, lí bô-hiâm i chió-chîⁿ.

I bō-hiām lí pīn-toāⁿ, lí bō-hiām i chio-chîⁿ.

相忍護短，長工姑妄爲之。

用來嘲諷長工。說的好像是，貧憚長工，能要求多少薪水？頭家要用你，已經是很優待的了。貧憚人，哪有資格嫌錢少！

本句諺語的修辭是對比異對格。伊和你雙雙來比對，對出各人不嫌棄的事：貧憚和少錢。不錯，比對得很工整；很妙，比對得極不可思議，損人於啼笑皆非之中。

世上哪有這種「天眞爛漫」的勞資關係？這裏的「無嫌」，說的，頂多是一種「忍耐」吧！事實上，「懶惰和錢少」是咱台灣人大力「嫌」棄的。不然，祖先們爲甚麼要「唐山過台灣」？死窩在那邊就得了。

【28】

草花仔蛇，領雙癀。

Chhaú-hoe-á choâ, niá siāng-hông.

Chhau-hoē-a choâ, nia siāng-hông.

無能之輩好孔多。

用來諷刺。說能力缺乏，做事沒啥效率的員工，卻得到頭家的錯愛，給與好的職位和待遇。

為甚麼說，這句俚諺是諷刺？試想，一條「無癀」的草花仔蛇，癀從什麼地方來？而且又是「雙癀」？這是「不可能的可能性」(impossible possibility)啊！人皆盡知，無能草花蛇本身原無半點癀；傳說，那是「土治公」，那是寵愛他／她的店頭家恩賜的！如此，用來諷刺無能之徒，享有能人的名利，也頗妥當。

台灣民間認為蛇的價值在於牠的癀。咸信，蛇癀愈強，愈有滋陰補陽，愈有清毒明眼的效能。像「草花仔蛇」是無癀草蟲，也就沒有什麼商業價值了。

草花仔蛇：草花蛇，學名Natrix piscator，無毒而善良，生活在低海拔的草叢，台灣人暱稱牠：「觀音媽的查某囝」。 癀：喻指利益，價值；癀，毒素。 雙癀：強力毒素，比平常的癀多了一倍。

【29】

魚蝦水卒。

Hî-hê chuí-chut.

Hī-hê chui-chut.

龍王大軍。

用來譏刺。說，一幫員工，都是無能之輩，人數雖多，要不是軟腳蝦，就是小魚鰡，小鱸鰻。

這句俚諺的修辭格是指代式，用「魚蝦水族」來比擬黑卒仔團隊，以及消費多，生產少的工團。噫！譏刺得入骨三分，好不利牙。

然而，魚蝦水卒，雖是小水族，也有「大尾」的可能！似此，有意上進的辛勞，不怕細尾，只要肯學習，自然會長大成鯊魚，成海翁。——現實而言，頭家須要的是：有能力做事，有能力「解決問題」的辛勞。

有此一說。德國賓士於1999年推出吉普車。廣告吉車的電視畫面，拍攝一個登山者滑落懸崖。他的忠犬雖然遇見可能幫忙的警察和空中巡邏隊，但牠仍然繼續尋找，最後找到主人的愛車：吉普為止。解說：只有「吉普」才能解決懸崖的問題，來解救主人的危困。❺

聰明的頭家不會雇用「魚蝦水卒」，須要的是能解決問題的辛勞。

【30】

一擺激子弟，二擺照古例，三擺枵鬼食，　四擺踢落眠床腳，五擺招伊見頭家。

Chi̍t-paí kek chú-tē, nn̄g-paí chiàu kó͘-lē, saⁿ-paí
　iau-kuí chia̍h, sì-paí that-lo̍h bîn-chhn̂g-kha,
　gō͘-paí chio-i kìⁿ thaû-ke.

Chi̍t-paí kek chu-tē, nn̄g-paí chiáu ko͘-lē, sāⁿ-paí
　iau-kui chiā, sí-paí that-lō bīn-chhn̄g-kha,
　gō͘-paí chiō-i kíⁿ thaū-ke.

辛勞難過頭家娘關。

用來嘲諷頭家娘。某一個頭家娘開放成性，勾引店裏一個年

輕英俊的辛勞；流言紛紛，風聲甚緊，頭家娘唯恐東窗事發，只
得反戈一擊，拖他來見頭家了。

　　此句，可能是頑童或刁滑辛勞的順口溜。造句形式是鑲嵌修
辭格，用「n擺」來嵌進「X種情態」，以傳述曖昧的代誌，激發聽
者的想像和興趣。

　　那麼，所謠傳曖昧的代誌是什麼？就這句謠諺來看，頭家娘
向這個血氣方剛，未戒於色的辛勞，確實撒下了金鈎和羅網：

　　　　第一次「激子弟」——眉目傳情，春色作餌，上鈎了！
　　　　第二次「照古例」——撐船入港，往來經營，熱鬧啊！
　　　　第三次「枵鬼食」——食髓知味，吃相難看，餓鬼也。
　　　　第四次「踢落床」——偷飲井水，粗魯猛灌，給我滾！
　　　　第五次「見頭家」——癩痢蟾蜍，食我鵝肉，刣頭去！

　　清官難斷房內事，這齣歌仔戲，就像咱台灣的一大陣西北
雨！

　　啊，對了！埃及人也有「頭家娘釣辛勞」的事。但故事情節非
常不同：那個希伯來辛勞不吃餌，寧願被誣告下獄。終因耶和華
上帝有眼，辛勞因此得到機會，被埃及的法老王任命做宰相——
這個辛勞不是別人，就是後來救助希伯來難民的約瑟！(→《聖經·
創世記》39-47)

注釋

1. 這句諺語，台南市林培松牧師有解說，並請出林牧師公來現身說法。文中清楚表現出台灣人有尊重勞工，忠實納稅的好傳統。見，「台灣精諺」《自由時報》。

2. 參看，行政院衛生署編，《台灣地區常見食用魚貝類圖說》(台北：正中書局，1994)，頁75。

3. 所謂咱台灣最好吃的魚類，並沒有標準可言。另一句俗語，說是「一鮇，二魴，三鯧，四馬鮫。」(→422.36)

4. 參看，蔡長庚先生給這句俚諺的解釋。見，「台灣精諺」《自由時報》。

5. 參看，洪雪津，「老闆為什麼用你？」《自由時報》1999(4.5):44。

第四節　頭主、僕從

本節段落：

主僕互動01-03　奴才意識04-07　壞的僕婢08-12

【01】

聖聖佛，抵著悾闇弟子。

Siàⁿ-siàⁿ pu̍t, tú-tio̍h khong-am tē-chú.

Siáⁿ-siáⁿ pu̍t, tu-tiō khōng-ām tē-chú.

主賢僕愚問題多。

　　用來嘲諷。恥笑某一個精明的人，因爲任用相當昏頭昏腦的
手下，因而受到連累。

　　這樣講，是用靈聖的「佛」，卻遇到昏庸的弟子爲譬喻的；原
不可能發生在聖佛身上的事，竟然發生了。如此，使這句俚諺令
人印象深刻。相似句有：「聖聖觀音，抵著悾闇弟子。」

　　*聖聖佛：神靈顯赫的神佛；佛，這裏是台灣人泛稱神道偶像，不
專指佛陀。　抵著：遇到，有（部下、信從、門徒等等）。　悾闇：
（人）戇戇憨憨的樣態，頭昏昏腦頓頓。　弟子：（佛的）信徒；（師的）
學生；（長老的）子弟。*

【02】

阿斗，獪扶得。

A-táu, boē hû-tit.

Ā-táu, bē hû-tit.

扶獪起的領袖。

　　用來譏刺愚昧的領導人。毫不客氣地刺他親近小人，對他言從計聽，使那些忠賢的下屬無法協助，以致於一敗塗地。

　　這句諺語的修辭是借代格。「阿斗」這個歷史人物，指代一切昏庸無能的領導人、主席、主管，甚至是朋友也有如此「膾扶得」的。同義句：「死主，膾扶得。」

　　阿斗：蜀漢的後主劉禪(207-271)的小字。他是劉備的孩子，先是由諸葛亮輔政。亮死，阿斗信任宦官黃皓，朝政急速腐敗。阿斗於263年投降魏國，諷刺地被封爲「安樂公」。

　　這句老諺，近年來在我國大爲流行。有人用她來恥笑，來挖苦，來惋惜，某一個領導人。每當我聽到「某人是阿斗，是如何如何的不可扶持」，再仔細比對劉禪的故事，總覺得有很多相像的地方。

　　啊，老先人好厲害，留給我們這樣銳利的話語。放心啦！您的後裔，哪會選一個阿斗來當總統呢！

【03】

賢臣擇主而事，良禽擇樹而棲。

Hiân-sîn tek-chú jî-sū, liông-khîm tek-sū jî chhe.

Hēn-sîn tek-chú jī-sū, liōng-khîm tek-sū jī chhe.

小心下注。

　　斷言，一個有才幹，有抱負的人，要謹慎選擇可跟他做一番大事的人。正如，良禽不隨便棲息。

　　這句是很美麗的對偶正對格，「賢臣」對「良禽」，而這二種賢良的動物，同樣往一種理想的境界來選擇；一個「擇主而事」，另一個「擇樹而棲」。

　　撫鍵至此，記起劉備三顧茅廬的故事(《三國演義》47回)。說，

當劉備踏進諸葛草蘆的中門，就聽到吟誦的聲音，歌曰：

> 鳳翱翔於千仞兮，非梧不棲；
> 士伏處於一方兮，非主不依。
> 樂躬耕於隴畝兮，吾愛吾蘆；
> 聊寄傲於琴書兮，以待天時。

他誤以爲是孔明唱的，原來歌者就是他的弟弟諸葛均。

本句諺語雖然激盪著一股頗爲強烈的封建氣息，然而仍然有幾分道理在！君不見，我國2000年的總統大選，有人顯然是跟錯了「主」人，潦錯了邊。結果公然地被當做傀儡，當做跟班，連發言的自主性都沒有。

且別說大選舉，就是一般求職也是同樣的道理。不過，要是自己飢不擇食，或隨時準備跳槽的，則另當列論了。

【04】

一日爲君，終身爲主。

It-ji̍t uî kun, chiong-sin uî chú.

It-ji̍t uī kun, chiōng-sin uī chú.

終身戇奴才。

舊說。跟定了那一個首領，這一生一世做他的奴才，不許反悔，不准反叛。

當今專制獨裁國家的領導人，以及幫會中人，可能還信守這種教條。這種黑社會式的「忠」於邪惡，跟定了魔王首領，願意一生一世爲虎作倀的思想，是應該大大批判的。不然的話，罪惡的勢力可能淹滅善良，那時眞是「一日爲倀，終身爲奴」了。

【05】

一馬不備兩鞍，忠將不事二主。

It-má put pī lióng-oaⁿ, tiong-chiòng put sū jī-chú.

It-má put pī liong-oaⁿ, tiōng-chiòng put sū jī-chú.

至死忠君。

意思相似於上一句。語見，《名賢集》。又，常見於章回小說。

【06】

百歲奴，事三歲主。

Pah-hoè lô͘, sū saⁿ-hoè chú.

Pá-hoé lô͘, sū sāⁿ-hoé chú.

老奴才兼媒母。

舊說，既然是奴才，再幼小，再無知的主子，也得盡忠事奉。

這句是古老的諺語，語出《唐書‧劉季述傳》：「李振謂程巖曰：『百歲奴，事三歲郎主，常也。』」

【07】

土治公無畫號，虎毋敢食人。

Thó͘-tī-kong bô oē-hō, hó͘ m̄-káⁿ chia̍h lâng.

Thó͘-tī-kong bō oē-hō, hó͘ m̄-kaⁿ chiā lâng.

奉命殺人。

用指非主子下令、授意，這種大事不是黑卒仔所敢主意行事的。

為甚麼說「土治公無畫號，虎毋敢食人」呢？按台灣民間傳

說，老虎是土地公的手下，牠之咬人傷命，都是受命於老土治的。

畫號：做記號，黑名單登記有案。

這句俚諺大多用在消極面，含有貶義的意思。例如，在那國民黨政府恐怖統治的時期，許多台灣菁英的受害，都是這種「土治公」畫號，下令戀又惡的野虎吃人的悲劇。

現代世界已經不容，暴君的跟班隨從奉命殺人爲「無罪」的說法，國際法庭有清楚的判例。例如，納粹德國的暴政惡行，不僅希特勒是元兇，他的跟隨者都是共犯！中國文化大革命的殘害無辜人民，或國民黨政府殘殺那麼多台灣菁英，都是如此批判的。

嘻，「奉命行惡事」的爪牙有罪！不論土地公有沒有畫號。

【08】

奴欺主，食無久。

Lôˈ khi chú, chiảh bô-kú.

Lôˈ khī chú, chiā bō-kú.

反背無理世難容。

斷言，爲人奴僕婢女的，對他／她的主人一定要忠誠有禮，否則萬一主亡，奴才就得四散了，還談什麼食久或無久。

爲甚麼「奴欺主，食無久」？常理而言，皮之不存，毛將爲附。從社會制裁看，這種奴才萬世不能超生，誰敢用他？從台灣民間信仰看，如此奴才必遭惡報。驚死人啦！眞正是「食無久」的奴才。

食無久：（因欺凌主人所得到的小利）無法久享；字義，快要死翹翹了。

【09】

田缺做久無換變田崩，長工做久無換變老翁。

Chhân-khiah choè-kú bô-oāⁿ piàn chhân-pang,

　　tn̂g-kang choè-kú bô-oāⁿ piàn laū-ang.

Chhān-khiah chó-kú bō-oāⁿ pén chhān-pang,

　　tn̂g-kang chó-kú bō-oāⁿ pén laū-ang.

最難信用是長工。

　　主人守則。用來提醒自己，不可以漫長雇用同一個長工，以避免他和家裏的女人發生些「意外的」事件。

　　這是一句謠諺，可能是隔壁大姆婆有所發現，而創造的謠言吧。就造句的文學形式言，她用的是起興修辭式：先是興句「田缺做久無換變田崩」——農田灌溉，淹田水的常識也。接下來是主句「長工做久無換變老翁」——「長工」變成「老翁」，假如成為「老頭家」，那真是轟動農村的大新聞了。

　　田缺：造設在小田岸上的進水灌溉，和排水的小缺口；不是永久的水閘，所以要常更換地點，以免田岸崩壞。　老翁：諷刺地，老長工丈夫。

【10】

健奴無禮，驕兒不孝。

Kiān-lô͘ bô-lé, kiau-jî put-haù.

Kēn-lô͘ bō-lé, kiau-jî put-haù.

奴才精明不可用。

　　主人用奴才的原則。不要採用「健奴」，這種奴才不好，日久成精難以差遣。這宛如溺愛的，嬌寵的兒女，不知孝順為何事。

　　這句古諺，見於《注解昔時賢文》。舊注載：「賈淮有蒼頭奴

無理，頗張威福，賈有故友馮珠召而責之曰：『健奴無理，驕兒無孝。』後奴因筵中以地黃酒毒殺珠，賈淮曰：『蟲飛入火，自損其身』殺奴以償之。」

健奴：刁頑又剛愎自用的奴才。　健奴無理：無禮也。

【11】

娘快做，嫺奧學。

Niû khoài-chò, kán oh-ȯh.

Niû khoái-chò, kán ó-ō.

服侍差役最難做。

　　舊說，做個娘娘來發號施令，來叫人服侍容易，要做查某嫺來服侍娘娘，就困難得多了。

　　姑且不論舊時主人和婢女之間的困難，就是現代，只要有錢，也頗容易得到高水準的服務。但是，要服務別人，就不那麼簡單了。

娘：主人家的夫人，少奶奶。　嫺：查某嫺，婢女也。　奧學：舊時大戶人家的查某嫺，分粗嫺幼嫺。粗的，就是煮飯、洗衣服，等等粗工；幼的，做些女紅，給阿娘仔梳頭，侍候她起居。更困難的是，要學會察言觀色，討好娘娘。

【12】

查某嫺管鎖匙，會使管家，燴使做主。

Cha-bó͘-kán koán só-sî, oē-saí koan-ke,

　　boē-saí choè chú.

Chā-bo͘-kán koan so-sî, ē-sai koán-ke,

　　bē-sai chó chú.

認真認分好婢女。

　　用來教訓婢女。說，交託她鑰匙，是方便她工作，有效的來服務主人，並不是要她來當主人，操弄大權。

　　會使：可以，准許。　　膾使：不准，不可以。

　　當然，管鑰匙帶有某種權威，受到主人某種程度的信託，但絕對不是主人，頂多是受到重用的婢女而已。這是僕婢須要認識的所在和自覺。

　　撫鍵至此，想到黑暗時期基督教會的腐敗，就是誤解基督交代聖彼得的所謂「天國的鑰匙」的眞諦，以致於侵犯了上帝是「主」的權柄，搞出許多違反基督的精神和教訓的惡行。

　　豈只中世基督教會有此誤謬，近世多少強權，以「人民」爲招牌，來殺害人民，實行專制獨裁，迫害異己，無法無天。哀哉，政府是人民的公僕，卻成爲人民敢怒不敢言的公敵。

　　但願「查某嫺管鎖匙，會使管家，膾使做主！」的聲音，叫醒奴隸性帶甲種的人民，分淸權能的界限，高舉當家做主的意識。

第五節 上下司、前後任

本節段落：

上司下屬01-03 不同派系04-06 前後職任07-11 新官上任12-14

【01】

頂司管下司，鋤頭管糞箕。

Téng-si koán ē-si, tî-thaû koán pùn-ki.

Teng-si koan ē-si, tī-thaû koan pún-ki.

大姊治小弟，大鼓壓鼓吹。

　　用來嘲諷，一個小官很會用他的地位來指使下屬，或是一個老大姊很愛管小弟小妹。

　　這句俚諺很美妙，頗有欣賞的內涵。君不見，老先人將「頂司」對「鋤頭」，「下司」來對「糞箕」，這種配對真是天下第一絕配。同時，各個分句講的都是「管理學」的大學問。噫，說「頂司管下司」容易，要能發明「鋤頭管糞箕」這種「學說」，非愛因斯坦的腦力不可。

　　此外，這句俗語公然諷刺威勢逼人的「管」理法，將大小官僚系統的權力運作貶損做鋤頭之對待糞箕。好，好厲害的刨削！

　　總之，在形式上，這是一句動用對偶同對格為修辭的很漂亮俗語；在思想上，從樸實的農民眼光來看社會組織，層層互動的力量，就是按職位順次的權力作用來推動的。

　　頂司：上司，上級官長。　管：（權威的、職權的）指使，監督，發號施令。

【02】

要做頂司狗，唔做下司官。

Beh-choè téng-si kaú, m̄-choè ē-si koaⁿ.

Bé-chó téng-sī kaú, m̄-chó ē-sī koaⁿ.

寧爲牛後不爲鷄頭。

　　斷言，在官僚系統中，下司官難爲，眞不如上級官員的看門狗。

　　這樣好嗎？三思而後爲狗，未之遲也。

　　（本句另解，參看13.30）

【03】

大工一下比，小工磨到死。

Toā-kang chi̍t-ē pí, sió-kang boâ kaù sí.

Toā-kang chi̍t-ē pí, sio-kang boā kaú sí.

命令一聲，動作沒完沒了。

　　小工或下屬用來怨嘆。說的是，大工、上司只會發號施令，不知道小工、下屬得拚多少條命才能完成任務。

　　這句俚諺是白描，修辭式用的是對比異對格，用來比對大小工的不同：一個輕鬆輕鬆的「比」一下，另一個就要「磨」難得要死不活。是的，簡簡單單十個字，把大工管小工的情形描畫得淋漓盡致：並且用「比」字，表示輕率地濫用威權；用「磨」字，描寫如牛似馬的小工人。

　　大工：工頭，上司。　比：指揮，命令；字面是「比劃」。　小工：小工人，下司。

【04】

一朝天子，一朝臣。

It-tiâu then-chú, it-tiâu sîn.

It-tiâu thēn-chú, it-tiâu sîn.

班主易手班底換。

　　用來表示權力結構變遷後的必有結果。斷言，上級主管換人，下屬人員也隨著變動。而變的原則是起用私人親信，如此，說要「反攻大陸，消滅共匪」才有搖旗吶喊的跟班。

　　這句古俚諺，見於《格言諺語》，更是常見於戲曲和章回小說。

　　雖然這句俗語以舊世代專制帝王和家長事業爲背景，但現代專制霸權都是「一朝天子，一朝臣」；不然的話，要如何實行一黨專政來控制人民？那些名爲民主國家，實爲腐敗政府，也都是「一朝天子，一朝臣」；不然，怎麼會有搓圓仔湯內閣？不然，怎麼可能發生軍購舞弊案，興票案，等等貪污大案？

【05】

仝天，各樣月。

Kāng thiⁿ, koh-iūⁿ goeh.

Kāng thiⁿ, kó-iūⁿ goeh.

陸戰隊vs.海防隊。

　　用來發洩壓抑的感情。一、在社會生活上，同一個機構，但因單位主管不同，作風不同而造成下屬人員的不同際遇，有的磨到死，有的掠虱母相咬。二、感嘆人生遭遇，說同胞兄弟大興大發，爲甚麼我還是一個潦倒不堪的羅漢腳？

　　這句俚諺頗有詩的韻味，同樣的天，原是同一個月亮，怎麼會有所不同呢？應該是「心」的作用吧？宛如有人從月亮，看到嫦娥、玉兔、戀女，有人卻看到大顆頑石！

【06】

鷄仔，隨鴨母。

Ke-á, toè ah-bú.

Kē-á, toé á-bú.

紅軍陣地黑卒免進。

　　用來諷刺，說的是小鷄跟上母鴨，譬如黑派大將投靠紅派主管。除非完全投降來「棄邪歸正」，否則這一「隨」，有好戲可看。

　　　　（參看，「鷄囝，隨鴨母。」325.11）

【07】

舊囚，食新囚。

Kū siû, chia̍h sin-siû.

Kū siû, chiā sīn-siû.

綿羊入狼群？

　　斷言，老幹部、老同事，老學生，一類的「老」字輩，會欺負新「字」字頭的人物。正如一個新囚犯，要聽命於同房的老大，受其欺負和差遣。

【08】

新的未來，唔知舊的好保惜。

Sin--ê boē-laî, m̄-chai kū--ê hó pó-sioh.

Sin--ê boē-laî, m̄-chaī kū--ê ho po-sioh.

迎新棄舊未必然。

　　用做警語。教示人當敬愛現任上司，別以爲換個主管會比現任的好。

　　這句是白描，直述老先人的一項經驗和寶貴的感情；他們眞

念舊，眞惜情！敬愛老長官是好的，但因此懷疑現任長官，而不願合作，則是大大的不可取了。同義句：「小新婦未來，唔知大新婦好。」

好保惜：知所珍惜。　新婦[sin-pū]：媳婦。

【09】

佛去，則知佛聖。

Put khì, chiah-chai put siàⁿ.

Put khì, chiá-chai put siàⁿ.

噫，眞能人也！

　　用來表現懷念一個好的上司。說的是，當上司、主管或好人，離職或辭世之後，才知道他／她眞正是個好上司，好主管，好人。

　　這句是咱台灣常用的俚諺，修辭是借代格，用靈聖的「佛」來喻指一切賢人或是善人。是的，當「佛」在人間的時候，少有人能體會出他的偉大，釋迦佛如此，耶穌基督也是如此。爲甚麼？可能是眞正的「佛」，眞正的「基督」沒有我執，只有「虛己」，何須自我廣告宣傳？

【10】

一個泄尿的，換一個滲屎的。

Chit-ê chhoah-jiō--ê, oāⁿ chit-ê siàm-saí--ê.

Chit-ē chhoā-jiō--è, oāⁿ chit-ē siám-saí--è.

等而下之。

　　用來譏刺。說前任上司的領導能力和對待下屬等等，乏善可陳；但新任上司的一切，都非常糟糕。眞狗屎也！

　　這句俚諺用上了不該掛在嘴巴的「屎和尿」來做表象，是否忘

記了孔老夫子的聖教？但從文學的立場看，卻是入木三寸的對比同對修辭格哦！萬分實在地表達著難以忍耐的不滿。君不聞，辦公大廳陣陣亞摩尼阿，剛要消散，誰知卻颳起強烈的大礐臭味。

（參看，「食老三項醜，加嗽、泄尿兼滲屎。」124.10）

【11】

新屎桶，三日芳。

Sin saí-tháng, saⁿ-jit phang.

Sīn sai-tháng, sāⁿ-jit phang.

明星花露水？

用來譏刺。說新官，新主管或新人得到的歡迎何等短暫，是多麼不耐歡迎啊！

這句俚諺用了很殘忍的借代，以「新屎桶」指代「新」字輩的人士，真是情何以堪！難道「桶」會這麼快就失卻它原有的檜木的芳香嗎？這，這就要看用做什麼桶了。用做香油桶，流芳萬世；用做「屎桶」，只要「三秒鐘」足可遺臭萬年了。

（參看，「屎礐，無三日新。」331.14）

【12】

新官上任，三把火。

Sin-koaⁿ chiūⁿ-jīm, saⁿ-pé hoé.

Sīn-koaⁿ chiūⁿ-jīm, sāⁿ-pe hoé.

橫衝直撞一新鳥。

斷言，新主管上任，滿有做事熱情，不論推行政策，籌劃新事，莫不宣傳的宣傳，推動的推動；看來真是萬分有為有守，好像新世紀於焉開始。

這句老俚諺，常見於現代報紙和章回小說。

【13】

你辦事，我放心。

Lí pān-sū, goá hòng-sim.

Lí pān-sū, goá hóng-sim.

還像隻忠犬！

　　用來諷刺獨裁者。說他可以信任自己選定的某一個手下。言下之意，這隻看門犬「深得朕意！」

　　這是一句新諺。在任何專制政治結構中都有可能發生，因爲獨裁者無法無天，藐視法律和制度(也許本來就沒有啥制度)，施展的是個人威權，所以只能用他自己的心腹來狼狽爲奸了。

【14】

觀其言，察其行。

Koan kî giân, chhat kî hêng.

Koān kī gên, chhat kī hêng.

何時投降？

　　中國領導人用來恐嚇台灣總統陳水扁博士的話。這也是給全體台灣人民的一記大耳光，一句大恐嚇。

　　觀其言，察其行：觀察某人的所言所行是否循規蹈矩，宛如「大開刀」前的徹底體檢，乃是對待留校察看的問題學生，保外就醫的黑道流氓，少年感化院肄業的少年犯，或精神科治療中的病患，等等問題人物的手段。

　　背景：這句話很可能成爲台灣的新俗語。她產生的背景是這樣的：公元2000年「台灣之子」阿扁，發表他當選台灣第二屆直接民選總統的就任演講。他的演說非常低調，萬分有禮，對於中國說盡好話和善意。更是信誓旦旦，只要中國不動武，我阿扁總統

就不宣告獨立……。但中國領導人反應奇冷，江澤民先生毫不領情，大聲嚇他，說要繼續「觀其言，察其行！」

怎樣？江先生這句話，真不夠意思吧！鄰國台灣辦大喜事，熱烈慶祝自己的新總統就任，他連一聲「恭喜」都沒有，反而口吐威脅。如此，台灣人能不拔腿遠遁嗎？能敢不拚命追求更完全的獨立嗎？

第六節 好朋友、歹朋友

本節段落：

【01】

狗兄，狗弟。

Kaú hiaⁿ, kaú tī.

Kau hiaⁿ, kau tī.

難兄難弟？

用來形容朋友親密。說彼此走的很頻很近，臭味是多麼的相投。

這句是常用的俚諺，形象借代得非常可愛。左鄰右舍的狗朋友都甚親密，偶得閒暇就相約混在一起，要上山打獵，進園驅鼠，入城掃街；日夜守衛真正精誠合作，厝前一吠，厝後百應。這一切，看在老先人眼裏，凡是親密得不得了的朋友，都有資格被稱爲「狗兄，狗弟！」但人類這種用法，卻是貶多於褒，混同「難兄難弟」，或「兄弟人」。請小心應用，以維護狗權！

其實，人家狗兄狗弟不像人類的惡黨狼群狼狽爲惡，特別是咱台灣的狗族算是弱勢團體。幾年前，有一隻流浪狗，在花蓮市被車撞傷，趴在十字路口。但見和牠一起流浪的狗伴，有一黑一白，分別站在牠的左右邊來保護，以免牠再度受害。其他的流浪狗也輪流守在周圍。(→《自由時報》1997(10.19):5)

啊，可敬的狗兄狗弟，您們的狗德如此崇高！未知缺乏共同

體意識的台灣人，看了您們的懿德範行有啥感想。

【02】

一偶，二同年。

It giô, jī tâng-nî.

It giô, jī tāng-nî.

同名同齡好交陪。

斷言，有二種情形最容易發生感情，結成朋友，那是「偶也」和「同年也」。

偶：大名相同的人，彼此不再稱名道姓，只叫一聲「偶也」。 同年：年齒相同，若是月日相同，尤親一級。

一般「偶也」確實是比不同名的親密。爲甚麼會？也許是因爲人對自己的大名較敏感，可從對方的芳名嗅出自己吧。還有，「偶也」可能有同名之累或同名之賜，這也能拉近彼此的距離。要是一班同學有五六個「美鳳」，七八個「福來」也是很有趣的，不是嗎？

舊時農村社會，「同年也」總是比較親密；筆者就有一個「同年姑」，她是我媽媽的「同年姊」。「同年也」爲甚麼會比較親近？昔日的「同年」可能不多，一鄉頂多二三個。他們一起長大，一起上學、當兵、做工；他們經驗著相似的生活和社會變遷；他們對於鄉里、國家負擔同樣的責任。無疑的，「同年也」命運的相似性也一定比較多些。

【03】

竹管仔箸挾土豆仁──一粒一。

Tek-kóng-á-tī ngeh thô·-taū jîn──it-liȧp-it.

Tek-kong-a-tī ngé thō·-taū jîn──it-liāp-it.

天下獨一好友也。

　　用來揶揄人。說，此二人是至好的朋友，好得宛如世界上沒有別人，只有這個人才是朋友。

　　這是一句厥後語。所謂「竹管仔箸挾土豆仁」，就是竹筷挾花生米，一次挾一粒來吃。用這種吃花生的「一粒一」，來形容「一等一」的朋友，眞是民間性十足，表現法萬分可愛。

【04】

褲帶，結相連。

Khò·-toà, kat sio-liâm.

Khó·-toà, kat siō-liâm.

難分難解好朋友。

　　用來形容小朋友之間的親密關係，出入內外形影不離。

　　這句俗語用褲帶是時常聯結在一起的事實，來形容時常在一起的朋友。同義句：「師公仔，聖杯。」

　　師公仔：或做「司公」，道士也。　聖杯[siūⁿ-poe]：杯珓，用老竹根，或堅木製成的二片半月形法器。道士作法，請示神意都用聖杯。

【05】

放屎也著呼狗。

Pàng-saí iā-tio̍h kho·-kaú.

Páng-saí iā-tiō kho·-kaú.

走得太近不像話。

　　用來嘲笑時常在一起的朋友。不論大小事，連最隱私的事也要相邀同行。

　　這句話嘲笑得相當嚴重頗近諷刺，用了一個借喻來譬喻形影

不離。舊時農村小孩在埕頭埕尾解放，可能呼請狗兄狗弟來吃腥
臊。如此用喻，把好朋友比得太粗俗了。請注意，這句俚諺是貶
義的。

背景：參看，「未放屎，先呼狗。」(224.09)

【06】

古井，𣍐離得絆桶；關公，𣍐離得周倉。

Kó͘-chíⁿ, boē-lī-tit phoà-tháng;

Koan-kong boē-lī-tit Chiu Chhong.

Kó͘-chíⁿ, bē-lī-tit phoà-tháng;

Koān-kong bē-lī-tit Chiū Chhong.

相得益彰好關係。

用來形容不即不離的親密的關係，宛如井之於桶，關羽和周
倉。

這句俚諺的修辭式用的是對比同對格，用「井桶」爲一組，來
比對「關周」這一組，結果對出來的都是如影隨形的關係。值得一
提的是，先人用生活經驗來關聯歷史傳說，造成這句俚諺：「井
桶」合則有用，散則無效，比擬「關周」親信一死一殉。

關公（?-219）：字雲長，三國時蜀漢大將，守荊州時，因後備空
虛而被孫權所敗，被捕不降而被殺。因義氣干雲，民間拜之爲神。鸞
教相傳關公升做天公，也曾引起道教界的嚴重批評。　周倉（?-
219）：關羽的部將，命守麥城，後關公被殺，吳軍帶關羽首級來招
安，倉視之大驚，自刎而亡。《三國演義》塑造關周親密的關係，後來
的關帝廟，持大刀立於關羽塑像後面的，就是周倉。

上面三句俚諺都用「形影不離」來說朋友間的親密。其實朋友
走得太近，旣不可能，也不很好；距離太近，可能忽略去理解朋

友，去欣賞朋友的優點；更不可能反省我給朋友做了什麼。此事，古人有所感慨：「君子交有義，何必常相從。」(魏、郭遐叔《贈稽康》)

　　朋友相好的程度，若是到了「放屎也著呼狗」，到了「褲帶，結相連」的地步，確是太過份了！只要靈犀相通，好朋友豈在乎相見的頻繁？當然，好友間別多聚少也是人生的一種遺憾。

　　(第一分句另解，請看「古井，膾離得拔桶。」526.09)

【07】
死忠兼換帖。

Sí-tiong kiam oāⁿ-thiap.

Si-tiong kiām oāⁿ-thiap.

至死忠誠如兄弟。

　　用法有二：一、形容某人對於某個朋友，不論任何須要他做的事都會盡力，隨時捨命奉陪。二、用來表示絕對支持。我們台灣的大小選舉，在選戰劇烈時常聽到有人用這句話來表示無條件支持某一位候選人。

　　死忠：盡忠到死。　換帖：結拜兄弟也，因為舊時要認義兄弟，須要交換「庚帖」，則是要互相交換寫有姓名、籍貫、生辰八字的帖子，然後又得在神前誓約。

　　雖然這句俚諺的詞句相當土俗，但是她傳達感情的深刻不是任何雅言可能比擬的。同時，她所指陳的義理是普遍的，又是深沉的人性經驗。以色列的智者，也有類似的感受，說：「泛泛的伙伴情薄似紙，深交的朋友親逾骨肉。」(《聖經‧箴言》18:24)——骨肉不是能夠選擇的，應該珍重，但朋友既然是愛和選擇的結果，就得好好的培養感情才好。

【08】

交著，海底行的人。

Kau-tิิoh, haí-té kiâⁿ-ê lâng.

Kaū-tiō, hai-té kiâⁿ-ē lâng.

一粒一的朋友也。

歡喜地形容某人交上了一個至好的朋友。

這句用了一個借喻，「行海底的人」喻指極好的朋友。這種人行走在心底深處，那裏是感情最純眞，最根本的所在。這麼說，是因爲文學用海，用水的深淺來表示友情的厚薄。❶

李白在755年遊桃花潭，當地有汪倫者常用美酒來招待他。臨別汪倫又來送行。這位大詩人非常感動，寫了一首詩來記念這段友情：

> 李白乘舟待欲行，
> 忽聞岸上踏歌聲。
> 桃花潭水深千尺，
> 不及汪倫送我情。

啊，雖然潭水那麼深，還是不及汪先生給李大詩人的深情。

【09】

生同生，死同死。

Seng tông-seng, sú tông-sú.

Seng tōng-seng, sú tōng-sú.

利害與共不獨活。

死黨有志用來表明心跡。

【10】

桃園三結義，張飛關公扶劉備。

Thô-hn̂g sam kiat-gī, Tiuⁿ-hui Koan-kong hû Laû-pī.

Thô-hn̂g sām ket-gī, Tiūⁿ-hui Koān-kong hū Laū-pī.

志同道合義兄弟。

　　用來鼓勵眞誠相待，盡力扶持。原來可能是講古仙的「講目」。

　　（本句詳解，請看512.26）

【11】

士爲知己者死，女爲悅己者容。

Sū uî ti-kí-chiá sú, lú uî iàt-kí-chiá iông.

Sū uī tī-kí-chià sú, lú uī iàt-kí-chià iông.

多少犧牲爲鍾情。

　　斷言，義氣人士，感情女子，可能爲了知己的朋友而捨命，爲喜愛她的朋友來打扮得漂漂亮亮。

　　這句古諺，見於《史記‧刺客傳》，又見《格言諺語》。

　　士：明是非，講義氣，有相應的實際行動的人；此處不指「士大夫」或「士君子」。　女爲悅己者容：說成「女人會爲著自己心愛的人而打扮」可能比較符合實際。

　　其實，「士爲知己者死」，古今內外都有，且有許多不同的表現方式。舉比較著名的例子來說吧。古以色列王國成立史的第一頁，記載著王子約拿單和大衛的交誼。

　　這位王位繼承人約拿單，眼看自己的父親變得相當昏庸。但他覺得那個曾用彈弓打殺強敵的大將巨人歌利亞的青年，也是人民擁戴的大衛，才是最好的，未來的國王。然而，這種政治考量

並不是主要的，乃是約拿單從心底愛上了大衛。

約拿單的父親再三提醒他，要趁機消滅王位的威脅者大衛。只是約拿單反而一再保護大衛，用生命來衛護他，使他不致於被殺。他重視彼此情性的投契，而輕看繼承榮耀的以色列王位。《聖經》說：「約拿單愛大衛，就像愛自己的生命一樣。」(《撒母耳記上》20:17) ❷

啊，太難啦，太崇高了！為知己而死。耶穌基督說：「一個人為朋友犧牲自己的生命，人間的愛沒有比這更大的了。」(《聖經‧約翰福音》15:13)

【12】
王哥，柳哥。

Ông-ko, Liú-ko.

Ông-kò, Liú-kò.

遊盪的少年郎。

用來譏刺。說的是整天混在一起，奇裝異服，熙熙攘攘，顛顛倒倒，言行怪異，眼中幾乎看不見社會上還有別人的存在。

王柳二位哥弟單獨的話，就沒有齣頭，而是要搞在一起才有劇本可演。什麼樣的人，交什麼樣的朋友；朋友是性情的延長，所以王哥和柳哥相得益彰，配合得很好。

然而，這句俚諺實在太冤枉了王哥柳哥。誰能懷疑他們彼此間的友情呢？誰能斷定他們沒能力來個管鮑之交，或子期伯牙的知音呢？同趣為朋，同臭為友，遊盪少年之間，友情照樣蕩漾得可愛。

【13】
你我兄弟，林投竹刺。

Lí-goá hiaⁿ-tī, nâ-taû tek-chhì.

Li-goá hiāⁿ-tī, nā-taû tek-chhì.

有刺族大會串。

　　可能是「兄弟人」用來自嘲。說，我們大家都是一群有刺人士，大名榮登我國「正俗」、「一清」，等等專案。

　　本句，從第一人稱發言，造成自我調侃的氣氛，乃是將一份無捨施的幽默混入諷刺，令人覺得更強烈的刁蠻頑劣。這算是很成功的一句俚諺。同類句有：「人交桃園結義，咱交林投竹刺。」「別人交陪攏是關公劉備，咱交陪攏是林投竹刺。」

　　（本句注釋，參看512.26）

【14】

好朋友，睏牽手。

Hó pêng-iú, khùn khan-chhiú.

Ho pēng-iú, khún khān-chhiú.

朋友親愛勿亂來。

　　用做警語。指出在好朋友之間，因爲親密而失卻應有的尊敬和一定的規矩，以致於紛亂了第六倫。

【15】

願撞金鐘一下，呣擂破鼓千聲。

Goān tōng kim-cheng chi̍t-ē, m̄ luî phoà-kó͘ chhian siaⁿ.

Goān tōng kīm-cheng chi̍t-ē, m̄ luī phoá-kó͘ chhēn siaⁿ.

交友寧缺勿濫。

　　用做警語，說的是交友或結婚，寧缺勿濫，正如寧願撞一下銅鐘，摸一下金酒杯，也不願意不停的擂打破鼓。

　　這句古諺用的是對比同對格，說同樣要敲打樂器，但卻有金

鐘和破鼓之間的喜愛和嫌棄。同時，「金鐘」和「破鼓」用來指代好
友和好男女，損友和壞的對象。

金鐘：金屬鐘、銅鐘；金杯、金酒杯。歐陽修詩：「自慚白髮隨
少年，猶把金鐘賜少年。」（《去思堂會飲》）

【16】

仁義莫交財，交財仁義絕。

Jîn-gī bo̍k kau-chaî, kau-chaî jîn-gī choa̍t.

Jīn-gī bōk kaū-chaî, kaū-chaî jīn-gī choāt.

仁義交vs.財利交。

當做交友規箴。斷言交友之道，不可以貪圖對方的錢財或任
何利益為動機，而是仁和義的會遇。是的，仁義至交非為財利，
否則就是仁斷義絕了。

這句古諺，含有深邃的智慧！多少好友濫用「朋友通財之
義」，以致於污損了珍貴的友情，真是可惜！本句的背景，《注解
昔時賢文》舊注道，有人每年遊司馬溫公的「獨樂園」，覺得不好
意思，說要增添園金給園主。但溫不受，回他說：「蘭樹好材栽
花，栽花自然發；仁義莫交財，交財仁義絕。」噫，主人真是慷
慨。同類句：「酒後不語真君子，財上分明大丈夫。」（→《昔時賢
文》）

酒後不語：指不藉酒裝瘋，或發大牢騷，或大吹牛皮，等等酒精
亂性的迸發症狀。 財上分明：錢的往來分明，應付即付，應還必
還。

【17】

交友無交錢，交錢無朋友。

Kau-iú bô kau-chîⁿ, kau-chîⁿ bô pêng-iú.

Kaū-iú bō kau-chîⁿ, kaū-chîⁿ bō pēng-iú.

仁義莫交財。

　　用法和意思類似上一句。

【18】

君子之交淡如水，小人之交甜如蜜。

Kun-chú chi kau tām jû-suí, siáu-jîn chi kau tiⁿ jû-bi̍t.

Kūn-chú chī kau tâm jū-suí, siau-jîn chī kau tiⁿ jū-bi̍t.

君子友vs.小人友。

　　用來激勵人交好友，勿交損友；同時，點出好朋友少激情，壞朋友可能比較好玩，比較有刺激。

　　這是和孔夫子同時代的隱士子桑戶的名言。孔子問他，有人逃難的時候，爲甚麼棄千金而負赤子？子桑戶認爲原因乃在於：「君子之交淡若水，小人之交甘如醴；君子淡以親，小人甘以絕。彼無故以合，則無故以離。」(《莊子‧山木》)

　　看了這句名言，我們難免要問：君子之交若眞的是「淡如水」，不會很無聊嗎？小人之交若是「甜如蜜」，不是很可喜的事嗎？還有，人際關係難道眞的是「無故以合，則無故以離」？

　　不，不會的，人之合都是「有故」的！說要「無故」，除非把朋友當做一種概念，或是可有可無的一個他／她。只要朋友還是個活生生的人，交遊都有一種「目的」。重要的是必要把這「目的」，對準提升彼此間更豐盛的生命，並且記得隨時克服損友利己的，凡人皆有的劣根性。

　　　　蜜水好嗎？

　　　　嬤，我飲冰水！

……
只要你愛
蜜水也有
冰水也有
只要你合意！

【19】

舊柴草快著火，舊籠床好炊粿。

Kū chhâ-chhaú khoài tȯh-hoé,

　　kū lâng-sn̂g hó chhoe-koé.

Kū chhā-chhaú khoái tō-hoé,

　　kū lāng-sn̂g ho chhoē-koé.

安然交陪老朋友。

　　用做交遊警語。強調舊朋友之間的交遊是非常自然，和諧而溫馨的；彼此之間很容易共識共鳴，合作無間。

　　這句俚諺用的是借喻，所謂「舊柴草」和「舊籠床」指的都不是燃料和炊具，而是「老朋友」。啊，真●的想像，毫無禁忌地將珍貴的朋友喻指做炊粿的籠床，做煮飯的柴草！好了，對看一下外國詩人的「新朋友老朋友」：

　　　新朋友要結交，老朋友要保存；
　　　新朋友是銀，老朋友是金。
　　　新的友誼就如新酒，
　　　時間會使它變醇和圓熟。
　　　……

與可靠而真實的老朋友為伍，
…讓我們的青春復甦。
但是，啊！老朋友會……
我們須要新朋友填補空虛。
好好珍惜你的友誼——
新朋友很好，但老朋友無人可比；
新朋友要結交，老朋友要保存，
新朋友是銀，老朋友是金。❸

　　嘻！西洋人的新老朋友，如銀，似金，又如酒，極珍貴又浪漫。但咱台灣人的好朋友，像柴，像草，像籠床，可以煮飯，可以炊粿，萬分實際，非常有用！

　　請教咧！交友講究實際，沒有淪為「利用」的危險嗎？沒有「物化」情感的誤謬嗎？遊鍵至此，我對咱台灣人的「過分務實」，心有疼痛。

【20】

酒逢知己飲，詩向會人吟。

Chiú hông ti-kí ím, si hiòng hoē-jîn gîm.

Chiú hông tī-kí ím, si hiòng hoē-jīn gîm.

請免對牛彈琴！

　　用法有二：一、積極的，提醒人在知己的朋友之間，要知道分享彼此快樂的時光，來感受靈犀相通的快樂，體會理解彼此的心意。二、消極地，提醒人不要隨便交際，不要對牛彈琴，那是吃力不討好，雙方都沒有益處的事。

　　句見，《增廣》和《注解賢文》。按賢文舊注：「賀知章解腰上

所帶金龜換酒與李白共飲,曰:『酒逢知己飲。』李太白飲酒一斗吟詩百篇,人曰:『詩向會人吟。』」

知己:二人之間彼此有深度的認識、理解、感應,就是一聲咳嗽也能聽出對方所要傳達的訊息——相互「知彼」也。

【21】

朋友著相照顧,呣通相褪褲。

Pêng-iú tio̍h sio chiàu-kò͘, m̄-thang sio thǹg-khò͘.

Pēng-iú tiō siō chiáu-kò͘, m̄-thāng siō thńg-khò͘.

互相漏氣穩退步。

用做警語。朋友交陪知己知彼,但不可以此比高比低,而產生莫須有的怨妒,以致於發生許多很不夠朋友的代誌。如此,大大失去了做朋友的意義。

這句俚諺雖然講法相當粗俗,但點中交友的關鍵。不照顧朋友,但興趣「脫」,色狼也!

不過,朋友善意的規勸、批評,甚至傷到了感情,也得忍耐;接受朋友的好處,為甚麼不能忍耐他的善意的傷害呢?以色列的智慧人有言:「朋友出於善意所加的創傷你得忍受;敵人不停地擁抱你,你得當心。」(《聖經・箴言》27:6)

【22】

朋友某無大家,朋友查某大家的。

Pêng-iú bó͘ bô taī-ke, pêng-iú cha-bó͘ taī-ke--ê.

Pēng-iu bó͘ bō taī-ke, pēng-iu chā-bó͘ taī-kē--ê.

公私分明朋友也。

看來這是一句流行在粉味同好、暗路同志之間的口頭禪。雖是如此,彼此尚知分別「朋友某」和「朋友查某」之不同,也是好

笑！也許，這是深知彼此都是「開仙」，反射出潛意識的某種不安吧。

　　某：妻子。　　查某：*賣性女人，乃是「趁食查某」的省略詞。*　　*無大家：私人的，不是公家的；反義詞是「大家的」。*

【23】

在厝靠父母，出門靠朋友。

Chaī-chhù khò pē-bú, chhut-mn̂g khò pêng-iú.

Chaī-chhù khó pē-bú, chhut-mn̂g khó pēng-iú.

開放自己朋友靠。

　　用做待友須知。要說的道理應該是：隨時準備接納來訪求助的朋友。雖然字面說的是：小時候在家裏，仰仗父母的愛護來生活；長大了出門做事，須要朋友幫助以解決困難。

　　這句老諺是單純的直述句，但前後分句卻是一種對比：同樣說的是「倚靠」，但在家和出外則不同，有靠親靠友之別。語見，《格言諺語》。

【24】

妻子面前莫說眞，朋友面前莫說假。

Chhe-chú bīn-chêng bo̍k soat chin,

　　pêng-iú bīn-chêng bo̍k soat ké.

Chhē-chú bīn-chêng bo̍k soat chin,

　　pēng-iú bīn-chêng bo̍k soat ké.

妻子不如朋友嗎？

　　用做警語。說對待朋友一定要儘量誠實，但對於妻子有啥短處則該隱瞞。

　　噫，老先人屬害腳色也，竟然發明這種交友之道和治家之

理。顯然的，這是舊時代大男人主義的幻想，心裏認爲女人好欺負，好欺騙，藉口是騙她爲了要避免召開家庭運動大會。當然，朋友相知哪能隨便欺瞞；有事，照實招來，以免絕交。

注釋

1. 這句諺語，我們參考了台北振榮先生給這句俗語的注釋（→「台灣精諺」《自由時報》），原文引李白《贈汪倫》詩的前半首。筆者檢出原詩，補上前二句。

2. 此事，希伯萊史家用了好長的篇幅來記載，參看《聖經·撒母耳記上》17 -26; 31等章。附帶一提，有學者認爲約拿單和大衛彼此間的友誼，是「同志愛」。

3.「新朋友老朋友」，見W. J. Bennett，吳美眞譯，《美德書》，頁616-7。

第三章

人際互動利害難測

第一節　社交應酬

本節段落：

【01】

狼要狼群，狗要狗黨。

Lông aì lông-kûn, kaú aì kaú-tóng.

Lông aí lōng-kûn, kaú aí kau-tóng.

狼群狗黨好做事。

　　斷言，人生在世，不論生活、做事，要是有一群人為靠山；如此，做事就會比較方便。

　　這句俚諺的修辭式是借喻，用狼和狗的成群結黨，來喻指人類結黨營私。這句俚諺也說成：「人要人群，狗要狗黨。」

　　請小心使用這兩句俗語哦！她都是貶義，帶刺的說法。試想，若是說「XYZ黨都是狼群狗黨」，怎麼會是稱讚呢？公開辱罵某一黨人是「狼群狗黨」，難免挨告。

【02】

嘸驚你識字，只驚你識人。

M̄-kiaⁿ lí bat-jī, chí-kiaⁿ lí bat-lâng.

M̄-kiāⁿ li bat-jī, chi-kiāⁿ li bat-lâng.

結交大官好做事。

用法有二：一、斷言人脈的重要性。說的是，令人可畏的是交際網絡廣大，例如，上至總統、女王、各級委員，下至黑道、遊民，都是自己的兄弟姊妹。如此做起大小事，方便無比；而博學通文，無啥路用。二、舊說，用來修身。爲人貴能分別好人歹人，這比認得幾個大字來得重要。

這句老俚諺，有更露骨的說法：「唔識銀請人看，唔識人死一半。」《格言諺語》做：「寧可不識字，不可不識人。」

識字：喻指有學問的人；不是「認得甲乙」。　識人：擁有高官顯要來做靠山；不是說「認識某人」。

這句俗語在「人」凌駕「字」，人強暴「文」的社會，不論古今都通用。因爲重人治，講交情，是非混淆，法律隨心，公義不彰的社會，「字」算啥？大權在握的「人」和「人機器」弄權，操縱著「字」的解釋，做出無數歪曲和虛僞。最壞的例子可能是將「台灣」就是「TAIWAN」歪曲成「REPUBLIC OF CHINA」！

啊，識人識人！台灣處處「人」秀成災。慘不忍睹的就是大祭典，大法會的「政治人秀」。在朝的大官虎，下野的舊官僚，各級民代和政治玩客，爭先恐後出現，上香的、鳴鑼的、點炮的、開光的、點眼的，紛紛要上電視，要上報紙，心裏要求的一盡是褻瀆神明的廣告。

我們懷疑這批「人」的宗教虔誠，我們驚覺台灣某些宗教領導人隨意褻瀆自己的宗教，而這正是「宗教亂象」的根源。落後社會的共同現象就是「識人」勝過「識字」，喜愛「人秀」勝過追求「眞理」。關心台灣人心靈改革的，能不注意及此？

【03】

酒鍾會抛過省，拳頭繪鑿過壁。

Chiú-chiong oē pha-koè séng,

  kûn-thaû boē chhȧk-koè piah.

Chiu-chiong ē phā-koé séng,

  kūn-thaû bē chhȧk-koé piah.

麻醉外交效果好。

　　用來強調親善交陪，大大勝過文攻武嚇。說的是，喝酒的酒杯可以打破省籍的隔閡，但是動武只能孤立自限，寸步難行。

　　本句修辭用的是對比異對格。酒鍾這個無力之物，卻有「拋過省」的功力；但是中國的太極拳和台灣的猴拳雖是有力，卻是「𣍐鑿過壁」。

　　酒鍾：酒杯。坊間有寫做「酒精」，欠通。

　　這句俗語是台灣新諺。請問「酒鍾會拋過省」說的是什麼？乃是五十多年來，大部份台灣人有禮對待「外省人」，手捧「酒鍾」來敬酒，來造成超越省籍界限的社交活動。我們相信民間社會有許多善良的「台灣外省人」認同台灣這塊土地為安身立命的國家。——來！來！老鄉也，我敬您。乾啦！

　　至於「拳頭𣍐鑿過壁」一語，指摘著武力的限制和愚昧。暴力雖然能製造威脅，但強烈刺激著厭惡的感情，激起「一人一家代」，斷絕往來的自覺和完全獨立的意志。武力是破壞的，缺乏會通的、敦睦的力量；在精神世界，武力非常軟弱，穿不透一層薄壁。

　　好！但願陳總統水扁博士的「酒鍾」能拋到中南海，和中國的主席江先生來乾杯，來互祝彼此「國運昌隆，百姓幸福」！

【04】
睛暝牛仔，嗯識禮數。

Chhiⁿ-mî gû-á, m̄-bat lé-sò͘.

Chhīⁿ-mī gū-á, m̄-bat le-sò͘.

無禮無數應該罵。

　　用來強調禮貌的重要性。這句話可能是家長或序大用來責備沒有禮貌的少年郎。責他像一隻小瞎牛，橫衝直撞不知禮數。

　　這句俚諺將「唔識禮數」，歸之於「瞎瞑牛仔」，乃是老先人的「時代精神」。時代丕變，「禮貌」這種東西，大大無關識字或不識字，更無關「文憑」的大小。君不聞，多少博士、教授、立委的「問政」是何等粗魯無禮——任何一個「老粗」也都比他／她文明得太多了。

【05】

無名無姓，問鋤頭柄。

Bô-miâ bô-sìⁿ, mn̄g tî-thaû-pìⁿ.

Bō-miā bō-sìⁿ, mn̄g tī-thaū-pìⁿ.

喂！喂！老廢仔…！

　　用法和意思相似於上一句。

　　（本句詳解，請看318.20）

【06】

花食露水，人食嘴水。

Hoe chia̍h lō͘-chuí, lâng chia̍h chhuì-suí.

Hoe chiā ló͘-chuí, lâng chiā chhuí-suí.

說話靈精好生活。

　　斷言親切的口舌的重要。說的是，露水使花卉長大，讓她展示美麗，散播芬芳；像這樣，「嘴水」是日常生活，辦社交和做生意的重要「工具」。

這句俗語的修辭格是對偶正對式。「花」匹配著「人」，而花和人雙雙對對是「吃露水」和「食嘴水」。關係句有：「無彼號心，嘛有彼號嘴。」

食：倚靠（事物、職業）為生，例如「食頭路」。 嘴水：親切招呼人的口舌，不是口水。 彼號心[hit-hō sim]：那種（誠意的）心。

看了這句俚諺，現代台灣人應該有另向思考才好，那就是：不要「嘴水」，要「實在話」。反思一下過去六十年來，台灣人的精神世界籠罩在一片虛偽的宣傳，不論是教育、政治、經濟、文化，甚至是宗教，都是一片模糊。

假如一國的人民習慣了這種「亂彈的嘴水」，久而久之會失落「批判的理解」的能力，迷信「嘴水」為事實的真象，並墜落成怨恨真實的癖性。台灣最可怕的「嘴水」是「主權獨立」一句。若真的如此，為甚麼聯合國沒有身份？為什麼世界各大國沒有「大使館」只有「台北辦事處」？為甚麼前李總統要去日本看病的簽證，如此難得？——人民的無數「為甚麼」，政府都用「嘴水」來敷衍。

當家做主的人民，必須是喜愛「真實」勝過「嘴水」的公民！

【07】

大尊大，細尊細。

Toā chun toā, sè chun sè.

Toā chūn toā, sè chūn sè.

敬大疼細真有禮。

用來教示禮貌。一個人在任何社會都有他／她一定的身份和地位，而禮貌就是符合這種位格的一套尊敬的象徵動作。

這句俚諺是白話直述，說的是「序大就該尊之為大，而序小則尊重之為小」之類的倫理。這是台灣社會生活的重要規矩，觸

犯的話恐怕難以做人。類似句有：「無大你輩，嘛大你歲。」「無
大你年，嘛大你月。」

社會生活若是常在大小、輩份的範圍來活動，一定是很拘束
的。當知社交有許多可能性，特別是超輩份的投契。杜甫有所感
慨：「人生交契無老少，論交何必先同調。」《徒步歸行》）

（參看，「論輩，無論歲。」514.41）

【08】

刣豬這身軀，拜神嘛這身軀。

Thaî-ti chit sin-khu, paì-sîn mā chit sin-khu.

Thaī-ti chit sīn-khu, paí-sîn mā chit sīn-khu.

看場合裳衣禮服。

用做警語。一面諷刺一面教示，務須注意衣著，不可以上廟
拜拜仍然身穿殺豬的血衣。太不虔敬了！同義句：「刣牛也這
身，拜佛也這身。」（→ 421.15）

這身軀：「這一身衣服」的簡寫。

【09】

人用財交，金用火試。

Jîn iōng chaî-kau, kim iōng hoé-chhì.

Jîn iōng chaî-kau, kim iōng hoé-chhì.

金錢收買古今通。

斷言辦外交須要花錢。人沒有錢寸步難行，社會生活更是如
此。

這句老諺見於《注解昔時賢文》，原注載：「漢高祖與項羽爭
鋒，陳平曰：『人用財交，金用火試。項羽賴范增數人而已，間
之以疑其心，楚可破也。』高祖與平黃金四萬觔，用反間計，羽

遂疑增，不用其言…遂敗項羽而有天下。」

　　啊，古人用黃金四萬可得天下，而「中華民國」政府用多少億美金，買不到一個正式的國際地位，只買得那那麼幾位「小朋友」。可見，國際地位不是有錢就行，獨立的國格才是重要；個人也是如此，有錢的烏龜不見得通行無阻！

　　錢重要也，真好用也，但非萬能！人若迷信財神而藐視真理和公義，走火入魔難免。

【10】

有財堪出行，無衣懶出門。

Iú-chaî kham chhut-hêng, bû-i naî chhut-mĥg.

Iu-chaî kham chhut-hêng, bū-i naī chhut-mĥg.

多金多衣多社交。

　　平述一件事實：人一旦有錢，也就搖搖擺擺地喜歡走出大門來辦社交，開派對；衣櫥裏的無數華衣麗服才有亮相的機會。寒酸的破衣人，滿身自卑，只好懶在家裏「掠虱母相咬」了。(→ 431. 08)

　　按民間傳說，說這諺語是孔夫子的窮學生，身穿百結鶉衣的子夏，看到有錢的老同學子貢身穿大禮服要去迌迌，所發出的感嘆。(→《注解昔時賢文》)

　　真的，無錢無衣確實不堪出門！假如陳總統要召見子夏，看他敢不敢穿那一件滿是木蝨蟧蚤的臭破衫上總統府。——啊，有了，有了，子路有辦法。孔老師不是說過，子路是穿破裘並不覺得「見笑」的人嗎？看他一身襤褸，照樣穿梭在穿晚禮服的夫人的派對中。(→《論語・子罕》26)好一個「不要臉」的子路！

【11】

無錢，講無話。

Bô chîⁿ, kóng bô-oē.

Bō chîⁿ, kong bō-oē.

人窮丹田自無力。

斷言，出入社會，難免交換意見，提出見解，但是沒有「孫中山」背書，講話自然細聲，自己也就懶得開口了。——據說，他因貧窮，所以講話都沒有道理；她因為有錢，所以亂彈的都很有說服力！

【12】

毋通騎人王爺馬。

M̄-thang khiâ lâng ông-iâ bé.

M̄-thāng khiā lāng ōng-iā bé.

合我身份咯硞馬。

用做警語。社交界都有可見或不可見的階級範圍，逾越界限要來活動筋骨，可能弄得滿身傷疼。當知，「王爺馬」不是匹夫匹婦的坐騎！

騎人：是「騎人的」之省詞。 王爺馬：豢養在王宮豪門，品種好，訓練夠的好馬，乃是王爺、貴族乘騎的馬匹。 咯硞馬[lōk-khōk bé]：喻指老舊而有些鬆動，小毛病頗不少但可修理來使用的鐵馬或汽車。反義詞是王爺馬。

【13】

戶定，卡高門眉。

Hō͘-tēng, kah-koân mn̂g-baî.

Hō͘-tēng, ká-koân mn̂g-baî.

黑辛小民止步！

　　平民的警語。爲甚麼一個升斗小民，想要爬進朱門紅樓呢？認份啦！

　　這句俚諺裏有個非常誇張的對比：紅樓的「戶定」比白氏寒舍的「門眉」還高！當知，此處談的不是地勢，而是財勢。

　　戶定：門限也。安置門扇處的地面，其高度按府第的階級而異；例如，「文廟」的戶定，高度恐怕不只60公分。　門眉：門楣也。

【14】

鷄屎藤，唔敢抛桂花樹。

Ke-saí-tîn, m̄-káⁿ pha kuì-hoe chhiū.

Kē-sai-tîn, m̄-kaⁿ phā kuí-hoē chhiū.

自覺臭臊不攀香。

　　用來自嘲或刺人，說的是我們不敢高攀人家，宛如「鷄屎藤」有自知之明。

　　這句俚諺非常有台灣的田園氣息，是那麼巧妙地用來表現社會生活的一種認知。是的，「鷄屎藤」這種自我理解是避免麻煩的「英明」決斷。好，就讓「桂花樹」來孤芳自賞吧。

　　鷄屎藤：我國常見的野花，學名Paederia scandens，茜草科，多年生蔓性藤本。生在低海拔山野、路邊、菜園籬笆、平野。花美麗，開花期夏天，花色白和紫紅色。揉搓莖葉之後，鷄屎藤放射出強烈的腥臭味。她是民間常用的藥草，有袪風活血，止痛解毒，治胃腸不適、感冒、咳嗽。❶　桂花樹：木犀的俗名，學名 Osmanthus fragrans。屬於木犀科，常綠灌木，高約2-12公尺。有觀賞用和藥用者，花開黃色的，稱爲金桂；白色的，爲銀桂；紅色的，丹桂。❷

【15】

豬哥姆也，伴五娘賞月。

Ti-ko-ḿ--ah, phoaⁿ Gō͘-niû siúⁿ-goeh.

Tī-kō-ḿ--à, phoaⁿ Gō͘-niû siuⁿ-goeh.

醜婆美女不相配。

用來恥笑，也用來自省。醜人最好不要當伴娘，何苦犧牲「色相」來襯映美嬌娘？

這俚諺用的修辭是借代格，「豬哥姆」和「五娘」分別做爲醜老婆和美小姐的代名詞。同義句有：「三兩鷄仔，伴鳳飛。」「閹鷄，趁鳳飛。」(→ 325.12)

五娘：我國早期歌仔戲《陳三五娘》中的女主角；男主角陳三爲要接近五娘，而假裝做磨鏡師傅，由此展開一齣舊時的戀愛大戲。

豬哥姆和五娘在後花園賞月，不論多麼不搭調乃是私事，無關國家興亡；最要不得的是政府出現了「伴娘賞月」之類的大官，就太糟糕了。評論家胡文輝先生，舉出第二屆總統選後台灣的一個政治現象是「靑蠅」到處飛，「靑蠅飛不高也飛不遠，但靑蠅最善於附驥尾，只要攀附到千里馬，不但吃喝不用愁，更可靑雲直上，一下子就出現高官顯職……。」(《自由時報》2000(3.29):4)

厲害，厲害！豬哥姆化身做台灣金蠅。未知新政府有何驅蠅妙法？

（參看，「陳三磨鏡，英台哭兄，孟姜女哭倒萬里長城。」
425.12）

【16】

狗蟻拜天地。

Kaú-hiā paì thian-tē.

Kau-hiā paí then-tē.

螞蟻大帝祭天！

　　用來譏刺。某人大剌剌的不知見笑，做出超過自己的身份太多太多的壞事。句裏的譬喻是：小小黃酸蟻僭越大漢帝國始皇帝要拜天要拜地。大膽又愚昧！

【17】

寧可佮散赤人做伙行，呣通佮皇帝做親成。

Lêng-khó kap sàn-chhiah-lâng choè-hoé kiâⁿ,

　　m̄-thang kap hông-tè kiat chhin-chiâⁿ.

Lēng-kho͘ kap sán-chhiá-lâng chó-hoé kiâⁿ,

　　m̄-thāng kap hông-tè ket chhīn-chiâⁿ.

平路落崎卡好行。

　　斷言，人物都是類聚的。說的是，與自己同階級的人或遜於自己的人交陪，才能覺得自由自在，沒有禁忌；至於和皇帝結成姻親，那是千萬不好的代誌。

　　這句的修辭式是對比異對格，比對著平民親成和皇親聯姻的意願。誰知先人竟然謝絕攀升爲王親國戚的榮耀。意外吧？

　　爲甚麼和皇帝結親成不好呢？這不是求之不得的代誌嗎？當知貴族豪門龜龜鱉鱉的傳統如牛毛，要如何做親家來交往交陪？萬一改朝換代，難逃陪葬的惡運。還是冤了！

　　舊時代如此，現代如何？好不了多少！試想，日本皇太妃雅子的父母親，能像一般的親家親姆那樣來來去去的交陪嗎？一時思念查某囝，能隨興來看她一面嗎？難矣！就是雅子太妃的滿身才華，也得埋沒在深宮——連要生個孩子，都得在宮內廳衆大臣的監督下來進行，都得向日本全體皇民做交代。噫，說不定連相

好都得做詳細的「敬事」記錄哦！

【18】

居必擇鄰，交必擇友。

Ki pit tek-lîn, kau pit tek-iú.

Ki pit tek-lîn, kau pit tek-iú.

自取苦痛濫交友。

用做警語。不可黑白交朋友。

這句古諺見於《名賢集》。自「社交」而言，人生在世若是交得好朋友，那麼，生活可能會比較正常又快樂，工作可能有鼓勵幫助，感情可能有交流會通；這一切都使生命變得更醇更美。但交到壞人為朋友，則惡果滿滿，真是一言難盡。

那麼，什麼是好友、歹友？回答這個問題，有難有易，又是極見人見智的；E世代的，可能說：「爽者，益友也；反之，損友。」

然而，古典的答案也是有的，那就是孔夫子的「三友」名教。下列，筆者試就現代人的理解來注釋：

益者三友，損者三友：

友直——正直的人，他／她不喜歡曖昧；

友諒——誠意的人，他／她不敷衍搪塞；

友多聞——資訊靈通的人，他／她不食古不化。益矣！

友便辟——拍馬的人，他／她看不見真正的美善；

友善柔——不實的人，他／她很會說一大堆謊言；

友便佞——亂彈的人，他／她不講究什麼是實在。損矣！

（《論語・季氏》）

（第一分句，請看423.11）

【19】

結交須勝己，似我不如無。

Kiat-kau su sèng-kí, sū ngó͘ put-jû bû.

Ket-kau sū séng-kí, sū ngó͘ put-jū bû.

只能高攀！

　　斷言，一項選擇益友的原則：結交的朋友必須是品德、才能、意趣等等境界都超越自己的人。

　　物以類聚，交友也不例外，流屬相差太多，交起友來，一定「吃力」，其難久遠是意中事。雖然這句老諺陳義有過高，過於理想化之嫌。語見，《增廣昔時賢文》。

　　不論如何，「結交須勝己」是儒家的傳統教訓，孔夫子說過這樣的話：「君子不重則不威，學則不固。主忠信，無友不如己者…。」(《論語·學而》)不要結交不如自己的人！好，加油啦，大家用力來高攀吧！

　　其實，朋友間的這種「如／不如」是很相對，多次多方的。咱台灣的老先人說「荏荏馬嘛有一步踢！」(→111.17)任何朋友都有他／她的特長啊！然而重要的是，朋友的這「一步踢」不可以踢你進賭場，或踢進酒家，或踢進監獄，或踢進廢物回收桶，或……。不是嗎？

【20】

食茶食著水，交人交著鬼。

Chia̍h-tê chia̍h-tio̍h chuí, kau-lâng kau-tio̍h kuí.

Chiā-tê chiā-tiō chuí, kaū-lâng kaū-tiō kuí.

光明的天使？

用來怨嘆。說交錯了人。雖然謹記孔子公的敎訓，日夜夢想要交一個才德勝我萬倍的天使爲朋友，誰知竟然交了一個魔頭。

人家請喝茶，食好茶，食粗澀茶，食營養茶都可能，但是要「食茶食著水」不太可能吧！是不太可能的，這裏說的也是一種譬喩而已。

然而，食茶要食出好茶來，就不只是茶材好，水質好，泡茶的功夫和茶具都好，更重要的是「茶博士朋友」的感情要好。看他／她滿臉友愛，毫無心機，茶話可以是正經，也可以是亂彈。這樣的茶一定是好茶。

當然，飲茶的諸位朋友也得有接近的水準，如此才能靈通無礙，使情意灌注茶湯，用無僞的友誼燒開泉水……。如此相得益彰，逍遙自在，就是原來再普通的茶水，都會變做甘露和歡喜。

【21】

交官窮，交鬼死，交牛販食了米。

Kau-koaⁿ kêng, kau-kuí sí, kau gû-hoàn chiảh liáu bí.

Kaū-koāⁿ kêng, kaū-kui sí, kaū gū-hoàn chiā liau bí.

台灣鄉土三損友。

用做警語。提醒人不要交陪當官的，還有鬼和牛販也都不可交往。因爲這三樣人物消耗人的錢財，威脅要人的生命，浪費人的蓬萊米飯。

是的，上面三種人士可能是某一程度的損友。損友之交難久遠，而人生在世要的是「道義」之交，所謂：「博弈之交不終日，飲食之交不終月，勢利之交不終年，惟道之交，可以終身。」

(《格言聯璧》)

　　交官窮：官要人捧迎，如此能不花錢交際嗎？　交鬼：誰是交鬼

的？可能是那些紅姨和巫師，一類的吧。　牛販：→18.18。

【22】

交陪醫生做藥櫥，交陪牛販駛瘦牛。

Kau-poê i-seng choè ió̤h-tû, kau-poê gû-hoàn saí sán-gû.

Kaū-poê ī-seng chó ió̤-tû, kaū-poê gū-hoàn sai sán-gû.

醫生朋友難相信。

　　用來怨嘆。說交了一個醫生，使自己變成一座大「藥櫥」；交了一個「牛販」，給我介紹了一隻皮包骨的老水牛。

　　這句台灣俚諺有濃烈的鄉土味，從造句來看，用的是對比同對格。目的在揭發所謂損友的厲害，把他的朋友製成「藥櫥」，又賣給他一隻「瘦牛」。整句讀來覺得非常心適，眞趣味也！

　　交陪醫生做藥櫥： 可能是因爲治療慢性病，和醫生結了病醫因緣；但先人很愛開玩笑，反賓爲主，將損友的頭銜送給醫生。

【23】

歹查埔厚同年，歹查某厚姑姨。

Phaíⁿ cha-po͘ kaū tâng-nî, phaíⁿ cha-bó͘ kaū ko͘-î.

Phaiⁿ chā-po͘ kaū tāng-nî, phaiⁿ chā-bó͘ kaū kō͘-î.

同年姑姨何其多！

　　用來諷刺濫交。說，壞的男人胡亂地找出一大堆「同年」，而壞的女人則有一大群「姑姨」！

　　這句俚諺用的是對偶同對格修辭法，「歹查埔」對「歹查某」，而兩方都是很會交際的人，一個是專門結交「同年」，另一個是專門認一些「姑姨」。類似句：「歹貓勢嗅尋，歹查某厚姊妹。」

　　勢嗅尋[gaû phīⁿ-chhoē]：很會用牠的嗅覺來尋找出食物。

　　顯然的，這裏的二句俚諺有先人的偏見，他們就是未能想像

女人可以有社交的。在那世代，女人不准離大門一步，更遑論出來成群結黨。但時代不同了！現代不論男人女人，擅於結「同年」和交「姑姨」的才算是人才，會招軍買馬的更有前途。請看，那一個民代不是「厚同年」又「厚姑姨」的？

【24】

死田螺，浮歸角。

Sí chhân-lê, phû kui-kak.

Si chhān-lê, phū kuī-kak.

不良少年也歸角！

　　用來責備一群無所事事的少年郎。刺他／她們好像「死田螺」，隨風漂流，齊集在水池的一角。

　　這句俚諺用的是舊時台灣農藥尚未濫用的時代，水稻田裏有的是田螺。這些田螺死後，螺肉腐爛，留下泛白的螺殼，隨田溝排水處處流，流入池塘靜水處，也就浮歸角了。

【25】

芎蕉好食，雙頭交。

Kin-chio hó-chiȧh, siang-thaû kau.

Kīn-chio ho-chiā, siāng-thaū kau.

社交大道雙向通。

　　用來形容好的感情必要是有來有往，雙方情願的交陪。這裏，先人用香蕉的「雙頭交」來做譬喻。

　　這句俚諺的「雙頭交」是個雙關語，先是說香蕉的雙頭交交，彎彎；然後說，感情如同香蕉一般的好食，要點在於雙方的「交」陪，不是單方面的意願。

【26】

有衫，扭佮無袂。

Ū saⁿ, giú-kah bô ńg.

Ū saⁿ, giu-kah bō ńg.

人氣旺盛難自去。

　　用來形容主人誠意萬分，一直要強留客人吃腥臊。這種留客法是拉拉扯扯的，非常勉強，以致於把衣袖撕裂了下來。

　　扭：拉拔。　袂：衣服的袖子。

【27】

拜神無酒，博無杯。

Paì sîn bô-chiú, poa̍h bô poe.

Paí sîn bō-chiú, poā bō poe.

禮者，燒酒也。

　　斷言，請客一定要敬備燒酒，正如拜神求杯問卜，都要用酒來祭拜。

　　這是一句借喻，喻指宴客是不能沒有請喝酒的。

　　（參看，「無錢給查某講無話，無酒給神明博無杯。」225.
　　25；341.05）

【28】

酒肉朋友，柴米夫妻。

Chiú-jio̍k pêng-iú, chhâ-bí hu-chhe.

Chiu-jio̍k pēng-iú, chhā-bí hū-chhe.

酒國同志。

　　第一分句用來譏刺不能共患難，只能共吃喝玩樂的朋友；也

用做警言，提醒人勿交酒肉之徒。語見，《格言諺語》。

看了這句話，也不必消極悲觀來感嘆世上都是「酒肉朋友」。非也，世上也是有「以道」爲友的。歐陽修說過這樣的話：「君子與君子以同道爲朋，小人與小人以同利爲朋。」(《朋黨論》)可見，要是交上「酒肉同志」，自己也該反省反省了。

酒肉朋友：同享快樂，不能分擔苦難，扶持軟弱的人。　柴米夫妻：三餐有得吃，物質能供應，才願廝守的妻子。

（第一分句注釋，見525.32）

【29】

三日小宴，五日大宴。

Saⁿ-ji̍t sió-iàn, gō͘-ji̍t toā-iàn.

Sāⁿ-ji̍t sio-èn, gō͘-ji̍t toā-èn.

要命的應酬！

（本句詳解，請看422.43）

【30】

禮數，當然。

Lé-sò͘, tong-jiân.

Le-sò͘, tōng-jên.

客氣，客氣！

父：「阿文也！明天是中秋節。這盒餅盒紅包，提去加謝老師賀節。」

子：「免了！人阮老師是好額人，先生娘嘛是……。」

父：「講啥？禮數，當然！」

【31】

有禮，卡贏無禮。

Ū lé, khah-iâⁿ bô-lé.

Ū lé, khá-iāⁿ bō-lé.

誰敢失禮？

　　用來教示社交禮貌。禮不能無。再進一步說，就是小小禮物，也勝過完全沒有「意思表示」。老先人有言：「薄禮，卡贏失禮。」

　　爲甚麼不能沒有禮？因爲禮是誠意的具體表現，認定對方是「VIP」，重要人士，不是「什麼東西」。同時，禮是社會遊戲的前鋒。

　　從人情看來，禮有再肯定、再加強關係的作用，在「人生儀禮」(the rites of passage)的各個關口，用禮來輔助人生，豐富人的精神生命。所以，年節要祝賀，表示彼此相親歡度有限的人生，展望一個更好的明天。喜事要恭喜，大小適當的「紅包」，來「錦上添花」，渲染喜上喜的氣氛。喪事要舉哀，要白包慰問，要「鬥腳手」，誠心分擔人人都要面對的死別，懷抱著哀思來送故人最後一程。

　　啊，禮眞複雜，要做爲一個「有禮數」的台灣人眞困難。

【32】

花著揷前，唔通揷後。

Hoe tioh chhah-chêng, m̄-thang chhah-aū.

Hoe tiō chhá-chêng, m̄-thāng chhá-aū.

花當前鋒關節通。

　　用來教示如何送禮。雖說「有禮，卡贏無禮！」但禮要送得適當，要適得其時。就此，本句俚諺給了一個大原則：「花當插在前額，不可插在後頭。」

這句俚諺可對照《注解昔時賢文》所集得的「有花當面插，莫向背後看。」

本句的修辭用的是借代格：「花」代「禮數」、「禮物」、「祝賀」、「紅包」，等等可見的，具體的物件或行動。而「插前」和「插後」指的是「事前事後」。

爲甚麼「花著插前」，爲甚麼禮要事先呢？是禮俗使然，是「有這一回事」的心意之必然表示！現實而言，禮有開路先鋒的功能，有鋪設並暢通管道的能力。

嘻，還有一種非常禮，前禮預約他做大條代誌，後禮和他瓜分賺得的黑金。

【33】

千里送鵝毛——物輕意重。

Chhian-lí sòng gô-mô͘——bu̍t-kheng ì-tiōng.

Chhen-lí sóng gō-mô͘——bu̍t-kheng ì-tiōng.

盡在心意。

一言道盡送禮者的誠意！

老名諺也。見邢俊臣詩：「物輕人意重，千里送鵝毛。」詩人蘇軾、黃庭堅也都用過「千里送鵝毛」。《增廣昔時賢文》作「千里送鵝毛，寄得不寄失。」千里迢迢寄給親友的小小禮物，但願能安全寄到他／她的手裏——要求傳情達意，不在物件本身。

【34】

番仔兄弟——怨無，無怨少。

Hoan-á hiaⁿ-tī——oàn bô, bô-oàn chió.

Hoān-a hiaⁿ-tī——oán bô, bō-oán chió.

不得敷衍！

用做警語。這句俚諺顯出「大漢人」心態，他們用貪婪的心來度原住民兄弟的意。「怨無，無怨少」是純樸不貪的好性情，萬萬不可將之解釋做「凊採啦，有就好！」禮數講究的是一個「誠」字，不准有騙囡仔的想法。

【35】

唐墨政策。

Tông-be̍k chèng-chhek.

Tōng-be̍k chéng-chhek.

烏魚有禮！

日本人用來示愛。說的是：「阮上愛吃台灣的烏魚子！」

背景：咱台灣的名產很多，其中日本人最愛的是烏魚子。在那日據時代，台灣日商為要打通關節，過年都會送日本官吏烏魚子。此子也，大受寵愛。

這種烏魚子形狀像唐代的墨錠，日本人就叫烏魚子做「唐墨」，而送烏魚子為禮數的，就是所謂的「唐墨政策」！❸

遊鍵至此，想到台灣貪污大案屢屢。假如「唐墨政策」是日本官吏的「貪污」，那麼日本官實在太「小兒科」了。看那台灣的中國官，說是「最清廉的」，簡單的一歪一挨，就是十幾億，就是美國五棟大廈。嘻！烏魚子啊，烏魚子算啥？

【36】

手巾，雙頭霑。

Chhiú-kin, siang-thaû tâm.

Chhiu-kin, siāng-thaū tâm.

給你破費了！

斷言，社交往來，雙方多多少少都要花費。同義句：「手巾

仔搵水，雙頭霑。」

霑：打濕。 搵水[ùn-chuí]：沾到水而打濕了(物件)。

【37】

熟似人，行生份禮。

Se̍k-saī lâng, kiâⁿ chhiⁿ-hūn lé.

Se̍k-saī lâng, kiāⁿ chhiⁿ-hūn lé.

太見外了！

一句客氣話。說的是，大家老朋友，何須行這種對待陌生人的禮數。

這是歡喜又客氣的話。送禮的人，不可信以為真，又把禮數收了回來。如此，就失禮得太無藥可救了！

雖然有「至親不謝」之說，但禮節已經成為一種道德和價值，不可以隨意馬虎的；就是夫妻、親子、兄姊、好友等等，「生份禮」也是有一定程度的必要！為甚麼？要防止「失禮」，最好是有禮；親變無禮是常見的毛病，是人的通性，此不可不預防！

熟似人：熟人，彼此認識已久的人；但非知己。 生份禮：喻指周到的禮貌和禮物。

【38】

禮數，在人。

Lé-sò͘, chaī lâng.

Le-sò͘, chaī lâng.

看人送禮。

指出一個送禮的原則。紅包禮數的大小厚薄是按照對方這個「人」來決定的！

這句俚諺說得相當輕鬆，卻是相當嚴重的法則，指出「他是

誰」，必要按照他的社會地位，以及送禮的情景和目的，來決定
禮的輕重。這是必要用頭腦的，送禮物比較複雜，要選得對方合
意的頗難；但禮金則比較有「標準」可想。

雖然親人好友也是禮多人不怪的，但太過於勉強而為，則頗
為不妥，老先人有言：「尻川幾枝毛，知知咧！」(→326.04)

【39】

鷄細，禮大。

Ke sè, lé toā.

Ke sè, lé toā.

物輕意大土鷄仔。

送禮的一項原則。送他一隻食番麥飼料的土鷄吧！那是我們
最誠意的禮數，雖然所值無幾。

為甚麼「鷄細，禮大」呢？因為是自家養的土鷄，「土產」的
也。無形中親密了許多。也許，這份親密感也來自「鷄」本身，鷄
擬音「家」，有「吉祥興家」的寓意。家鷄有這雙重意思，真是「禮
大」了。

不論禮多麼小，仍然是必要的，台灣人沒有空手做客的慣
俗，除非是萬分潦倒；就是至好親友還是要有所表示的。至於要
拜訪大人，一份適宜的禮物是古往今來共同的要求，就是以色列
的智者也極表重視，說：「禮物開方便之門，引你晉見重要人
物。」(《聖經‧箴言》18:16)

【40】

秀才人情，紙半張。

Siù-chaî jîn-chêng, choá poàⁿ-tiuⁿ.

Siú-chaî jîn-chêng, choá poáⁿ-tiuⁿ.

賀卡半張不見笑。

　　諷刺或是自嘲，贈送的禮物不成敬意，不夠體面，不夠厚重。

　　這一句有名的古諺，見於《西廂記》及《格言諺語》和章回小說。

　　秀才會的是舞文弄墨，用他最拿手的詩詞圖畫來當做餽贈之物，誰曰不宜？秀才沒錢，用心用意，用他一生讀書深思的功夫，表現在半張平平凡凡的毛造紙——不可能是冷金紙，也不是葦草紙，或剛古紙，或衍波箋。

　　秀才認爲他的不平凡的朋友，懂得不能標價的詩詞圖畫。秀才沒有浪費紙張，用紙來豐富感情，提升文化——1994年，我國平均每人用紙223kg，而中國只有17kg，非州有低於1kg者；但，美、日、加、瑞、德，都高於我國。

　　冷金紙：噴灑金粉的紙張。　葦草紙：古埃及人發明的，現在已經是無價古物了。　剛古紙：英國製著名的高級紙。　衍波箋：有微細波紋的好紙。

【41】

相吻，無落嘴。

Sio-chim, bô lȯh-chhuì.

Siō-chim, bō lō-chhuì.

　　往來酬酢啥路用？

　　用做警語，說社會交際禮數，花費不少，彼此並無實際利益，宛如人之「相吻」，不能充飢止渴。

　　噫！先人如此看待「相吻」，理解社交，我們還有什麼好解說的呢？

【42】

無錢，也敢做大哥。

Bô-chîⁿ iā-káⁿ, choè toā-ko.

Bō-chîⁿ iā-kaⁿ, chó toā-ko.

敢死的錢大哥！

　　用做應酬警語。可能是厲害太太用來責備老翁的話。說，家裏有一餐沒一餐的，還敢耍老大，打腫臉充胖子。

　　（參看，「無錢，閣要做大哥。」427.16）

【43】

人情世事陪隨到，無鼎閣無灶。

Jîn-chêng sè-sū poê-toè kaù, bô-tiáⁿ koh bô-chaù.

Jīn-chêng sé-sū poē-toé kaù, bō-tiáⁿ kó bō-chaù.

束緊褲帶好應酬。

　　用來教訓人應酬宜量力而為。斷言社會上的禮尚往來，要辦得周到，件件體面的話，難免弄得家庭經濟大壞，三餐不繼。

　　人情世事：婚喪喜慶和年節等等代誌。　陪隨到：周到地回應、應酬。　無鼎閣無灶：喻指斷炊。

【44】

送會得出，收會得入。

Sàng oē-tit chhut, siu boē-tit ji̍p.

Sáng ē-tit chhut, siū bē-tit ji̍p.

你敢送我就敢收？

　　教示人收受禮數的態度。不論對方送的是多麼微薄的禮數，既然是誠意送來，就不該嫌棄，歡歡喜喜的收了下來。

　　值得注意的是，坊間諺書對這句俚諺有誤解或未能把握重點

之處，認為本句說的是：禮不分大禮，貴重的禮，或是小禮，既然送來了，就應該收下。

所以有上面這種錯失和忽略，是沒有把握住諺句本身的語意和台灣民間送禮的實際。我們認為，這句俚諺是站在收禮一方來發言的，情況是禮已經送來了，也已經收下了。但覺得「這種禮數也敢送，也送會得出來」，意思是寒酸禮；這不是令人頭昏轉向的什麼「大禮」，或「黑禮」，或「歪禮」。

筆者如此解釋，是根據民間送「特禮」的實際情形。那種特殊目的的「歪禮」，或「走路工」，是一種「期約」，是一種「買賣」，沒有什麼「送會得出」或「收會得入」的問題。送收雙方甚至對於「利潤」多少，已經有所要求；「風險」多高，都已經考慮過，甚至擁有外國護照，隨時準備落跑。

話又說回來，一般社會的應酬送禮，頗不簡單，送「紅包」可量力，可看交情，可依事情而為，但送「禮物」就很困難了，要用心思，用時間！——月前，有位德國朋友結婚，我做了一首詩，附注音和意譯，用A4 120磅紅紙列印，裝入相框來給她賀喜。

「多謝恁，送我們的禮物很特別……！」蜜月後的新娘說。

「妳喜歡它嗎？」我問。

「是的，很特別……我們收到一大堆杯盤、餐具…鮮花！」

「我們台灣人也送『紅包』……」我解釋了什麼是紅包。

「很好！『紅包』……很好！很實際！」她大笑不止。

是的，按照傳統風俗送「杯盤、餐具…鮮花」是對的，沒有什麼失禮。但70%的禮物都是這一類貨物的話，要叫這對新人如何使用，如何收藏？說要「轉送」，要轉幾年才轉送得了？

【45】

交陪論緣份，相勁看時陣。

Kau-poê lūn iân-hūn, sio-kēng khoàⁿ sî-chūn.

Kau-poê lūn ēn-hūn, siō-kēng khoàⁿ sī-chūn.

自然量力好交陪。

示人以交陪的方法。說的是不要刻意結交，放自然些，隨緣而爲的關係才會純眞；至於「相勁」也得看情形，旣不好一派事不關己，也不可以「死忠，兼換帖」(→26.07)來操練決死隊。

相勁[sio-kēng]：互相協助來解決(危困、艱難、問題)；勁，扶助，扶起也。

【46】

有來有去，無來清爽。

Ū-laî ū-khì, bô-laî chheng-sóng.

Ū-laî ū-khì, bō-laî chhēng-sóng.

常來被人賤！

用法同上一句。說的是不要隨便去打擾人家，交陪要自然才好，因爲社交是禮尙往來的，雖然來往頻繁頗不「清爽」。這種感覺是誠實的，是每一個主人的共同經驗吧。

一個人或家庭若是沒有人喜歡來玩，清則清矣，爽則爽矣，但長久下來使人變得孤佬，此非人生之福。因此，適當的歡迎朋友弟兄來談談，來哈哈茶，吃吃飯，是值得考慮的。

人生需要勞煩和攪擾，正如必要清爽。

【47】

君子絕交，不出惡聲。

Kun-chú kau-choāt, put-chhut ok-seng.

Kūn-chú kaū-choāt, put-chhut ok-seng.

好聚好散留口德。

　　用來敎示結束交遊的態度。正人君子歡喜交陪，但不得已要拒絕往來，也不可搞得鷄飛狗跳，炒作告不盡的毀謗官司。

　　這句古諺出自《史記‧樂毅傳》，道：「臣聞古之君子，交絕不出惡聲。」

　　惡聲：譏刺、毀謗、酷評，等等厭惡的話語。

　　朋友要絕交是很不得已的代誌，但友情卻是不能勉強的。古人的態度也是不合即散：「論交各有類，同類觀其心。應求不相合，何如行路人。」《香奩集‧絕交詩》天下多少朋友原是路人，道不同，志不合，就該重新扮演「路人」了！

　　話雖如此，不歡而散總是彼此受傷的，所以將這句名諺讀做「謹愼擇友而交！」才比較有建設性的意義。

【48】

寧與智者同死，不與愚人同生。

Lêng ú tì-chiá tông-sú, put ú gû-jîn tông-seng.

Lēng ú tì-chià tōng-sú, put ú gū-jîn tōng-seng.

不做朽木做火柴。

　　用做警語。鼓勵人結交對於自己有積極影響力的人爲友，不要和無所事事，毫無作爲的人交往。

　　這句老名諺的「智者」和「愚人」都是譬喻的表象，說的不是像蘇格拉底一類的智慧人，或是「戇到，獪曉爬癢」(→231.28)一類的

智障人士。

值得一提的，相傳本句是暴君殺害忠臣，犧牲者的母親說出來安慰枉死的孩子的話。按《注解昔時賢文》舊注：「漢靈帝大誅黨人，逮捕范滂，滂白母曰：『唯大人割不可忍之恩，勿增感戚！』母曰：『寧與智人同死，不與愚人同生。汝今得與李膺、杜密齊名，死亦何恨？』」

【49】

知性，可以同居。

Ti sèng, khó-í tông-ki.

Tī sèng, kho-i tōng-ki.

水來土掩好友也。

用來教示交友的態度。說的是，理解對方的個性，知道沒有惡意的對待，就是急躁些也應該忍耐。

知性：認識對方的個性。　同居：交遊，在一起；不是男女的那種同居。

這是舊時的一種修養法，其實這是很消極的態度。一個成熟的人格是會長進的，惡性可改良，惡癖可學好，沒有理由叫朋友一昧忍耐自己的缺點。

【50】

龍交龍，鳳交鳳，隱龜交凍蟉。

Lêng kau lêng, hōng kau hōng, ún-ku kau tòng-gōng.

Lêng kaū lêng, hōng kaū hōng, un-ku kaū tóng-gōng.

物以類聚。

斷言，社交是按照彼此相近的階級、類型來聚集，來進行的。譬如，龍鳳配說是理想的配對；但龍和隱龜，鳳凰和凍蟉的

匹配，就說是什麼「無彩，好花插牛屎！」(→525.30*)

這句俚諺雖然文字粗俗，但是形象活潑，含蘊的義理是一流的哲學，乃是所謂「人以類聚，物以群分」(《易經‧繫辭上》)的最生動詮釋。不是嗎？

（字注詳見，「龍生龍，鳳生鳳；隱龜生凍憨。」511.03*）

【51】

俗好人行，有布通經；俗歹人行，有囝通生。

Kap hó-lâng kiâⁿ, ū-pòⁿ thāng kiⁿ;

　kap phaíⁿ-lâng kiâⁿ, ū-kiáⁿ thang siⁿ.

Ká ho-lâng kiâⁿ, ū-pò˙ thāng kiⁿ;

　ká phaiⁿ-lâng kiâⁿ, ū-kiáⁿ thāng siⁿ.

產品不同好歹人。

用做警語。特別是對於一個女人的忠言，說的道理是：與賢慧的織女交朋友，會受她影響而認眞織布來生產報家；與「三姑六婆」這些所謂「淫盜之媒」交遊，那麼保證她很快的就會生產私子來報國。

古以色列的智者又有類似的教言，說：「跟明智人同行，就得智慧；跟愚昧人做伴，必受連累。」(《聖經‧箴言》13:20)

有布通經：喻指做正經的代誌；字面是「有布可織」。　三姑六婆：舊時一些特別的「職業婦女」。因爲她們出入民家閨閣，接觸那些和外界隔絕的婦女，難免給她們某種比較開放的影響，其中最嚴重的偏見，就是常常說她們是「淫盜之媒」。三姑六婆者，按《輟耕錄》說是：「三姑者，尼姑、道姑、卦姑也。六婆者，牙婆、媒婆、師婆、虔婆、藥婆、穩婆也。」

【52】

好來不如好去，好頭不如好尾。

Hó-laî put jû hó-khì, hó-thaû put jû hó-boé.

Ho-laî put jū ho-khì, ho-thaû put jū ho-boé.

往來美滿交陪好。

　　用做警語。提醒人社交雖然是禮尚往來，但不要求他人對我如何，而是要求自己善待對方；起初的交陪容易大有熱情，倒不如保持一定的溫度，讓友誼慢慢成熟，愈久愈香醇。

　　這句修辭式是串對，話白對直，沒有驚人的形式美，但所說的義理卻是那麼剛正，是終身修煉不盡的道行。

【53】

金憑火煉方知色，人用財交便見心。

Kim pîn hoé-liān hong-ti sek,

　　jîn iōng chaî-kau piān-kiàn sim.

Kim pīn hoé-lēn hōng-tī sek,

　　jîn iōng chaî-kau pēn-kén sim.

朋友難過金錢關。

　　斷言，朋友交陪的動機和目的的試金石盡在一個「財」字，正如火可以燒出黃金的真假。

　　這句古諺用的是對比同對格，對的方向都是純度問題，但一方是金，一方是人；而用來檢驗的，一面是火，一面是財。

【54】

要來無張持，要去無相辭。

Beh-laî bô tiuⁿ-tî, beh-khì bô sio-sî.

Bé-laî bō tiūⁿ-tî, bé-khì bō siō-sî.

如來如去無交陪。

　　指出一種社交禁忌。抱怨某個朋友來去匆匆，連談幾句話的時間都沒有。眞是忽然地來了，悄悄地回去了。

　　這句俚諺，又說成：「來無張持，去無相辭。」

　　無張持：忽然間，沒有注意的時候。　要去無相辭：離去連一聲拜拜都沒有。

【55】

知影人月內，則拍人房門。

Chai-iáⁿ lâng goе̍h-laī, chiah phah-lâng pâng-mn̂g.

Chaī-iaⁿ lāng goē-laī, chiá phá-lāng pāng-mn̂g.

訪問非時難爲客。

　　社交禁忌須知之一。明知對方有事，就不要去打擾。不速之客，誰歡迎？

　　背景：這句俚諺是借用鄰居一位九嬸婆明知隔壁金枝做月內，偏偏要去打擾人家。當知，台灣民間習俗中的的大禁忌，就是「閒雜人等進入月內房」。一般相信月內期間胎神在房，萬一有孕婦、新娘、帶孝、肖虎、寡婦等冒然入房，將帶給月內婦人和嬰仔極大的不安。❹

【56】

倩乞食，講好話。

Chhiàⁿ khit-chiа̍h, kóng hó-oē.

Chhiáⁿ khit-chiā, kong ho-oē.

身份卑微免開口。

　　用來譏刺，身份卑微而又喜歡給人祝福，說吉祥話的人。

做客重要的是不隨便開口，特別是不能說些粗陋的、不吉利的話，就是要「講好話」都得自量身份。正式場合「講好話」，一般都是貴人的專利；咸信顯要大官，有福長老，財主福人，才有福氣可祝。

實際上「倩乞食，講好話」是不會發生的，那是諷刺，指的是他／她乞討時的那種「好嘴」。當知，一般台灣人認爲乞丐弟兄比較薄命，務必儉福自用，力求捨施，假如眞的要給喜慶人家講「祝詞」，那眞太瘋狂，太「笑破人的嘴！」(→326.01)

【57】

男女，授受不親。

Lâm lú, siū-siū put chhin.

Lām lú, siū-siū put chhin.

女婢傳情可乎？

舊說。男女不接不觸，就是禮！

這句古諺雖是老話，仍然常被現代人利用。奇怪！語見《孟子‧離婁上》，常見於章回小說。

【58】

活人某，死人墓。

Oa̍h-lâng bó͘, sí-lâng bōng.

Oā-lāng bó͘, si-lāng bōng.

夫人令祖皆禁忌。

斷言，往來交陪一定要尊重對方的夫人，絕對不可有任何不敬的行動。

這裏強調的是第一分句。交際應酬對於主人家的夫人和府上的女士都有一定的社交禮貌；平時言行隨便，愛說一些五四三

的，也得用力自制了。第二分句的「死人墓」是提出來做修辭的串對格；社交應酬要「觸犯」它的機會應該沒有吧。

【59】

水滾浮人氣，酒滾浮代誌。

Chuí-kún phû jîn-khì, chiú-kún phû taī-chì.

Chuí-kún phū jīn-khì, chiú-kún phū taī-chì.

飲斟損拍酒夠力。

　　用做社交警語，鼓勵人泡一壺好茶來清談，不要酒醉來「飲斟損拍！」

　　這句俚諺修辭用的是對偶異對格，用「水」對「酒」，此二項物質一旦滾開來，其結果是何等的不同，水浮現的是「人氣」，酒爆開來的是「代誌」！嘻，對得眞好，形式婿，內容值得社交人士參考。

　　適宜的飲酒可能是很不錯的享受，但飲酒不得其法則有一籮筐的壞事。難怪「酒」成爲智慧傳統中的一個主題，希伯來的智者說：「淡酒使人怠慢；濃酒使人發狂；酗酒是多麼不智的事。」

（《聖經・箴言》20:1）

　　飲斟損拍：酒醉亂性發生的醜行。飲，飲得爛醉；斟，小便不禁而亂漩；損拍，一言不合翻臉打鬥。

【60】

無腹腸，呣通行善；無道行，呣通做仙。

Bô pak-tông, m̄-thang hêng-siān;

　　bô tō-hēng, m̄-thang choè-sian.

Bō pak-tông, m̄-thāng hēng-sēn;

　　bō tō-hēng, m̄-thāng chó-sen.

做人應酬求實在。

　　用做社交善言。勸人布施行善要和內心的良善的動機符合；那些酒量淺薄的人，千萬不要展風神要做酒仙。

　　無腹腸：喻指沒有善心善意。　做仙：喻指做酒仙。

【61】

風呣入，雨呣出。

Hong m̄-ji̍p, hō· m̄-chhut.

Hong m̄-ji̍p, hō· m̄-chhut.

自絕社會一寡人。

　　用來譏刺人，說他是什麼東西，外人無法接近他，他又不願出來見人。這種「寡人」的社交狀況正是「田無溝，水無流」的人生啊！沒有溝通的死田，沒有流暢的活水。情何以堪！

【62】

甘蔗粕，揩無汁。

Kam-chià phoh, kheh bô-chiap.

Kām-chià phoh, khé bō-chiap.

甘蔗榨汁啥人無？

　　社交警語。一個人在社會上活動，不能總是扮演「甘蔗粕」，三不五時，也得提供甘蔗來給人榨汁，給艱苦人一杯清甜的蔗汁來補他體力，振奮他的靈魂。

　　本句是借喻，那榨不出汁的「甘蔗粕」喻指吝於給與關懷和溫暖的好額人。

【63】

鯽仔魚，釣大鮊。

Chit-á-hî, tiò toā-taī.

Chit-a-hî, tió toā-taī.

秀才釣魚不用餌。

用來諷刺。他這種人交際酬酢都是按照「以賤易貴」的原則來忠實進行的。

這也是一句借喻，比喻得眞●，眞能表現出「小漁翁」的勢利眼！——其實，世上也有「大漁翁」，他們是用「大鮐，釣鯽仔魚」。但，這種做法眞的不容易理解。

【64】

算盤吊在頷頸。

Sǹg-poâⁿ tiàu-tī ām-kún.

Sńg-poâⁿ tiáu-tī ām-kún.

盤吊領頸食究本。

用來譏刺。他交際應酬都是萬分寒酸，都是經過電腦做過成本和利害分析。這種人，被嘲笑做胸口緊掛算盤的人物。

咱台灣社會「吊算盤」做人的並不多，不論個人或社會，只要有事，慷慨解囊的善士處處有。不過，在那社會還是一片貧窮的世代，不精打，不細算，哪能度日？避免「人情世事陪隨到，無鼎閣無灶」(→ .33)是應該。

相關的一句俚諺是：「刣豬公無相請，嫁查某囝送大餅。」諷刺家認爲大拜拜不花紅包的宴會不邀請，嫁查某囝才送「黏牙餅」來要紅包，眞是豈有此理。

【65】

出孩頭仔錢，要飲XO！

Chhut haìⁿ-thaû-á chîⁿ, beh-lim x-o！

Chhut haíⁿ-thaū-a chîⁿ, bé-līm x-o！

禮薄意厚免計較！

　　用來譏刺。他包二仙錢的紅包禮，也敢來玉山大飯店參加金董事長請囝婿。

　　這句是台灣新俚諺，反映的社會背景是近二十年來台灣經濟富裕，有錢買美酒但還在學習品酒的時代。這時期，慷慨的主人請客不乏用XO級的各種牌子的洋酒來勸酒，來乾杯，來當做水道水灌牛。據說，幾個一向是「吊算盤」(→.64)的醉漢見飲洋酒的良機來到，於是「有禮，卡贏無禮」(→.31)的來飲XO了。

　　本句，幽默兼諷刺，簡單一句「出挔頭仔錢」就將這個「吊算盤」的社交應酬「吝嗇度」表露無遺。再補上一句「要飲XO！」，剖解了一幅不通社交行情的寡人心腸。

　　出挔頭仔錢：超迷你紅包，內容只值得買一瓶挔頭仔，米酒。

X. O.：指超級烈酒，例如，法國亨爾時特級白蘭地，標誌印有*XO SUPREME*。❺

【66】

無錢煙，大嘴吞。

Bô-chîⁿ hun, toā-chhuì thun.

Bō-chīⁿ hun, toā-chhuí thun.

吃相難看人鄙相。

　　用來譏刺貪吃的人。吃，社交的一項重要代誌，吃得好，增加人緣，吃得不好，就是面前不說什麼，背後難免熱嘲冷諷。這裏說的是「食煙」，但何只是抽煙，就是要一杯水都有一定的禮數。同類句：「無錢煙，閪噗[pok]。」──伊閪噗，人閪笑。

　　（本句詳解，請看225.06）

【67】

無事，不登三寶殿。

Bû-sū, put-teng sam-pó tiān.

Bū-sū, put-tēng sām-po tēn.

活佛在此請開示！

　　用做拜訪人家的客套。他平時是不來「燒香拜佛」的，說是不敢打擾活佛的清修。現在有「要緊的代誌」，不得登殿拜拜了。

　　當然，一般善男信女上佛殿，上道廟都是「有事」而來的，因爲「三寶殿」原非觀光場所，更非男女約會所在。這句古諺常見於章回小說。

　　三寶殿：泛稱佛殿。嚴格而言，供奉釋迦牟尼佛，藥師佛和阿彌陀佛的佛教殿院是也。又三寶是佛、法、僧。

【68】

三個親家，食四粒肉粽。

Saⁿ-ê chhin-ke, chiah sì-liap bah-chàng.

Sāⁿ-ē chhīn-ke, chiā sí-liap bá-chàng.

最後的客氣。

　　家庭茶點的應景客套。一大盤好吃的「柿粿」，大家毫不客氣地吃著。剩下最後一塊，雖有人愛吃，但變得客氣了起來。請，請，請來請去，還是請在盤子裏。

【69】

恭敬，不如從命。

Kiong-kèng, put-jû chiông-bēng.

Kiōng-kèng, put-jū chiōng-bēng.

那就不客氣囉！

宴客時，主人再三要乾杯表示歡迎和「敬意」。但這個客人自知酒量淺薄，請求隨意。但主人誠意萬分，一再喊乾；眼看推辭不得，只得說聲：「恭敬，不如從命！」勉強乾杯，說是順從主人的好意。同義句：「相敬，不如從令。」

宴會舉杯祝賀，同桌互敬乃是社交禮貌，但像我國這種「恭敬，不如從命」的拚杯鬥酒，實在有礙健康和宴席的氣氛。筆者在此，尚未看過像我們台灣人這種「拚命」的飲酒方式。

遊鍵至此，不覺愛笑！主人誠意雖然可感，但用「誠意」要來屈人意志，有啥誠意可言？最好的尊敬，就是自由，就是「隨意啦！」

【70】

木蝨，食客。

Ba̍k-sat, chia̍h kheh.

Ba̍k-sat, chiā kheh.

沒衛生的主人？

抽煙時可能發生的客氣話。說話的是主人，他接受客人請煙；雖然主人客氣，推來推去，推了二三回，最後還是這一句：「木蝨，食客！」——嘻，不要臉的死木蝨！

非常奇怪，也非常實在，用「木蝨」來指代吃了客人便宜的主人。雖然我們現代聽了這句俚諺難免覺得頗不自在，因為主人自貶得太過份了！不過，清國和日本領台末期，台灣確實是「木蝨」成災；據說，木蝨對於客人的鮮血特別有興趣。

「木蝨，食客！」真是客氣有餘，衛生大大不足。免了。

木蝨：臭蟲也。牠們恭候在木床、竹床來招待貴賓而得名。

【71】

慢來，罰三杯。

Bān-laî, hoảt saⁿ-poe.

Bān-laî, hoảt sāⁿ-poe.

敢不準時？

　　酒桌上的熱鬧話。一位客人慢慢來遲，而腥臊已經吃了五六道了。但見酒量大又愛飲的主人走過來招呼他。開口不是「你好…我好」，而是這句「罰酒令」：罰你連乾三杯。噫，「敬酒」已變成「罰乾」，好厲害的拚酒文化！

【72】

無三，不成禮。

Bû sam, put-sêng lé.

Bū sam, put-sēng lé.

酒敬三巡。

　　酒桌客套。敬酒要過三巡，方算周到。因爲「三」是完滿，是恭敬。

　　——好，好！爲了台灣整全的獨立國格，請大家舉杯祝福。來，來，小弟連乾三杯，請您隨意。

【73】

草地親成，食飽起行。

Chhaú-tē chhin-chiâⁿ, chiảh-pá khí-kiâⁿ.

Chhau-tē chhīn-chiâⁿ, chiā-pá khi-kiâⁿ.

腥臊食飽好來轉。

　　客人向主人家告辭的話。告辭的這位「草地親成」很可能住在

他鄉外里，吃飽了不趕快走的話，說不定就沒有回家的班車了。

　　還有，這位「草地親成」說不定沒有別的告辭話可說。他拚出這句話，既適合身份，又足以表達「吃飽的歡喜和感謝！」不錯，是一句好「拜拜」。

【74】

上山嘛一日，落海嘛一日。

Chiūⁿ-soaⁿ mā chi̍t-ji̍t, lo̍h-hái mā chi̍t-ji̍t.

Chiūⁿ-soaⁿ mā chi̍t-ji̍t, lō-haí mā chi̍t-ji̍t.

既來之則安之也。

　　用來勸客，請他留下來過夜，以便有充分的時間來交陪。

　　（本句另解，參看425.28）

【75】

送君千里，終須一別。

Sòng kun chhian-lí, chiong-su it-pia̍t.

Sóng kun chhēn-lí, chiōng-su it-pe̍t.

小心照顧哦，不送了！

　　送別套語，用指「在此別過！」就算是千里相送，還是要「離別」的。

　　語出《隋書‧牛弘傳》。常見於章回小說，又見《增廣昔時賢文》。

　　君：第二人稱單數的尊稱，「您」也。

　　古人迎送有一定的界限，常常是近莊的橋頭，或是縣界的關隘。「勸君更盡一杯酒，西出陽關無故人！」是的，到了「迎送」點，就得珍重再見了。相傳貴州城北關外的橋頭，就是這種送迎點。橋邊石碑刻有對聯：

説一聲去也，送別河頭，歎萬里長驅，過橋便入天涯
路；

盼今日歸哉，迎來道左，喜故人見面，握手還疑夢裏
身。❻

　　再親密的親人朋友總有離別的時候，就是送得再遠還是要道
別。此時，睛含淚水，心肝頓失功能，千萬句「再會啦！保重
哦……！」化做無言的不捨，不能言表的愛和祝福。啊，人生像
鳥群，同飛的時間、方向、航程，千變萬化，使「保重！」和「再
會！」愈來愈覺沈重，愈難開口……。

【76】
火燒豬頭──面熟面熟。

Hoé-sio ti-thaû──bīn-sek bīn-sek.

Hoé-sio tī-thaû──bīn-sēk bīn-sēk.

還有點印象。

　　嘻笑話。實際應用時，在似曾相識的對方面前，只能說：
「面熟面熟！」千萬不能黑白講啥：「火燒豬頭！」──這比喻句乃
是背後的幽默。同義句：「火燒豬頭旁──半面相熟。」

　　*火燒豬頭：頭面火燒，不是「面熟」是什麼？而「面熟」者，雙關烤
豬和熟人。　豬頭旁：豬頭皮。　面熟面熟：半面相熟，似曾相識；
沒啥印象就是了。*

【77】
相識滿天下，知心能幾人？

Siong-sek boán thian-hā, ti-sim lêng kí-jîn?

Siōng-sek boan thēn-hā, tī-sim lēng ki-jîn?
人脈雖廣知心少。

傳統的用法：感嘆人生在世，眞正知己的朋友寥若晨星，雖然點頭之交隨處有，酒肉之朋隨招即來——其實，知心之友不能多，多則泛，泛則濫，難免「王哥，柳哥」(→31.02)一大堆。

這句古諺頗有來歷的，雖然語見《增廣昔時賢文》，但舊注說是昔時賢人的深刻感慨：「齊管仲與鮑叔牙買，分才利多自取，叔牙不以爲貪，知仲貧也。仲曰：『相識滿天下，知心能幾人？』」啊，眞難得也，原來友愛有超越「公道」的這個道德規範哦！

　　知心：知心的朋友也，彼此對於某些重要事情的想法和做法接近，就是價值觀和人生觀也很契合的朋友。

【78】

有緣千里來相會，無緣對面不相識。

Ū-iân chhian-lí laî siong-hoē,
　　bô-iân tuì-bīn put siong-sek.
Ū-ên chhēn-lí laī siōng-hoē,
　　bō-ên tuí-bīn put siōng-sek.
幸會！幸會！

常用在初見面的場合，表示「眞高興能認識你！」句裏原無「妳我眞有緣份」的意思，若有人刻意如此「使用」，就得檢驗他的用意哦！

這句名諺見於《格言諺語》，《水滸傳》等章回小說；而第一分句出自《傳燈錄》。

　　有緣：人和人之間發生交涉、際遇、互動等等作用所依憑的關

係。

（參看，「有緣則做伙，做伙是有緣。」522.05）

【79】

明知不是伴，事急請相隨。

Bêng-ti put-sī phoāⁿ, sū-kip chhiáⁿ siong-suî.

Bēng-ti put-sī phoāⁿ, sū-kip chhiaⁿ siōng-suî.

事急遇虎也相隨？

　　斷言人生在世的一種實況，就是沒有選擇的條件下，用「抵著」，或是「逼著」的態度來應付，來組成緊急的臨時夥伴，雖然明知道對方不是好伴侶。

　　這是一句老名言。見於馮夢龍《醒世恆言》，又常見於其他章回小說。

　　這種不是伴的「急相隨」，其過程還不是一連串的敷衍，彼此提防，找機會改變夥伴關係，一旦有了轉機，臨時關係必然斷絕，很可能變成競爭的，甚至是敵對關係，以喜劇收場的很少。

　　也許，這句老諺要提醒我們的是：交友不可採取「聊以勝無」的態度，而應該是「寧缺勿濫」！噫，姿勢太高了，煞得住「清高」的寂寞嗎？不然，就得勇敢接受「急相隨」的無奈，並且多多學習如何保護自己，如何改善關係。

注釋

1. 參看，張碧員，張蕙芬，「鷄屎藤」《台灣野花365天》上冊(台北：大樹文化，1999)，頁185；江蘇新醫學院編《中藥大辭典》上(上海：技術出版社，1986)，頁1214。

2. 參看，「木犀」《大辭典》(台北：三民書局，1985)，頁2150。

3. 這句俚諺，我們參考了台北松坡先生的注釋。見，「台灣精諺」《自由時報》。

4. 林明峪，《台灣民間禁忌》(台北：聯亞出版社，1981)，頁134。

5. X. O. 可能是英語的extraordinary，拉丁語extra ordinem的縮寫。

6. 梁章鉅，《楹聯叢話》(上海：上海書店，1985)，頁93。

第二節　衝突和解

本節段落：

【01】

卡好，也會冤家，

Khah-hó, iā-ē oan-ke.

Khá-hó, iā-ē oān-ke.

唇齒相親又相咬。

斷言，人與人關係不論多麼親愛，也可能發生衝突，就是唇齒相依最為親密，仍然有失和的時候。這就是所謂的「嘴佮舌上好，有時也會相咬。」

卡好：不論多麼要好。　冤家：衝突，失和；不是「佾冤家」。
嘴佮舌[chhuì kap chih]：嘴齒和舌；「嘴」在這裏是「嘴齒」的省略詞。

【02】

冤家，路頭狹。

Oan-ke, lō·-thaû éh.

Oān-ke, lō·-thaū ē.

怨氣作祟易碰頭。

用法有二：一、個人而言，地球是相當大的，但敵對的雙方

可能覺得「冤家路窄」；在茫茫人海中難免同舟共車，雖然很不喜歡碰頭。二、用做警語。人生在世務必處處與人和睦，一旦有了冤家對手，難保不落入對方手中。

【03】

海水雖闊，船頭也會抵著。

Haí-chuí sui khoah, chûn-thaû iā-oē tú-tiảh.

Hai-chuí suī khoah, chūn-thaû iā-ē tú-tioh.

相逢恰在落跑中。

　　用法有二：一、用做警語。隨時小心自己的言行舉止，以免在有意無意間得罪了別人。正如海洋雖然遼闊，但船隻相撞都有可能。二、用來教示負責。虧欠他人不能落跑，總有落在對方手裏的時候，雖然世界相當廣闊——「地球圓的，相抵會著！」

【04】

踢著鐵枋。

That-tioh thih-pang.

That-tiō thí-pang.

棋逢敵手。

　　用來形容平素欺善怕惡，軟土深掘的人，終於對上勁敵，惹出了麻煩，吃了大虧。

　　這句是比較新的俗語，修辭格是借喻，借「踢著鐵枋」來說一個常常踐踢善良的野馬，終於遇到了惡人。

【05】

錢，無二文勿會陳。

Chîⁿ, bô nng-îⁿ boē tân.

Chîⁿ, bō nñg-îⁿ bē tân.

沒有對手打不成。

用來責備與人吵架的序細,也可做爲警語。說,與人衝突吵架,不能只是責怪對方,自己也一定有什麼不對之處,需要反省檢點。

這句俚諺的字面義是:沒有二個銅錢是敲不出聲的;說的是,沒有對立,就沒有對敵。同義句是:「一文,無二文繪陳。」

錢:銅錢,硬幣。 文[îⁿ]:計算銅幣的枚數。 陳:響聲,借音字。

【06】

一個半斤,一個八兩。

Chit-ê poàⁿ-kin, chit-ê peh-niú.

Chīt-ē poáⁿ-kin, chīt-ē pé-niú.

旗鼓相當好戲看。

形容衝突的兩方互不相讓,戰力相當,同樣都有爭鬥的勇氣和經驗。同義句:「一個一斤,一個十六兩。」

【07】

善者不來,來者不善。

Siān-chiá put laî, laî-chiá put siān.

Sēn-chià put laî, laî-chià put sēn.

敢來踢館無軟角。

斷言,對方既然敢來挑釁,就有相當的自信和準備,當然是不好惹的了。

這句老名諺的修辭式是串對格,前後二個分句互成條件、因果。本句又做:「來者不善,善者不來。」《老子》有言:「來者

不辯，辯者不來。」(81章)

【08】

道高一尺，魔高一丈。

Tō ko chi̍t-chhioh, mô͘ ko chi̍t-tng.

Tō ko chi̍t-chhioh, mô͘ ko chi̍t-tng.

白道稍興黑道猛。

斷言，只要正道略升，邪道即大旺，要來以邪壓正，例如，法條訂得更嚴明，管制的關卡設得更複雜，掃黑的行動更頻繁，那麼鑽法律漏洞的，打通關節的，黑白掛交的，種種違法的方法也隨之變得更加緊密難防。

這句名諺原來說的是佛家的修養。修道者的靈程略有精進的時候，邪魔的迷惑也顯得愈猛烈。儒家也有這種共識，譚嗣同道：「…治理盛而愈多難防之弊。道高一尺，魔高一丈。愈進愈阻，永無止息…。是阻者進之驗，弊者治之效也。」(《仁學》)

【09】

蜈蚣、蛤仔、蛇──三不服。

Giâ-kang, kap-á, choâ──sam put-ho̍k.

Giâ-kang, kap-á, choâ──sām put-ho̍k.

相生相剋生物鏈？

用來形容一個小團體中的壞氣氛。成員誰也不服誰，工作很難協調，弄得人人身心疲憊不堪。

蛤仔：青蛙，田蛤仔。　不服：彼此相剋。

台灣民間相傳，蜈蚣沾到蛤仔尿的話，百足盡脫，難以活命；蛤仔遇蛇，則有死無生；蛇雖猛，難禦蜈蚣毒螫。

若說蛇剋蛙也不是絕對的事，歸仁鄉有位李先生飼養生性兇

猛的「角蛙」；牠能吞食魚苗、小老鼠。某日飼主發現一隻死角蛙，咽喉梗塞著一條50公分的死蛇。原來這條蛇要吃角蛙，反被蛙所吞，但因角蛙肚量太小，就被這條草遊蛇噎死了。(→《自由時報》1998(4.30):6)

　　生存競爭是一種現象，但不是唯一的眞理。看，那潛在的，更強韌的力量是抵禦死亡的「同生共養」的大愛。生命歷程難免衝突，甚至相殺，但究竟不是造化的動力。似此，將這句俚諺轉化做警語，來鼓勵和平共存！可乎？

【10】

乞食，相爭門戶。

Khit-chia̍h, sio-chiⁿ mn̂g-hō͘.

Khit-chiā, siō-chiⁿ mn̂g-hō͘.

侵我界域，壞我飯碗。

　　形容彼此爲了一些微不足道的利益衝突而發生爭吵。

　　這句俚諺的修辭式是借喻，借著乞友破壞了彼此默認的「討乞領域」，侵犯了乞兄弟的「買賣」，來譬喻一般的小小利害衝突。——乞食哪有啥「門戶」？說他們「相爭門戶」，根本是正刨倒削；當然，對乞友而言，「門戶」無異於國家的疆域。相關句有：「相挣做乞食頭。」

　　門戶：丐仙行乞的區域，卻是施主的門戶。 *乞食頭：丐群的大老。*

【11】

分無平，拍到二九暝。

Pun bô-pîⁿ, phah-kàu jī-kaú-mî.

Pūn bō-pîⁿ, phá-kah jī-kau-mî.

為公平而戰。

斷言，共同努力而產生的利益，因未能合理分配，而抗爭不息——包含貪官交結分污不均，強盜分贓不平的內鬥。

拍到二九暝：喻指爭鬥不息，字義是「打到年底」。

【12】

爭氣，不爭財。

Cheng khì, put cheng-chaî.

Chēng khì, put chēng-chaî.

爭面子不爭財利？

用來宣示抗爭的目的。說，本人抗爭豈是為了區區幾億美元，爭的是那一口「豈有此理！」

噫！台灣先人志氣好，不平之爭原非為了財利，而是更重要的「爭氣」。那是分辨「是非曲直」的精神，是反對曖昧、模糊、歪糕的志氣。

近一年來，我國在野黨也很「爭氣」，但爭的煞像總統選敗的「怨氣」。君不見，立法院的「多數暴力」把新政府弄得七顛八倒；處處為反對而反對，對於拯救台灣經濟危機，毫無作為。

如此「爭氣」，又是台灣人的一大悲哀！

【13】

一山，不容二虎。

It san, put-iông jī hó˙.

It san, put-iōng jī hó˙.

一國兩制行不通！

斷言，人間、社會，凡是人的組織，都要有個領導中心，清楚的主導權，正如一個虎國，只能有一隻虎王。同類句：「一個

山頭，一個鷓鴣。」

　　噫，虎是野獸，性情惡霸，虎腦沒有民主思想，沒有虎民幸福的觀念。所以「一山，不容二虎！」——似此，缺乏民主素養，沒有人民幸福至上的理念的政黨，最適合一黨專政，一國一虎！

　　鷓鴣[chiah-ko˙]：屬於地鳥亞綱，雞形目，雷鳥科。英文芳名是Formosan Hill-partridge，學名Arborophila crudigularis。體形似鵪鶉，但身體較大，嘴尖銳，足粗壯。據說，男女鷓鴣的戀歌，唱的是「行不得也，哥哥！」(《左思・五都賦》)

【14】

大乳，壓細囝。

Toā leng, teh sè-kiáⁿ.

Toā leng, té sé-kiáⁿ.

大欺小。

　　用來譏刺力大欺人。這句俚諺雖然粗糙，但確是比喻得相當實在，不論個人也好，國家、民族也好，一旦成為富人、大國或所謂「偉大的民族」，都可能不知自制，來欺負別人，侵略別國，輕視異族。

　　這句俚諺的修辭格是誇張。豐滿的乳房和乳汁「原是」為要養餵嬰兒，但現在這「大乳房」卻變成逼迫赤子的凶器。可憐啊，小baby！同義句：「大乳，壓死囝。」「大乳，哄死細囝。」「師公，哄死鬼。」

　　哄[háⁿ]：恐嚇，令人心生害怕。

【15】

硬鎚，拍硬挣。

Ngī thuî, phah ngī-chiⁿ.

Ngī thuî, phá ngī-chiⁿ.

強暴屈人。

　　用來批評態度強硬無理，非常蠻橫的人。這種惡形惡狀，宛如師傅用錘大力敲「揨」入榫孔。

　　硬揨：堅木做的栓子，打入榫孔，以強固聯接。

【16】

嗄龜，膾忍得嗽。

He-ku, boē-jím-tit saù.

Hē-ku, bē-jim-tit saù.

忍無可忍！

　　常被欺負的人用來「宣戰」。說，本人愛好和平，平時多多禮讓，放出無限善意，但得到的回答是文攻武嚇。好，眞是「嗄龜，膾忍得嗽。」拚了！

　　嗄龜：非蝦也非龜，慢性氣喘。這裏「嗽」或「喘」都是雙關「無法忍耐」和「抗議凌辱的發作」。

【17】

白白布，染到烏。

Peh-peh pò, ní-kau o.

Pē-pē pò, ni-ká o.

廢黑手，愛白布！

　　用來宣洩憤怒，因爲被人公然毀謗、污衊、抹黑。相似句：「一塊白布，互你染到烏。」

　　看了這句俚諺，想到我國台灣某些媒體版版「黑報」，集集「黑目」，顯然在抹黑特定的人士和壓制台灣意識。然而令人痛心的是，無數台灣人盲於這種塗黑現象，以致於助長了「黑手」的暴

力。結果，人民被騙，社會籠罩著黑雲慘霧！

諸位書友應該還記得，2000年總統大選揭曉後，有幾個立委抹黑李總統夫人曾文惠女士，說她，在總統大選後已經悄悄出國，且攜帶了54箱鈔票，共計8,500萬美元。雖然這種毀謗連三歲小孩也騙不了，但卻是某些立委和黨工在興風作浪，要傷害個人，要擾亂社會。(→《自由時報》2000(3.27):3)

啊，「白白布，染到烏！」太不可思議了。

（本句另解，參看336.02）

【18】

食你夠夠，你嘸免哭！

Chiảh lí kaù-kaù, lí m̄-biàn khaù !

Chiā li kaú-kaù, lí m̄-ben khaù !

惡魔大喊：「吃定了！」

魔鬼惡霸用來恐嚇善良的人。說的是，不論是害怕的痛哭，或是饒命的啼泣，一概沒用，魔口大開就要吞吃下肚了。

這句俚諺的台灣話真是入木三寸：「食你夠夠」，徹底地推翻了對方做為一個人的「存在的事實和價值」；「你嘸免哭」，完全藐視對方做為一個人的「感情和感覺」。噫，人間哪有這種變態的人？

說，台灣人的悲哀，最大的悲哀豈不是長久以來，籠罩在「惡魔巨獸」的淫影下來受驚受嚇？但台灣人是非常矛盾的，一面驚，一面哭，卻一面認真送肉餵魔養獸！結果，惡獸更加大聲咆哮：「食你夠夠，你嘸免哭！」

【19】

敬酒嘸飲，要飲罰酒。

Kèng-chiú m̄ lim, beh-lim hoa̍t-chiú.

Kéng-chiú m̄ lim, bé-lim hōat-chiú.

不識好歹看厲害！

　　惡霸的威脅。說的是，給你優厚的條件，良好的待遇，不順服的話，就要你好看了。

　　這句俚諺的修辭式是借喻，用酒席中歡歡喜喜的「敬酒」和藉酒裝瘋的「罰酒」，來喻指掩蓋在「抬舉」美名之下的「欺凌」。這是一種惡行，個人如此，國際也然；中國恐嚇台灣不順服所謂「一個兩制」就要開打，是這種惡行之極致！

　　酒，人人都有飲或不飲酒的自由！說啥「敬酒唔飲，要飲罰酒」？猾話！

【20】

你鬼，我閻羅。

Lí kuí, goá Giâm-lô.

Lí kuí, goá Giām-lô.

不得亂來！

　　用來回應挑釁。說，別以為你奸詐無比，本人乃是治鬼專家！你的步數，我都瞭若指掌。

【21】

我唔是辜顯榮，你唔是廖添丁。

Goá m̄-sī Ko͘ Hián-êng, lí m̄-sī Liāu Thiam-teng.

Goá m̄-sī Kō͘ Hen-êng, lí m̄-sī Liāu Thiām-teng.

敲油？別來這一套！

　　用法同上一句。說的是，我不是「辜顯榮」，沒有什麼好讓你敲詐的；你不是「廖添丁」，也不是什麼強悍的腳色！

本句修辭格用了台灣史上的名人辜廖二人爲指代；前者，喻指有錢人，是匪盜搶劫的對象；後者，代表梁山泊一類的英雄。同時，這句俚諺也在反映民間的傳說：廖添丁曾潛入辜府，勒索了500元巨款。

辜顯榮：1866-1937，鹿港人。1895年，應台北城士紳之託迎日軍入城。此後一帆風順，是日本領台最顯赫的台灣人。　廖添丁：與辜顯榮同時代的人，民間稱他做「義賊」，留下許多劫富助貧的傳說。

【22】

你要我死，我要你無命。

Lí aì goá-sí, goá aì lí bô-miā.

Lí aí goa-sí, goá aí li bō-miā.

最後通牒。

用來嚇退對方。說，你若堅持繼續亂來，別怪我給你好看！類似句：「看要死豬哥，抑是要死豬母。」

【23】

試看，則知豬母肉。

Chhì-khoàⁿ, chiah-chai ti-bú bah.

Chhí-khoàⁿ, chiá-chai tī-bu bah.

放馬過來知屬害！

爭吵時，用來嚇阻對方，使他不致於眞的放馬過來決一死戰。

句用「豬母肉」來指代非常堅強，不容易被欺負的人物，就是被壓制，也不能被消滅。嘻！吵架口不擇言，連這種醜而堅韌，老而不化的獸肉，也能用做「不可以隨便被欺凌」的措詞。類似句：「老命，配你凊肉凍[chhìn-bah tàng]。」或做「…凊肉

粽」。

　　這句是台灣常用的俚諺。坊間有寫做「凊肉擔」者，或許有誤，因爲「凊肉擔」不是被「吞食」的對象。若說「凊肉凍」或「凊肉粽」則言之成理，因爲此二種食物，都是潤滑而有滋味，非常好吃，非常容易上口，但吃多了難免消化不良，騎上500CC「黑多醜」(autobi)，就知道厲害了！

【24】

姆驚你，夯天來蓋。

M̄-kiaⁿ lí, giâ-thiⁿ laî khàm.

M̄-kiāⁿ lí, giā-thiⁿ laī khàm.

來，任你泰山壓頂！

　　用來回應威脅。挑明不怕對方用任何力量來施壓，就是大官，或是角頭黑大哥，都不放在眼裏。

【25】

冤家，糧債。

Oan-ke, niû-chè.

Oān-ke, niū-chè.

糾紛口角。

　　用來形容人爲了一些小事，交纏不清而發生吵架，喧嚷不止。

　　相傳，這糾紛的雙方以前都是好朋友，因爲「借糧」而借出了這種不愉快的結果。眞可惜啊！

【26】

君子動嘴，無動手。

Kun-chú tāng chhuì, bô tāng-chhiú.

Kūn-chú tāng chhuì, bō tāng-chhiú.

君子有所不動。

用做警語。在爭執的時候，不要大聲叫罵，不可動手打人，只要開口「講理」。

動嘴：指講理，據理溝通；不指鬥臭式的亂罵。

雖說「君子動嘴」，但真的要動嘴並不容易。因為，有許多時候只覺得心有怨氣，並不清楚是為了什麼？問題是什麼？此外，真的知道問題之後，要不是太激動，就是諷刺、臭罵、咒詛一場，情緒算是很差勁地發洩了，卻把問題變得更深沉，更嚴重。

【27】

屎桶，愈撈愈臭。

Saí-tháng, lú-lā lú-chhaù.

Sai-tháng, lu-lā lu-chhaù.

扒糞擾桶臭難當。

用來形容雙方吵架，互挖瘡疤，互掀龜卦，使那久已沈澱的往事，再度浮現在鄰人的眼前，散發著陣陣的惡臭。噫，所謂「隱惡揚善」的文化道統那裏去了？

【28】

相拍無讓手，相罵無讓嘴。

Sio-phah bô-niū chhiú, sio-mē bô-niū chhuì.

Siō-phah bō-niū chhiú, siō-mē bō-niū chhuì.

重拳鬥臭有傳統。

斷言打架或叫罵，都是無所不用其極地要用手用嘴巴來傷害對方。

相似句有：「相罵無好話，相拍無好拳。」「相罵無揀嘴，相拍無揀位。」

無揀[kéng]嘴：罵出最惡毒，最難聽的話。　無揀位：打那最軟弱，最容易倒下去的部位。

筆者來此多年，出入往來，尚未看過街頭巷尾有大聲叫罵，大力批鬥，或打架的人；報紙、電視也看不到有像我國某些立委濫用「議壇」，公開罵人、抹黑一類的惡行。每次想到我國某些民代是那麼刁滑，那麼利牙地吵吵鬧鬧，難免聯想到中國那一幫專門抹黑抹黃，來鬥臭鬥倒，凶惡無比的紅衛兵。

文明人，文明國，哪有「相拍無讓手，相罵無讓嘴」的蠻人？

【29】

鳥仔相咬，唔驚人。

Chiáu-á sio kā, m̄-kiaⁿ lâng.

Chiau-á siō kā, m̄-kiāⁿ lâng.

兩敗俱死大拚鬥。

形容人與人之間一場慘烈的衝突。鬥爭的情形宛如鳥雀拚命撲鬥，顧不了周圍有最可怕的敵人──人類。

【30】

開弓，無回頭箭。

Khui keng, bô hoê-thaû chìⁿ.

Khuī keng, bō hoē-thaū chìⁿ.

衝突動武難挽救。

用做警語。勸人忍耐，意見衝突時絕對不可動手來傷害對方，否則人情訣絕，難以和解。這是如箭出弦射獵，一去不回，若非落空，就是死，是傷。

【31】

豆腐,要佮石頭敲。

Taū-hū, beh kap chiòh-thaû khòk.

Taū-hū, béh ká chiō-thaû khòk.

絕非敵手。

　　形容某人手無縛雞之力,也沒有什麼黑槍可射,卻要和西螺七劍的武術家打架。如此拚鬥,雖然精神可嘉,結果豆腐化解做豆花。

【32】

剃頭刀,剉大欉樹。

Thih-thaû to, chhò toā-châng chhiū.

Thí-thaû to, chhó toā-chāng chhiū.

小蜜蜂大勝恐龍。

　　用來鼓舞小者勇毅,警戒大者謙遜。說,銳利的剃頭刀砍倒了一棵大樹。啊,轟動世界的大新聞!

　　這句俚諺用的誇張法,把小剃頭刀的威力做了無限的發揮,如此造成以小撲大,以弱小勝剛強的一種激勵。

　　看了這句俚諺,但願所有的台灣人對於自己那如同剃頭刀的國家台灣,增加了幾分信心。剃頭刀雖小,用的材料是上好的鋼材,打造者都是高級的製刀師傅,價值更是比一般砍樹的斧頭貴重多多——台灣是不是像一把剃頭刀?

　　然而,剃頭刀要剉得大欉樹,仍須健全的心理和其他條件,例如,有沒有「剉樹」的勇氣?是否罹患了嚴重的「懼大症」?有沒有剉樹鈍刀的犧牲奉獻的精神?

　　總之,老先人這種剃頭刀剉大樹的無畏精神,對現代的台灣

子孫有重要的鼓勵和啓示。

【33】

秤錘，敲你的油缸。

Chhìn-thuî, khà lí-ê iû-kng.

Chhín-thuî, khá li-ē iū-kng.

小流氓恐嚇財主。

　　吵架時，自認沒啥可賠的一方用來威嚇。說，要打就來吧！我是「秤錘」，你是大「油缸」，不怕缸破，油漏，就抬缸上陣呀！

　　秤錘敲破油缸，它不但絲毫無損，更是油光滿面，好不風神。

【34】

只驚孤對抵，呣驚大姓府。

Chí-kiaⁿ koˑ tuì-tú, m̄-kiaⁿ toā-sèng hú.

Chi-kiāⁿ kōˑ tuí-tú, m̄-kiāⁿ toā-sèng hú.

不怕富豪怕烈士。

　　斷言爭鬥的勝敗，不在門第勢力，而在於打鬥的個人是否有力拚的勇氣。

　　爲甚麼「大姓府」如此不中用？據說，好額人惜生命，驚死啦！說的也是，俗語說：「一人敢死，萬夫莫敵！」

　　孤對抵：單打，一人對一人的拚鬥。　**大姓府**：大戶人家，豪門也。

【35】

兩虎相爭，必有一傷。

Lióng-hóˑ siong cheng, pit-iú it siong.

Liong-hóˑ siōng cheng, pit-iu it siong.

強弱俱傷不肯讓。

　　用來勸戒息爭停鬥，互相忍讓，不然如同兩隻猛虎纏鬥不休，結果必有一方受傷慘重。

　　其實，二強相撲，兩敗俱傷的，比比皆是。古人有言：「兩虎鬥，大者傷，小者死，從傷而刺之，一舉必有兩虎之名。」（《史記·陳軫傳》）。這句古名諺，屢見古籍及章回小說，又見《格言諺語》。

【36】

鷸蚌相爭，漁翁得利。

Ut̍ pāng siong-cheng, hî-ong tek lī.

Ut pāng siōng-cheng, hī-ong tek lī.

用法類似上一句。

　　典故：按《國策·燕策》載：趙請伐燕、蘇代為燕請惠王曰：「今者臣來過易水，蚌方出曝，而鷸啄其肉，蚌合而拑其喙，鷸曰：『今日不雨，明日不雨，即有死蚌。』蚌也謂鷸曰：『今日不出，明日不出，即有死鷸。』兩者不肯相舍，漁者得而並禽之。」

　　鷸：一種鷸科海鳥（sandpiper）。牠嘴長二、三寸，頭頸長大，背茶褐色，雜以灰黑色及赭色斑點，胸腹白，趾間無蹼。棲息於海邊，喜歡吃小魚，啄食貝類。

【37】

相拍鷄，頭無冠。

Sio-phah-ke, thaû-bô kè.

Siō-phá-ke, thaû-bō kè.

窮兵黷武的記號。

譏刺動不動就要吵架爭鬥的人。這種人像鬥雞，傷痕屢屢，連耀武揚威的冠冕也鬥掉了。

【38】

爭面子，活無久。

Chiⁿ bīn-chú, oȧh bô-kú.

Chīⁿ bīn-chú, oā bō-kú.

展風神慧阿Q！

　　用做警語。不要為了面子而爭鬥，應該忍氣延生，來求長命富貴。

　　真務實之徒也！說的也是，例如，我國台灣為甚麼偏偏要人民付出那麼大的代價，來死守一個曖昧的「中華民國」？為甚麼又想要去統一人家中國？為甚麼？面子問題嗎？

　　台灣先賢有言，「爭面子，活無久。」唯有實實在在的TAI-WAN才活得永久！

【39】

相拚一粒骰。

Sio-chiⁿ chȧt-liȧp taû.

Siō-chiⁿ chȧt-liȧp taû.

粉拳大賽爭緣投。

　　用來形容好多位特種職業的女人，相爭一個嫖客之類的男人。

　　這句俚諺是用「一粒骰」來比擬入戶交關的，「一個緣投」顧客。相關的一句是「猴咬猴，咬到血愈[ná]流。」說的是情夫客兄為獨佔一個情婦而大操鐵公鷄，結果血流五步，兩猴重傷。

　　骰：喻指情夫，原是一種賭具，「鉛骰」。可能是從鉛骰音轉「緣

投」，再會意做嫖客。 　*猴：譏刺地稱情夫、客兄。*

【40】

仙拚仙，害死猴齊天。

Sian-piàⁿ-sian, haī-sí kaû-chê-thian.

Sēn-piáⁿ-sian, haī-si kaū-chē-then.

仙人火拚累大聖。

用來形容強人火拚，連累無辜受害。

這句俚諺是老先人附會《西遊記》的故事而做成的：猴齊天「孫大聖」，好心救護師父唐僧而大殺妖魔，但被誤解；不辨眞假的師父常常祭出戒嚴令咒，束緊頭上魔箍，來修理大聖，整得他猴頭欲裂，死去活來。

【41】

一下搔，平波波。

Chi̍t-ē so, pîⁿ pho-pho.

Chi̍t-ē so, pīⁿ phō-pho.

正牌大老有夠力。

形容一個德高望重，處事公正，手腕高超的人士，只要這位老先覺出面調解，當事人莫不順服，簡簡單單地解決紛爭。

平波波：水面波浪不興，但見一片平靜水紋。

台灣社會有一個很壞的現象，就是有什麼「不平」，只要「大老」出面來搓揉，就能化解。如此，那些「不平」豈非做秀？

過去台灣人萬般堅忍來操練自己，使「情份」來壓抑「公平」，久而久之「公義」不被社會大多數人所重視，而重要的政治問題也是模糊地被搓掉。君不見，國民黨對於「興票案」敢公然放棄追訴，敢如此爲「A錢無罪」來背書。如此藐視司法，自絕於奉公守

法的人民！

　　社會事件，不能用老先人這種「搔頭殼，搔卵脬」的方法，來搓掉是非對錯。不辨大是大非的人民，不論大小事都可以「一下搔，平波波」社會，註定是愚蠢之民，奴隸之國！

【42】

無看僧面，嘛著看佛面。

Bô khoàⁿ chēng-bīn, mā-tiȯh khoàⁿ pu̇t-bīn.

Bō khoáⁿ chēng-bīn, mā-tiō khoáⁿ pu̇t-bīn.

放他一馬，看我面子！

　　老名諺也！常用來求情，請出撐腰的大人物來要求寬赦過犯，或從輕發落。

　　這句的文語寫做：「不看僧面看佛面。」修辭式用的是借代，「僧」和「佛」代表有頭有臉的人士；但「僧」力道遜些，面子較小，因爲還在修行中，而「佛」是有夠份量的老先覺！所以，要是不顧慮僧面，佛面的面子是一定要給的──好像要告訴對方，得罪土地公是飼無鷄的也！屢見章回小說，如《西遊記》等等。

【43】

做無鬚仔老大。

Choè bô-chhiú-á laū-toā.

Chó bō-chhiū-a laū-toā.

無鬚老大無夠力。

　　用來恥笑一個不夠資格，卻極有興趣排紛解難的年輕人。

　　背景：舊時，台灣地方寺廟有老大，都是頗負衆望的長者，一般年紀都高，且留有鬍鬚。他們不但管理寺廟的祭祀，而且調解廟區境內的大小糾紛，頗有平息紛爭的力量。然而，年輕人當

了老大，經驗不足，調解的公正性受到懷疑；於是，鄉人揶揄他們，戲稱爲「無鬚仔老大」。❶

　　老大：舊式「廟董」一類的人士，無關黑道大哥。

【44】

公親，變事主。

Kong-chhin, piàn sū-chú.

Kōng-chhin, pén sū-chú.

閒事，理不得。

　　一個熱心調解糾紛者的怨嘆。他受託當起「公親」，雖然自覺公平對待，合理調解，不料被不滿的一方告以受賄，圖利對方；如此，被捲進紛爭的漩渦裏。

　　公親：民間調解糾紛的族長或長老。　事主：糾紛的當事人。

【45】

做公親，蝕本。

Choè kong-chhin, sī-pún.

Chó kōng-chhin, sī-pún.

倒貼的公親。

　　公親的自嘲。說，我這個公親「無得湯，無得粒」(→435.03)，而且每次請他們雙方來勸解，還得請他們吃飯喝酒。噫，做啥公親？不是頭路！

　　蝕本：虧本。

【46】

見面，三分情。

Kì^n-bīn, sa^n hun-chêng.

Kí^n-bīn, sā^n hūn-chêng.

見面事就了！

斷言，彼此有啥意見，最好當面坦誠溝通，正是「事大事小，見面就了！」

為甚麼見面可能息事？因為「見面生情」也。這是舊時「惜情」社會的一種可能性。君不見，家庭薰陶以情，學校教育以情，社會互動也是以義以情；如此，見面難免成情，情雖不多，三分也足以排解糾紛了。

然而，時代不同了。這半世紀以來台灣人接受的教育是要「殺豬拔毛」的，中國對待台灣也是「飛彈伺候」。如此邪惡的大環境要人「生情」，豈非妄想？君不見，「仇人見面，分外眼紅」，談判不攏就操練西部牛仔的，時有所聞；台商在中國被謀財害命，死無葬身之地的，也時有所聞。

情，非常珍貴，非常必要，但需要公義的，平安的社會來做苗圃。

【47】

怨可解，不可結。

Oàn khó-kaí, put-khó kiat.

Oàn kho-kaí, put-kho ket.

斷怨果，種善因。

用做警語。教示人切莫隨意與人結怨，若有什麼介蒂，只能解釋不宜打死結。

這句老名諺常用在社會生活，屢見於章回小說，像《水滸傳》33回，《說岳全傳》2回等等。

那麼，萬一怨結已經打得太久又太牢，要怎麼辦？先人是有辦法的，他說：「怨生無怨死，怨大人無怨囡仔疼。」怨到死為

止，夠久了吧！如「鞭屍」之類的，如「抄家滅族」的，已經是比閻王鬼差野蠻萬倍了。

囡仔疕[gí-á-phí]：輕蔑話，小孩。

【48】

冤家，變親家。

Oan-ke, piàn chhin-ke.

Oān-ke, pén chhīn-ke.

雨過天晴真歡喜。

　　用來表達紛爭得到和解以後的好心情，真是怨去親來好友也。

　　但，世上頗不乏「親家，變冤家」(→514.54)的，所以把「冤家，變親家」，當做警語來看待，也許更有意思。人的「親」，是那麼單薄脆弱啊！

注釋

1. 看，朱峰，「台灣方言之語法與語源」《台北文物》(1958年7卷10期)，頁12。

第三節　訴訟坐牢

本節段落：

不入公門01-03　畏懼訴訟04-11　刑求迫供12-14　受賄枉法15-18
涉嫌服刑19-20

【01】
無事，不入公門。

Bû-sū, put-jip kong-mn̂g.

Bū-sū, put-jip kōng-mn̂g.

閒人免進！

　　在那專制官僚的世代，平民見官如見虎，難免叩頭敬禮，說不定官降麻煩，吏抓勞役。無事入公門，何苦來哉？遠離為吉！

　　公門：舊稱官府、衙門、官廳；等於現代的法院、警局、公所，等等政府的辦公處所。

【02】
一字入公門，九牛拖不出。

It-jī jip kong-mn̂g, kiú-ngiû thoa boē-chhut.

It-jī jip kōng-mn̂g, kiu-ngiû thoā boē-chhut.

有案可稽不好玩。

　　用法有二：一、做為警語，懼戒官事。公門一旦有案可稽，列入檔案，不論要更正，要私了，手續麻煩，除非備有巨金要來消災。二、公文、訴狀的用字遣詞必要正確無誤，一旦成為「公文」，就難更改了。

語見，《增廣昔時賢文》和《格言諺語》等。

（本句另解，請看411.20）

【03】

衙門八字開，有理無錢莫進來。

Gê-mn̂g pat-jī khai, iú-lí bû-chiân bȯk chìn-laî.

Gē-mn̂g pat-jī khai, iu-lí bū-chiân bȯk chín-laî.

歡迎光臨銷錢窟。

　　這句老名諺見於《增廣昔時賢文》，屢見於章回小說。

　　衙門八字開！豈只是說門戶張開如八字形？民間對「八字開」這個表象理解做貪婪的，張開的嘴巴，那是要吃花酒，又要吃錢的嘴臉。八字開的門，與其叫做「公門」，不如叫做「牙門」——舊時「衙門」的另一個更確切的名稱。

　　公門確是詭譎，老先人視為禁地。他們在童蒙教育中就已經開始灌輸遠離八字門的思想。《訓蒙教兒經》有言：

> 八字衙門如虎口，師役差班活吃人，
> 傾家蕩產猶小事，擔驚受嚇怕五刑。
> 雖然銀錢好買命，王法森嚴不容情，
> 世上多少英雄漢，到老何曾有收成？

　　原來「八字開」就是「八字打開」，意指開誠佈公，非常開明。如朱熹所感嘆的「聖賢已是八字打開了！」又說「人自不領會，卻向外狂走耳。」(朱熹《與劉子澄書》)可惜，中國和台灣的黑官污吏豈只是「向外狂走」，而是紛紛墮進藐視公義和人權的銷錢窟了。

【04】

石獅，也驚人告。

Chióh-sai, iā-kiaⁿ lâng kò.

Chiō-sai, iā-kiāⁿ lāng kò.

大錘重打獅粉身。

　　斷言，不論是誰都非常害怕被控告，就算是那天不怕地不怕的石獅子，也很怕人告牠。同義句：「石獅，也畏人抵臍。」

　　這句是很可愛的想像，也是很有力量的誇張。嘻，在那個世代，連古錐的廟門石獅子，都逃不掉白色恐怖，被魔鬼羅織什麼「思想有問題」而銀鐺關進有死無生的戒嚴黑牢，有38年之久（1949.5.19-1987.7.15）！

　　抵臍[tú-chaî]：喻指被告，字義是抵撞肚臍，打到照門。

【05】

告厝了厝，告田了田。

Kò-chhù liáu chhù, kò-chhân liáu-chhân.

Kó-chhù liáu chhù, kó-chhân liáu-chhân.

告贏告輸都破產！

　　用做警語。絕對不要與人打官司，不論大小訟事，不論勝訴敗訴，都得花費巨款，纏訟久久，破產難免，說不定賠上一條老命！

　　為甚麼？司法人員真是「有條有理，無法無天」嗎？是的話，從此惡霸橫行，善良悽慘無期了。枉法的法官是人民的恥辱，是毀國的罪人。

【06】

官司好拍，狗屎好食。

Koaⁿ-si hó-phah, kaú-saí hó-chiảh.

Koāⁿ-sī ho-phah, kau-saí ho-chiā.

狗屎好食。

　　斷言，切勿興訟！那是吃狗屎不如的行動。

　　為甚麼會這樣呢？司法的公正性是保護人民，是明辨善惡的最後裁準，是良民的媒母，正義的防線，為甚麼會如此落魄，如此無路用？原因無他，主要是法官吃錢，法律條文曖昧，律師費用高昂，纏訟不息，身心疲憊，百事盡廢。啊，苦無盡期！

【07】

相告無直詞。

Sio-kò bô tỉt-sû.

Siō-kò bō tỉt-sû.

誰說實話？

　　斷言，自訴和被告的兩方，為要勝訴，為要辯護，沒有一方會說實話。

　　直詞：實話，慼話；坦白的，可能對自己不利的言詞。

【08】

輕輕仔和，呣通重重告。

Khin-khin-á hô, m̄-thang tāng-tāng kò.

Khīn-khīn-a hô, m̄-thāng tāng-tāng kò.

庭外和解食酒去！

　　用做警語，戒興訟。說，私下和解最好，不要訴之於法，上

法庭興訟是最糟糕的代誌。

　　如此「戒訟」，乃是老先人慧眼看穿，古今衙門和司法機關，以「金爲理」的現象，爲免子孫再次受害，而發出這句不得已的妥協。

　　和：糾紛事件按照民間方式私下和解。　　告：向司法機關控訴。

【09】

屈死唔告狀，餓死唔做賊。

Khut-sí m̄ kò-chñg, gō-sí m̄ chò-chhát.

Khut-sí m̄ kó-chñg, gō-sí m̄ chó-chhāt.

告也是死，何必告？

　　斷言，冤枉無處申，就是去法院控告，也是無路用。寧可屈死來得簡單省事。

　　這是一句可憐的老思想，當今台灣有許多正義律師，可能會代爲申冤，千萬不可「屈死」才好。同義句有：「氣死唔告狀，餓死唔展當。」見，《格言諺語》。

　　屈死：冤枉受屈，懷恨而死。　　展當：典當。

【10】

勢相刣會陣亡，勢相告會做獄王。

Gâu sio-thaî oē tīn-bông, gâu sio-kò oē chòe ga̍k-ông.

Gāu siō-thaî ē tīn-bông, gāu siō-kò ē chó ga̍k-ông.

告不得也，哥哥！

　　教示的道理是，不要有「最佳訟棍」的自信，這種人早晚會淪爲「獄王」。

　　獄王：牢獄的資深居民。

　　此處，重點放在第二分句。弦外之音，傳播著遠離訴訟的思

想！君不見，老先人諄諄告誡黃口小兒，說：

> 更有一等要緊事，莫在衙門逞才能；
> 會打官司牢內死，飛蛾投火自焚身；
> 有甚冤枉忍不住？忍住冤枉福自生；
> 道路不平他人鏟，天理畢竟在人心；
> 寧可自己吃虧好，吃得虧來成得人。

（《訓蒙教兒經》）

可憐，黑天暗地的世代，冤枉只能忍耐，打官司就是「飛蛾投火」！心裏的難忍，只敢化做喃喃毒咒：「九牛六娼，三寡婦」（→ 19.17）。啊，太消極了，給貪官污吏太多的作惡空間。

不敢為公義奮鬥的人民，只好當罪惡的奴才。他們的怨嘆是對自己的恥笑。

【11】

拍官司，拍天理。

Phah koaⁿ-si, pha thiⁿ-lí.

Phá koāⁿ-si, phá thīⁿ-lí.

有待老爺現良心！

舊說，打官司的勝敗，在於是否遇到一個「吃糜攪鹽」的清官。這種官才能明辨善惡，保護無辜，還民清白。

哀哉，萬一遇上了「黑大人」，要如何是好啊？

【12】

鼓不打不響，人不打不招。

Kó͘ put-tá ⁿ put hiáng, jîn put-tá ⁿ put chiau.

Kó͘ put-tá ⁿ put hiáng, jîn put-tá ⁿ put chiau.

刑求迫供證據現！

　　用來諷刺國民黨政府的刑警、偵調單位，用刑求來處置涉案者，逼取口供。

　　這句俗語，是國府逃難來台灣以後開始流行的。源自王祿先生的套語，「鼓不打不響，燈不點不亮」(→ 311.33*)一句加工而成的。

　　（本句詳解，請看13.26）

【13】

水牛無牽過溪，屎尿唔願放。

Chuí-gû bô khan-koè khe, saí-jiō m̄-goān pàng.

Chui-gû bō khān koé khe, sai-jiō m̄-goān pàng.

認罪求生不得已。

　　打得哀爸叫媽，死去活來，屎尿滿地，不畫押招供等待何時？

　　這句是鄉土味十足的借喻。所以用這種譬喻，乃是農夫要求水牛來排尿排糞時，有個秘訣，就是牽牠涉水過溪。但見牠過了清涼溪，一時牛心大悅，牛腸牛膀胱舒暢得很，爽爽快快的把最後的「秘密」公之於世。

　　此情此景，老先人看在眼裏，痛在心裏。想起被日本大人抓去灌水、跪冰、倒吊、鞭打……，酷打得屎尿瀉個滿地，招了一個「偷夯古井」(→336.07)的罪名。如今看到眼前過溪解放的水牛，靈竅一開造出了這句「水牛無牽過溪，屎尿唔願放」！

　　哀哉，那個世代，人不如牛！人被打得半死來迫取口供，卻

請水牛玩水來拜託牠解放。

【14】

無食烏豆，叫伊放烏豆屎。

Bô-chiảh o͘-taū, kiò i pàng o͘-taū saí.

Bō-chiā ō͘-taū, kió ī páng ō͘-taū saí.

白豆變黑打萬能。

　　用來大叫冤枉。說的是，賴我偷吃黑豆，要我拉黑屎給大人檢驗。那有可能？黑豆確是無吃啦！

　　食黑豆會放黑豆屎；不信，一試無妨！據說，每日空腹生吞浸泡過清水的黑豆49粒，可使白髮變得像黑狗毛一般的「烏金」——這是罔講偏方，請免實驗。

【15】

有條有理，無法無天。

Iú tiâu iú-lí, bû-hoat bû-thian.

Iu tiâu iu-lí, bū-hoat bū-then.

黃金萬能A理來。

　　用來諷刺受賄枉法的法官和一切大權在握的官吏。刺他有金條黑紗的話，就能給你無罪之理；否則，他眼中是沒有「法」律的，心裏更是不信什麼「天」道報應。類似句：「有食，有食的工夫；無食，無食的工夫。」(→ 422.02*)

【16】

大事化小事，小事化無事。

Toā-sū hoà sió-sū, sió-sū hoà bô-sū.

Toā-sū hoá sio-sū, sio-sū hoá bō-sū.

可大可小好手段。

　　用法有二：一、現代用法，說不論什麼天大的案件，只要錢夠，都能化解，把大案變小，小案變無。二、古早的用法，用來勸和；處世爲人最重要的是「無事上好」，萬一有事，都要發揮「化小化無」願力。

　　這句是古今名諺，屢見於章回小說，如《紅樓夢》62回等等。

【17】

大案聽命令，中案看錢，小案依法辦理。

Toā-àn thiaⁿ bēng-lēng, tiong-àn khoàⁿ chîⁿ,

　　sió-àn i-hoat pān-lí.

Toā-àn thiāⁿ bēng-lēng, tiōng-àn khoáⁿ chîⁿ,

　　sio-àn ī-hoat pān-lí.

大司法專打蒼蠅。

　　用來怨嘆。諷刺國民黨政府用政治干涉司法，大案件都得按照「大頭家」的號令辦理；一般的刑案則是「有錢辦生，無錢辦死」（→13.15）；偷雞殺狗的小案件，沒賺，依法辦理！

【18】

一審重判，二審減一半，三審食豬腳麵線。

It-sím tāng-phoàⁿ, jī-sím kiám chi̍t-poàⁿ,

　　saⁿ-sím chia̍h ti-kha mī-soàⁿ.

It-sím tāng-phoàⁿ, jī-sím kiam chi̍t-poàⁿ,

　　sāⁿ-sím chia tī-khā mī-soàⁿ.

有錢法院八字開。

　　諷刺我國司法界的黑官。說，提錢來辦，再大的案件，都能化小化無，不久就可以無罪出獄，來食豬腳麵線了。

（本句詳解，見13.15）

【19】

食無錢飯。

Chia̍h bô-chîⁿ-pn̄g.

Chiā bō-chīⁿ-pn̄g.

三餐白吃好清閒？

　　受刑人用來自嘲，或用來諷刺那些坐監服刑的人。

　　這句俚諺用的是借喻，用「吃無錢飯」來指下監的人。

　　本俚諺反映著的是「牢獄爲飯店」的諷刺，筆者看了不覺愛笑。我們無須知道這位入獄白吃的先生／太太涉嫌的是什麼案，仍然要送他／她一句：「惜君青雲器，努力加餐飯！」(参参《送王昌齡》)請，免客氣，多用些粗荣牢飯吧！好好的保持健康，很快就會出來享受豬腳麵線的。

　　食，當然很重要；但，牢飯沒有啥好吃的。能否逆向一想，將黑牢當做「敎堂」來修心養性，當做「研究室」來建立改革的政治思想。君不見，多少「食無錢飯」的人士，出來之後成爲更有力量的改革家，成爲更博大精深的思想家。

【20】

細漢食父母，大漢食官府。

Sè-hàn chia̍h pē-bú, toā-hàn chia̍h koaⁿ-hú.

Sé-hàn chiā pē-bú, toā-hàn chiā koaⁿ-hú.

歡喜食vs.見笑食。

　　受刑人用來自嘲。說長大成人之後犯案服刑，「食官府」的免費三餐，正如同小時候毫無條件的被父母所養育。

　　這句俚諺的修辭是對偶反對格，用「細漢」對「大漢」，但用

「食父母」來對出非常不一樣的吃法：「食官府」。同時，一二分句的韻腳也相當整齊，都是[-ú]。

細漢：小時候，「細漢的時陣」的縮寫。　大漢：長大成人，「大漢以後」的縮寫。　食官府：詼諧地說，吃牢飯。

宜蘭李嘉興先生注解這句俚諺時，說「這是受刑人含淚自嘲的辛酸語。」(「台灣精諺」《自由時報》)這是可以理解的。但不是「大漢食官府」的人，都需要如此辛酸懺悔。世上無數坐牢的，枉死牢裏的，竟然是人權的先知，民主的鬥士，化黑牢為人性化監獄的急先鋒。他／她們身體受苦，但心裏卻充滿歡喜和希望，日夜關懷的是人類的幸福。他們知道人類集體罪性，除非犧牲，否則是無法喚起人生的自覺來改革，來消解的。

逝者已矣！不必問為了什麼自己「大漢食官府」！重要的是除了「食」之外，如何利用這個「免費大飯店」，來準備自己有朝一日吃完了「豬腳麵線」之後，有大大的作為──能否以囹圄為福堂？

第四節 影響連累

本節段落：

所謂影響01-07 牽成庇蔭08-10 連累受害11-19

【01】

一枝搖，百葉動。

Chi̍t-ki iô, pah-hio̍h tāng.

Chi̍t-kī iô, pá-hiō tāng.

牽一髮搖動全身。

斷言，重要的部分動搖的話，勢必影響其他部分，正如樹枝動搖，樹葉必然隨之搖動。

【02】

人講一個影，你生一個囝。

Lâng kóng chi̍t-ê iáⁿ, lí siⁿ chi̍t-ê kiáⁿ.

Lâng kong chi̍t-ē iáⁿ, lí sīⁿ chi̍t-ē kiáⁿ.

掠影做人。

斷言一個容易受人影響的人，只要有點風吹草動，就放大成一件大事。

這句俚諺的修辭式是串對格，以別人的「一個影」爲因，他就製造出「一個囝」爲其結果。同時「影」和「囝」都對有[-iáⁿ]韻，很好聽。類似句：「一人傳虛，萬人傳實。」見，《景得傳燈錄》。

【03】

山頂無好叫，山腳無好應。

Soaⁿ-téng bô hó-kiò, soaⁿ-kha bô hó-ìn.

Soāⁿ-téng bō ho-kiò, soāⁿ-kha bō ho-ìn.

好叫好應好交陪。

　　用來鼓勵人，當親切待人，就必得到親切的回應。這是根據影響的原理，就是善叫善應，惡叫惡應；聲音的叫應如此，人際關係的回應也是如此。

　　本句的修辭式也是串對，說的是善惡叫和善惡應的因果關係。

　　然而，這句俗語假設的是理想狀態，世上的回應現象也頗複雜，善叩不必善應，例如，頑童叩打未爆炸彈，回應的卻是粉身碎骨！

　　人以禮以讓，甚至是萬分的婢顏奴色來對待土匪、流氓、黑道，可乎？可能得到什麼回應？他們會感動得棄邪歸正，改惡從善嗎？或者得寸進尺，「軟土，深掘！」（→246.27）說不定把你「拆食落腹」。

【04】

鷄隨鷄啼，狗隨狗吠。

Ke toè ke-thî, kaú toè kaú-puī.

Ke toé ke-thî, kaú toé kaú-puī.

鷄啼狗吠同類相應。

　　斷言，模倣效應各有特定的對象。例如，台北市街的哈日族，成群結隊，互相觀摩，把自己打扮得比東京街頭的日本少年更日本。

【05】

成是蕭何，敗也是蕭何。

Chhiân sī Siau Hô, paī iā-sī Siau Hô.

Chhiân sī Siāu Hô, paī iā-sī Siāu Hô.

好壞都是他搞鬼。

　　用法有二：一、形容好壞影響都來自同一個人。帶孩子努力讀書，認眞準備考試的是他；帶孩子流浪，去逃避聯考的也是他。二、用來嘲諷，說他出爾反爾，不知在搞什麼鬼。

　　這句老名諺的文言做如「成也蕭何，敗也蕭何。」典出宋、洪邁《容齋續筆》：「[韓]信之爲大將軍，實蕭何所薦。今其死也，又出其謀。」這句老諺屢見於後來的戲曲和章回小說。

　　蕭何：？-193BC，漢初大臣，曾佐劉邦起兵打天下。楚漢戰爭，薦韓信爲大將，自任丞相。　韓信：？-196BC，漢初軍事家，善用「陷之死地而後生」的戰略，曾助劉邦戰得天下。後爲呂后所殺。

【06】

強將手下，無弱兵。

Kiông-chiòng chhiú-hā, bû jiȯk-peng.

Kiōng-chiòng chhiu-hā, bū jiȯk-peng.

強將強兵強影響。

　　斷言影響不是單行道式的，而是來來往往的互相響應。正如一個長勝將軍，沒有不戰就轉進的軍隊；反之，無能的將軍，聚合戰陣無勇有懼的紅兵黑卒。

【07】

鎗籽拍到位都冷啦！

Chhèng-chí phah kaù-uī to léng--lah!

Chhéng-chí phá kaú-uī tō léng--là!

勢力範圍之外。

喻指個人雖有大力人士可做靠山，可惜自己不在其權力影響
的範圍內，要他提攜牽成總是慢了半拍。

鎗籽拍到位都冷啦：目標在射程之外。

【08】

一人開井，千人飲水。

Chi̍t-lâng khui chíⁿ, chheng-lâng lim chuí.

Chi̍t-lâng khuī chíⁿ, chhēng-lâng līm chuí.

一人好德庇蔭多。

用來形容好庇蔭。說的是：一個人的大功德、大貢獻，可使
千萬人受惠，譬如一人鑿得一口甘泉好井，則鄰里蒙其福澤有好
水可喝。

語見，《格言諺語》。

【09】

一人在朝，闔家康泰。

It-jîn chaī-tiâu, ha̍p-ka khong-thài.

It-jîn chaī-tiâu, ha̍p-ka khōng-thài.

大官顯赫闔家歡。

用來諷刺黑大官。說，家裏只要有人在朝當油水豐富的大
官，那麼整個家族就非常春風得意了。

這句是老俚諺，原有相當天真的「德治」思想背景，如《注解
昔時賢文》舊注所載：「蕭望蕙東海人也，身爲儒宗後，爲平原太
守，有善政。民頌曰：『一人在朝，闔家康泰；一日爲官，兆民

咸賴。』」類似句:「一人得道,鷄犬升天。」「一子成道,九祖升天。」

我們說這句俚諺是「諷刺」,爲甚麼?因爲在那伴君如伴虎的世代,就是位極人臣者,一不小心觸怒惡虎,馬上有殺身之禍,搞不好抄家滅族的都有!有啥「闔家康泰」可言?至於做個小淸官,賺個「一肩行李,兩袖淸風。」(→ 13.07),連妻兒都養不飽,又有啥康泰?要是有的話,當然是那一邦勢利的鄉親,或黑官的爪牙,從此或可暫時驥尾黏蒼蠅。

(參看,「小人得志,鷄犬升天。」241.22)

【10】

蕃藷藤,肉豆藤,牽歸綰。

Han-chî tîn, bah-taū tîn, khan kuī-koāⁿ.

Hān-chī tîn, bá-taū tîn, khān kuī-koāⁿ.

人脈廣大好做事。

用來形容喜歡四處攀親引戚的人。說他網羅了、貫串了一大堆人物,而自以爲人脈廣大,人事背景好得不得了。

這句俗語的修辭是借喻,假藉兩種一年或多年生蔓性草本植物的「牽藤」特性,來譬喻擅於串連你兄我弟的人物。實際上,這句話貶多於褒,說他這群令親令友和他的關係,並不見得很實在,都是蔓藤一般的拋來攀去。

肉豆:扁豆也,又名鵲豆、膨皮豆;英文名hyacinth bean,學名Dolichos lablab。豆科,扁豆屬,一年生草質爬藤。秋夏開白或紫色花;花供觀賞,莢可食用;產於亞非熱帶地區。

【11】

好人互歹人焄,晴暝互目金牽。

Hó-lâng hō˙ phaíⁿ-lâng chhoā,

　　chhiⁿ-mî hō˙ ba̍k-kim khan.

Ho-lâng hō˙ phaiⁿ-lâng chhoā,

　　chhīⁿ-mî hō˙ ba̍k-kim khan.

有好有歹牽成多。

　　斷言個人的社會生活，難免受到好的、壞的影響。例如，好人被誘惑而同流合污，但前途渺茫的卻獲得「貴人」的奧援而打開了一個光明的局面。

　　歹人焄：歹人帶壞；焄，牽帶。　睛暝：眼障者。　目金牽：喻指好人的提攜、牽成；目金，眼明睛亮。

【12】

歹鬼，焄頭。

Phaíⁿ kuí, chhoā thaû.

Phaiⁿ kuí, chhoā thaû.

壞領導人。

　　用來罵人。被罵的是一個頗有帶頭作用的壞人，他帶領人做的都是歹代誌。

【13】

上不正，下則歪。

Siōng put chèng, hā chek oai.

Siōng put chèng, hā chek oai.

元首不好百官壞。

　　斷言領導人或上級主管的作風不正，那麼他的下屬也可能效尤。

　　這句俚諺是「上樑不正，下樑歪」的簡縮，取譬自建築；不正

的上樑，當然整個結構就難以立正了。本句，常見於章回小說和戲曲。

【14】

好人講呣聽，歹人講溜溜走。

Hó-lâng kóng m̄-thiaⁿ, phaíⁿ-lâng kóng liu-liu chaú.

Ho-lâng kóng m̄-thiaⁿ, phaiⁿ-lâng kóng liú-liú chaú.

歹人暗路魅力強。

　　用來感嘆。顯然是勸善長老的「世風日下，人多學壞」一類的嘆息。

　　　　（參看，「人叫呣行，鬼叫溜溜走。」334.04）

【15】

一人做賊，一家災殃。

Chi̍t-lâng choè-chha̍t, chi̍t-ke chai-iong.

Chi̍t-lâng chó-chha̍t, chi̍t-ke chaī-iong.

萬難超生賊家庭。

　　用做警語。斷言作惡連累一家人。

　　當知，在那保守又閉鎖的農村社會，家中一人做個小小偷，祖宗父母可能被標籤做「祖宗歷代爲土匪」；兄弟姊妹要娶某嫁翁，對方都可能探聽得「遺傳因子一盡盜賊」。

　　這句俚諺指出壞「家人」的連累，使全家的名譽受損，生活受到困擾。惡「鄉人」的連累，眞是「一人做賊，一鄉災殃」──賊仔庄，使鄉人在自己的同胞面前抬不起頭來。至於壞皇帝、壞主席、壞總統「一人做惡，萬人遭殃」(→《格言諺語》)，史有鐵證。看那史達林、毛澤東、希特勒、蔣介石，等一班「偉人」的恐怖統治，何只百萬人受苦？千萬人受死？

權力愈大，腐敗愈深，連累愈嚴重，愈深遠。君不見，中國的所謂「眞命天子」，有幾個不是騎在人民頭上的暴君？近代中國和台灣也出了所謂「救星」！救了什麼？但見中國和台灣兩國至今還在喊戰喊殺。

【16】

一坩飯，艙堪得一粒鳥鼠屎。

Chi̍t-khaⁿ pn̄g, boē kham-tit chi̍t-lia̍p niáu-chhí saí.

Chi̍t-khāⁿ pn̄g, bē khām-tit chi̍t-lia̍p niau-chhi saí.

白米黑珠難消受。

用做警語。激勵保持整體性的良善，因爲就算是小惡，可能帶壞全體，使之全盤被人嫌棄。眞的，除非在那吃樹根的時期，不然誰敢享受「鼠屎蓬萊白米飯」？

噫，這句俚諺白話直說，頗有當頭棒喝之勢。類似句有：「一壺魚，艙堪得一尾三班。」「三班，攪家！」——一隻三班，善鬥的小魚，使整壺魚痛苦不堪。正是所謂的「神守(繁)居沼，魚也睦；魚賊居沼，魚也亂。」(明、徐禎稷《恥言》)

遊鍵至此，看到剪報中有「自由談」，提到「老鼠屎」的連累非同小可，值得抄引幾句：

> 法官染黑染黃，檢察官喝花酒，在司法改革聲中，有人忙著唸經，但也有人只顧摸奶，是青天還是黑天？

> 法官是在做人的「神」的判斷，檢察官代表的是國家的法意，都是最崇高的事業，豈只是皇后的情操不能有絲毫懷疑而已？

> 但法官、檢察官仍然是「人」，有七情六慾的人，又是人

間的「官」，有官的權威更扮演了至高無上的「神」，要做判生死的神。

人、官、神…在人間叫法官、檢察官。但是當它墮落入情慾黑金之中　，人官神也就成了鬼畜魔。……法官、檢察官染黑涉黃案例，恐怕不只是壞了一鍋粥的二粒老鼠屎而已。

權力使人腐化，絕對的權力使人絕對腐化……。法官審判獨立、檢察官獨立行使職權……。當人民把權力付託時，同時也要防止腐化的權力害人害民。(《自由時報》1998(6.6):2)

【17】

龍虎交戰，龜鱉受災。

Lêng hó͘ kau-chiàn, ku pih siū-chi.

Lēng hó͘ kaū-chiàn, kū pih siū-chi.

水陸大戰龜鱉亡。

用指兩強相鬥，連累無辜弱小。例如，海龍王和山王大戰，但見海陸兩國的龜兵鱉卒紛紛陣亡，慘不忍睹。

【18】

狗死，狗虱也著無命。

Kaú sí, kaú-sat iā-tioh bô-miā.

Kaú sí, kau-sat iā-tiō bō-miā.

頭家關門辛勞散。

用法有二：一、斷言，主體崩潰，肢體也隨之毀滅。譬喻，狗死，寄生於狗的狗蝨豈能獨生？二、用來鼓勵識大體，愛根本，因為樹倒猢猻不能不散！

這句俚諺用字雖然相當通俗，但道理卻是非常嚴正的，要說的正是「皮之不存，毛將焉附？」(《左傳·僖公十四年》)

【19】

猴死，豬哥也著無命。

Kaû sí, ti-ko iā-tio̍h bô miā.

Kaû sí, tī-ko iā-tiō bō miā.

奸人血拚難獨活。

斷言雙方拚命死戰，沒有獨存之理。譬如，妓女的情夫和她的嫖客爭風吃醋，錯手傷了嫖客的生命，這隻惡猴是要賠命的。

背景：本句，坊間有解釋做孫悟空和豬八戒火拚；猴死，則豬哥難活，云云。我們懷疑這樣解釋的正確性，認為沒有把握住「猴」和「豬哥」二詞在本句的意思。這裏，「猴」指代的是「客兄」，而「豬哥」指代的是「嫖客」；說的是，他們爭風吃醋，鬧出了人命。過去台灣民間「豬猴拚命」時有所聞，眞是「猴咬猴，咬到血愈流。」(→32.39*)

噫，豬哥寮是非之地，古意人遠離爲吉。

第五節　經驗歷練

本節段落：

經驗重要01-05　經驗豐富06-12　初出洞門13-17　經驗知識18-20

【01】

經一事，長一智。

Keng it-sū, tióng it-tì.

Kēng it-sū, tióng it-tì.

經驗豐富智慧多。

　　斷言實際工作經驗或人生歷練是很重要的，它能夠使人增長智慧。

　　語見，宋、釋惟白《續傳燈錄》卷二，屢見《紅樓夢》、《官場現行記》等小說。這句諺語也做如：「不經一事，不長一智。」

【02】

拍一擺，卡贏學九館。

Phah chit-paí, khah-iâⁿ ôh kaú-koán.

Phá chit-paí, khá-iāⁿ ō kau-koán.

花招作秀不管用。

　　用來主張實際重於理論。譬喻跟人打一次架，勝過學「九館」拳術。

　　為甚麼「拍」如此重要？因為學拳套招，招招有一定的化解，也都是師兄弟點到為止的比劃，哪裏是見真的拚鬥。但打架，重拳擊打照門穴道，小人步盡展。所以，真正「相拍」的經驗，使館

式的武學成爲江湖武術。

知識的花果就是經驗，包含失敗和成功的歷練。

（本句另解，請看412.18）

【03】

慣者，爲師。

Koàn-chiá, uî su.

Koàn-chià, uī su.

巧師傅嗎？

斷言對於某種手藝，做久做慣了，便能生巧，而巧能成精，藝精就可掛牌爲師了。

（本句另解，請看413.07）

【04】

親耳聽，唔值著親目看。

Chhin-hīⁿ thiaⁿ, m̄-ta̍t--tio̍h chhin-ba̍k khoàⁿ.

Chhīn-hīⁿ thiaⁿ, m̄-ta̍t--tiō chhīn-ba̍k khoàⁿ.

據説？拿證據來！

用法有二：一、主張經驗的重要性。說的是，自己親眼看到，親身經驗過的事，比傳聞的更實在，更有價值。二、斷言，證據是一切，傳聞、謠諺、猜疑都不算數。

這句是台灣常用的俚諺。《增廣昔時賢文》有同義句：「口說不如身逢，耳聞不如目見。」

記得《大學》解釋「正心」時，有這樣的話：「心不在焉：視而不見，聽而不聞，食而不知其味。」耶穌基督在世傳道的時候，深深憐憫那些「視眞理而不見不聞」的人。他說：

我對他們講比喻是因爲他們視而不見，聽而不聞，又不明白。如以賽亞書所預言的：

這人民聽了又聽，卻不明白；

看了又看，卻看不見。

因爲他們心閉塞，

塞住了耳朵，

塞住了眼睛。

……

但你們是有福的！因爲你們的眼睛看見，耳朵聽見！(《聖經‧馬太福音》13:13-16)

先人將個人感官的影像予以實在化，這種「見眞」的態度是值得尊重的。但要如何才能「聽而有聞，視而有見」，確是一個喜歡追求眞理的人必要參悟的課題。要聽看出「視聽」的眞諦，豈都是大腦的思維？世上多少美善是靠著直覺、靈感、感應、啓示、信仰來靜觀聆聽而感悟的！

有福了！能看到眼睛看不到的，能聽到耳朵聽不到的人。

【05】

老人毋講古，少年毋識寶。

Laū-lâng m̄ kóng-kó͘, siàu-liân m̄ bat-pó.

Laū-lâng m̄ kong-kó͘, siáu-liân m̄ bat-pó.

伊開嘴就有智慧。

斷言智慧老人講故事，不論是講一些歷史課本所不敢記載的重要史事，或是自吹他／她個人多麼榮耀的過去或慘痛的經驗，都有一定的價值。——這有什麼價值？那是一種口頭歷史，也是

一種民族智慧和文化的活傳統。

　　台灣少年的悲哀之一，就是被灌輸一些大中國主義者編訂的「虛無縹緲的大中華政治文化神話」。這種不實在的歷史文化教育，毀壞了他／她們對於眞實的國家、鄉土的認同，扭曲了他／她的精神生命的文化傳統。

　　但願台灣許多智慧長者「老康健，吃百二」，多多給咱台灣的少年講寶貴的，常常被掩沒的眞實的故事。

　　講古：講故事。　　呣識寶：看不出它是貴重的。

【06】
南北二路，行透透。

Lâm-pak jī lō͘, kiân thaù-thaù.

Lām-pak jī lō͘, kiān thaú-thaù.

腳跡遍留全國。

　　用來形容人遊歷廣闊，行遍全國各地。

　　同類句：「一府四縣，遊透透。」(→ 233.05)；「十八港腳，行透透。」(→ 233.06)

　　南北二路：台灣全國也；字面義是「台灣南部和台灣北部」。爲甚麼沒有提到東西部呢？因爲開始流傳這句俗語的時候，東部可能還沒有開發；至於西部，她就是「南北二路」的舞臺，不說自明。

【07】
過五關，斬六將。

Koè ngó͘-koan, chám liȯk-chiòng.

Koé ngo͘-koan, cham liōk-chiòng.

人生舞臺一英雄。

　　用法有二：一、形容一個人的社會經驗非常豐富，經過大風

大浪，歷險如夷，終而有成。二、喻指個人有不得了的才能，造出英雄式的一番大事業。

背景：這句老名言的背景是《三國演義》27回，「美髯公千里走單騎，漢壽侯五關斬六將」。故事說的焦點是：關公從曹營護送嫂夫人，走河北歸義兄劉備。雖然曹操表面放關公離去，但沿路各關守將不敢放虎歸山，莫不拚命截拿。

於是，關公一路走來，奮不顧身，護嫂拚命殺出敵國。他一路衝過曹軍的五個關口：東嶺關、洛陽關、沂水關、榮陽關、黃河渡口；關公前後斬了守關的將領孔秀、孟坦、韓福，卡喜、王植和秦琪等六員猛將；他自己的手臂也受了箭傷。最後，總算殺過五關，渡過黃河，偕嫂夫人一路尋兄去了。

小說家將關公這段故事寫得英勇無比，義氣凜然，讓後人敬仰不息。有詩為證：

> 掛印封金辭漢相，尋兄遙望遠途還。
> 馬騎赤兔行千里，刀偃青龍出五關。
> 忠義慨然出宇宙，英雄從此震江山。
> 獨行斬將應無敵，今古留題翰墨間。

如此，「過五關，斬六將」成為講古仙的講目，也是民間流行的俗諺。

【08】

過橋卡濟你行路，食鹽卡濟你食米。

Koè-kiô khah-chē lí kiâⁿ-lōˑ,
　　chiàh-iâm khah-chē lí chiàh-bí.

Koé-kiô khá-chē li kiaⁿ-lō·,

chiā-iâm khá-chē li chiā-bí.

囡仔人呣識半項。

用法有二：一、形容豐富經驗的人生。二、嘲諷倚老賣老，思想行動太過於執著在一己的經驗。

小檔案：位於我國雲林縣「中沙大橋」是遠東第一長的高速公路橋，全長有2345公尺，完成於1978年。世界最長的吊橋是日本的「明石大橋」，橋長3911公尺；兩座主塔間的距離有1991公尺，橋寬六線車道，連貫四國和本州之間的交通。這座橋誕生於1998年，共用十年的時間建造，抗震力高達芮氏8.5級。(→ 1998(4.6): 1)

（本句另解，參看124.27）

【09】

無食西螺米，呣通講道理。

Bô-chiảh Sai-lê bí, m̄-thang kóng tō-lí.

Bō-chiā Saī-lē bí, m̄-thāng kong tō-lí.

登玉山而小天下。

喻指一個人經歷了極優質的，精緻的事物，腦裏也就有了一套批判的眼光和衡量的尺度。於是，跟人說起話來，自有一番不同見解。

這句俗語用的是借喻，用反面的表現法來加強語氣，而所用的譬喻「食西螺米」的人，就是有過高超的、質優的經驗者；而「講道理」就是通達事理，滿有知識的人的言論。

西螺米：西螺米飯有特別的風味，香又Q，非常好吃，乃是做壽司最好的米；在那殖民時期，曾做為天皇的貢品而名聞日本帝國。咸

信西螺米之所以好吃，除了品種好，就是產地的氣候和濁水溪的水質和土壤使然——濁水溪的水土是無價之寶，她含有豐富的矽酸鎂，使稻粒生得晶瑩剔透，粒粒美勝真珠，煮成飯是何等Q而香。

【10】

戲虎哈燒茶，師公穿破鞋。

Hì-hó͘ ha sio-tê, sai-kong chhēng phoà-ê.

Hí-hó͘ ha siō-tê, saī-kong chhēng phoá-ê.

所謂「行仔內！」

斷言，經驗老到的內行人，知道如何從事自己的工作，而應付得很好，做得極有效率。

老先人眼光非常銳利，看到唱戲的老藝人，喝的不是冰水，更非可樂，而是杭菊、膨大海之類泡冰糖的燒茶；而道士先生要施展師公戲或弄鐃，絕不穿新皮鞋，而是足履一雙快要報銷的運動鞋。

為甚麼？還不是為了潤喉養聲，為了爽足安步！「行仔內」和「行仔外」之分別在此。

【11】

薑，卡講也是老的辛。

Kiuⁿ, khah-kóng iā-sī laū--ê hiam.

Kiuⁿ, khá-kóng iā-sī laū--ê hiam.

老甘蔗頭卡甜哦！

老先覺、老政治家、老學者和老將，像老薑，像老甘蔗頭，辛辣夠味，醇厚甜美，好厲害的也——許多特有的氣質、風味和撇步，來自經驗智慧，實非新科狀元或青年才俊所能。

清、趙翼《陔餘叢考》卷40所說的：「『姜桂之性，老而愈

辣』，晏敦復對秦檜之言。」薑之佳者，在辛在辣，而秦檜陷害忠良滿身惡臭，哪來姜桂之味？顯然，這種舊用法和現代台灣的用法頗有不同。同義句：「蔗尾卡淡，蔗頭卡甜。」

最近這句名諺常常上報，用來讚美前總統李登輝博士。是的，「老薑卡辛」，但這主要說的是經驗、判斷、處事方面的特質，不能表現李總統稟性中的純眞、率直，生命中的大愛、大智。

【12】

曾抵著，則知豬母肉韌。

Bat tú-tio̍h, chiah-chai ti-bú bah lūn.

Bat tú-tiò, chiah-chaī tī-bu bah lūn.

咬崩了豬公牙。

斷言，經驗過困難的人，才知道艱難的苦澀，正如吃過豬母肉的人，才知道它是任嚼不爛的。

這句俚諺用詞取自舊時台灣人的日常生活。在那世代的台灣豬母眞可憐，一生努力生產小豬仔。到了晚年，不但無法享受豬倫之樂，反而要捐軀人類，連牠那非常堅硬的肉體也得當做五臟廟的祭牲。先人如此取譬，當然有他／她們的實存情景的侷限性──現代台灣人應該罷買豬母肉，讓台灣豬母入土安息吧！

【13】

初出洞門。

Chho͘-chhut tōng-mn̂g.

Chhō͘-chhut tōng-mn̂g.

新鮮人士。

形容一個初出社會的新鮮人，是所謂的「生腳仔」，新手也。

這句俗語的修辭式用的是借喻，借舊時修完基本道程，離開山門師尊，出來「江湖濟世」，以譬喻現代學生學徒，專業訓練結束，考試通過，獲得執照，剛要開始工作的生力軍——顯然的，「缺乏經驗」是這句俗語的焦點。

【14】

牛仔，毋識虎。

Gû-á, m̄-bat hó͘.

Gū-á, m̄-bat hó͘.

危險？

形容一個不知道自己處境危險的人。譬喻的形象是用幼犢之不認識老虎爲何物，來形容他缺少社會經驗，不認識江湖險惡，也不識好人歹人。

（本句另解，參看235.04）

【15】

山豬，毋曾吃米糠。

Soaⁿ-ti, m̄-bat chiảh bí-khng.

Soāⁿ-ti, m̄-bat chiā bī-khng.

山野匹豬不吃糠。

用來譏刺。恥笑人沒有吃過好東西的經驗，宛如未曾吃過米糠的野豬。

這句俚諺的修辭格是借喻，用山豬的缺乏「美味」的經驗，恥笑如此這般的人類。

（參看，「山豬膾曉食米糠。」233.12）

【16】

袂曉剃頭，抵著鬍鬚。

Boē-hiáu thih-thaû, tú-tioh hô·-chhiu.

Bē-hiau thí-thaû, tu-tiō hō·-chhiu.

生手遇大難題。

　　形容一個缺乏經驗的工作者，一剛就職就得處理很複雜的問題，如同理髮見習生，要給大鬍子修面割鬍。

【17】

唔曾做著大家，腳手肉慄慄惙。

M̄-bat choè-tioh ta-ke, kha-chhiú-bah lak-lak-chhoah.

M̄-bat chó-tiō tā-ke, khā-chhiu-bah lak-lak-chhoah.

為何坐立不安？

　　用法有二：一、調侃為了給後生完婚、宴客，而忙得團團轉的老母——老爸的話，就說成「唔曾做著大官…」。二、挪揄人面臨比較重要的、正式的新鮮事時，因缺乏經驗又缺乏自信，反射出來的張惶失措。

　　（本句詳解，請看513.03）

【18】

卅九，問五十。

Siap-kaú, mn̄g gō·-chap.

Siap-kaú, mn̄g gō·-chap.

先輩，請教咧！

　　斷言，知識經驗有所不備，一時不得解答，又缺乏參考資料，不妨就地向資深的同事或先進者請教。同義句：「九十九，

問一百。」

　　卌：四十也；就是四十的切音。

【19】

要知下山路，須問過來人。

Iàu-tī hā-san lō͘, su-būn koè-laî lâng.

Iáu-tī hā-san lō͘, sū-būn koé-laī lâng.

除非有張好地圖！

　　點出吸取經驗知識的重要性，如人不知道下山的路徑，就得請教有經驗的人。

　　這僅僅是個比喻，真的在山裏迷路了，要問誰？登山者還是事先要有地圖、指南針等重要的裝備為要。語見，《格言諺語》。

　　王有光的《吳下諺聯》，對於這句俚諺有一首「三字經」，頗能清楚看出「下山路，問過來人」的根深柢固的習慣。唸來也頗有趣，抄引幾句於下：

> 山下路，多曲折。不曾過，多冒率。
> 懶開口，怕屈節。有誰人，對你說。
> 他自慢，你自急。……

> 遇一人，去過歇。叫先生，須親切。
> 求指點，如何入。如何入，如何出。
> ……

> 棋盤街，南北列。羊腸徑，東西別。
> 切不可問於盲，貪於捷。

……❶

是的，是的！王老先生說的很有道理，「問道於盲」不好玩！

【20】

等識稗仔，無田通做。

Tán bat phoē-á, bô-chhân thang choè.

Tan bat phoē-á, bō-chhân thāng chò.

潦落去則知深淺！

斷言，面對尚未經歷的未來，或一切新的事物，要勇敢，不怕失敗地潦下去吧！邊做邊學，失敗中含有吸取成功的智慧的可能性。

這句俚諺是村長老寶貴的人生體驗，說的是：農夫不能等到能夠分辨稻仔和稗仔的知識之後，再來播稻做稿。

稗仔：頗像水稻的雜草，農夫在實際的稻草中學會分別。

注釋

1. 王有光，《吳下諺聯》(北京：中華書局，1982)，頁71。

第六節 冷暖人間

本節段落:

溫暖情意01-04 冷淡敷衍05-09 敬重富人10-15 輕賤貧弱16-24

忘恩負義25-32 損人利己33-36

【01】

樹大，椏蔭人。

Chhiū toā, oe ìm-lâng.

Chhiū toā, oe ím-lâng.

德澤豐盛庇蔭多。

　　用來形容好善樂施的大善人，他／她正如一棵大樹，強壯的樹幹，茂盛的枝葉能夠庇蔭被無情的太陽煎熬的人。

　　蔭人：樹影蔭人，福澤蔭庇人。

　　仔細看這世間，溫暖的人情還是處處有的。但願一切義人都蒙上主福祐，正如栽在活水邊的大樹，善果累累，永遠得福。古以色列人如此讚揚義人：

> 他像溪水邊的一棵樹，
>
> 按時節結果子，
>
> 葉子也不凋零。
>
> 他做的事樣樣順利！
>
> (《聖經·詩篇》1:2)

【02】

貧有達士將金贈，病有國醫說藥方。

Pîn iú ta̍t-sū chiong kim chēng,

　　pēng iú kok-i soat io̍h-hng.

Pîn iu ta̍t-sū chiōng kim cheng,

　　pēng iu kok-i soat iō-hng.

有力行善最可喜。

用指世上有溫暖。個人窮困潦倒的時候，有「達士」，有「國醫」的幫助和醫治。

如此善德確實是勢利的社會可見的奇蹟，所謂好人好事也。語見，《增廣昔時賢文》。反義句是「貧無達士將金贈，病無高人說藥方。」

這兩句老諺，指出人生際遇各有幸與不幸。不幸的，一貧如洗無救濟；幸運的，病重如死得醫癒。這是人間的實象，盡力行善是人生在世的本分。

達士：心懷慈愛，有錢又慷慨的君子。　　*國醫：大國手，名醫也；這裏不指一般的漢醫師。*　　*高人：專業知識優越，實務經驗豐富的人士，不是高來高去的大內高手。*

世人紛紛同渡苦海，為貧病交加得到援助的人而欣慰，為「達士」和「國醫」而獻上敬意。但，更佳的福報就是天國哦！雖然行善的動機不求報。耶穌基督曾做過這樣的教訓，在「最後審判」時：

> 「你們來吧！來承受我為你們預備的天國。因為我餓了，你們給我吃；我渴了，你們給我喝；我流落異鄉，你們

接待我到你們家裏；我赤著身露，你們給我穿；我害病你們
照顧我；我坐監，你們來探望我。」末日，審判的時候，基
督對一群義人這麼說。

「沒有，我們從來沒見過你，哪能給你吃喝，或照顧你
什麼的？」義人這樣回他。

「有的！我鄭重地告訴你們，無論什麼時候，你們在我
兄弟中一個最微不足道的人身上做這些事，就是爲我做
的！」基督這樣回答他們。❶

【03】

戲若做無路，就用神仙渡。

Hì nā choè bô-lō˙, chiū-iōng sîn-sian tō˙.

Hì nā chó bē-lō˙, chiū-iōng sīn-sen tō˙.

苦海人生有渡筏。

說的是，當個人落入人生困境，難以突破的時候，忽然出現
「貴人」，伸出援手，來協助他解決問題，度過難關。

這句俚諺修辭用的是借喻，用台灣歌仔戲常有的劇情「神仙
渡」來譬喩艱難的生涯，演不下去的人生舞臺，獲得及時的救
援。

做無路：(戲劇)演不下去了。　神仙渡：歌仔戲中，忠臣好人落
難，或劇情演不下去的時候，總有天神、老仙、大俠等等，來化解危
機。正是所謂的「戲無夠，仙來鬥。」❷

【04】

仝寮牛，相知氣力。

Kāng-tiâu gû, sio-chai khuì-la̍t.

Kāng-tiāu gû, siō-chai khuí-la̍t.

量力而爲不相強。

　　用來鼓勵彼此接納和扶持的感情。說的是理解對方的經濟狀態，若有什麼不方便時的請求，也不致於勉強或使對方難堪。

　　仝寮牛：喻指好兄弟，親姊妹，或老同事；字面義是，同群同舍的牛隻。　　相知氣力：彼此理解有多少（經濟的）能力。

　　句裏的「仝寮牛」這種表象非常美麗，給人非常溫暖的感覺，表示毫無保留的認同。而「相知氣力」是不介意的接納，包含對方的弱點和限制。噫，眞是難得的好話！

【05】

嘴唇皮相款待。

Chhuì-tûn-phoê sio khoán-thaī.

Chhuí-tūn-phoê siō khoan-thaī.

口水外交無路用。

　　用來形容沒有實在，缺乏誠意的對待。同義句：「無一點心意，只有一支嘴。」

　　嘴唇皮相款待：耍嘴皮的對待。　　一支嘴：一張嘴巴。

【06】

虎生猶可近，人熟不堪親。

Hó͘ seng iû-khó kīn, jîn se̍k put-kham chhin.

Hó͘ seng iū-kho kīn, jîn se̍k put-khām chhin.

熟人逾份猛於虎！

　　用做警語。有一種熟人，一旦親近了，就紛亂了應有的分際，而出現異常的行爲，做出壞事來，眞是比老虎還要危險。

　　這句老名諺用異義反對式來表達：陌生「老虎」對上認識的

「熟人」，但熟人卻意外地比生虎不堪親近。句見，《注解昔時賢文》；舊注載：「秦將朱亥入虎檻，怒目視虎，虎懼其威武而不敢動。後來朱亥為同僚陷害，亥驚嘆，道：『虎生猶可近，人熟不堪親。信夫！』」

　　非常遺憾，多少歹事禍害卻是熟人的詭計惡行。

【07】

人情似紙張張薄，世事如棋局局新。

Jîn-chêng sū-choá tiuⁿ-tiuⁿ póh,
　　sè-sū jû-kî kiȯk-kiȯk sin.

Jīn-chêng sū-choá tiūⁿ-tiūⁿ pō,
　　sé-sū jū-kî kiȯk-kiȯk sin.

輕薄人情似紙。

　　用來怨嘆。說，社會是現實的，人際間的交情像紙那樣淡薄。

　　本節強調的是第一分句，見於《增廣昔時賢文》和《格言諺語》等諺集。應用上，不都是整句，兩分句都可單獨使用；也有單做「人情薄似紙」者。元、施惠《拜月亭記·家門始終》道：「輕薄人情似紙，遷移世事如棋；今來古往不勝悲，何用虛名微利？」

【08】

天無寒暑無時令，人不炎涼不世情。

Thian bû hân-sú bû sî-lēng,
　　jîn put iām-liâng put sè-chêng.

Then bū hān-sú bū sī-lēng,
　　jîn put iām-liâng put sé-chêng.

感情也有寒暑假！

斷言，人際關係有淺有薄，感情的世界有溫暖也有冷淡，正如氣候有寒有暑，來形成一年中的許多不同節氣。

這句老諺的修辭格是對偶同對式，用「天」和「人」爲對偶，來說彼此都有變化。

【09】

水底，無一位燒。

Chuí-té, bô chi̍t-uī sio.

Chui-té, bō chi̍t-uī sio.

寒冰大地獄？

用來怨嘆世間人情冷淡，宛如冰冷的水底。

無一位：無處，沒有一個地方。　燒：溫暖的，熱情的；這裏無關「燃燒」。

啊，「水底，無一位燒！」多麼悽涼的感嘆！難道老先人生存的世界，是如此無情的嗎？不論如何，先人的確是如此感覺的。雖然台灣人是滿有人情味的民族，私人往來極有溫暖，但在舊世代裏對於大社會的慈善事業乏善可陳，政府關注乃是所謂「反攻大陸的大事業」。

幸虧，到了五十年代國際慈善機關援我台灣。最堪稱讚的是「世界展望會」，助我無數貧病交加的同胞。該會是1950年成立於美國，原是美國的基督徒爲要幫助活在戰火中的人，獻出金錢和祈禱。他們的祈禱文是：「願讓上帝心碎的事，也讓我心碎！」

這種背景下，1964年正式成立「台灣世界展望會」，初年靠著外國資助台灣的孤兒和痳瘋病人。六十年代，在山地成立十個中心，資助原住民兒童教育。七十年代，該機構所設的兒童關懷中心已遍及各山地鄉；同時，也協助孤兒院和醫院等機構成功自

立。八十年代，該機構已經可以自助台灣和外國貧童了；關懷的工作有：街頭遊童、受虐兒、雛妓和吸毒者等等。❸

老先人，怎樣？別再怨嘆了！世間的慈善工作做不完的，需要您的祈禱，需要您來做義工，來鬥腳手。

【10】

世間，錢得做人。

Sè-kan, chîⁿ teh choè-lâng.

Sé-kan, chîⁿ té chó-lâng.

認錢不認人外交。

用來慨嘆。說的是，人間關係處處得用錢來表達「善意」，來建立外交關係，沒有「錢大使」的犧牲，也就斷交於小人之邦了。

這句是台灣名諺，不但妥當地表現出社交實況，並且妥切地說明我國邦交的處境。語氣更強的一句是：「錢做人，唔是人做人。」

看了這句俚諺，難免感慨，但何必感嘆？以「勢利」論交的，都是非常不穩定的關係，必然會隨著「勢利」消長而變遷。這種交情，當然是「要去就去」的一時關係。

最可憐的是我國的「金錢外交」，除了梵蒂岡外，28個邦交國都是用「金援」換來維持「中華民國」這個空虛的承認！今年(2001)仍然預算137億來援助他們；這28小國的總人口和國民所得的毛額，還不到全世界的百分之一。顯然，他們自身不能保，豈能保我國在國際上的地位？❹

金錢買收「朋友」是自欺的行為，金援交換「邦交」是欺人的騙局！

【11】

人敬有錢人，狗敬放屎漢。

Lâng kèng ū-chî" lâng, kaú kèng pàng-saí hàn.

Lâng kéng ū-chī" lâng, kaú kéng páng-saí hàn.

有屎可吃心歡喜。

　　用來諷刺那些敬重富翁，而輕看貧民的人。刺這種人好像趕著要去吃大便的餓狗。

　　第一分句平述一個社會現象，沒什麼好說的，但「狗敬放屎漢」則是一個聰明的大腦才能想像出來的哦！請教，什麼是「放屎漢」？連《大英百科辭典》都找不到的「某種人士」。還有，能將「有錢人」和「放屎漢」一視同仁地擺在一起，也是諷刺大師才有的手筆。

　　背景：參看，「未放屎，先呼狗。」(224.09)

【12】

貧居鬧市無人問，富在深山有遠親。

Pîn ki naū-chhī bû-jîn būn,

　　hù chaī chhim-san iú oán-chhin.

Pîn ki naū-chhī bū-jīn būn,

　　hù chaī chhīm-san iu oan-chhin.

不怕無親怕無錢。

　　斷言，有錢的親人或朋友就是人關注的中心，也是喜歡去拜訪的對象。

　　這句名諺的修辭式是對偶反對格，貧富相對，在鬧市和在深山也是遙遙相對的，但結果卻是「無人問」和「有遠親」的不同。從修辭式看，是相當整齊，對得令人感慨萬分的好句。語見，《格

言諺語》，屢見章回小說。又寫做「富在深山有遠親，貧居鬧市無人問。」

　　無人問：沒有人理睬；不被六親所認，也沒有朋友。　　有遠親：有二義，一、再遠道的親人也會來拜訪、來求助，或來錦上添花。二、親戚網路最外緣的那些人。

　　什麼是遠或近，近或遠？用什麼做標準來測量？以里程？以相識的久漸？以情誼？以親等？以財富的多寡？顯然的，每一個人都有不同的一把尺，一組標準吧。不論如何，在朋友間離多聚少的現代生活，如何保持好友間的靈犀相通，不使時間和距離來陌生化友情是很重要的。

　　這位深山的「富親」很幸運！他有錢，他吸引了「遠親」──但願，招來的不是土匪。他應該有智慧，知道如何辦「金錢外交」──但願，結交的不是有奶便是娘的一幫小人！

　　啊，錢能將「深山」變做「鬧市」，有趣！如何保持「衛生」？是個重要課題。

【13】

錦上添花處處有，雪中送炭世間無。

Kím-siōng thiam-hoa chhù-chhù iú,
　　soat-tiong sòng thoàⁿ sè-kan bû.
Kim-siōng thiām-hoa chhú-chhú iú,
　　soat-tiong sóng thoàⁿ sé-kan bû.

插灰好看人人愛。

　　用來諷刺勢利，也可用做警語。提醒人不要忽略救濟危困，因為美上增輝的事是處處有人熱心在操練的。

　　雖然我們的社會，不論是大災難的救難救苦，或是個人的危

困艱難，都是處處有人默默地伸出援手，但是這句老諺反映的可能是「瘦牛，相挨」(→ 131.49) 的時代吧！本句見於，《格言諺語》，又屢見章回小說。同類句有：「只有錦上添花，少有雪中送炭。」「錦上添花無稀罕，雪中送炭卡困難。」「雪中送炭真君子，錦上添花是小人。」

錦：喻指財勢力三字全的人；字義是，物之美者，如錦旗、錦花，錦繡的祖國台灣。　添花：增加其光彩，使美上加美。　雪中送炭：喻指救濟危難貧困中的人；送溫暖給雪中人。

【14】
熱爐添炭，食力兼歹看。

Jia̍t-lô͘ thiam thoàⁿ, chia̍h-la̍t kiam pháiⁿ-khoàⁿ.

Je̍t-lô͘ thiām thoàⁿ, chiā-la̍t kiām phaiⁿ-khoàⁿ.

小心狗屎炭！

用來勸世。說，多多濟貧吧，不要往富翁臉上貼金，因為給有錢人送禮如同「熱爐添炭」！吃力不討好的也。

可能的背景：在那用烘爐燒水泡茶、圍爐、煮飯的時代。有一家人在圍爐，吃火鍋。看，有人聞香而來，也帶來了一小袋「火炭」。

酒過三巡，烘爐燒得榮光燦爛，白熱蒸蒸，山珍海味煮出人人滿口津液。此時，但見這個串門道友，起身要給熱爐「獻炭」；請人幫他提起鋁鍋，給火爐吹了好幾口氣，烤得眼水鼻水直流，然後加進了幾塊禮炭。

誰知，燒出來的是濃濃烏煙，陣陣尿臭，盡掃吃興。好小子，給金大老闆的熱爐添了「狗屎炭」！——金府燒的都是芳香的相思炭。

【15】

狗仔，扶起無扶倒。

Kaú-á, hû-khí bô hû-tó.

Kau-á, hū-khí bō hū-tó.

狗眼識英雄。

用來譏刺捧富欺貧的人。他有如看門犬，最會欺負乞友，但見紳士淑女，馬上變得溫馴可愛，也會搖尾乞憐。

這句是常用俚諺，七言盡述走狗的德性。類似句：「狗頭扶旺，無扶衰。」

起…倒：喻指貧富，貴賤。另解，狗肉熱補，壯者助陽；虛者虧損，此所謂「扶起無扶倒。」

【16】

無錢，人上驚。

Bô-chîⁿ, lāng siōng-kiaⁿ.

Bō-chîⁿ, lāng siōng-kiaⁿ.

窮鬼人人驚。

斷言，人最懼怕的是窮人。怕自己窮，難以度日；怕親友窮，可能前來囉嗦，難以應付。

上驚：最怕；上，程度的最高級，例如，上好，上高，上貴，上婿，上歹。

【17】

做乞食，𣍐堪得狗凌治。

Choè khit-chiàh, boē kham-tit kaú lêng-tī.

Chó khit-chiā, bē khām-tit kaú lēng-tī.

欺人太甚難忍受。

　　弱勢族的怨嘆。說，賺他幾元工資，像是給他乞討，還得受他欺負。

　　這句俚諺用的是借喻，並且借得很實在。狗眼一看呂大仙洞賓的賢後裔，莫不猛吠示威，繼之要咬要趕，毫不客氣。類似句：「人敬有，狗咬醜。」

　　儈堪得：忍不得。　　凌治：欺負、虐待。　　敬有：尊敬有錢人。　　咬醜[bai]：狗咬衣衫褲襤褸的人。

【18】
軟殼蝦，會食得。
Nńg-khak hê, oē chia̍h--tit.
Nng-khak hê, ē chiā--tit.
馬善被人騎。

　　用法同上一句。說的是，人軟弱單純，就容易被壞人欺負詐騙。

　　軟殼蝦和軟腳蝦不同。前者，殼薄肉多而好吃，喻容易被欺負。後者，軟弱無能難跳彈，指無能之輩。

【19】
老鷄母，好踏。
Laū ke-bú, hó ta̍h.
Laū kē-bú, ho ta̍h.
侮老辱婦伊專門。

　　弱勢族用來自嘲，或惡漢說來欺人。有二義：一、喻指老人和弱者都是好欺負的。二、邪僻地說，老婦人好「睡覺」。

　　這是先人閒來無事，觀察天地間陰陽之道，發見老母鷄跟大公鷄都很會鸞鳳顛倒，不像鷄小姐之缺乏經驗。

　　這句俚諺是大男人主義者的粗話，無禮無數用「老鷄母」來胡亂指代。然而，卻頗能反映舊世代台灣婦女的可憐處境。

　　好踏：(人)容易被欺負；比較會「相好」。(鷄、鴨、鵝等)比較容易交尾。

　　噫，老先人「踏趣」未免太高啦！應該轉移焦點，多關心一下老人生活狀態才好。當知，時在公元1998年，僅以台北市言，就有235,000多位老人家，其中獨居的有24,000多名。誰來照顧老人？老人照顧老人！❺──前仆後繼嘛，老人應該同舟共濟，少管「豬相騎，鷄打雄」一類的風化。

【20】

熱天的風是圓的，寒天的風是尖的。

Joa̍h-thiⁿ ê hong sī îⁿ--ê, koaⁿ-thiⁿ ê hong sī chiam--ê.

Joā-thiⁿ ē hong sī îⁿ--ê, koāⁿ-thiⁿ ē hong sī chiam--è.

冷鋒送寒難過冬。

　　用來怨嘆，世態何等炎涼。說的是，屋漏偏逢連夜雨；井壁崩了，總是有人再來塡下垃圾。

　　背景：在那台灣鄉下大都是住竹管厝的時代，厝的牆壁和屋頂有的是縫隙。這種房屋，夏天時屋裏仍然悶熱，好似「風是圓的」鑽不進屋。可是一到多天，天氣冷了，冷風那麼厲害地從隙縫中鑽了進來，使寒冷的多天增添強烈的寒意。啊，多天的風，原來是尖銳的！❻

【21】

墙倒，衆人揀。

Chhiûⁿ tó, chèng-lâng sak.

Chhiûⁿ tó, chéng-lāng sak.

落井下石哦！

用來感嘆。說的是衰敗軟弱的人，竟然是衆人無情欺負的對象，正如，倒墙任人踐越。

同義句有：「落井，下石。」「墙倒衆人推。」

揀: 推擠。

【22】

吊脰，搶後腳。

Tiàu-taū, chhiūⁿ aū-kha.

Tiáu-taū, chhiūⁿ aū-kha.

助其速死。

用法相似於上一句。說的是，如見一人投環要死，用力拉拔他的腳跟，來送他盡快歸去。

【23】

龍游淺水遭蝦戲，虎落平陽被犬欺。

Lêng iû chhián-suí cho hē-hì,

　　hó͘ lȯk pêng-iông pī khián khi.

Lêng iû chhián-suí chō hē-hì,

　　hó͘ lȯk pēng-iông pī khián khi.

落難英雄狗敢欺。

用來感嘆自己的落魄，或是別人的境遇。說，優越的地位和身份一旦失落了，那群勢利走狗，也會來欺負。

記得在某廟裏的籤詩曾看到這句老名諺，說是指點目前運行下坡，務必安份守己待天時，云云。句裏用所謂「靈物」和「猛獸」，龍虎的落難，來喻指威猛有力的人物，潦落「平陽」遭受野蠻小子侮辱的可憐狀。語見，《增廣昔時賢文》和《格言諺語》。

第一分句「龍游淺水遭蝦戲」，不難想像那無力將死的神龍，躺在淺海被旁邊的寄生仔、毛蟹、粉蟯、蚵仔、蝦猴、沙蝦、鮘仔魚，等等小卒仔來「創治」恥笑。而第二分句「虎落平陽被犬欺」有個典故，說：永嘉五年(公元312年)，晉懷帝被漢王俘虜到平陽。漢王在光極殿宴請群臣，令懷帝穿青衣行酒。晉臣見此光景，大哭失聲。

龍：民間信仰中的神龍，象徵著能力和吉祥。龍的種類頗多，如，天龍，看守諸神的天宮；神龍，興雲作施，以利衆生；伏藏龍，掩護寶藏，令凡眼無法看到；海龍王，棲居深海，負載四極。此外，還有應龍、黃龍、蛟龍等等。❼　平陽：地名，今中國山西省臨汾縣。晉時，漢主劉淵在此建都。

【24】

人善被人欺，馬善被人騎。

Jîn-siān pī-jîn khi, má-siān pī-jîn kî.

Jîn-sēn pī-jîn khi, má-sēn pī-jîn kî.

軟土深掘！

用法類似上一句。斷言，軟弱的，善良的人，總是要吃虧的；惡霸總會騎到頭上來。

這句老名諺的修辭用的是串對式，性本善的人和馬，得不到人的愛惜，反而成爲被欺被騎的對象，好不慘哉？語見，《注解昔時賢文》，舊注說，跖暴戾橫行天下；柳下惠去勸他改惡從善。誰知，回答的竟然是：「人善被人欺，馬善被人騎。」

人善：古意人也。　馬善：善馬也，即是被馴化，被訓練過，能聽話，可騎乘的馬匹。

從上面幾句老諺(.17-.24)，我們清楚看出，在那舊社會裏是

沒有什麼「人權」、「社會公義」或「人性尊嚴」可言！弱勢者，只知道怨嘆自己「歹命」，終身勞碌的好像盡在維持一個或幾個臭皮囊。

時代不同了！現代台灣人已經知道，已經會要求人權、公義和尊嚴。但這一切離開理想尚遠，專欄作家胡文輝先生在公元二千年「人權日」，提到我國經濟、司法、社會、政治、婦女、老人、文教、兒童等人權現況，及其評論。他說：

> ［經濟、司法、老人、文教、兒童等人權不及格的現象］正顯現不公不義侵害人權，分散在社會各個角落。
>
> 　當弱勢者，碰到強勢者，無論是遇到不符程序正義的司法、警察或行政的強制，或是一般人遇到黑道角頭，或弱勢者遇到暴力加害者，只有哀哀無告或忍氣吞聲時，台灣就不是一個有公義的社會。
>
> 　……人權必須在自由與責任，在團體與個人間，取得平衡以求最適狀態，政府必須有所作為才能達成，而綠色執政近七個月來，人權指標慘綠，正是施政無力，不進則退的警訊！❽

上面這麼多句老俚諺，讀來令人同心怨嘆。但願這些諺語都化做警鐘，提醒現代的台灣人深刻反省，投入爭取人權和社會公義的各種關懷工作和運動。徒嘆歹命，豈能改命造福？

【25】

新屎礐，好放屎。

Sin saí-ha̍k, hó pàng-saí.

Sīn sai-ha̍k, ho páng-saí.

啥學？化粧室也！

　　用來諷刺。刺一個迎新棄舊的臭賤人！

　　噫！古老大學難解放，怪誰？

【26】

新佛新興，舊佛退時。

Sin pu̍t sin-heng, kū pu̍t thè-sî.

Sīn pu̍t sīn-heng, kū pu̍t thé-sî.

新佛卡聖香火盛。

　　用法相似於上一句。斷言，人總是歡新厭舊。說什麼新主管領導英明啦，能力很強啦，成性風流啦……。哪像前任，頑固份子！

【27】

人在人情在，人亡人情亡。

Jîn-chaī jîn-chêng chaī, jîn-bông jîn-chêng bông.

Jîn-chaī jīn-chêng chaī, jîn-bông jīn-chêng bông.

人一死情自消散。

　　用法有二：一、可能是未亡人用來怨嘆。感嘆人生在世，情意何等有限而薄弱，老翁在世時高朋滿座；現在，門埕也已經長滿厚厚的一層青苔了！二、斷言，人的交情盡在有生之時，人亡人情可能隨之失落；就是有情人，情意也都成爲記憶和懷念。

　　這句是台灣的老名諺。「第一用法」比較常用。類似句：「人在人情在，人死兩分開。」見，《格言諺語》。

【28】

上天叫三界，落地叫無代。

Chiūⁿ-thiⁿ kiò sam-kaì, lȯh-tē kiò bô-taī.

Chiūⁿ-thiⁿ kió sām-kaì, lō-tē kió bō-taī.

無事不敢打擾也。

用來譏刺事過境遷，忘恩負義的人。說的是，弟子有事，請了道士先生奏請「三界公」來消災解厄。代誌明白了，誰記得三界公的神恩呢？

這句俗語也在反映著台灣一般民間信仰者「功利的宗教態度」。說好聽些，弟子既然平安無事，怎敢打擾三界公的清修？

　　三界：三界公也。（→「母舅公，卡大三界公。」514.18）

【29】

過橋，枴仔就放撣捒。

Koè-kiô, koái-á chiū pàng tàn-sak.

Koé-kiô, koai-á chiū páng tán-sak.

無用廢物誰保留？

用法相似於上一句。舊時，人過危橋，手拿枴杖來穩定腳步，但過了橋，也就把這根枴杖丟棄了。

是的，本句就是用這種過橋棄枴來喻指事過境遷的忘恩人，頗貼切！當然，永懷恩枴的，也大有人在！

　　撣捒：（物件）拋棄，丟下。

這句老俚諺可能沒有退休的時候，因為「忘恩」好像是一種人性。不過，千萬不要為了行善而失望。時代也已經不同了，大善人當「枴杖」的機會可能不多，多的是「造橋」的機會。

看，我國台灣內部嚴重分裂，省籍的、族群的、貧富的、獨

統的、大中國意識的、心中沒有台灣的,等等深淵,都不是「枴杖」可能爲功的,乃是須要您來造橋,來當做橋樑。

　　啊,不要因爲被「放撋撒」而怨嘆,只要我曾經「有路用」!

【30】

船過,水無痕。

Chûn koè, chuí bô hûn.

Chûn koè, chuí bō hûn.

不漏油污染爲要。

　　用法相似於上面一句。說,忘恩的人像船隻,給支撐她的海水沒留下一點點痕跡——可憐!好一個「恩惠失憶症」病人。

【31】

食落嚨喉,就唔知燒。

Chia̍h lo̍h nâ-aû, chiū m̄-chai sio.

Chiā lō nā-aû, chiū m̄-chaī sio.

燒胃腸,你敢知?

　　用法相似於上面一句。喻指,利用時滿有趣味,深有感動,但事後也就沒有什麼感覺了。

　　據聞,歐洲人比亞洲人少患胃癌的理由之一,就是「冷食」。嘻,且不要說什麼「食落嚨喉,就唔知燒」哦!金胃銀腸是很知燒的也。所以,還是修養自己的喉嚨,使之知燒爲要!

　　感恩是最醇美的回想,豈可淸淸採採的消化落肚?討債!

【32】

有錢有酒多兄弟,急難何曾見一人。

Iú-chiân iú-chiú to heng-tē, kip-lān hô-chan kèn it-jîn.

Iu-chên iu-chiú tō hēng-tē, kip-lān hō-chān kén it-jîn.

酒好飲，難歹救啦！

用法相似於上一句。語見，《增廣昔時賢文》。類似句：「酒食兄弟千個有，患難之時一個無。」

這裏的「兄弟」是酒肉兄弟！在老先人的觀念裏，這哪裏能當做「兄弟」來看待。就此，《訓蒙敎兒經》大發議論，說：

> 有錢有酒多兄弟，急難何曾見一人；
> 打虎必須親兄弟，上陣還是父子兵。
> 三兄四弟人抬舉，無兄無弟被人欺；
> 走東走西少幫助，種田做地有誰跟？

說的是世上唯有「親兄弟」可靠，「父子兵」才能打勝戰！但願如此！我們也無須打破這種傳統迷思。可能的話，深願人人永遠有酒有肉，永遠平安，不必考驗兄弟們的忠誠；更願家庭富裕安樂，無須刺探，不必檢驗父子是否慈孝。

【33】

好事無相請，歹事則相尋。

Hó-sū bô sio-chhiáⁿ, phaíⁿ-sū chiah sio-chhoē.

Ho-sū bō siō-chhiáⁿ, phaiⁿ-sū chiá siō-chhoē.

歹事難當請分擔？

用來譏刺。某人眞「好孔的」都是獨好其身，但「歹孔的」則是多麼認眞來推銷「分擔苦難」！

好孔的…歹孔的：好事…壞事；有利可圖的…有損無益的。

【34】

酒互人食，酒甕煞互人摃破。

Chiú hō·-lâng chiàh, chiú-àng soà hō·-lâng kòng-phoà.

Chiú hō·-lāng chiā, chiú-àng soá hō·-lāng kóng-phoà.

請仙喝水可保甕。

　　用來怨嘆。說一個恩將仇報的小人；他惡霸萬分，喝盡我酒，碎我玉瓶。

　　煞：連接兩個繼起的動作，例如，摸蜊仔煞洗褲。

【35】

借刀企磨，借牛貪掛。

Chioh-to khiā boâ, chioh-gû tham koà.

Chió-to khiā boâ, chió-gû thām koà.

別人的物件用繪害。

　　用來怨嘆自私的人。斷言，一般人對於借用的器物都不會愛惜。

　　企磨：磨刀的角度大，雖然很快就磨出利鋒，但實際上是把刀磨鈍了。　貪掛：盡量用借來的牛來做重活，掛上重耙，從事深犁。

【36】

公眾司，無人醫。

Kong-chèng si, bô-lâng i.

Kōng-chéng si, bō-lāng i.

公用公器媽不管。

　　用法相似於上一句。指出，公共的工具器物，人人爭相使用，但沒有人肯維修，壞了也沒有人管。

　　司：家司，工具也。　無人醫：喻指，沒有人維修。

注釋

1. 原文詳見《聖經·馬太福音》25:31-46。這裏我們只是摘要地，用另一種方式來表現本段經文的要點。

2. 本句我們參考了宜蘭海倫同學的注解。看，「台灣精諺」《自由時報》。

3. 參看，夏玉，「讓上帝心碎的事，我也心碎！」《自由時報》1999(4.1): 41。夏小姐的專題報導，讓我們知道善行處處有，但我們台灣確實有過很長的時期，只能做到「私人」間的關懷。本文讓我們回顧，給我們激勵。

4. 參看，蔡同榮，「台灣應檢討金錢外交政策」《自由時報》2001(6.8):15。蔡立委在本文清楚分析了當前我國的金援外交困境和問題所在，並提出檢討外交政策的呼籲。

5. 我們這樣講，並不是天方夜譚，台北市在前市長陳水扁的時代，已經有「台北市獨居老人方案」，並獲得：弘道老人會、紳士協會、星橋愛心會、一貫道、台灣長老教會、觀音線等等十九個機構的回應，又有逾百人參與義工，照顧老人。其中也有多位六七十歲的人參加。(《自由時報》1998(6.8):12)

6. 這句俗諺，我們參考了台東李俊賢老師的注釋。見，「台灣精諺」《自由時報》。

7. C. A. S. Williams, *Outline of Chinese Symbolism and Art Motives.* (Taipei: Caves Books, 1983), p. 136.

8. 胡文輝，「憶苦思甜話人權」《自由時報》2000(12.10):4。

社會價值在名在利

第四章

第一節　出身、名聲

本節段落：

出身背景01-07　能力才幹08-14　成功條件15-19　所謂名聲20-27

【01】

朽柴，𣍐刻得尫仔。

Aù-chhâ, boē khek-tit ang-á.

Aú-chhâ, bē khek-tit āng-á.

朽木不可雕塑。

　　評斷某人不堪造就，因爲根基稟性太差，如人雕刻偶像不用朽木，因爲不堪雕刻也。

　　尫仔：偶像，玩偶。

【02】

屎桶仔枋，𣍐做得神主牌。

Saí-tháng-á pang, boē choè-tit sîn-chú-paî.

Sai-thang-a pang, bē chó tit sīn-chu-paî.

髒東西難出局。

　　用來譏刺。性情猥褻者，不堪重用。用便桶舊料做祖先牌位？豈有此理！唔驚雷公摃死。

　　這二句俚諺用「朽柴」，用「屎桶仔枋」來比擬稟賦、根基、品性不好的人。雖然這個表象用得頗有臭味，刺人也極刻薄，但卻是鏗然有理。

【03】

天無邊海無底，鴨仔出世無娘嬭。

Thiⁿ bô-piⁿ haí bô-té, ah-á chut-sì bô niû-lé.

Thiⁿ bō-piⁿ haí bō-té, á-á chut-sì bō niū-lé.

孤兒奮鬥可成功。

這句是順口溜，雖然溜的是鴨仔，說的卻是孤兒。

本句，籠罩著悽涼的美麗，說的宛如筆者一個多月前在萊茵河看到的景像。黃昏時候，河裏傳來一陣陣「呱呱，呱呱，呱呱呱，呱，呱…」的鴨叫聲。往前一看，是一隻鴨母在河裏發號施令；她面前有14隻飯碗大小的水鴨仔，認眞在覓食。煞是可愛。前天，我散步河堤看到了那一群小鴨，長大了不少，但不見母鴨，已經讓小孩子漫遊萊茵河了。

噫，老先人溜對了一半，小野鴨有娘嬭，只是鴨母提早訓練孩子們獨立奮鬥而已。這是鴨母的智慧，非如此，恐難活命於「北京烤鴨」處處的江湖了。

【04】

英雄，不論出身低。

Eng-hiông, put-lūn chhut-sin kē.

Eng-hiông, put-lūn chhut-sīn kē.

看成就不論出身！

用做格言。一、鼓勵人奮發，抬頭挺胸，向上精進，不要自卑。二、不可輕看出身不如己的人，因爲許多成功的人不一定有很好的出身。

本句，《格言諺語》加上另一分句，成爲對聯：「萬丈高樓從地起，英雄何論出身低。」

說的極是！出身了就好，不該常常譏笑人家出身貧賤，或什麼「讀人之初，畢業的。」(→411.17)如此出身比咬金匙的，學院派的，困難百倍；在超越無數障礙過程中，養成了堅韌的，抗壓性堅強的性格，並且深化了，廣闊了人生境界。

嘻，造化弄人，有松有柏，也有蝴蝶蘭。

【05】

匏仔出世成葫蘆，幼柴浸水發香菇。

Pû-á chhut-sì chiaⁿ hô͘-lô͘,

　　iù-chhâ chìm-chuí hoat hiuⁿ-ko͘.

Pū-á chhut-sì chiaⁿ hō͘-lô͘,

　　iú-chhâ chím-chuí hoat hiuⁿ-ko͘.

葫蘆香菇難自棄。

鼓勵人向上奮鬥。出身不是一切，人是會進步的，正如美而有用的葫蘆，和高貴的香菇，誕生在匏仔的家庭，長大在浸水的幼柴的環境。

匏仔：葫蘆科，匏屬，一年生蔓性草本植物。匏有多種，如長匏、圓匏、矸仔匏，葫蘆匏等等，供食用和觀賞。舊時，熟硬的葫蘆匏，用爲容器，可盛酒、水。　香菇：褶菌科香菇屬食用菌類孢子植物。1909年，日本人在埔里用「段木栽培法」養植成功；台灣人在1970年發明「太空包」栽培香菇。這裏說的「幼柴浸水」可能指段木栽培，培養的樹幹保持60–70%的濕度；多栽培於500–2000公尺高的地區。香菇是名貴的料理材料，有食療作用。❶

【06】

豆菜底，呣是扁食底。

Taū-chhaì té, m̄-sī pián-si̍t-té.

Taū-chhaí té, m̄-sī pén-sit-té.

菜底肉底別滋味。

　　用來譏刺人出身欠佳。說是根基差，所以能力差，令人失望。

　　這句俚諺用了總庖師傅料理時的二種材料爲借代：「豆菜底」和「扁食底」。前者，粗菜也，談不上腥臊，原是行者的素食；用來喻指「無啥貨」的名人。後者，精肉、香菇、多筍等等好料的綜合體，乃是富貴人家的佳餚；喻指有名有實的人物。

【07】

草地，發靈芝。

Chhaú-tē, hoat lêng-chi.

Chhau-tē, hoat lēng-chi.

山野，出孔明。

　　用來讚美。說，鄉村出產了如此優秀的人才。

　　台灣先人在這句俚諺表現的相當保守，靈芝瑞草何只發於鄉下？在充滿戲劇性的世界裏，靈芝有能力克服惡劣的環境，來呈現她的端莊美麗。君不聞，元曲唱道：「鴉窩裏出鳳凰，糞堆上產靈芝！」(楊文奎《翠紅鄉兒》)啊，靈芝啊，妳辛苦了。

　　*靈芝：眞菌名，又名瑞草。民間以靈芝象徵吉祥，用途頗廣，觀賞、避邪、醫藥；原爲野生，近年來我國有人工栽培，爲高價位物品。除了極地外，靈芝普遍分佈世界各地。*❷

　　（參看，「草地㧣，府城戇。」326.11）

【08】

尾省，出聖佛。

Boé-séng, chhut siàn-put.

Boe-séng, chhut siáⁿ-put.

神靈，無地界。

用法和意思相似於上一句。

尾省：庄腳，鄉下，遠離都市之地；相對詞是「省都」。　聖佛：
靈驗的，香火鼎盛的神佛。

【09】

缺嘴食米粉──看現現。

Khih-chhuì chiah bí-hún──khoàⁿ-hiān-hiān.

Khí-chhuì chiā bi-hún──khoáⁿ-hēn-hēn.

顯微鏡下無天使。

用來恥笑人缺乏財力、學歷、經歷。說什麼「知知咧，台灣
蟳無膏！」

這句是厥後語，謎底原來是一目瞭然的「看現現！」啊，老先
人眞好玩，人老心青春，就愛看脫，有「穿尼龍的──看現現。」
(→326.03)有「尻川幾枝毛，看現現。」(→ 326.04)。

(本句詳解，請看433.47；「台灣蟳──無膏。」232.19)

【10】

會社故障──無錯。

Hoē-siā kò·-chiòng──bô-chhò.

Hoē-siā kó·-chiòng──bō-chhò.

無剉，心適！

用來稱讚和肯定事實。一、你說：「林玉山先生的能力眞
好，做人閣卡讚，有禮數又得人和。」我同感，回曰：「是啦，會
社故障……無錯！」二、問：「你是台灣人嗎？」答：「會社故
障！」「說啥？」「無錯！台灣人。」

這句是厥後語。答案是「無錯」，先人將之牽連到「會社故障」的「無剉」甘蔗，來附會這個人才真的「無錯」。如此，轉了三圈，無錯，心適。

會社故障：製糖會社的製糖機械破病了。會社，糖業公司。

【11】

晏啼的鷄仔，卡大格。

Oàⁿ-thî ê ke-á, khah toā-keh.

Oáⁿ-thî ē ke-á, khá toā-keh.

早開的花卡早射。

用來安慰孩子智能發展比較慢的父母。說，無要緊啦！「晏啼的鷄仔，卡大格。」

這句的修辭格是借喩，借「晏啼的鷄仔」，慢啼的小雄鷄，來比喩發育較慢的孩子。進而加上一句鼓勵：「卡大格」，小孩和小鷄都會長得比一般的大又壯。

晏：慢的，遲緩的。　大格：(家禽)體形大。

【12】

高唔成高，低唔成低。

Koân m̄-chiāⁿ koân, kē m̄-chiāⁿ kē.

Koân m̄-chiāⁿ koân, kē m̄-chiāⁿ kē.

另類的中庸。

恥笑人，資質平平，宛如60分一級的學生。

【13】

文不成童生，武不成鐵兵。

Bûn put-sêng tông-seng, bú put-sêng thih-peng.

Bûn put-sēng tōng-seng, bú put-sēng thí-peng.

文不文，武不武。

　　譏刺人，沒有什麼專業知識和能力。

　　童生：文人，舊式的學生，準備科舉的人。　　**鐵兵**：武人，身披鐵甲的兵士。

【14】

斗六大鑼，無臍會哄。

Taú-la̍k toā-lô, bô-chaî oē hōng.

Tau-la̍k toā-lô, bō-chaî ē hōng.

無才虛名敢廣告。

　　用來恥笑沒有能力的名人。他沒有實力，沒有才情，比如斗六大鑼，敲打起來響則響矣，獨缺鑼臍。

　　本句修辭式用的是雙關，以銅鑼「臍」關聯人「才」，沒有「臍」也就沒有「才」。

　　背景：相傳，斗六製的大鑼沒有「臍」。一般認為鑼無臍不響，但偏偏斗六的無臍大鑼敲打起來響得很大聲又很好聽。於是，「看不過去」的老先人就發明這句俚諺來修理那名聲響亮，但缺才情的名人。

　　再者，鑼，是廟宇、南北管、曲藝社、歌仔戲班、老人長壽會等的團體要用的樂器。在各地寺廟及樂團中有極重要的地位，所謂的鑼鼓經、文武場彈奏、迎神賽會，少了鑼，就有演不下去的感覺。

　　一面好的銅鑼，大的音要緩而長沈，小的要短而急脆；但是製造銅鑼並沒有一定的公式可循，完全是靠手工和師傅的經驗。

　　我國有兩面大銅鑼引人注意：一是，北港媽祖出巡的開路鼓銅鑼，直徑182公分，重160公斤，由四輪鑼車搬運。二是，鹿港

天后宮的超級大銅鑼，直徑230公分，重260公斤；鑼聲可傳一公里以上，而且回響不絕。❸

【15】

白手起家。

Pe̍h-chhiú khí-ke.

Pe̍h-chhiú khi-ke.

大業由零。

　　用來形容某個董事長或大老闆，不倚靠所謂的「父公屎」，但靠自己奮鬥，創業有大成。

【16】

好駛牛，也著牽。

Hó saí-gû, iā-tio̍h khan.

Ho sai-gû, iā-tiō khan.

從旁協助總須要。

　　斷言，一個人的成功，不論自己能力多好，都需要有力人士的協助牽成。君不見，那隻犁耙各項農技優越的水牛港，還需水土仔來牽伊去犁田。

　　好駛牛：訓練過耕作的牛，農具件件精通。　也著：仍然需要；基本條件夠，仍然需要（某種資格）。　牽：農夫牽牛做穡，喻指有力者奧援，牽成。

　　這句俚諺的修辭格是指代，用「好駛牛」指代有能力的人。然後用「也著牽」來說「好人才」和「好耕牛」一般，都需要「牽」而成之。

【17】

英雄造時勢，時勢造英雄。

Eng-hiông chō sî-sè, sî-sè chō eng-hiông.

Ēng-hiông chō sī-sè, sī-sè chō ēng-hiông.

英雄時勢兩相依。

用來稱讚英雄，也用來說時勢的重要性。英雄人物創造了時勢，而時勢誕生了英雄。

英雄：才能超群出眾，有傑出的技能、力量、勇氣，敢冒險患難的人；有能力解決別人所不能解決的人。（→「英雄氣短，兒女情長。」211.19） 時勢：時代的走向，造成潮流。

實際上，台灣人比較常用的是第二分句「時勢造英雄」。如此應用，也許跟台灣歷史有關。這四百多年來，台灣人都在清國的腐敗，日本的剝削，中國的恐嚇，國民黨政府的壓制中掙扎求生。雖然，有幾位可能「創造時勢」的運動家，但是，很快的就成為未成氣候的無名英雄！

我們頗不情願地說，絕大多數的台灣人自從受胎的第一時間，就在學習如何順應時勢，誰敢「造時勢」？那不成為清國奴，思想犯，台獨份子嗎？假如，台灣需要「英雄」的話，也不是一二人能造時勢！當今世代，有希望的國家都是「集體英雄」在造時代。期待我國台灣在政治、經濟、科學、文學、藝術、宗教、軍事等等造時勢的英雄輩出。

【18】

一舉，二運，三本事。

It kú, jī ūn, saⁿ pún-sū.

It kú, jī ūn, saⁿ pun-sū.

成功的三大要件。

斷言，快速的成功有三種可能性，那是：大力人士的舉薦，好運，以及自己的眞才實學。

噫，老先人很誠實，不敢迷信「本事」的重要性，把人士關係擺在第一。相似句：「一牽成，二好運，三才情。」

這句老諺淸楚反映的是社會秩序紛亂，沒有社會公義的台灣社會。而這種社會應該是淸國的，日本的，或國民黨統治下的社會黑暗面吧！好久以前聽到一則「笑話」：國府治台初期，高雄某中學校長的泰山大人不識字，卻能當該校的敎師！

那麼，這種「一舉」的情形，近年來如何了？應該沒有什麼舉不舉的問題吧！難說哦！根據1998年八月，靑輔會託世新大學做的民調顯示：在1647份問卷當中，有47.1％受訪者認爲個人的成功「七分靠關係，三分靠努力。」(→《自由時報》1998(9.15):7)如此的話，豈不是台灣社會和台灣人還沒有從這句俚諺的老世界脫胎換骨！

【19】

一德，二命，三風水，四積陰功，五讀書。

It tek, jī bēng, saⁿ hong-suí, sì chek im-kong, gō˙ thȯk-su.
It tek, jī bēng, saⁿ hōng-suí, sì chek īm-kong, gō˙ thȯk-su.
當選台灣總統五要！

舊說，若要進士、狀元一類的考試榜上有大名，必要俱備五種條件，按重要性順序是：積了足夠的善德，命裏注定，祖先好風水，陰功豐富，以及認眞讀書。

看了這句俚諺，不覺愛笑！想到最近二屆我國選總統，有人打出耳語，說某候選人的祖塋浮現龍鬚；說某某大相士預言某人

必選上總統。結果呢？當然啦，制度紛亂，官場風紀敗壞，若能
操練些道德，積些陰功，也是很好的，或許可能減少歪糕，少做
些枉法或A錢的惡事。

【20】

一下雷，天下響。

Chi̍t-ē luî, thiⁿ-ē hiáng.

Chi̍t-ē luî, thiⁿ-ē hiáng.

一舉成名天下知。

　　形容一種驚喜。某人一上報就是驚天動地的大好新聞！

【21】

頂港有名聲，下港有出名。

Tèng-káng ū miâ-siaⁿ, ē-káng ū chhut-miâ.

Téng-káng ū miā-siaⁿ, ē-káng ū chhut-miâ.

好名好聲傳全國。

　　形容某人的好名好聲，是全國到處都在流傳的，無人不知，
無人不曉。

　　頂港…下港：指全國，北部…南部也；字義是，北台灣和南台灣
的港口。

【22】

一名，透京城。

Chi̍t-miâ, thaù kiaⁿ-siâⁿ.

Chi̍t-miâ, thaú kiāⁿ-siâⁿ.

驚動皇帝？

　　據說，有個山野婦人特異功能奇多，能隔空抓藥，隔山打
牛，刣人種瓜，刀槍不入，一時轟動海南島。據說，八國聯軍洋

槍大砲，就是被這女異人用撒豆成兵殺退的。又據說，慈禧太后龍心大喜，賜她騎驢入京晉見，再賜她遊行京城三個月。

　　古人雖然愛名惜名，但愛惜得有分有寸。孟子說：「聲聞過情，君子恥之！」(《孟子‧離婁下》)現代社會大大不同了，「恥之」二字沒有了！而「聲聞」成爲重要的中國功夫，聲譽超過事實愈多，新聞價值也就愈高。名人，講究的就是一個「名」，管他香名臭名，只要「大大聞名」就是好名，也能名利豐收了。

【23】

千里傳聲，萬里傳名。

Chhian-lí thoân-siaⁿ, bān-lí thoân-miâ.

Chhēn-lí thoân-siaⁿ, bān-lí thoân-miâ.

名聲遍傳天下！

　　用來鼓勵人注意「留名」。說是好名聲傳播千萬里，人人聞名，如雷貫耳，好不偉大啊！

　　這句俗語修辭格是串對式。「千里」和「萬里」串在一起來形容傳播的遙遠，而「傳聲」和「傳名」說傳播的都是頂好的「名聲」。語見，《格言諺語》。

　　然而，名之極臭者，美國有線電視(CNN)也會整日認眞的，不分巨細的追蹤，做現場報導。豈只傳千傳萬里？電子訊號迅速傳遍大小宇宙，連外星人都能聞其大名，聽其大事，來叩應的哦！

　　(參看，「好事呣出門，歹事傳千里。」313.03)

【24】

狗膣屎，芳七里路。

Kaú chi-bai, phang chhit-lí lō͘.

Kau chī-bai, phāng chhit-li lō͘.

艷名遠播狗雄爭。

用來譏刺一個女人，說她廣泛地，認眞地招引狷狗。

句用母狗發情時，散發特有的氣味，來刺激雄犬，使他們情不自禁地從各地聞香而衝來。

膣屄：女陰。 七里路：喻範圍廣闊。

請注意！這句是專門罵女人的壞話；用者，誣謗罪難免。

（參看，「狗母若無搖獅，狗公唔敢來。」211.10）

【25】

三百枝打馬火，照繪著。

Saⁿ-pah ki táⁿ-má hóe, chiò boē-tióh.

Sāⁿ-pá kī taⁿ-ma hóe, chió bē-tiō.

查無此人！

用來譏刺。說這人是無名小卒，名不見報紙，就是用三百枝「打馬火」來照明尋找，仍然是查無此人。

打馬火：石油燃燒「打馬膠」的火把；打馬膠(tarmac)是「打馬＋膠」，音譯混合意譯的名詞，柏油也。

（另釋「三百枝打馬火，照繪著。」請看326.19）

【26】

四兩鷄，半斤頭──大頭鷄。

Sì-niú ke, poàⁿ-kin thaû──toā thaû-ke.

Sí-niu ke, poáⁿ-kīn thaû──toā thaū-ke.

愛名愛利大頭鷄。

用來譏刺。刺他不自量力，身體只有四兩重，但患了大頭怪

病，頭顱足足有身體的二倍大。

這是一句厥後語。用「大頭鷄」來影射沒有本錢，沒有本事，只有偏偏愛做大頭家的人。爲甚麼？據說，就是爭不到名，也有「黑利」可圖！

這句俚諺台北陳郁雯同學應用得很好，她說：「…這次三合一選舉中〔2000年總統等大選〕，便有些人患了『大頭病』，不自量力，硬要出『頭』，結果敗得眞歹看，徒然在地方自治上留下笑柄。」（「台灣精諺」《自由時報》）

記得高一那年，美術老師教我們人體素描時，在黑板上畫了一個美女，分析了她頭部的比例，說：頭不可大於身高的七分之一。謝謝老師，來，來，來畫一個四兩身，半斤頭的某某台灣總統候選人。

【27】

有棺柴，無靈位。

Ū koaⁿ-chhâ, bô lêng-uī.

Ū koāⁿ-chhâ, bō lēng-uī.

無名有實將無實。

用來調侃人。笑他擁有的是不實在的空頭銜，沒有位份，無利可圖。

這句俗諺，吳瀛濤先生等注釋家大多說是「有名無實。沒有額份」❹。這樣解釋筆者覺得好像有誤。因爲從台灣民間的喪葬現象來看這句俚諺時，「有棺柴，無靈位」的話，這位死者正是有「實」無名。他得到一具「棺柴」之實利，而沒有「靈位」之名份。

那麼，這種「有棺柴，無靈位」的情形可能發生嗎？可能。在那舊時代，出外人客死他鄉，或是赤貧鄉親逝世，大善人施棺來

使之入土爲安，是常有的事，但因爲是「外人」，也就沒有「靈位」
的可能性。

　　沒有靈位之名，有棺柴之實，始終是外人，是「無緣孤魂」。
換一個角度來看，「有棺柴，無靈位」終必成爲無實也無名；因
爲，對於施棺的善士沒有名份，也就沒香火的實際關係。可見，
靈位、名份是何等重要，有了這樣的「名」，隨之就有相應的「實」
在了。

注釋

1. 參看，吳招其，「香菇」《台灣的蔬菜、二》(台北：渡假出版社，1990)，
　頁5-8。

2. 參看，「靈芝」《大辭典》(台北：三民書局，1998)，頁5217。

3. 參看，曉慧，「鑼聲漸漸不響了……」《中央日報》1995(7.19):8。

4. 吳瀛濤，《台灣諺語》，頁74。

第二節 人氣、靠山

本節段落:

人氣大好01-02 人緣極差03-06 靠山強大07-13 背景缺乏14

【01】

貓面，卡有點。

Niau bīn, khah-ū tiám.

Niāu bīn, khá-ū tiám.

麻臉貓面點子多。

　　用來調侃人。說這小伙子滿有人氣，很容易得到人家的好感。

　　這是一句詼諧話，用雙關手法來消遣人。「貓面」是麻面，所謂「歹看面」，因為有許多疤點；同時，「貓面」是黑貓面，喻指「好看面」，其人緣「點」數極高。

【02】

臭臊神，掠卡有魚。

Chhaù-chho sîn, liah khah-ū hî.

Chháu-chhō sîn, liā khá-ū hî.

臊臭四溢魚投網。

　　形容好人緣。做人處處受歡迎，做事件件順利如意，正如身帶「臭臊神」的漁人，不論垂釣、漁撈、討海，捕撈得比一般人多得多。

　　　臭臊神:一、民間相信有一種人特別吸引魚族，使牠們踴躍自投

羅網。二、喜歡吃魚腥類食物的人。三、引申做「有人緣」的人（特指男人）。

那麼，什麼是台灣民間所理解的「臭躁神」呢？這不指追腥野貓的嗜好，而是一種令人容易產生好印象的人格特質。姑罔言之，以男人來說：他有外方內圓粗中帶細，小節不拘大禮講究的個性；面貌好看，身材高䠧，親親和和的一派什麼「清新」形像，這是起碼的臭躁神。若再加上美國前總統Clinton先生風流度的10%，那就很臭躁神了。

不過，漁撈太過非好事，頗不合環保衛生！

【03】

大廟呣收，小廟呣留。

Toā-biō m̄ siu, sió-biō m̄ laû.

Toā-biō m̄ siu, sio-biō m̄ laû.

到處斷交無人緣。

用來譏刺。他所到之處，沒有開門歡迎的。可憐的孤魂野鬼啊！大廟、小廟不收留；墓埔「萬善同」如何？可能機會不大。

萬善同：萬善同歸也，無主枯骨的小陰廟。

（參看，「少年若無一擺戇，路邊那有有應公。」122.14）

【04】

無人緣，臭乞食羶。

Bô lāng-iân, chhaù khit-chiáh hiàn.

Bō lāng-ên, chhaú khit-chiā hèn.

法國香水灑無救！

用來恥笑人。說他缺乏人緣，到處被人厭惡，宛如滿身帶有呂洞賓族特有體臭的乞仙。

臭…羶：人體久未清洗，身上衣服久未替換，所散發出來的怪味。

【05】

蝦看倒彈，毛蟹看沸涎。

Hê khoàⁿ tò-toāⁿ, môʼ-hē khoàⁿ puh-noā.

Hê khoàⁿ tò-toāⁿ, môʼ-hē khoàⁿ puh-noā.

蝦蟹示威惡形象。

一口斷定，他是個人見人厭的傢伙，就是介鱗小卒蝦蟹，看了逃的逃，呸的呸。

倒彈：（鮮猛活蝦）向後跳躍。 沸涎：（螃蟹）口吐細泡。

（比較，「蝦，看倒彈；毛蟹，看沸涎。」→753.）

【06】

鷄看拍咯鷄，狗看吹狗螺。

Ke khoàⁿ phah-kok-ke, kaú khoàⁿ choē kaú-lê.

Ke khoàⁿ phá-kok-ke, kaú khoàⁿ choē kaú-lê.

鷄叫狗螺見鬼啦！

用來恥笑一個極討厭的人。他的不受歡迎指標高達騷動鷄狗的程度；鷄見他如見幽靈，不停的拍咯鷄；狗看他如看到妖怪，狗螺整整吹了大半夜。

此時，主人眼看鷄狗震驚，心裏大大發毛。趕緊起床，出來一邊喃喃「天清清，地靈靈」，一邊大摔鹽米——驅鬼壓煞！

【07】

有後台，則行有腳步。

Ū aū-taî, chiah kiāⁿ ū kha-pōʼ.

Ū aū-taî, chiá kiāⁿ ū khā-pōʼ.

無樂啞戲難表演。

　　斷言，一個人要在社會上做一番大事大業，背後需要堅強大力的背景為靠山。這正如台前演戲，需要後台的鑼鼓絃簫來配合，才能演出好戲。

　　後台：（做事業的）背景、靠山；戲班的樂團，台後配樂，使前台得以順利演戲。字面義，背景後面的戲台。　腳步：戲步，腳花也。
（→「*小生苦旦免相瞞，腳花先踏出來看。*」433.63）

　　（比較，「*無後台，行無腳步。*」525.01）

【08】
蛇，靠蝦做目。

Thē, khò hê choè ba̍k.

Thē, khó hê chó ba̍k.

內神外鬼關節通。

　　斷言，做事業就算是自己能力不足，眼光不夠銳利，只要有老先覺，好經理，還是大有可為的。

　　先人按民間認為的「蛇蝦關係」來創造這句俚諺，說「蛇」沒有眼睛，但「蝦」做牠們的眼睛，替牠們打前鋒，疏通關節。

　　蛇：水母。

【09】
台頂有人，台腳也有人。

Taî-téng ū lâng, taî-kha iā-ū lâng.

Taī-téng ū lâng, taī-kha iā-u lâng.

人脈無邊通朝野。

　　特別用來形容官場得意。上有在朝大官為死黨兼同僚，中有企業大家奧援，下有角頭大哥、大小椿腳擁護，真是到處行得

通，吃得開。

同義句：「台頂有人，台腳也著有人。」

台頂有人：官場有可能互相提攜的同僚。 台腳也有人：場外也有許多擁護的部屬、朋友、徒眾。

【10】

後靠山，比王城壁卡崎。

Aū khò-soaⁿ, pí Ông-siâⁿ piah khah kiā.

Aū khó-soaⁿ, pi Ōng-siāⁿ piah khá kiā.

靠山堅固勝王城。

形容某某要人的背景非常高階，勢力更是堅強無比。難怪，難怪，涉嫌多件大案，A了數十億，都是「不起訴處分！」哀哉，妖魔鬼怪的靠山。

後靠山：人事背景。 王城：台南安平熱蘭遮（Zeelandia）城堡的清國名。（→「面皮，比王城壁卡厚。」218.04）

【11】

做穡，要有一坵田；做官，要有一陣人。

Choè-sit, tioh-ū chit-khu chhân;

   choè-koaⁿ, aì-ū chit-tīn lâng.

Chó-sit, tiō-ū chit-khū chhân;

   chó-koaⁿ, aí-ū chit-tīn lâng.

團隊合作好做官。

斷言，要當官必要一陣人來合作。

君不見，好官政績好，都有同僚合作，大力吹捧，媒體廣告，來製造政聲的。至於想要發大財，要歪糕，要A錢，要亂來的黑官，更須要一大隊人馬來做人頭，來做共犯。

本句的修辭格是起興式。用三歲小孩都知曉的「做穡，著有一坵田」來做興句，以引人注意；然後引出「做官，要有一陣人。」叫聽者想一想，這「一陣人」所爲何事？

（參看，「朝內無人莫作官。」13.31）

【12】

腳踏馬屎，憑官氣。

Kha-tảh bé-saí, pīng koaⁿ-khì.

Kha-tảh bé-saí, pīng koaⁿ-khì.

蝦看倒彈踏屎漢。

用來譏刺。刺一個假藉大官虎，或者有力人士來作威作福的人。他宛如大官的馬伕，腳踏的是馬屎，臉擺的是臭屁。

顯然的，「腳踏馬屎，憑官氣」的小人自古已有。話說，宰相晏子，爲人恭謙，但他的車伕卻是個以馬屎氣爲傲的人。車伕太太看在眼裏，心裏非常難過，就要跟他離婚。車伕萬分不解，問她爲甚麼。她說，你一個小小車伕，爲什麼裝得比你的宰相老爺還神氣？叫我覺得很丟臉。車伕一聽，見笑萬分，悔改了。(《晏子春秋》)

眞難得！染上官勢毒癮，但憑賢妻一句激將話，就能改邪歸正。

【13】

憑番勢，李仔春。

Pīng hoan-sè, Lí-á Chhun.

Pīng hoān-sè, Lí-a Chhun.

靠山強大有紅毛。

用來形容獲得外國勢力擁護的人，像台灣早期事業家，文化

人李仔春。

番勢：外國勢力。舊稱「非我族類」者為「番」，這裏特指英國商人。 **李仔春**：李春生（1838-1924），台北市人。初為英商掌櫃，後來擁有自己的大事業。李氏為早期台灣著名的事業家和思想家，有《中西哲衡》（1908）等五種宗教和哲學著作傳世。他對於日軍和平入城和鐵路建設殊有貢獻。❶

背景：這句俚諺淸楚反映出，當時民間對於和外國密切接觸者的疑忌和排斥心理，所以有「憑番勢，李仔春」這句話流傳下來。尤其是，李氏精通英文，擅熟西洋文化，又是一位台灣基督長老教會的長老。他不但未曾誤用「番勢」，而且是善用「番勢」，以利我台灣的國際貿易、公共事務、交通建設，以及西洋文化思想的理解。

遊鍵至此，我問自己一個答案可能非常有趣，充滿想像空間的問題：早期的台灣，若有一百個「李春生」的話，現在的台灣會是什麼樣子？

【14】

識稗，無田通做。

Bat phē, bô-chhân thang chò.

Bat phē, bō-chhân thāng choh.

但欠舞台可跳舞。

用來怨嘆，沒有背景難做事。說的是，鄙人本事是不錯的，只欠靠山來拉拔。可憐，他「牛犁耙，逐項會」，只欠田園來耕作。

識稗：喻指擁有農耕知識和技術。字面是，會分別稻仔和稗仔。 **牛犁耙，逐項會**：一切農具都會操作，能幹的農民也。（→「牛

犁耙，無半項會。」433.38）

注釋

1. 參看，楊碧川，《台灣歷史辭典》（台北：前衛出版社，1997），頁132。

第三節 勢力、威風

本節段落：

【01】

聖聖佛，鼻芳香。

Siàⁿ-siàⁿ put, phīⁿ phang-hiuⁿ.

Siáⁿ-siáⁿ put, phīⁿ phāng-hiuⁿ.

力大官員油水豐。

斷言，人生在世有大權可使的話，一切的名聲和利益就會源源而來。這正像靈應的神佛，弟子供獻的好香好火日夜燒個不停，給它燻蒸得白面變黑面——發火焚身也有可能哦！

鼻芳香：弟子焚獻高貴的好香，供神佛來吸來嗅。鼻，動詞，嗅。

（參看，「聖聖佛，抵著悾闇弟子。」24.01）

【02】

大丈夫，不可一日無權。

Taī tiōng-hu, put-khó it-jit bû-koân.

Taī tiōng-hu, put-kho it-jit bū-koân.

一日失勢蝦腳軟。

舊說，鼓勵上進。說，男子漢在世為人，一定要掌「權」來發號施令，不可消極隱遁。

大丈夫：堂堂一個男子漢。反義詞，臭小人。 權：官人的權

威；無關人權。

　　現在，我們如何理解這句俗語？可當做文化史料看：過去台灣人夢想「官權」來作威作福，顯祖榮宗。可當做現代警語解：台灣人須要充分的「人權」，擁有當家做主的「權利」。

【03】

身旺財旺，鬼仔唔敢作弄。

Sin-ōng chaî-ōng, kuí-á m̄-káⁿ chok-lōng.

Sin-ōng chaî-ōng, kui-á m̄-kaⁿ chok-lōng.

邪穢不侵正氣強。

　　斷言，有大勢力的人士，就是角頭大哥小弟，都不敢對他亂來。正如剛強正氣旺盛，妖魔鬼怪就不敢接近。

　　這句俚諺反映出一種民間俗信，認爲「心正，唔驚邪」(222.06)，因爲邪惡終究敵不過正氣。

【04】

喊水，會堅凍。

Hoah chuí, oē kian-tàng.

Hoá chuí, ē kēn-tàng.

令水成冰敢不從？

　　用來形容英雄式的政治人物。他魅力萬分強烈，能夠驅使民衆來服從他的領導，只要登台一呼，則萬民隨他出生入死。這種人宛如武俠小說中的練氣士，有化水成冰之能。

　　更進一級的功夫就是：「喊起雲，就是雨。」

【05】

放尿做水災，放屁做風颱。

Pàng-jiō choè chuí-chai, pàng-phuì choè hong-thai.

Páng-jiō chó chui-chai, páng-phuì ché hōng-thai.

自吹風速七十米。

用來諷刺。說某個政治人物，或某個角頭老大很會吹噓自己的「能力」，不論包訟、施壓、關說，或死囚變無罪，都是樣樣靈通，滴水成河，煽風成颱。

上面這句俚諺，屬於國內級的「有力人士」，至於國際影響，就是：「美國拍一下噴嚏，全世界道感冒。」──我們最該注意防護的還是：「中國放臭屁，台灣休克。」

（*本句另解，「放屎做水災，放屁做風颱。」317.31*）

【06】

有勢，坩仔大個。

Ū sè, khaⁿ-á toā-ê.

Ū sè, khāⁿ-á toā-ê.

反示威運動也。

用來譏刺勢力者。說他和他的夫人都是耀武揚威人士，走起路來屁股會跳舞，好不嚇人哦！

為甚麼？可能是「勢力→錢財→營養→肥胖→坩大」的連鎖效應吧。

坩仔：指屁股。

【07】

一隻厲鷂，佔七里鷄仔。

Chi̍t-chiah bā-hio̍h, chiàm chhit-lí ke-á.

Chi̍t-chiá bā-hiō, chiám chhit-li kē-á.

大小通吃一霸權。

用來形容惡霸，幫會人物，角頭兄弟；他們人多勢眾，力大欺人，宛如鷹鵰，控制好大的一片天。鷹鵰：老鷹，猛禽也。

（詳解參看，「五里鷹鵰，要啄七里雞仔。」333.03）

【08】

王爺的尻川，無人敢摸。

Ông-iâ ê kha-chhng, bô-lâng káⁿ bong.

Ōng-iâ ē khā-chhng, bō-lāng kaⁿ bong.

切莫惹他打飛彈。

　　用來譏刺惡人，說這個壞蛋誰也得罪不起，莫不是遠避為祥。

　　王爺：台灣民間敬稱為「王爺公」，有許多是古人神化而成的神明。王爺一說是「瘟神」，送瘟以外，也會驅邪壓煞，專治魂鬼界的黑道。　*無人敢摸*：沒人敢對他無禮，得罪不起。

　　老先人別操心，誰敢跟王爺亂來！據非正式調查顯示，弟子們90%是異性傾向者，不跟王爺公玩那種遊戲的也。

　　（參看，「城隍爺的尻川，你也敢摸。」223.06）

【09】

砲磘籬笆──袂扳得。

Hoê-iô lî-pa──boē pan--tit.

Hoē-iô lī-pa──bē pan--tit.

注意，籬笆有電！

　　用來譏刺惡人在內，不要輕易招惹，以免招災受害。

　　這句俚諺的修辭格是雙關，「袂扳得」說的是一碰就倒的籬笆；但實際要說的是，碰不得也。當知，籬笆內的先生們都是「有力者」，除非要來宣戰。

　　爲甚麼「硘磘籬笆」不能碰？據說，這種籬笆只是用破陶器堆砌而成的，沒有用灰泥來強固，稍微一碰就崩壞。

　　硘磘：小村名，在南投縣竹山鎮西南。 ❶

【10】

日本仔保正──好勢。

Ji̍t-pún-á pó-chèng──hó-sè.

Ji̍t-pun-á po-chèng──ho-sè.

保正出面就好勢。

　　用法有二：一、舊時，用來嘲諷日本統治下，以台制台的「好勢」人，「日本仔保正」是也。二、戲謔話。問：「屎桶給我箍好燴？」師傅答：「日本仔保正！」好勢了。

　　這是厥後語，謎面日本仔「保正」，日語是hosei；台灣人「氣毛醜」故意發出糕仔音hó-sè。如此，「保正」是「好勢」頭，也兼顧無代誌眞「好勢」了。同義句：「客人叫保正──好勢。」

　　保正：台灣總督府爲要對付抗日勢力，在1989年8月31日制定「連帶責任以維持地方安寧」的保甲制度。這是一種自衛組織，以輔助警察來維持治安。制度上10戶爲一甲，10甲爲一保，設有甲長、保正。該制度維持到1945年6月，日本戰敗爲止。❷這些甲長和保正，是日方要用人士，地方警察自然給予某些特權，放縱他們來狐假虎威。

【11】

紅葵笠，坐火車──有夠力。

Âng koe-le̍h, chē hoé-chhia──ū kaù-la̍t.

Âng kōe-le̍h, chē hoe-chhia──ū kaú-la̍t.

恭請美人上火車。

　　詼諧話，說某人面子大，不論是和日本警察，國民黨政府，

當朝的民進黨政府辦交涉，都很有辦法。

　　紅葵笠：*外面用印花布包住的斗笠，可遮住大半個臉孔，以免炎日曬黑。這些紅葵笠小姐，大多是糖廠的甘蔗女工。*

　　背景：舊時台灣各地的「製糖會社」築有區域的「五分仔車」，小火車系統。同時，各製糖會社也僱有許多臨時女工來剉甘蔗，做運送甘蔗的工作。這些成群結隊的青年蔗工小姐，健康，活潑又大方，尤其是埔里小姐更是美麗可愛。

　　本句俚諺說的是，發生在埔里糖廠運輸甘蔗專用火車的故事。這一區的蔗工小姐頭戴「紅葵笠」，更增加好多分埔里美人的誘惑。但見她們香汗淋漓，在蔗園認真工作，為著「台灣錢淹腳目」的偉大口號來獻身奮鬥。

　　她們深得火車司機先生的喜愛。所以，不論何處，不論何時，火車經過她們的工作處，都會拉水螺，鳴氣笛，來嗚嗚獻情意。雖然蔗車開動著，只要「紅葵笠」一招手，一媚笑，司機就緊急煞車，恭請小姐踏上蔗車最後的那節「守車」——就是擠進「火車母」，機關車的，也是時有所見。

　　善哉！有夠力的紅葵笠，柔化了剛強的甘蔗頭，撫平了銳利如劍的蔗葉，給我國台灣的蔗園青春的氣息和歡笑——儘管，遠處的製糖會社日夜煎熬著蔗農的膏血，入雲的煙囪不停地吐出可恥的黑煙。

【12】

落車頭，無探聽。

Làh chhia-thaû, bô thàm-thiaⁿ.

Lō chhiā-thaû, bō thám-thiaⁿ.

角頭大哥誰不曉？

流氓用來恐嚇。說自己威猛不可一世，乃是火燒庄車頭幫的幫主，下車怎敢不來拜碼頭？

（本句另解，參看233.18）

【13】

宮口五棚戲。

Keng-khaú gō͘-pîⁿ hì.

Kēng-khaú gō͘-pīⁿ hì.

野台戲宣傳員。

用來譏刺，一個愛現財富的土財主，或土太太。

相傳，土財主和土太太，都是一手五指，指指戴上巨大的鑲鑽金戒子。夫妻倆志同道合，一再要介紹這些戒子的來源和價值；鄉人早已厭倦這種吹噓，都不願意再買他／她們的帳了。但他／她再接再厲要廣告自己是如何的暴富。方法是：逢人高舉五個金手指，口說：「宮口五棚戲！」聞者，有冷笑的，也有當場嘔吐的。

【14】

尻川鬥柄——好額。

Kha-chhng taù-pìⁿ——hó-giảh.

Khā-chhng taú-pìⁿ——ho-giảh.

坐立不安好夯人。

諷刺富豪。不願承認他們是「好額人」，不肯稱呼一句「金老爺」，心酸酸的落出什麼：「金仔富，尻川鬥柄！」

所謂「好額」，就是「好額人」的省略詞。同時，物件的有柄者，都比較「好夯」。窮老先人見富眼紅，就將器物類的「好夯」來消遣有錢階級的「好額」。

噫，先人一定是窮得太無聊，吐出這句酸俚諺來消痰化氣。

【15】

銀票曝焦焦。

Gîn-phiò phảk ta-ta.

Gīn-phiò phảk tā-tā.

偽鈔印刷工場？

形容有錢人。家裏常常存著許許多多的錢，要多少就有多少，好像自家開印鈔廠。

銀票：鈔票。　焦焦：乾乾的，水分極少；不是曬焦。

【16】

會飛天，會鑽地。

Ē poe-thiⁿ, ē chǹg-tē.

Ē poē-thiⁿ, ē chńg-tē.

陸空怪物難控制。

用法有二：一、形容一個應變能力高強的人，不論大小事，多大問題都有辦法應付、解決。二、譏刺一個很會開溜的人。

最近我國有幾個涉大案的重要人士，都很「會飛天」，在禁止出境令到達機場之前一秒鐘，人已經安全飛遁美利堅合眾國了。據說勤練「會鑽地」的功夫者不乏其人，但功夫只學到「尿遁」的階段。君不見，會議中那些利委民代，在所謂「敏感議案」要表決時，踴躍出恭入敬，礐遁去也。

【17】

平平卅五棧。

Pîⁿ-pîⁿ siap-gō͘ chàn.

Pīⁿ-pîⁿ siap-gō͘ chàn.

能力是一定有的。

用來強調自己仍然擁有一定的實力，儘管不是那麼搶眼。

典故：台北大龍峒保安宮派下分爲三保，於七月輪流舉行普度。其中二保新莊，大部分是農戶，經濟比其他的派下爲差，祭品內容難免遜色。但是，第二保的善男信女仍然按照規定，供獻「卌五棧」祭物。儘管，內容可能有優劣之別，但量是一定夠的！

❸

> 卌：四十的省合音。　棧：用竹片架成圓錐型，高可六七尺，甚至有一丈的；在這骨架的表面掛著祭肉、鮮果、乾貨，或罐頭食品。

【18】

死蛇，活尾溜。

Sí-choâ, oa̍h boé-liu.

Si-choâ, oā boe-liu.

輸了！豈可認輸？

用來諷刺。刺那些公平競爭失敗而不認輸的人；過氣的政客不甘隱退，不停地出沒江湖來搞亂社會。

噫，死蛇活尾溜！多少愚民受其迷惑，甘願爲其徒衆幫兇，來舞弄這個很快就要僵硬壞死的尾巴。此事，古人早已看出他的騙局，說：「百足之蟲，死而不僵，扶之者衆也。」(曹冏《六代論》)是的，是的！死蛇是不會有「活尾溜」的，那是牠僵死前的最後掙扎。

> 百足之蟲：馬蚿，長寸餘，體有二十環節，切斷，仍然能蠕動。

【19】

刀槍雖險，筆尾卡利劍。

To-chhiuⁿ sui hiám, pit-boé kah-laī kiàm.

Tō-chhiuⁿ suī hiám, pit-boé ká-laī kiàm.

飛彈vs.鉛筆。

用做格言，斷言「筆勝劍」。鼓勵以文化武，用思想來控制，來洗禮野蠻的暴力。

刀槍：指暴力、武力或黑暗的，墮落的勢力。　筆尾：指人文思想，是眞善美的生命的探求和發揚。　卡利劍：筆比劍更鋒利。 ❹

當一片崇拜稱讚拳頭、刀槍、飛彈、軍備聲中，尤其是中國沿海數百枚飛彈對準我國台灣之際。我們關心，台灣有什麼防衛的對策和能力？根本而言，不是飛彈競賽，而是人文力量的發揮，是「文以制武」的實施。然而，讓人憂悶的是台灣「筆陣」的內容如何？「筆尾」指向何方，「顏色」是否清楚？恐怕用「紅鉛筆」當劍的太多了！

文是能力，筆有威風！多謝老先人叮嚀！

注釋

1. 我們根據竹山出身的學者林文龍先生，而採用「蚶礵」一詞，雖然陳正祥教授的《台灣地名辭典》(頁243)做「硐礵」，又有寫成「蚶礵」的(趙莒玲《台灣開發故事》，頁166)。

2. 參看，許極燉，《台灣近代發展史》(台北：前衛出版社，1996)，頁235。

3. 榮峰，「台北的俚諺」《台北文物》(1960年9卷2, 3期)，頁5。

4. 高雄陳宇宏先生注釋的諺句是「刀槍雖險，筆尾卡利針。」但筆者用「……，筆尾卡利劍。」理由是：「筆勝劍」比「筆利針」更為普遍的認知。這層意思陳先生也提到，他說：「刀槍雖然可能傷人，畢竟有限，不似犀利的文筆，一舉能刺傷眾多的人，因此古代每有文士以『別人懷寶劍，我有筆如刀』自豪。」(「台灣精諺」《自由時報》)

第四節　升沉、興衰

本節段落：

如此升沈01-04　得意一時05-06　寄人籬下07-08　一無所有09-13
時過境遷14-16

【01】

水鬼，升城隍。

Chuí-kuí, seng Sêng-hông.

Chui-kuí, sēng Sēng-hông.

升官發財眞恭喜！

　　用來譏刺。這可是一句背後說的壞話，刺他升等又調職──
調到一個人人想幹的大肥坑。

　　（本句詳解，請看131.61）

【02】

高升，做壯丁。

Ko-seng, choè chòng-teng.

Kō-seng, chó chóng-teng.

黑卒升紅兵。

　　用來嘲笑人。說他／她升了官，像是當了總督府的壯丁。

　　戲謔話。親密的朋友眞的升官，不論大小等級，都可用來當
祝詞，給他消遣消遣。其實，「高升，做壯丁」是無名無實的，只
是台灣總督府把它炒熱了，散發出一大股台灣日本「皇民」青年
「腳踏馬屎」的臭氣。

壯丁：皇民奉公會的壯丁團團員。（→「客人莊做壯丁」19.29）

【03】

朽棺柴，鎮塚。

Aù koaⁿ-chhâ, tìn thióng.

Aú koāⁿ-chhâ, tín thióng.

放屎漢，佔坑。

用法有二：一，譏刺人無才無能，佔上了相當重要的，頗可能發揮才能的職位。二、極粗陋的父母罵罵孩子。大人忙碌非常，不知屬害的小孩纏腳絆手；這時忽然聽到婦人高昂的罵聲：「閃開！朽棺柴，鎮塚！」

噫！眞無捨施，一個可愛的寶貝囝罵成「朽棺柴」；用來罵黑官還差不多。

所謂「朽棺柴，鎮塚」，乃是洗骨遷葬之後，主家沒有清理墓壙，將腐朽的棺木板，扔棄原地。

遊鍵至此，憶起去年回國奔喪時聽到的舊聞。據說，近年來我國墓地出現「山鬼」。他們整日巡遊墓地，看到空墓壙，或洗骨改葬的墓穴，就做個假墓，或立個木牌，來霸佔它。然後，風水仙趁機來做「龍穴」仲介，高價出售權利金圖利。據悉，山鬼暴發的大有人在！

怎樣？眞是「朽棺柴，鎮塚」的表兄弟！

【04】

憨眞夯涼傘——倒落。

Khám-chin giâ niû-soàⁿ——tò-lak.

Kham-chin giā niū-soàⁿ——tó-lak.

弟以事兄夯涼傘！

　　詼諧地說，某人遭到降調或降級的處分。

　　背景：抄幾句林美容敎授對這句俚諺的解說吧。在「草屯地區傳說諺語」裏寫道：「草屯鎭阿法莊(屬上林里)簡化成…淸咸豐己未科(1859)舉人，他有親兄弟、堂兄弟共九人，人稱老爹。化成未中舉時，其幼弟簡眞爲鼓勵他求取功名，就說化成若中舉，他願爲他舉涼傘。後來化成果眞中舉，簡眞不敢食言，於告祖中舉時爲其舉涼傘，涼傘本是三軍隨從所應舉，由九老爹舉，有降級的味道，故曰：『倒落』。」❶

　　此所謂「激將法」也，連科舉都管用。激出了簡家一個顯祖耀宗的舉人老爺。小弟用「倒落」換取大兄的「高升」，何落之有？老先人就是喜歡損人。

【05】

戲棚頂皇帝──做燴久。

Hì-pîⁿ-téng hoǒg-tè──chò-boē-kú.

Hí-pīⁿ-téng hoǒg-tè──chó-boē-kú.

酒店關門我就走。

　　用來恥笑人。說他榮華富貴難以久享，只不過像個伶人扮演幾分鐘的假皇帝而已。

　　這是一句厥後語，通常只說「戲棚頂皇帝！」說滿了，就失去嬉笑怒罵的味道。

【06】

煙火好看，無若久。

Ian-hoé hó-khoàⁿ, bô loā-kú.

En-hoé ho-khoàⁿ, bō loā-kú.

煙火在美不在久。

用法有二：一、用來恥笑人，也用來自嘆。人世如雲，變化多端，某人的大事業，只是一陣煙火，很快就消失於夜空。二、用做格言。鼓勵人樸素勤儉，不要為了一時的面子而浪費，好看像一陣煙火而已。

什麼是「煙火好看，無若久」呢？通常說的是，一段大燦大爛，好像不可一世的人生階段。不過，這句俚諺無須說得這麼高調，就是一般人都有「放煙火」的可能性。君不見，近十餘年來大部份台灣人，好像都忠實地操練著「炫耀式的消費運動」，經濟生活好像是元宵節一片煙火！

勤儉樸素原是正台灣人的民族性，此所以先人發明這句「煙火好看，無若久」來教訓後裔。「煙火」這種東西，有就放，沒有就算了；何必為放「煙火」而憂慮呢？個人和民族的自信自尊，豈是依靠「放煙火」來吹噓的！

【07】

憑人涼傘影。

Pñg lâng niû-soàⁿ iáⁿ.

Pñg lāng niū-soáⁿ iáⁿ.

憑神福祿。

恥笑一隻附驥的蒼蠅。

涼傘：舊時大官貴人的大陽傘。

看了這句俚諺，我一直在想像，假如我得「憑人涼傘影」而活。那麼，靠近這個貴人，只是得到「庇蔭」，得到方便，得到生活的轉機而已嗎？是的話，太可惜了。真是「乞身命帶甲種」！

憑涼傘，應該要親灸傘中人，觀察他的人格特質，聞聽他的言論，能夠的話多少感應些精神能力。憑涼傘，僅得「涼爽」的

話，豈非浪費大福機緣？

【08】

鹿耳門寄普。

Lȯk-ní-bûn kià phó͘.

Lȯk-ni-bûn kiá phó͘.

神佛也落魄。

　　寄人籬下。

　　（本句詳解，請看132.43）

【09】

傢伙了，秀才無。

Ke-hoé liáu, siù-chaî bô.

Kē-hoé liáu, siú-chaī bô.

人財俱空鑼鼓息。

　　（本句詳解，請看132.05）

【10】

火車坐到鷄籠──盡磅。

Hoé-chhia chē kaù Ke-lâng──chīn-pōng.

Hoe-chhia chē kaú Kē-lâng──chīn-pōng.

生命列車終站到。

　　用來自嘲。笑自己徹底失敗，一切努力終歸無效，眞是走到人生的盡頭。

　　類似句：「阿里山碰壁。」──無路可行，只好腳爬山了。

　　鷄籠：今基隆的原名，乃是我國縱貫鐵路北上的終點站。　盡磅：盡頭。（→「猴，迫上旗杆頂──盡磅。」134.31）

　　（參看，「阿里山苦力──碰壁。」134.29）

【11】

五斤蕃藷，臭八十一兩。

Gō͘-kin han-chî, chhaù peh-cha̍p-it niú.

Gō͘-kīn hān-chî, chhaú pá-cha̍p-it niú.

徹底爛攤全糞●。

　　形容事業完全失敗，留下來的都是負債和問題。正如80兩黃皮紅心的台灣蕃藷，爛了81兩。都完了！

　　　　（本句另解，請看436.22）

【12】

有道獲，無著剝。

Ū tō hak, bû tio̍h pak.

Ū tō hak, bô tō pak.

最後的當舖。

　　形容生活潦倒，靠著以前有錢時買下來的東西來典當過日。

　　有道獲：有錢就購買。獲，購大件而比較貴重的器物，或不動產，例如，獲田、獲厝、獲嫁妝；買一隻烤雞，說買不說獲。　無著剝：沒有錢就拿出去當掉。

【13】

有廟公，無廟厝。

Ū biō-kong, bô biō-chhù.

Ū biō-kong, bō biō-chhù.

有路無厝羅漢腳。

　　用法有古今：一、舊時，用來譏刺居無定所，四處漂泊，隨時可能落跑，缺乏社會信用的人。二、現代，批判地用指跑政治單幫的人。

　　我國2000年的總統候選人陳水扁博士，在「台東的造勢晚會」演講時，把這句俗語用活了起來！他談到某個總統候選人標榜超黨派參選，根本是跑單幫的，一人專制的政治，搞不好可能落跑，宛如「有廟公，無廟厝」的羅漢腳。結果，難免大開我國好不容易建立起來的民主政治的倒車。(→《中時電子報》2000(1.14)PM 0929)

　　廟公：廟祝也，乃是台灣民間宗教寺廟的工友。程度好的，還會替香客解籤詩；平常是清潔寺廟，晨昏點香祀神，賣些金銀紙和糕餅等供物。　廟厝：廟屋，廟本身也。

　　是的，廟沒有了，哪來廟公？堅持要做廟公的話，也許荒野的無祀「有應公廟」可以一試。

【14】

田是主人，頭家是人客。

Chhân sī chú-lâng, thaû-ke sī lâng-kheh.

Chhân sī chu-lâng, thaū-ke sī lāng-kheh.

物是人非情難堪。

　　喻指財產換手，大農戶大頭家現在已經是無產階級了。也許手裏還有幾張「耕者有其田」國民黨政府收購農地的灌水公司股票吧。

　　(參看，「千年田地，八百主。」132.36)

【15】

彼時為理，這時為米。

Hit-sî uî lí, chit-sî uî bí.

Hit-sî uī lí, chit-sî uī bí.

白米飯中見理想？

　　用來怨嘆，也用來鼓勵突破困境。說，以前工作職業安定如意，滿腹理想；現在一餐難求，只得潦落去了。

　　類似句：「這時不比彼時，這霎不比彼霎。」(→132.38)

　　背景：北縣邱艷秋女士給這句俚諺指摘出當今社會實況，她說：「以前景氣好時，人們除了溫飽，更有滿腔的理想和抱負。如今景氣欠佳，部分公司行號紛傳倒閉，有經理蒸饅頭、有董事長擺地攤，爲了五斗米折腰……。」

　　在此經濟蕭條之際，只有明智者能面對現實，沈潛內斂，量入爲出，尋求商機，才能盼另一個春天的來臨。(「台灣精諺」《自由時報》)

　　噫，人是如此軟弱的動物啊！沒有飯吃就沒有理想，只有可憐！不過，台灣的現況並不是「沒有飯吃」。台灣的嚴重問題寧可說是沒有堪稱偉大的理想，就是小理想，也頗缺乏實現理想付出代價的勇氣。

　　人只是爲了一口飯而活嗎？社會只要有錢就是好社會嗎？值得深思哦。

【16】

上觀天文，下察地理。

Siōng koan thian-bûn, hā chhat tē-lí.

Siōng koan thēn-bûn, hā chhat tē-lí.

觀星察地勿灰心。

　　用來嘲諷人。說春風得意，挺肚抬頭；衰敗落魄，垂頭喪氣。好事者看在眼裏，非常親切地稱呼他們做占星士和地理師。

　　背景：大正七年(1918)台灣一片好商機。大稻埕有幾位老學究，見門生因股票而大富，於是聯合門生故友，組成「弘道公司」

來做股票生意，發了大財。

　　這幾位窮學究有錢了，公餘也來怡和巷賞春。美女都潛居在樓上，所以老先生滿腔熱情地「上觀天文」，來物色艷星。

　　不久，股票慘綠，老先生負債累累，憂頭結面，走起路來，頭垂如柳。噫，正台書生，在人生的不得志，仍然認眞「下察地理」。❷

　　是的，人生就是如此，「上觀天文，下察地理」各有其時。大稻埕這幾位老學究乃是儒家有道之士，大師兄顏回「逍遙陋巷」的風範，應該有所慰勉吧！

注釋

1. 抄引自，林美容，「草屯地區傳說諺語」《人類學與台灣》(台北：稻香出版社，1989)，頁189。

2. 參看，陳華民，《台灣俗語話講古》(台北：常民文化出版社，1998)，頁77。

第五章

社會道德是非分明

第一節　情理定曲直是非

本節段落：

情理重要01-05　有情有理06-12　理通衆人13-16　違背情理17-29

【01】

法律，不外人情。

Hoat-lu̍t, put-goā jîn-chêng.

Hoat-lu̍t, put-goā jīn-chêng.

惡法，惡人情！

　　斷言，法律不能自外於人情。違反人性人情的法條謂之惡法。

　　這句話可說是台灣新諺，好像常常聽到有人大聲疾呼「法律，不外人情！」為什麼？可能是遭到反人性惡法的傷害吧。

　　當然，一個現代文明國家的法律可充分用這句俗語來表達，因為立法者都是人民的良心和智慧的化身，同時有健全的權力制衡制度，要墮落成惡法並不容易。然而，台灣有史以來，惡法多如牛毛，姑不論荷蘭、西班牙、明鄭和清國的，就舉出日本據台和國民黨政府治台最慘的二件惡法：

　　一、台灣總督的「六三法」：領台的第二年(1896)，帝國會議通過第六十三號法案「關於施行台灣法令之法律」，就是台灣總督有權在其管區發出與其本國同一效律的律令。台灣總督府在四十餘年之間發出526件「律令」，來剝削、逮捕、蹂躪、殘害、宰制台灣人。❶這是日本壓制台灣一切惡法的「母法」。

二、國民黨政府的「戒嚴法」(1949-1987)和「動員戡亂時期臨時條款」(1948)：怪哉！國府未撤退來台灣，台灣沒有戰事，也沒有動亂，陳誠就發佈戒嚴令，國民黨政府就發動白色恐怖來壓制台灣人。在這38年的恐怖統治，有29,000件政治獄，14萬人受難，三四千人遭處決。❷這是國民黨政府惡法的淵藪。

法律是不能違反人性人情的！但我們要注意，誰在立法？解釋和執法的是誰？專制邪惡的政府也是有法：惡黨立惡法！——就是民主自由的立法院，如果多數立委的水準低劣，目無法紀，心無台灣，還能期望他／她們立什麼「好法」？

【02】

有理走遍天下，無理寸步難行。

Ū-lí chaú phiàn thian-hā, bô-lí chhùn-pō˘ lân-hêng.

Ū-lí chau phén thēn-hā, bō-lí chhún-pō˘ lān-hêng.

到處通行好護照！

用來強調「有理」的重要性。

「有理」宛如完全主權獨立的國家，發給的護照，可出入於許許多多有邦交的國家。「無理」正如無效的證照，難以出國一步。語見，《格言諺語》。

舊時代，「理」之有無是以「情」爲基準，合情者，就是有理。現代，「理」要合乎國際公法，合乎人權憲章，又有聯合國做評斷；已經不是「槍桿子出道理」的時代了。公理，是好的護照，能夠「走遍天下」！

【03】

理字無若重，萬人扛燴動。

Lí--jī bô-loā tāng, bān-lâng kǹg boē tāng.

Lí--jì bō-loā tāng, bān-lâng kǹg bē tāng.

拳頭打不出理來。

　　斷言，理不是理以外的力量可以改變的。只要是個理，就算是「小理」，仍然不是千萬人用極多數的暴力所能變易。語見，《格言諺語》。

【04】

看戲要知戲文內意，做人著識人情義理。

Khoàⁿ-hì aì chai hì-bûn laī-ì,

　　choè-lâng tiòh bat jîn-chêng gī-lí.

Khoáⁿ-hì aí chaī hí-bûn laī-ì,

　　chó-lâng tiō bat jīn-chêng gī-lí.

人生大戲情義理。

　　舊時，村長老用來調教序細。說，做人一定要有人情味，做事要合乎義理，不可以閉著眼睛，昧著良心做人。

　　這句老諺的修辭格是起興式，用看歌仔戲的「看戲要知戲文內意」，來引起關於人生修養的「做人著識人情義理。」假如，人不識人情義理呢？那就是看不懂精彩的大戲的觀眾了；這是浪費人生，如人在歌劇當中睡大覺。

　　戲文內意：演員的台詞和戲齣的劇情。

　　（參看，「吇識戲文，隨人大唱掠得歇。」324.17）

【05】

只可他無情，不可我無義。

Chí-khó tha bû-chêng, put-khó ngó͘ bû-gī.

Chi-kho tha bū-chêng, put-kho ngó͘ bū-gī.

有情有義心自安。

用來鼓勵人勿辜負好情好意。對方如何的無情不是我所能把握的，但要盡其在我，用義理來對待無情，不要對不起自己。語見《格言諺語》。

情：感情，直覺的關愛。 義：按道理而有的行爲和態度。

【06】

七十無拍，八十無罵。

Chhit-chàp bô phah, peh-chàp bô mē.

Chhit-chàp bō phah, pé-chàp bō mē.

資深公民該敬重。

用來勸善。要敬重，體卹老人家。萬一他／她有什麼過錯，請勿打他／她罵他／她。

（本句詳解，請看124.39）

【07】

一枝食，二枝夯，三枝著喊掠。

Chhit-ki chiàh, nñg-ki giâ, saⁿ-ki tiòh hoah-liàh.

Chhit-ki chiā, nñg-ki giâ, sāⁿ-ki tiō hoá-liàh.

他們這裏算小偷！

用來說明情理都有個界限，人不可以軟土深掘，好欺再往，土匪也。

這句俚諺表現出多麼甘甜的蔗園味道，流露出咱台灣蔗農的無限慷慨。說的是：路過甘蔗園，看到蔗農在採收製糖的原料甘蔗，隨手拿了一枝來解饞，又貪心的帶了一枝上路。就是被園主或工人看到，他們是不會計較的；讓他吃，讓他帶走！但拿了三枝，就算是小偷了。

　　本句說的是蔗農善待路人，口渴欲死，給他一二根甘蔗吃，真慷慨也。但是，竄入甘蔗園來偷折甘蔗吃是不可以的，因為折斷的甘蔗可能比偷吃偷拿的損失還多。還有，這種甘蔗不是街上販賣的「紅甘蔗」——在德國，偷摘他們一顆蘋果就算是小偷了！

　　啊，「一枝食，二枝夯」，氾濫的人情！會不會氾濫成災？

【08】

豬要刣，嘛著互吱幾聲。

Ti beh thaî, mā-tiȯh hō˙ ki kuí-siaⁿ.

Ti bé thaî, mā-tiōh hō˙ ki kuì-siàⁿ.

割舌而殺？不行！

　　極端地，在不得已的傷害之下，也得給對方留一點點喘息的機會，給一線最起碼的人情。正如，屠夫殺豬不可縛嘴而殺，得讓牠發出最後的「控訴」。

　　值得一提的是，這一句古俚諺在我國台灣立法院議壇曾引起大騷動。1998年9月21日立法院法制、內政、財務聯席委員會審查「台灣省政府功能業務…草案」。會議一開場，新黨立委就以程序發言要求邀請省府官員列席。民進黨立院黨團幹事長周伯倫發言支持，但周委員附帶說：「豬要刣，嘛著互吱幾聲！」

　　周立委語驚四座，引起省府發言人批評，此說引喻失當，也不尊重省府官員。但他在記者會辯稱：殺豬前都要讓豬叫兩聲，「更何況不是殺豬」，而如此比喻是要突顯省府這個組織是龐然大物，絕不是指人和人或省府員工。他希望省府員工不要再被有心人挑撥。此後數天，周立委的辦公室和服務處接到不堪入耳的電話。(→《自由時報》1998(9.22):2;《中央日報》1998(9.23):2)

【09】

相罵，也著相罵本。

Siō-mē, iā-tiȯh sio-mē pún.

Siō-mē, iā-tiō siō-mē pún.

無本罵人翻龜卦。

　　舊時，老母用來教示查某囝，要跟人開罵之前，得先想一想，爲甚麼罵他／她？道理何在？師出有名，開罵不遲；否則智慧不足，三八有餘。

　　相罵本：罵人的理由；字面是罵戰的本錢。 　　*翻龜卦：烏龜四腳朝天，何只是「龜腳趖出來」。*（→「茭藍仔貯鱉──龜腳趖出來。」328.19）

　　多麼偉大的先人！處處「反思自己」，眞是厚道萬分！反觀當今台灣政界，誰在罵人？罵得最惡毒又刻薄的是何等樣人？最近，看了畫家魚夫的政治漫畫，很有趣，頗能反映今日政界「造黑罵人」的一斑。他畫著：

　　　　一個身穿「宋」字號外衣的人，手拿著擴音器向前面一座寫有「本土」二字的大山，用力大聲喊：「黑金A……！」
　　　　「黑金也！」前面那座本土大山如此回應。
　　　　「哭飫，回音不但沒走音，顚倒清……」圖中的一個孫悟空驚訝地説。（《自由時報》2001(6.12):15）

　　噫，眞怪！台灣政界總有不少沒有「罵本」的人，在大聲罵人，煽動地罵人。難道台灣人笨得看不出這類政客非常缺乏「罵本」的嗎？君不聞，孫悟空哀嚎：「哭飫，回音不但沒走音，顚倒

清……！」

　　罵吧！沒有「罵本」的罵，是在招供著自己的「罪狀」！

【10】

頭仔番喧，唔通後來多端。

Thaû-á hoan-soan, m̄-thang au-laî to-toan.

Thaū-á hoān-soan, m̄-thāng aū-laî tō-toan.

情理鋪路免麻煩。

　　用來教示處事。要做一層比較重要的事，必要的話得先「番喧」，如此可以避免後來發生許多事端。正是如此，先有徹底理解，而後才能進行合理的交涉，於情於理都應如此。

　　頭仔番喧：事前的討論，或爲了澄清問題，交換意見的爭吵；番喧，字面義是爭吵。　多端：許多糾紛。

【11】

食，食人歡喜酒；趁，趁人甘願錢。

Chia̍h, chia̍h lâng hoaⁿ-hí-chiú;

　　thàn, thàn lâng kam-goān chîⁿ.

Chia̍h, chiā lāng hoāⁿ-hi-chiú;

　　thàn, thán lāng kām-goān chîⁿ.

酒醇錢好人甘願。

　　斷言，接物待人或做生意賺錢，都要雙方心甘情願，如此才能飲得爽快，賺得心安。

【12】

人有人情理，賊有賊情理。

Lâng ū lâng chêng-lí, chha̍t ū chha̍t chêng-lí.

Lâng ū lâng chēng-lí, chha̍t ū chha̍t chēng-lí.

土匪也有土匪理。

用法有二：一、斷言，每個人的行為都有其動機，就是盜賊也有他所以要偷的「情理」。二、各執一詞，人和賊都有一番說詞。

看了這句俚諺，我們就不難理解中國和台灣的社會比那些講「法理」的歐美社會「暴亂」得多的原因！君不見，連幹土匪來殺人放火的，都認為自己幹土匪沒啥，有他們搞土匪的「情理」！如此思考方式，大大阻礙發展出一個守法的社會，也是法治思想的一個阻礙。

現代世界，秩序良好的社會，莫不是以「法、理、情」順序為行為規範的。這樣的人民，大部份比「情、理、法」取向的社會來得守法，為人也比較單純誠實。他／她們的社會秩序也比較良好，違法亂紀者少，黑道大哥不敢，也選不上國會議員！就是車禍，也因為守法的好習慣而減到最低。

情真迷人！多多用來愛朋友，愛家人吧！千萬別把情當做社會秩序。

【13】

理出公論。

Lí chhut kong-lūn.

Lí chhut kōng-lūn.

大聲者，勝？

斷言，所謂「道理」是經得起公衆討論辯明的，不是惡霸的意見就是道理。

「公論」不是「良心」，乃是社會大衆對某一個議題的多數人的意見。要形成「公論」並不簡單，須要多數公民對問題有充分而正

確的理解。智識不足，或傳播媒體歪曲眞相，或人民缺乏表達思想的能力和習慣，都難有「公論」。顯然的，一黨專政的社會，沒有「公論」，它只有一言堂的，一口徑的黨論。

一面倒的媒體，非公論！爲了不受欺騙，罷看吧！

【14】

理長嘸驚講，情理屬衆人。

Lí tn̂g m̄-kiaⁿ kóng, chêng-lí siȯk chèng-lâng.

Lí tn̂g m̄-kiāⁿ kóng, chēng-lí siȯk chéng-lâng.

人不禁圍剿鬥臭！

用來鼓勵行爲正當和自信。說的是，自己有理的話，不怕人家說長論短，因爲公道自在人心！

這句俚諺說的雖然不錯，但做爲一個人的「權利」大可不必「驚」或「不驚」別人說是道非。就是公衆人物，也不是可以隨便加以抹黃抹黑來圍剿，來鬥臭——那是中國文化大革命時的「血滴子」，台灣哪堪效尤？

一個健康的民主社會，個人有充分的自由，可免「理長嘸驚講」的擾亂。當知，人是很「驚講」的，俗語說得好：「一欉樹，不堪得千刀萬刀剉；一個人，不堪得千聲萬聲蹧。」(→332.12)

【15】

粟濟挨出米來，人濟講出理來。

Chhek-chē e-chhut bí laî, lâng-chē kóng-chhut lí laî.

Chhek-chē ē-chhut bí laî, lâng-chē kong-chhut lí laî.

百家爭鳴講道理。

說的是，有議題就須要充分理解，交換多方面的意見，如此才能集思廣益，把握問題。

　　這句俚諺的修辭式是起興，談的重點不是碾米工場的事，而是用「挨米」來挨出第二分句「人濟講出理來」。

　　粟濟：稻穀多；濟，多也。　挨⋯米：碾米。

【16】

路見不平，氣死閒人。

Lō͘ kiàn put-pêng, khì-sí êng-lâng.

Lō͘ kèn put-pêng, khí-sí ēng-lâng.

社會關懷有傳統。

　　說的是，路邊義士挺身出來干涉看不過去的惡事。

　　本句，章回小說多寫做「路見不平，拔刀相助。」見，《水滸傳》、《隋唐演義》等等。筆者看到相關的新諺，寫成「路徑不平，氣死行人。」❸

　　我們台灣人對於「路見不平，氣死閒人」這種義氣，還算保持得滿不錯的，例如，臨場挺身來追趕搶賊，或少年勇敢入水救溺，時有所聞。然而，對於車禍躺在路上待救的，大家就遲遲不前了！據說是，唯恐反咬一口，賠不起的！

　　看來，路上行善單憑「義勇」是不足的，須要同伴協力，以防反誣！見死不救的社會，有啥「人情味」？

【17】

殺人可恕，情理難容。

Sat-jîn khó sù, chêng-lí lân iông.

Sat-jîn kho sù, chēng-lí lān iông.

有情有理可殺人？

　　說的是，殺人雖為極惡，但有可能得到寬恕的情形；不過，背情叛理的情形下殺人，則難獲得原諒。

　　實際應用這句古諺時，重點不在於什麼樣的「殺人」是合情理或不合情理，只是強調「情理難容！」。語見，《五燈會元》：「殺人可恕，無禮難容。」，又見《增廣昔時賢文》和章回小說。

　　不可殺人是所謂「絕對的訓令」，戰後的歐洲社會都走這條路線。許多社運人士和世界特赦組職極力呼籲中國、美國和一些回教國家廢止死刑。這種人命關天的事，如何在「絕對的訓令」和「情況道德」之間，取得最好的判斷，並不只是「情理」就可當做判斷的準裁。

【18】

殺鷄教猴。

Thaî-ke kà kaû.

Thaī-ke ká kaû.

恐怖暴行！

　　用指殺一警百。這是一種無法無天的暴力，乃是專制獨裁政府施行恐怖統治罪行的模式。

　　這是一句老俚諺，也寫做「殺鷄嚇猴」，語見，《官場現形記》等小說。

　　台灣過去的教育一向有採取「殺鷄教猴」，公開處罰「壞學生」，來警告全體。誰知，這種落後的思想竟然也在檢察官身上看到。去年，有一位12歲未滿的國中生，在四樓玩球，一顆網球飛落到隔壁檢察官宿舍。檢察官隨即帶著警衛衝入學校找人，該生自動承認。誰知，檢察官竟然以「公共危險罪」移送法辦，裁定：「訓誡並予假日生活輔導。」

　　噫！這是什麼「公共危險罪」？法學者、教育者和家長沒有一個同意這種過當用「法」。原來，檢察官說過去十數次類似事

件，校方沒法改善，這次不得不法辦。(→《自由時報》2000(9.15):7)

哀哉，殺鷄教猴！濫用權力，傷害12歲未滿的小孩童。眞是情何以堪！

【19】

管人生管人死，管人食無道理。

Koán-lâng siⁿ koán-lâng sí, koán-lâng chiảh bô tō-lí.

Koan-lāng siⁿ koan-lāng sí, koan-lāng chiā bō tō-lí.

食飯主義萬歲。

序大人或老闆用來提醒自己，要給孩子或佣人好好吃一頓飯，不要趕，不要干涉，更不可在吃飯的時候「敲碔唸經」。

台灣文化有許多優點，其中就是這句俚諺要表達的「自由自在，從容吃飯」。

（參看，「趕人生，趕人死；趕人食，無天理。」422.50）

【20】

七孔，無地喘。

Chhit khóng, bô-tē chhoán.

Chhit khóng, bō-té chhoán.

氣死我啦！

形容受了極大的凌辱或冤枉，意志和感情極端地被壓迫，就是要用「七孔」來呼吸，來吐滿腔怨氣也不可得。

七孔：七竅也，頭面的七個孔竅，兩眼，兩耳，兩鼻孔，一嘴巴。若加上前陰尿道，後陰肛門，就是所謂的九孔、九竅。 無地喘：無處發洩。

【21】

戲看半齣，著喊煞──擋繪稠。

Hì khoàⁿ poàⁿ-chhut, tio̍h-hoah soah──tòng boē-tiâu.

Hì khoáⁿ poáⁿ-chhut, tiō-hoá soah──tóng boē-tiâu.

放粉鳥？退票啦！

　　買票看戲，半途無故喊停，可乎？無理！

　　喊煞：叫停。　　擋𣍐稠：無法忍受。

【22】

夯飯匙抵貓。

Giâ pn̄g-sî tú niau.

Giā pn̄g-sî tu niau.

柑仔換芎蕉！

　　拗蠻無理，以賤抵貴。

　　典故：曹甲乙先生注釋本句時，提到這樣的一個故事：「某人向鄰居借一貓捕鼠，貓逸失。鄰居要討還貓，言其貓是『烏貓白肚，值錢二千五』，要其賠二千五百元。適其女歸，言『鄰居前借去一支飯匙，打折未還。匙有七個竹目，值錢二千六』。於是，要鄰居倒賠一百元……。」❹

　　　　（參看，「柑仔，換芎蕉。」245.20）

【23】

你敢講，人唔敢聽。

Lí káⁿ kóng, lâng m̄-káⁿ thiaⁿ.

Lí kaⁿ kóng, lāng m̄-kaⁿ thiaⁿ.

吹大牛皮不紅臉。

　　用來回應一個正在肆無忌憚地亂吹牛皮的雞規仙。

　　所謂「歕雞規」，當然不會考慮聽者的感受，以吹得爽快為目的，人家愈不敢聽，他的收聽率愈高，見報度愈頻繁，民調愈看

好。

【24】

烏龜食到肥朏朏，白龜餓到嘴開開。

Ō·-kui chia̍h-kau puî-chut-chut,

　　pe̍h-kui gō-kàu chhuì-khui-khui.

Ō·-kui chiā-ká puī-chut-chut,

　　pē-kui gō-káu chhuì-khuī-khui.

同是湳泥生，剝削何太急？

　　黑龜發財，白龜賣身賣命，是啥道理？

　　　（本句另解，請看17.14）

【25】

愛食饅頭，閣驚死父。

Aì-chia̍h bān-thaû, koh-kiaⁿ sí pē.

Aí-chiā bān-thô·, kó-kiaⁿ si pē.

枵鬼假細膩嗎？

　　用來譏刺違背情理，又欠擔當的人。刺他一面貪吃「饅頭」，一面害怕「死父」；饅頭用來祭父靈，父不死，當不成孝男，也就沒有饅頭吃。

　　許成章教授將這句俚諺關聯到台灣的民代，他說：「…饅頭用於祭亡魂。祭後，多喪家自食。既喜食，又懼父之死。心理如何平衡？今之乖乖牌民代似之。雖有利可圖，問其何以要傾家蕩產出來競選，則又無言可答。上議壇只能做『讀祭文式』質詢。嗚呼哀哉！其父依然是死不瞑目也。」❺

【26】

葵扇頭拍人鱠疼，情意不該。

Khoe-sìⁿ-thaû phah-lâng boē-thiàⁿ, chêng-ì put kai.

Khoē-sìⁿ-thaû phá-lāng bē-thiàⁿ, chēng-ì put kai.

不該爲不該是謂情理。

　　斷言，不論多麼輕微的責備或處罰，都不可加之沒有過錯人的身上，正如不可以用打之不覺得疼痛的「葵扇頭」來責打沒有犯錯的人。

　　爲甚麼不可以？因爲是不該打而被打。問題不在於痛或不痛。所以說「情意不該！」這樣講，反情意的，也就是反情理了。

　　葵扇頭：扇柄；葵扇，紙、竹、巴蕉、絲綢、塑膠，等材質製成的，整片或是可摺的扇子。

【27】

嘴，互卵鳥塞咧。

Chhuì, hō͘ lān-chiáu that--leh.

Chhuì, hō͘ lān-chiáu that--lè.

有口難言也。

　　用來諷刺一個自吹淸廉，竟然被挖出是台灣最「巨大的」歪糕仙。此後，他再也沒有自吹兩袖淸風的本錢了。

　　爲甚麼沒有吹本？老先人用一句相當有顏色的話來表現，說他的嘴巴，塞了一隻斑鳩！可是老先人錯了。當今台灣的政客已經練成「屁功」，雖然「嘴，互卵鳥塞咧」，但大彈臭屁。最可憐的是那群跟屁蟲。

【28】

有樣通好看，無罪通好擬。

Ū-iūⁿ thang hó-khoàⁿ, bô-choē thang hó-gí.

Ū-iūⁿ thāng ho-khoàⁿ, bō-choē thāng ho-gí.

大乖人情太可惡。

用來怨嘆。說某人，也可能是自己的孩子，不學好專學壞，做出了大條歹事。

這句俚諺通常只說成，「無罪通擬！」

無罪通好擬：壞透了(主觀的感受，範圍可能從小流氓到大台奸)。

【29】

人參刣人無罪，大黃救人無功。

Jîn-som thaî-lâng bô choē, taī-hông kiù-lâng bô kong.

Jîn-som thaī-lâng bō choē, taī-hông kiú-lâng bō kong.

誰言善人無惡？

用做警語。要注意以情度理，或以理衡情的限制，世上沒有絕對的「想當然耳！」

老先人在這句俚諺，運用他的漢藥知識，民間以爲最高貴又無害的「人參」和「大黃」來開示。說人人看好的大善藥人參，若用之不當也有致死的可能性——開刀前不可大量服用人參，有礙血液凝固。再者，一般人認爲的粗藥「大黃」，以致於忽視它有瀉「大腸火」，解救嚴重便秘來救人生命的功勞。

人參：高貴補藥。多年生草本，產於溫濕寒冷的地帶。參有多種，以吉林的野參爲最名貴。藥性能加強大腦皮質的興奮作用，改善神經活動過程，又有鎮靜效能。民間咸信人參主補五臟，安精神，除邪氣，明目，開心益智。❻ 大黃：多年生高大草本。生於山地林緣半陰濕的地方。藥性苦寒，瀉熱毒，破積滯，行淤血，瀉大腸火，治

便秘。❼

注釋

1. 參看，史明，《台灣人四百年史》，頁268。

2. 參看，李筱峰，《台灣史100件大事》，頁39-40。

3. 這句「新諺」是許戰先生在時事短評中說的，他說：「筆者以四十多年黨齡在此次國民黨員總登記缺席，革命黨敗退後的言行，筆者不敢認同，包括興票案後續在內。筆者願以『路徑不平，氣死行人』的立場，為莊柏林律師加油！」(《自由時報》2001(2.7):15)

4. 曹甲乙，「台灣俚諺新釋㈡」《台灣風物》(1987年32卷3期)，頁40。又陳華民先生，將這句俚諺解做「一物換一物，大家不相欠也。」參看，陳著《台灣俗語話講古》，頁186。

5. 許成章，「台灣諺語析賞㈧」《台灣文化》(1988年1月)，頁62。

6. 參看，「人參」，《中藥大辭典(上)》，頁29-36。

7. 參看，「大黃」，同上，頁102-08。

第二節　法規慣例辨對錯

本節段落：

官法慣例01-07　愛錢之道08-10　職責本份11-13　公平公道14-17
事實證據18-21　大衆意願22-27　吃飯主義28-30

【01】

人心似鐵，官法如爐。

Jîn-sim sū thih, koaⁿ-hoat jû-lôʘ.

Jīn-sim sū thih, koāⁿ-hoat jū-lôʘ.

官爐當中無好漢。

舊說，政府的法律和刑獄如火爐，專門用來鍛煉作奸犯科的罪犯，哪怕他銅身鐵骨，何方硬漢，莫不粉碎鎔化。

這是一句老名諺，爲戲曲和章回小說描寫刑獄所愛用。例如，元、王仲文《救孝子》雜劇：「可不道父娘一樣皮和骨，便做那石鐫成骨節也槌敲得碎，鐵鑄就的皮膚也鍛煉得枯。打得來沒半點容針處。方信道：『人心似鐵，你也忒官法如爐。』」又見，《增廣昔時賢文》。

這句俗語清楚顯示舊時犯法入獄，哪有什麼教化、矯正、治療或隔離的措施，莫不是「入爐燒煉」，打得死去活來。如此，黑官搞「八字開」的生意才會愈做愈大；涉案的，誰敢不傾家蕩產來提錢買命？

【02】

官有正條，民有私約。

Koan iú chèng-tiâu, bîn iú su-iok.

Koan iu chéng-tiâu, bîn iu sū-iok.

官法民約定是非。

斷言，社會生活有法紀規範，政府有法律，民間有契約。

語見，注解、增廣《賢文》。舊注，載有一個典故：清河太守犯法，請好友刺史綠章吃花酒。酒席間，太守試探他，說：「人皆有一天，我獨有二天。」綠章不隨他造反，他反對「二天」。隨即嚴肅地回他：「官有正條，民有私約。今天和你飲酒是私事；明天給你處罪是公事。」(→《注解昔時賢文》)

正條：官方的法條。 私約：民間的契約。

【03】

斷理，不斷親。

Toàn lí, put-toàn chhin.

Toán lí, put-toán chhin.

有理就對了。

判斷對錯的一個原則：不考慮親情關係，但以有「理」爲對，無「理」爲錯。

這裏所說的「斷理」，應該是傳統所說「情、理、法」之中的「理」。如此判斷是非對錯，權威者自由心證的空間仍然過大，所謂「理在我心，心則是理」。若是如此，好心好理，歹心歹理，要做到「公正」的判斷並不容易，除非判斷者就是眞理，正義和智慧的化身——這種神話式的「聖賢」總是淪爲封建專制的護身符。雖然「斷理」的公正性，算是比「斷情」進步了一丁點。

比較可靠的「斷理」必是透明的，經得起大衆公開的理論、批判和實際的檢證。只要「斷理」權仍然屬於獨裁者，斷的方式是黑

箱作業,那麼這種「斷理」仍然缺乏公正性。

【04】

大義,滅親。

Taī gī, biat chhin.

Taī gī, bet chhin.

公義法則。

　　一個當審判官的,對於犯罪的親屬不能徇私,應該按照國法來制裁——公義法則,就是硬心腸的道德準裁,是現代文明國家的司法和公民的道德精神。

　　本句原為成語,由於戲劇的渲染成為舊時流行的俗諺。常見於古書,如《左傳》、《晉書》,《舊唐書·李建成傳》載:「周公聖人,豈忌無情於骨肉?為存社稷,大義滅親。」

　　大義:國法為準裁。　滅親:無私,不一定是「消滅親人」。

　　愛親是很基本的,人類近乎天性的道德,但這是私人的,是家庭的道德。在鄉黨、社會、國家、國際間的秩序,一定是公義原則,乃是這句「大義,滅親」所要傳達的訊息。司法、治安和行政人員若能執行「六親不認」式的道德標準,才有支持社會公義的希望。但這種倫理思想,大部分台灣人難以接受。

　　一個現代社會和人民,只有「慈悲救濟」尚嫌不足,必要加上「大義無私」的道德理想的堅持和實踐。——台灣社會令人覺得「真亂」,政治、經濟、交通、治安、宗教等等,隨時有「亂象」出現。捨「大義,滅親」的司法和實際,又有什麼好方法?

【05】

入港隨彎,入鄉隨俗。

Ji̍p-káng suî oan, ji̍p-hiong suî sio̍k.

Ji̍p-káng suī oan, ji̍p-hiong suī sio̍k.

入美國講美國話。

　　用來提醒人，進入他鄉外里時，要理解，要尊重他們的風俗習慣。

　　這句老名諺也出現在禪師的言論，《五燈會元‧大寧道寬禪師》：「雖然如是，『且道入鄉隨俗一句作麼生道？』良久曰：『西天梵語，此土唐言。』」同類句有：「入吳門，趁吳法。」「入鄉隨俗，入國問禁。」──《禮記‧曲禮》有言：「入境而問禁，入國而問俗，入門而問諱。」

　　入鄉隨俗是困難的，對於當地習俗不一定理解；就是理解了，不一定能夠喜歡或認同。但改變一下態度，選擇性的來隨彎隨俗看看，可能有意外的歡喜。因為風俗是人類對於「美善」的感悟和表現。這種發現應該是動人心弦的。

　　也許，台灣人很會隨俗，所以也很會一窩蜂的盲從。君不見，台灣千萬人一窩蜂地飲水，一窩蜂地飲尿，一窩蜂地吃活性菌。不久以前，一窩蜂地迷凱蒂貓，一窩蜂地吃蛋塔，一窩蜂地養寵物狗、鼠，養水母、小鱷、巴西龜、南洋毒蛇等等，都是一窩蜂的盲逐！

　　問題來啦！流行一過，犬啊、鼠啊、鱷啊、龜啊、蛇啊，馬上失寵！隨意丟棄的大有人在，於是市內、野外，池塘、河川，甚至陰溝都可能有牠的踪跡。如此，大大紛亂了我國生物界的社會秩序，一場殘忍的「適者生存」大戰在美麗島爆發。

　　馬虎「隨俗」和狂熱「盲從」，乃是台灣社會的二股大亂流。

【06】

行有行規，店有店規。

Hâng iú hâng-kui, tiàm iú tiàm-kui.

Hâng iu hāng-kui, tiàm iu tiám-kui.

「本店賒欠謝絕！」

　　斷言，營業場所，大小行號店舖，都有對外的和對內的種種規則，不論是交關或要食頭路做店員，理解這些規矩以免不便或犯錯。

　　行店有規矩，最基本而最重要的應該是「公平交易」。就此點而言，我國的所謂「八大行業」：視聽歌唱、理髮、三溫暖、舞廳、酒家、酒吧、特種咖啡茶室等，是最「不公平」、「不安全」的交易，業者和消費者好像在冒險中進行著死亡遊戲。

　　這些行業，台北市至少有二三百家，都是在地下室營業的；登記「小吃店」，實際上在搞酒吧，登記「食品零售」，卻是在開舞廳。這些場所的共同弱點是空間密閉，出口單一，安全、衛生、環保條件都很差。萬一不幸發生火災、暴亂，逃生無門，死傷能不慘重？

　　「行有行規，店有店規」，說的只是生意人的「利規」嗎？這句老諺值得台灣人深思。

【07】

出錢人，主意。

Chhut-chîⁿ lâng, chú-ì.

Chhut-chīⁿ lâng, chu-ì.

老闆化身處處在。

　　這是舊時台灣民間的一條慣例，大自地方建設，小至做東請吃點心，都是出錢的人打主意，起碼也會尊重他／她的意見。同時，有些出錢的人是非常在意來推銷他／她好的、壞的一籮筐

「主意」。

【08】

人長交，賬短結。

Lâng tn̂g-ku, siàu té-kiat.

Lâng tng-ku, siàu te-ket.

情財兩通快樂人。

這句俚諺強調人生在世應該經營長久的友誼，應該趕快結束賒欠。

這句修辭式是對比異對，用人間的交際和買賣的賒帳，來比對出一個要久久久交陪的朋友，另一種要快快快還清的賒欠。

這種「人長交，賬短結」的人，一定很快樂。爲甚麼？因爲他／她不乏好朋友，經濟生活也應該不會太差。情溫暖，財亨通，人就快樂了。

【09】

鐵人，膾欠得紙人的錢。

Thih-lâng, boē khiàm-tit choá-lâng ê chîⁿ.

Thí-lâng, bē khiám-tit choá-lâng ē chîⁿ.

欠帳還帳無鐵人。

斷言，不論是誰，賒欠一定要還清。就是大有力的「鐵人」賒欠軟弱的「紙人」，照樣不能耍強，不能落跑。

這句俗語用了二個可愛的表象：「鐵人」和「紙人」。特別是給鐵人施行「有賒必還」的道德教育，是很好的想像。

看了這句俚諺，難免感嘆老先人單純良善。他們怎能想像這十年來多少台商「錢進中國，債留台灣」，掏空銀行，使台灣資源枯竭，面臨空前的經濟危機。如何是好？看來現代的台灣「鐵

人」，就是核四烈爐也難熔化的了。

【10】

君子愛財，取之有道。

Kun-chú aì chaî, chhú chi iú-tō.

Kūn-chú aí chaî, chhu chī iu-tō.

君子謀道不謀黑金。

　　君子雖然愛錢財，但一定要得之「正當」；「無道」黑金，不要！

　　這句古名諺，見於《五燈會元》，《增廣昔時賢文》，屢見古典小說。

　　這句俗語已經比孔夫子教訓的──「君子謀道，不謀食。耕也，餒在其中矣；學也，祿在其中矣。君子憂道，不憂貧。」（《論語·衛靈公》）──進步得太多了！夫子的「學有俸祿」是吃皇帝的頭路，是公教的鐵飯碗也；好像「有道就有食」哦！而那些愛財的商人君子，就得冒險進取來開發市場，日夜勤唸財經，敲打算盤，來發財以道了。

【11】

食人飯，犯人問。

Chia̍h lâng-pn̄g, hoān-lâng mn̄g.

Chiā lāng-pn̄g, hoān-lāng mn̄g.

唯老闆為答案。

　　僱員的自覺。吃人的頭路，就得應頭家的差遣來做事。

　　此句用借喻修辭式。「食人飯」喻指的是「食人的頭路」，用「犯人問」，表示「老闆唯我是問」，我這個店員是向他負責的也。

　　犯人問：犯（被）人（老闆）問（指使），不是「犯人」＋「問」。

　　天下沒有白吃的頭路！吃老闆的頭路，不以老闆為答案，要以誰的？既是如此，答案是什麼？有何撇步？最近失業人口大增，研究如何捧穩飯碗的意見紛紛。其中有好多秘方，例如，設計大姊成老闆娘；拿小開當護身符；追求老董千金，等等。其中有一則撇步頗符合這句俗語的教示，說是「謹守三從四得」：

> 老闆的命令要「聽從」，
> 老闆的喜好要「跟從」，
> 老闆發表高論時要「盲從」；
> 老闆的吩咐要「記得」，
> 老闆發飆時要「忍得」，
> 老闆的臉色要「懂得」，
> 自己的工作能力要「了得」。❶

　　幸虧，最後一得，高舉著自己了得的能力。沒有這種實力和自信心，單有「從」和「得」，豈不像性工作者的貞操帶？人家老闆，也不是戀猴！

【12】

食人之祿，擔人之憂。

Si̍t-jîn chi lo̍k, tam-jîn chi iu.

Si̍t-jîn chī lo̍k, tām-jîn chī iu.

興旺貴店？當然！

　　用法有二：一、積極地，激勵僱員的職業道德。提醒自己，應該關心自己俸職的工作，使這家行號、工場，機關的事業、業務都得以順利發展。二、消極的，所謂「提人錢財，替人消災。」

（→19.05; 55.16）

　　食人之祿：吃頭路也，字義是「領人家的薪水」。　擔人之憂：興旺老闆的事業，字面是「分擔老闆的困難」。

　　先前看到這句古諺，覺得平淡無奇，因為關心頭家的事業理所當然！搞不好頭家「倒店」，我這個員工能不走人嗎？現在注釋這句老諺，心裏卻有一番新的感受和深刻的感慨：敬佩先人忠於老闆和工作的態度，感嘆我國許多大官委員食國俸祿，搗亂國政，為害於民。

　　深願年底的立委改選，台灣人眼睛明亮，能選出「食民之祿，擔國之憂」的好委員。

【13】

食彼號飯，唸彼號經。

Chia̍h hit-hō pn̄g, liām hit-hō keng.

Chiā hit-hō pn̄g, liām hit-hō keng.

當和尚唸佛經。

　　用法有傳統和現代。一、舊說，當和尙唸佛經，吃那種飯，就說那種話；一派無可奈何的職業厭倦態。二、現代，說人專業知識豐富，滿有敬業精神的表現；看他三句不離本行，口口聲聲在推銷公司的產品。

　　食彼號飯：吃那種頭路，就那種職業。　唸彼號經：說那種職業的話。

　　解讀這句俚諺，不要留滯在傳統舊說，應該發揚這句俚諺包蓋的另一個積極面，那是：專業精神和職業忠誠。試想，一個吃台灣政府飯的官員，不唸台灣政府的經，反而萬分囂張地唸起中國政府的經，行嗎？——腳頭窩想嘛知！

【14】

隨人討米，隨人落鼎。

Suî-lâng thó-bí, suî-lâng lȯh-tiáⁿ.

Suī-lâng tho-bí, suī-lâng lō-tiáⁿ.

反大鍋飯主義。

　　用做警語。各自獨立，門戶鼎灶有別，應該各自奮發來經營自己的生活和事業，不要虎視眈眈，妄想三國歸一統。

　　同義句：「啥人的米，隨人落鼎。」

　　（本句詳解，請看516.27）

【15】

一人一半，感情卡🍢散。

Chı̍t-lâng chı̍t-poàⁿ, kám-chêng khah-bōe soàⁿ.

Chı̍t-lâng chı̍t-poàⁿ, kam-chêng khá-bē soàⁿ.

平分利益感情好。

　　斷言，雙方美好的感情必要用同等利益的分享，來做維繫，因爲分裂的基本理由之一是利益分配不均。

【16】

人平不語，水平不流。

Jîn-pêng put gú, suí-pêng put liû.

Jîn-pêng put gú, suí-pêng put liû.

利益平分無抗爭。

　　衆人的事務處理得公平，利益分配得公道，人人滿意，就沒有什麼不平之鳴。不然的話，就像水往不平的低缺處流動。

　　本句古諺原是禪語，出於《五燈會元》；原典如此：「問：『佛

未出世時如何？』師曰：『絕毫絕氂。』曰：『出世後如何？』師
曰：『塡溝塡壑。』曰：『出與未出，相去幾何？』師曰：『人平不
語，水平不流。』」又見《增廣昔時賢文》，常見於古典小說。

【17】

蕃藷三塊，湯照配。

Han-chî saⁿ-tè, thng chiàu-phoè.

Hān-chî sāⁿ-tè, thng chiáu-phoè.

童叟無欺蕃藷湯。

形容分配公道。譬喻賣蕃藷湯的，一人份三大塊「蕃藷箍」，
加上一大碗甜湯。

【18】

疑人，呣成賊。

Gî lâng, m̄-chiâⁿ chha̍t.

Gī lâng, m̄-chiāⁿ chha̍t.

讓證據說話。

斷言，懷疑就是懷疑，涉嫌仍然是涉嫌，不能據誣賴，陷人
爲賊。

古人有言：「若將除害馬，愼勿信蒼蠅。」(唐、高適《充彭中丞…
詩》)嗡嗡不息的小報告，入人於罪，徒增小人敗壞和盜賊猖狂。

失主疑人爲賊是可以理解的，但不能苟同，因爲是對於人格
的嚴重侮辱。普遍假定顧客當中有賊的懷疑，哪會是個好生意
人。

遊鍵至此，想起彭成煌先生的一篇「生活雜記」，大意是：小
偷猖獗，商家常在店裏裝監視錄影機，同時貼上警告標語，例
如：「錄影監視中，君子請自重，偷者一律送警法辦，絕不寬

待！」有的標語寫「偷竊被抓，依商品價格罰一千倍！」他在台中某一家便利商店，看到「錄影中，請微笑！」

他說：「想了一下，終於笑了。是會心的微笑，一種豁然開朗的感覺，也是因為被尊重所引發的愉悅。心裏不禁讚嘆，幽默在此時刻派上用場，真好！」❷

到過國外許多大百貨公司，大小高級商店，就是沒看過像我國如此大膽公開「疑客為賊」的！卸下「疑賊警牌」，藏好「錄影監察器」吧！商家當然須要保護財物，但對於客人用機器和文字來表示懷疑、警告、威脅，太太太太霸道了！

誰願上疑客做賊的商店來交關？

【19】

是稻就留，是草就薅。

Sī-tiū tio̍h laû, sī-chhaú tio̍h khau.

Sī-tiū tiō laû, sī-chhaú tiō khau.

留稻拔稗理當然。

用來主張養善棄惡，如農民要除草，留下水稻，拔除形似水稻的害稗和雜草。

薅：(用手、用輕力，將地上、田裏的草等)拔除；拔[poeh]比「薅」用較強的手臂之力。

【20】

石磨仔做鏡──無影。

Chio̍h-bō-á choè kiàⁿ──bô-iáⁿ.

Chiō-bo-á chó kiàⁿ──bō-iáⁿ.

老太婆弄瓦。

諧諧地說，沒有這回事！

這句歇後語的謎面是「粗糙的石磨當做鏡子」；答案是：看不到美麗的倩影，無影啦！

【21】

掠姦在床，掠賊在贓。

Liâh-kan chaī chhn̂g, liâh-chhát chaī chong.

Liā-kan chaī chhn̂g, liā-chhát chaī chong.

證據拿來！

緋聞或疑賊，都須要人證、物證和現場證據。不然，視同烏龍八卦可也。

【22】

千人所指，無病而死。

Chian-jîn só͘ chí, bû-pēng jî sú.

Chēn-jîn so͘ chí, bū-pēng jī sú.

鬥臭鬥垮，鬥死啦！

一言點出「輿論」和「鬥臭」的暴力，儘管是一個健康的人，都經不起眾人的交相指責。正是所謂「黃金鑠眾口，白玉生蒼蠅。」
（《謝陽先生存稿》）

這是一句相當古老的名諺。《漢書·王嘉傳》：「引諺云：『千人所指，無病而死。』」又見《格言諺語》等。

乍看這句老名諺，可能有人頗為習慣地把這個可憐「千人指」的，被鬥臭的，被鬥死的人，當做罪大不赦的人來看待。假如如此，那麼何種罪惡，「配得」如此行刑？答案並不容易。

其實，被鬥臭而死的，並不一定是該死的大罪人哦！類似問題，公元前第六世紀，子貢請教過夫子：

「老師，某人被全鄉的人稱讚。您認爲他是好人嗎？」子
貢問夫子。

「不能肯定說他是好人。」夫子答得很乾脆。

「那麼，被全鄉的人都討厭的話，是壞人嗎？」子貢再
問。

「不可如此判斷！善人喜歡，壞人厭惡的人，才是
好人。」❸

謝謝孔老師的敎示！君記得否，中國文化大革命有無數「善
人」被鬥臭，鬥垮，鬥死！千人指，何必是大惡之徒？多少時候
「奸惡殺手」是專制政府，邪惡政黨，政黨媒體，以及它們所操縱
的搖旗吶喊的愚民。

二千年前的耶穌基督，犯了什麼該死的大罪嗎？沒有！但有
千百人大聲喊說：「釘他十字架！釘他十字架！」(→《聖經・馬太福
音》27:15-26)

【23】

鳥鼠泅過溪──人人喊拍。

Niáu-chhí siû koè khe──lâng-lâng hoah phah.

Niau-chhí siū koé khe──lāng-lâng hoá phah.

鼠輩見光死。

形容壞蛋不容於衆，人人都會起而攻討之！

本句，《格言諺語》做「過街老鼠人人打。」

諷刺的是，對於一隻小老鼠，可能人人喊打，喊殺；但對於
一個大惡魔，或一黨惡人，就不敢說一個「不」字！反而，極大部
分的人變成語障、視障人；更嚴重的，突變做小鬼夜叉來幫凶助

惡。嘉哉，仍有少數手執利槍的聖米嘉勒，討伐惡魔的天使長。

台灣民間對「鼠」這種東西不懷好感，看到牠莫不殺無赦。尤其是今年(2001年)二月，花蓮「漢他病毒」❹致死病例發生，全國一片滅鼠大運動。原來高價熱賣的寵物鼠，降價求售，或免費送人都沒有人敢要，紛紛拜託衛生單位「處理」！啊，可憐的鳥鼠！

另一方面，此時正值屏南採收甘蔗，蔗園老鼠大名「山豪」者，更是人人打獵的對象。據說，牠以甘蔗為糧食，所以肉質非常甜美；山產店烹煮後一台斤可賣到四百元，「三杯山豪」上桌，香嫩爽口，乃是老饕必點的佳餚。(→《自由時報》2001(2.1):8)

同樣鼠輩有被殺爐的，有被製成三杯來下肚的。難道山豪先生有漢他免疫？噫，咱台灣人真愛食！真勇敢！

【24】

犯官忌，呣通犯眾議。

Hoān koaⁿ kī, m̄-thang hoān chèng-gī.

Hoān koāⁿ kī, m̄-thāng hoān chéng-gī.

怕輿論，不怕惡官。

斷言，處身立世，最重要的是言語行為必要合理，獲得大眾輿論所支持，就是因此招致官人的疑忌，也無所顧慮了。

犯官忌：當官的猜忌，找麻煩；又有寫做「犯官欺」的。　呣通：不可。　犯眾議：觸犯輿論。

【25】

服從多數，尊重少數。

Ho̍k-chông to sò͘, chun-tiōng siáu-sò͘.

Ho̍k-chông tō sò͘, chūn-tiōng siau-sò͘.

弱勢團體的吶喊？

　　這是一句新時代的口號，也是民主自由社會應有的態度。「服多尊少」才可避免多數暴力。

　　這是「多數決」的矛盾，也是多數的不可靠！根本問題還是在於什麼樣的多數！是蕃藷仔的多數，芋仔的多數，昏昏沌沌不知芋仔蕃藷的多數，金錢可以買收的多數，還是黑道大哥的多數？君不見，台灣的中國人雖然少數，卻是如何有力地控制著大多數的台灣人！

　　這句新諺，極值得台灣人三思，再思！

【26】

官斷，不如民願。

Koaⁿ toàn, put-jû bîn goān.

Koāⁿ toàn, put-jū bīn goān.

民意，天意？

　　用來主張民意的重要性。說的是，官方所謂依法的決斷和做法，有時是不如人民普遍的意願。

【27】

官府定罪三五冬，人嘴定罪歸世人。

Koaⁿ-hú tēng-choē saⁿ-gō͘-tang,

　　lâng-chhuì tēng-choē kui-sì-lâng.

Koāⁿ-hú tēng-choē sāⁿ-gō͘-tang,

　　lāng-chhuì tēng-choē kuī-sí-lâng.

徒刑算啥鬥臭驚！

　　用做警語。說，切莫「犯規」來觸怒鄉人，他們會永遠「記念」你的惡行；而犯法處徒刑，三五年就已經很不得了。

　　冬：年也；四季幾乎都可做為「年」的代詞，例如，冬、春、春

秋。　人嘴定罪：*諷刺、恥笑、責備、詈罵等等。*　歸世人：*終身。*

【28】

死罪，無餓罪重。

Sí-choē, bô gō-choē tāng.

Si-choē, bō gō-choē tāng.

餓死？拚啦！

　　斷言，飢餓使人為了求生存而違法造反。怕啥殺頭罪？

　　是的，中國所謂的「農民革命」都是因為「肚腹問題」；人民若有一口飯吃，就已經大呼皇上英明，毛澤東萬萬歲了。說要像馬丁路德和德國人因為「頭腦問題」搞革命的，大概不可能吧！

　　西洋有「不自由毋寧死」之說，而台灣人有「死罪，無餓罪重！」其間的生命觀層次相差太多了。重視心靈改革之士，有何高見？

【29】

要刣，也著食一頓飽。

Beh thaî, iā-tioh chiah chit-tng pá.

Bé thaî, iā-tiō chiā chit-tng pá.

人生而為食。

　　斷言，食的重要性。食是一種價值，甚至是超乎生命的價值。所以，為飢餓而做賊，而賣春，而造反，民間都能寄以理解、同情，甚至接受。

　　類似句：「要做飽鬼，嘸做枵鬼。」──枵鬼，餓鬼是民間的大忌，使不得也。我國死囚的最後一餐，菜色都頗豐富，儘管有的食不下嚨。

　　（參看，「*豬要刣，嘛著互吱幾聲。*」51.05）

【30】

民以食爲天。

Bîn í-si̍t uî-thian.

Bîn i-si̍t uī-then.

飯者，天子也。

斷言，吃飯的重要性。

本句出自《漢書・酈食其傳》，傳曰：「王者以民爲天，而民以食爲天。」

按這種思想，給飯吃的就是父母，就是老闆，就是皇帝，就是天神。再推回來的結果：天神就是飯，皇帝是飯，老闆是飯，父母也是飯。世上最後的實在，只有飯！連吃飯的肚腸也沒有存在。

看來，美國前總統Clinton先生的「經濟啦，笨蛋！」雖然非常務實，仍然萬萬不及我們台灣先賢切實奉行的「飯天主義」。

注釋

1. 自在[筆名]，「謹守三從四得」（「捧穩飯碗10撇步！」之一）《自由時報》2000（11.11）:44。

2. 彭成煌，「幽默眞好」（「生活雜記」），《中國時報》（2000（9.15）:36）。

3. 爲明瞭起見，我們改寫成這個形式。原文是：子貢曰：「鄉人皆好之，如何？」子曰：「未可也。」「鄉人皆惡之，如何？」子曰：「未可也。不如鄉人之善者好之，其不善者惡之。」（《論語・子路》）

4. 所謂「漢他病毒疫疾」，林榮光醫師曾為文做了頗詳細的介紹。摘要之：症狀是不尋常的微燒、肌肉痠痛，或伴有輕微咳嗽、噁心、嘔吐、下瀉，病症迅速惡化，呼吸變成急促、窘迫，形成心跳過速、血壓下降，呼吸困難，然後死亡。漢他病毒有時稱為SN(Sin Normbre)或MCV(Muerto Canyon Virus)病毒，散佈於全世界。老鼠和齧齒類動物的糞，尿等排洩物污染引起這種病毒。傳染致死率高達五成。預防之道，不進入動物洞穴，不接近齧齒類動物及其屍體等等。參看，林醫師，「漢他病毒疫疾與齧齒類動物」《自由時報》(2001(1.29):15)

第三節　認同委身有善惡

本節段落：

認同種族01-02　認同利害03-11　認同意識12-18　曖昧投機19-23

【01】

大家平平是蕃藷仔。

Taī-ke pîⁿ-pîⁿ sī han-chî-á.

Taī-kē pī-pîⁿ sī hān-chī-á.

饒我可憐的台灣人！

　　用來喚起彼此認同的情意，以求互助合作，彼此支持。說，你是台灣人，我是台灣人，咱大家攏是台灣人，何必互相迫害？

　　據台北瑋睿先生注解，這句諺語出現在日據時代。他說：「…日據時代，台灣人遭受日人的種種差別待遇，大家同苦相憐，若是彼此發生爭執，總是有人用這句話來勸和，意思是同為台灣人，『本是同根生，相煎何太急。』雙方聽了，氣也消了。」（「台灣精諺」《自由時報》）

　　大家都是「台灣人」嗎？其實，台灣人是一群所謂的「放尿抄沙，𣍐做堆」（→54.12）的族群。比起台灣外省人的合作，彼此提攜相差太多了。君不見，台北市前市長陳水扁博士，以現任又70%執政滿意度，在選民70%是台灣人，外省人30%的條件下，選輸外省人。為甚麼？何必問！

　　台灣人因為缺乏彼此忠誠的認同，以致於成為要不是缺乏自信，就是相當傲慢的人。於是，內鬥相當勇敢，誰信誰？於是，

自卑得一聽到有人用剛學來的台灣話說：「餓死台灣人，踏死台灣人，撞死台灣人！」就爽歪歪，完全失去分別真假善惡的能力，全家選票馬上奉送！反台灣民主運動，壓制台灣人的黑官，有啥不好？

因為台灣人缺乏彼此認同，引發大部分外省人的高傲和輕視；尤其是外省立委，敢質問列席的台灣人官員「你是哪裏人？」「妳會不會唱國旗歌？」太過份，一派流氓氣！為甚麼敢？因為台灣人瞧不起自己，外省人為甚麼要尊重你？

啊，可憐！「大家平平是蕃藷仔！」是討饒的哀求！要哀到什麼時候？缺乏自我認同的民族，只能當外人的工具、附屬品和奴才。阿明伯，寫了一首詩來鼓勵台灣人意識：

> 不肖立委真無聊
> 質問官員哪裏人
> 官員忍辱不反問
> 何不勇敢大聲講
> 先祖入贅台灣媽
> 我是正正台灣人❶

是的，我是正正台灣人！在這基礎上，大家來互助合作，改變「大家平平是蕃藷仔！」的討饒用意，使成為「大家都是文明的台灣國民」的歡呼！

【02】
五百年前，是一家。

Gō·-pah nî chêng, sī chi̍t-ke.

Gō͘-pá nî chêng, sī chi̍t-ke.

是啦！咱攏姓台。

　　用法有二：一、用來認親，說的是，彼此還算有一點點淵源。二、指的是，這親戚是疏得不得了，沒有什麼關係的了。

　　這句俗語是「茱瓜鬚，肉豆藤」(→514.43)一類的牽親引戚，從「生份人」要來改變成「熟似人」的口頭禪。語見，元、張國賓《合汗衫》：「嗨，俺婆婆也姓趙。五百年前，安知不是一家？小大哥，將十兩銀子，一領錦團襖來。」

【03】

坐人船，要人船走。

Chē lâng-chun, aì lâng-chûn chaú.

Chē lāng-chun, aí lāng-chûn chaú.

認同生命共同體。

　　辛勞用來表達認同他所服務的店家，如同搭乘「台灣大遊輪」，要能夠平安愉快航行四海。

　　這句俗語的修辭式是借喻，以船客喻指辛勞，而船的順利航行譬喻店家公司的大發大興。唯有如此，勞資雙方才有利益可言。

　　坐人船，要人船…：這裏的「人」是所有格，字後省了一個「的」字，例如，「食人飯，犯人問。」(→.14)。這是俗語精短化句式的形式之一。

　　坐人的船，「船客」希望這隻船走得安全又快樂是自然的期待，也是健康的心理；應僱的「船員」當然是要好好來走這隻船了。對看我國在野黨的某些立委，指東罵西，見台灣必反，見中國必唱和；在立院開會亂轟轟像牛販，但面對中國官員則低聲下

氣，連國家的尊嚴都可以出賣。

　　啊，台灣這隻船，能選用這種人為船員嗎？連「坐人船，要人船走」，起碼的道理都不懂！

【04】

休戀故鄉生處好，受恩深處便為家。

Hiu loân kò͘-hiong seng-chhù hó,

　　siū-un chhim chhù piān uî-ka.

Hiū loân kó͘-hiong sēng-chhù hó,

　　siū-un chhīm chhù pēn uī-ka.

家不在海的那邊，在恩深的海島這裏。

　　這是離鄉背井的人的新發現。說的是，一面懷念記憶漸漸模糊的老家鄉，一面感激目前溫馨有愛，實實在在的安身立命之地。此時，從心底油然湧起強烈的感恩，歡歡喜喜來認同她，這個真正的家庭。

　　看到這句俗語，就想到隨國府逃難來台灣的外省人，他們實在太幸福了，台灣確確實實是他們「受恩深處」的所在，雖然有不少外省人不便公開認同台灣這個家，但是心裏是萬分認同的！君不見，多少外省人回中國探親，為甚麼99%都回來台灣？就是那些大聲喊「急統」的，還是要競選台灣總統，要幹台灣的立委！為甚麼？台灣是他們「受恩深處」的家呀！

　　就這點而言，台灣人有理由為著自己的偉大包容性和豐富的友愛來感覺驕傲。台灣人當然有權利要求外省人做個最簡單的回報：愛台灣這個真實的家吧！不要今天在台灣罵東罵西，明天在北京搞什麼「大三通」。把台灣這個家搞亂了，搞掉了，他們要逃難何方？美國嗎？有幾個外省台灣人做得到？

今後，台灣人對於外省人當然會繼續保持友善，但不可寵愛、縱容、阿諛、諂媚。同時，必要請他們眞誠來認同台灣，這個養他們的大家庭。特別是要坦白來談「台灣的主體意識」的問題！對於那些，今日在立法院「談洗內褲」，明天在中國大罵台灣的立委，台灣人要嚴正的予以指責——沒有阻止的法制的話，請正義、義氣的外省人用選票來表示否定。

多麼美麗的一句「休戀故鄉生處好，受恩深處便爲家！」敬請台灣的外省姊妹兄弟多多珍惜。台灣人不是鐵人，非常須要您們的理解和友愛！

（本句詳解，請看424.17）

【05】

在楚爲楚，在秦爲秦。

Chāi Chhó͘ uî Chhó͘, chāi Chîn uî Chîn.

Chāi Chhó͘ uī Chhó͘, chāi Chîn uī Chîn.

在台爲台理所當然。

斷言，一個人生活在某個國家，吃她的米，飲她的水，享受她一切的利益，就應該認同她。

【06】

西瓜，倚大旁。

Si-koe, oá toā-pêng.

Sī-koe, oa toā-pêng.

勢利眼所見。

同義句：「坐圓，無坐扁。」——靠攏強盛富有，離棄軟弱貧窮。

（本句另解，請看225.38）

【07】

破船過海，卡贏泅。

Phoà-chûn koè haí, khah-iâⁿ siû.

Phoá-chûn koé haí, khá-iāⁿ siû.

認同小破船？

　　用來形容無可選擇的，唯一的認同。說的是，過海時乘搭小又舊的帆船，雖然不很舒服，但遠比游泳渡海來得安全。

　　破船：形容簡陋小船，不是真的破船；破船是寸水難航的。　　卡贏：(品質、效果)勝過。

　　這句俚諺，台北市夏侯川先生將之應用在我國目前的政治、社會狀況，非常貼切，發人深省。他說：

> 　　目前台灣正似一葉孤舟，飄搖在大海中，二千三百萬的人賴以保障，朝野卻時起風波。有位知名的老牧師日前在報上投書，痛陳「船沈了，誰也當不了船長」的道理，呼籲大家應同心協力，穩住這條船；而非多捅幾個洞，以顯示船長的無能。
>
> 　　話是對的！就算是揭發了船長的無能，但捅洞弄沉了船，在茫茫大海中，誰又能泅上岸去當船長？因此，我們都得愛護這艘航海孤舟！(「台灣精諺」《「自由時報」》)

　　我國最嚴重的問題就是「認同紛亂」。報載，這次國中學歷測試，問我國人口有多少，有學生答「11億」！怪哉，蔣介石何時「反攻大陸，消滅共匪」了？沒有呀！請教育部長和諸位大人，多多加油了！怎可將別的國家，來混淆台灣的教育呢？可憐的同

學，學了那麼多假東西。

【08】

穿仝一領褲。

Chhēng kāng-niá khò͘.

Chhēng kāng-nia khò͘.

認同面子！

　　用做警語。家庭、公司、機關、社會、國家，等等，利害與共的團體，應該互相造就體面榮耀，不可彼此鬥臭，互相漏氣。比如，大家共同穿一條褲，彼此拉扯掙脫，成何體統！

　　領：衣被類的單位，衫、褲、蚊罩，算領；繩、領帶、油炸粿，算條。

　　（參看，「翁某，穿共領褲。」525.42）

【09】

同行，不如同命。

Tâng-kiâⁿ, put-jî tâng-miā.

Tāng-kiâⁿ, put-jī tāng-miā.

同路同命相扶持。

　　用來鼓勵那些一起出外、工作或旅遊的同伴要始終互相照顧，情如同命。舊時，出外江湖多危險，結伴同行於始，應該一路互相照顧至終。

　　應該提出來集思廣益的是，坊間有諺書注釋這句俗諺，將句裏的「同行」解讀做同行業的「同行[tông-hâng]」，而注做「謂同行則相忌，同命則相憐。」筆者認為這是一種疏失，誤解了「同行」一詞的意思。❷

　　注釋至此應該停鍵，但有點聯想：說「同行」，要走向什麼地

方呢？台灣人走過了荷西、明鄭、淸國、日本、國民黨政府等等
殖民主義的統治，現在算是已經進入一個眞正民主自由的新時代
了。然而，卻有股強烈的舊勢力要走「回頭路」。這絕不是台灣人
願意「同行」的；道不同不相爲謀，其他什麼「同命」都成爲廢話。

　　台灣未來要走的方向是淸楚的，不是嗎？在這大方向，深願
全體台灣人「同行，同命」，團結奮鬥，建設一個自由、幸福的國
家。

【10】

兔死狐悲，物傷其類。

Thò·-sí hô· pi, bu̍t siong kî-luī.

Thò·-sí hô· pi, bu̍t siong kî-luī.

同是淪落同聲泣！

　　意識到彼此落魄的遭遇，看到別人的不幸，想到自己也是如
此歹命，而引起無限的感傷。

　　這是一句老名諺，語見《宋史・李全傳》：「狐死兔泣，李氏
滅，夏氏寧獨存？願將軍垂盼。」

　　請注意，這句諺語是貶意的。看到有觸景生悲的朋友，不可
「安慰」說：「不要難過啦！雖然『兔死狐悲，物傷其類』也是人之
常情！」試想，狐爲什麼要爲「兔死」而悲？難道沒有「貓哭鳥鼠」
(→246.13)的嫌疑嗎？

【11】

大家落水，平平霑。

Taī-ke lo̍h chuí, pîⁿ-pîⁿ tâm.

Taī-ke lō chuí, pīⁿ-pīⁿ tâm.

臭人一同！

　　喚起和衷共濟的精神，努力來挽救共同面對的危險，不然大家一起被拉下水，被趕下太平洋，誰也沒有好處。

　　本句是借喻，用「大家落水」表示共同可能遭遇的災害，而「平平霑」指無一幸免。同義句：「落水平平霑，全無重頭輕。」

　　平平：都一樣，沒有例外。　霑：（被雨、被水打）濕。　無重頭輕[bô tāng-thaû khin]：通通一樣，字義是「沒有輕重之分」。

　　明代徐文長和一群朋友看到果園，他一馬當先翻牆入園要偷果。徐一翻過去就掉進糞坑，但他一聲不響。友人等得不耐煩，認為他一人大快朵頤，便也一個個翻牆而過，都掉入糞坑；徐叫他們別出聲，直到全部都掉進來。他才說：「我如果出聲，你們就會笑我，現在大家都一樣了，誰也別笑誰了！」❸

　　據說「鹿得草而呼群，蟻得食以聚眾」，這種和衷共濟的精神令人感動。反觀台灣某些媒體和台商，在中國投資紛紛鎩羽而歸，吃盡大陸官商腐敗、陷阱的啞巴虧，卻在台灣大力鼓吹「大膽西進」，反對「根留台灣」，無異於徐文長的「跳糞坑」。唉，不如野鹿，不如螞蟻！

　　「大家落水，平平霑」嗯好！好心好行哦！「大家平平是蕃藷仔」啦！

【12】

有福同享。

Iú-hok tông-hióng.

Iu-hok tōng-hióng.

好孔相報！

　　用來表白分享利益和福氣的決心。

　　這句俗語，接續另一個分句，成為「有福同享，有禍同當。」

但口頭上，台灣人較常單獨用「有福同享」，可能是因爲「有禍同當」包含不吉不祥，而不敢，也不好意思這樣說，雖然精神感人。

【13】

同病相憐，同溺相拯。

Tông-pēng siong lîn, tông-lek siong chín.

Tōng-pēng siōng lîn, tōng-lek siōng chín.

病夫病婦俱樂部。

形容有同樣遭遇過艱難痛苦的人，能夠彼此同情，互相安慰互助。是的，大家都是「穿乃朗的——看現現！」(→326.03)

同溺相拯：彼此都是落水人，互相救援是偉大的感情，雖然拯救難度極高。

【14】

五百人同君，五百人同賊。

Gō͘-pah lâng tâng-kun, gō͘-pah lâng tâng-chhat.

Gō͘-pá lāng tāng-kun, gō͘-pá lāng tāng-chhat.

通通一樣君與賊？

用法有二：一、形容分裂對立的兩派，各擁有相近的支持的，跟從的人馬。二、對立的當事人說，各人自有不同的支持的群眾。

這是一句老名諺，修辭式是對比異對格。「君」和「賊」兩巨頭，各有士相兵卒五百跟隨。同時，「君」和「賊」這兩個表象，都用做指代，表示立場不同，旗幟有別，黨派有異；這裏沒有「官匪或正邪」這層用意。相關句：「勝者爲王，敗者爲賊。」

看了這句俚諺，我們不禁要問：這「五百人」是如何選擇「同

君」或「同賊」的？是否自己有「某種理想價值」——靠左的、靠右的、靠中的也可以——做爲根據來認同，或者只是用目前的利害做靠攏的考慮。

還有，所謂「君」和「賊」是如何界定的？是否按照「勝者爲王，敗者爲賊」來論斷，來歸依？是的話，這是很壞的認同。廖中山教授說得很好：

> 中國人凡事「不論過程，只講結果」，因而產生「成王敗寇」的思考邏輯，使中國一直陷在「反民主」輪迴中無法自拔：新台灣人應以爲鑑，使新台灣能走出自己新生之路。
>
> 《自由時報》1998(2.14):15)

台灣人，做爲一個自由民主國家的公民，無法規避許多「生命交關」的選擇，而這種選擇絕對不是「通通一樣！」請問，台奸當台灣的立委，或市長，或總統，結果可能怎樣？

【15】
漢賊，不兩立。
Hàn chhảt, put lióng-lỉp.

Hán chhảt, put liong-lỉp.

你活我死？

斷言，彼此勢不兩立，要決一死戰，「看要死豬哥，抑是要死豬母！」(→32.22*)

這句老諺來頭響亮，天下第一大軍師諸葛亮的名言也。諸葛先生表曰：「先帝慮漢賊不兩立，王業不偏安，故托臣以討賊也。」(《後出師表》)

　　應該一提的是，現在二十歲以上的台灣人都非常清楚，這句是國民黨政府用來統治台灣，控制人民的口號之一。記得老師教我們戀學生，說：中國共產黨是「賊」，中國國民黨是「漢」……要一決雌雄！

　　然而，國民黨政府「漢賊，不兩立！」是喊爽的！君不見，從國民黨分出來的新黨和親民黨跟中國走得很親，看來已經是「漢賊一家」了。

　　從來台灣人是無干「漢賊」的，那是國共內戰的故事。台灣人要的是清楚的認同：發乎台灣情，出乎鄉土心的「台灣優先，台灣第一！」

【16】

天下興亡，匹夫有責。

Thian-hā heng-bông, phit-hu iú chek.

Then-hā hēng-bông, phit-hu iu chek.

變做日本國民，誰有責？

　　斷言，國家的興衰，每一個大公民、小國民都有責任。

　　這句是政治口號的俗語化，在那國民黨政府統治台灣的時代，幾乎處處牆壁寫有「天下興亡，匹夫有責」！可惜，國民黨政府的「偉大中國」思想，混淆了公民的國家認同；宣傳的、教育中的偉大的國家竟然是哪個要殺過來，我們要消滅過去的「怪物」。而自己生活的台灣，連在語言、文化、歷史、地理都是禁忌，都是違法。如此虛偽、錯亂，叫人如何理解「匹夫」的責任？

　　算了，今後教育部應該在真理和實在面前忠實！教導學生：「台灣興亡，人人有責！」認同的目標正確了，公民的責任意識自然清楚。

【17】

四海之內，皆兄弟。

Sù-haí chi loē, kai heng-tē.

Sú-haí chī loē, kaī hēng-tē.

角頭大哥嗎？

　　用來強調人類愛。說，世上所有的人都是姊妹兄弟！

　　這句俗語彌久永新，對台灣人非常有新的啓示。背景是這樣的：

　　　　司馬牛，因爲他的同胞兄弟都參加「革命」而陣亡。覺得非常孤單，憂憂愁愁地向子夏說：

　　　　「人人有兄弟，只是我沒有，要如何是好啊？」

　　　　「……君子敬而無失，與人恭而有禮，四海之內，皆兄弟也。君子何必憂慮沒有兄弟呢？」子夏這樣回覆他。(《論語‧顏淵篇》)

　　很好，很美妙的對話！目前流行晚婚、一二胎，沒兄沒弟的人可能性愈來愈多。四海兄弟的理想頗有落實的可能性。若能因此進步到「和平不爭，和睦共榮」就很好了。但願子夏的感情和智慧，能夠感化許多窮兵黷武的人！

【18】

死忠，兼換帖。

Sí-tiong, kiam oaⁿ-thiap.

Si-tiong, kiām oaⁿ-thiap.

無條件支持。

（本句詳解，請看26.07）

【19】

夯順風旗。

Giâ sun-hong kî.

Giâ sūn-hōng kî.

牆頭草。

用來譏刺投機取巧，隨時投身於利己的一方。

常言道：「城牆上的草，風吹兩邊倒。」同義句「一時風，夯一時旗。」

順風旗：原是中元普度，獻祭孤魂野鬼的「孤棚」上面的彩旗。因為旗幟順風飄揚，所以用指投機取巧的人。

這句是貶意的，若是說某人「夯順風旗！」那無疑是對其人格相當劇烈的批判。不過個人「旗」，要如何順風，要如何改變，是個人的問題，頂多說是人格有瑕疵。若是一個國家的國旗，必須「認港換旗」，那事情就嚴重了！是否這面「國旗」所代表的國家不被承認，連自己也心虛，不敢認同？

君不見，中國來台灣的客人，要求卸國旗，我們就卸旗；小三通駛往中國的船隻，也得自動先卸好國旗！看來，世上只有28個國家，暫時可以不卸「中華民國國旗」！噫，「中華民國」這面國旗為甚麼如此見不得人？

國民的眼睛是雪亮的，國旗遮遮卸卸，要如何教人民來認同國家？

（本句詳解，請看246.29）

【20】

一腳戶定內，一腳戶定外。

Chı̍t-kha hō͘-tēng laī, chı̍t-kha hō͘-tēng goā.

Chı̍t-khā hō͘-tēng laī, chı̍t-khā hō͘-tēng goā.

最後一秒鐘表態。

用法有二：一、嘲諷人的心沒有定向，立場曖昧，進退失據。可能是利害得失的心機太重吧？二、形容個性軟弱，缺乏果斷，遇事猶豫不決。

同義句：「雙腳踏雙船。」

戶定：門限。（→31.13）

（比較，「雙腳踏雙船，四目亂紛紛。」211.29）

【21】

三日倚東，四日倚西。

Saⁿ-jı̍t oá tang, sì-jı̍t oá sai.

Sāⁿ-jı̍t oa tang, sí-jı̍t oa sai.

倚大主義者。

形容以利爲義，衡量現實的利益，缺乏委身的理想，因而常常改變投靠，跟從的對象。

三日…四日：短期間內，三四天內。　倚：依靠，靠攏，跟從。

（參看，「西瓜，倚大旁。」225.38；

比較，「三日徙東，三日徙西。」424.24）

【22】

面面是佛。

Bīn-bīn sī pu̍t.

Bīn-bīn sī pu̍t.

一票投二人。

用來諷刺。說他爲人圓滑，應該表示認同或支持時，從不表

態，仍然是所謂的「一視同仁」，好像一尊佛，前後左右看都是佛。

請注意，這句是貶意的，帶有說人「狡滑」的意思；一個人太圓滑了，難免給人「老狐狸」的印象。

【23】

姆驚虎生三個嘴，只驚人有二樣心。

M̄-kiaⁿ hó͘ siⁿ saⁿ-ê chhuì, chí-kiaⁿ lâng ū nn̄g-iūⁿ sim.

M̄-kiāⁿ hó͘ siⁿ sāⁿ-ē chhuì, chi-kiaⁿ lâng ū nn̄g-iūⁿ sim.

只怕心不在此在彼。

用做警語。提醒人反省自己的心思意念，是否忠於應該盡忠的對象，或者是存心耍詐。

「三嘴虎」不可怕嗎？怕啥，牠愚勇，如同「明槍」，容易躲閃。那麼，為甚麼「二樣心」最可怕？因為這種人貌慈心惡，奸詐、詭譎，好像「暗箭」；這種人今日在台灣當利委，明天到中國搞台奸；這種人在台灣是新台灣人，在美國是台灣來的中國人；這種人沒有錢給媽媽修理廁所門扇，但給美國的孩子買了五棟房屋！不可怕嗎？

注釋

1. 阿明伯這首詩題做「我是正正台灣人」(見，《自由時報》2000(10.27):
   15)。原詩第五行做「我的祖先中國人」，筆者代入「先祖入贅台灣媽」一

句，敬請阿明伯原諒，未能事先請得同意，失禮了！

2. 俗諺解釋的一項極重要原則是「實際用法」的把握。這句「同行，不如同命」是通俗的台灣俗諺，但求正確理解起見，筆者查了台灣北、中部和廈門等不同背景的俗諺和台語專家的相關注解：

　　吳瀛濤先生注釋：「旅行同伴，情如同命。」(《台灣諺語》，頁85)

　　陳修先生的《台灣話大詞典》：讀做[tâng-kiâⁿ put jî (jù) tâng-miā]；解釋做「謂，既然同行於初了，就不如同行到終，以同其命運。」(頁1752)

　　李赫先生注解：「這句話是說，出門旅行，同伴之間要互相照應……。」(《台語的智慧》第八集，頁103-105)周長楫、林鵬祥和魏南安先生：讀成[tâng kiâⁿ put lû tâng miā]；解釋做「與『同舟共濟』同。」(《台灣閩南諺語》(台北：自立晚報，1992)，頁81)

　　此外，從這句俗語的韻腳，也能看出理解「同行」做[tông-hâng]是不妥當的，因為讀做「同行」[tông-hâng]和「同命」[tông-bēng]時，那麼「行」和「命」的音韻不和諧，韻母不對([-âng]和[-ēng])。若是讀做：「同行」[tâng-kiâⁿ]和「同命」[tâng-miā]，則音韻和諧([-iâⁿ]和[-iâⁿ])；用文言音讀，也是和諧的：「同行」[tông-hêng]和「同命」[tông-bēng]的[-êng]和[-ēng]對得很好聽。

　　腳韻的把握所以有助於正確的解釋，是因為諺語的流傳主要是依靠「口傳」；音韻和諧的諺句，容易上口，動聽又好記。人之喜愛諺語，與其形式美、音韻美是息息相關的，那是讀諺賞諺的吸引力啊！

3. 「跳糞坑」，引自，「自由談」《自由時報》1998(3.4):2。

第四節　合作困難問題多

本節段落：

合作必要01-10　合作困難11-13

難合原因14-29：冷淡自私14-20　意見難合21-26　敷衍塞責27-31

合作方式32-39

【01】

單絲不成線，獨木不成林。

Tan-si put-sêng soàⁿ, tȯk-bȯk put-sêng lîm.

Tān-si put-sēng soàⁿ, tȯk-bȯk put-sēng lîm.

不易拉斷三股索！

　　用來強調彼此合作，協力奮鬥，做事才容易成功。譬如絲不紡撚不成為線，仍然是原料不是成品；獨木不成樹林，對於自然人類影響很少。

　　這句諺語的修辭格是對偶串對式，說「絲」和「木」由於沒有紡撚，沒有林群，結果就是不成「線」，不成「林」。語見，《格言諺語》；《水滸傳》則言：「單絲不成線，孤掌難鳴。」

　　託名所羅門王的智慧文學也有相似的話，說：「兩個人合力可以抵擋襲擊，單獨抵抗就無能為力。三股合成的繩子是不容易拉斷的。」(《聖經・傳道書》4:12)是的，我們隨時隨地可以看到「三股索」的力量的展現，也清清楚楚看到「不成線」和「不成林」的荒廢朽壞。

　　常言道，台灣人像散沙。學幾套「合作遊戲」吧，可能相當有

趣！

【02】

一枝鐵，打無賴濟釘。

Chi̍t-ki thih, phah-bô loā-chē teng.

Chi̍t-kī thih, phá-bō loā-chē teng.

聚少成多才好用。

　　用來鼓勵合作，集合衆人的資源，就大有可爲，單獨的力量實在有限得很。像一根短小的鐵絲，能做幾枚鐵釘？

【03】

蛇，無頭𣍐行。

Choâ, bô-thaû boē kiâⁿ.

Choâ, bō-thaû bē kiâⁿ.

服從領導好行動。

　　斷言，一個團體要有作爲，須要領袖，並且團體服從領導，才能活動得順利，如蛇首帶身先行。

　　這句的修辭格是借喻，借蛇頭來說團體的領袖。《李陵變文》載：「蛇無頭不行，鳥無翼不颺。」我們有一句用台灣名產「紅蟳」爲表象的同義句：「蟳，無腳𣍐行路。」

　　團體必要合作，但合作眞難，因爲「做頭做足」的定位，如何進行諧然的活動，除了制度要好，還須要忠誠和委身的意願。二千年前，歐洲有個哥林多教會，信徒以紛爭聞名於初代教會。聖保羅因此寫信勸勉他們，提醒他們：沒有都是頭，都是眼，都是耳，都是腳的人。——沒有都是團長的團體。

　　接著，他用信仰來解決「角色和份位」問題，說：「上帝按照自己的意旨把那些不同的肢體安置在人的身體上。」這一點很

難，但卻是合作的關鍵，缺乏如此「信仰」的話，誰信誰，誰服誰？

團隊的信念確立了，肢體就得互尊互助，不要老是說什麼「尻川幾枝毛，知知咧！」(→326.04)。聖保羅認爲「那些似乎比較軟弱的身體，更是我們所不能缺少的；那些看來不太重要的部分，卻是我們所特別愛護的；那些不太好看的部分尤其爲我們所關注。……把更大的光榮分給那比較不美觀的肢體。」❶

善哉！這是什麼樣的團體？世上可能有嗎？多少應該有些吧，不然何異於弱肉強食的蠻荒野世界？

【04】

相合米，煮有飯。

Saⁿ-kap bí, chú-ū pñg.

Sāⁿ-kap bí, chu-ū pñg.

大鍋飯股份公司？

形容聚合衆人的資源，才能成就比較大的事業。譬如，要煮一大鍋飯，人人湊出些米就可以煮出來。

台北羅貫成同學，將這句俗諺置於當今情景，他說：「台灣是漂浮在海上的孤舟，全賴各族群相合米、共口灶來團結奮鬥，才能共存共榮。」(「台灣精諺」《自由時報》)是的，謝謝羅同學的勉勵。

【05】

索仔條，雙人伴。

Soh-á tiâu, siang-lâng phoāⁿ.

So-a tiâu, siāng-lāng phoāⁿ.

好吃好看腳車藤。

　　斷言，人際關係須要互相聯絡組合，組織得合適，才能穩固美滿。譬如，「索仔條」好看又好吃。

　　索仔條：中西部叫做「腳車藤」，油炸甜點也。兩條約一公分粗細麵屜，交纏成索股形，或8字形，入鼎油炸，後沾糖粉供賣；甜香脆，真好吃。　雙人伴：喻合作，字面是雙人（雙股）纏結。

　　遊鍵至此，不禁思想起小時候常吃這種「腳車藤」。特別是冬天寒冷的夜裏，吃它一二條，不但口舌留香，身體也隨之覺得暖和。啊，算起來離別「索仔條」也有半世紀了！

　　然而在這句俚諺裏頭，先人興趣的倒不是「索仔條」是否好吃，而是「雙人伴」這件大事。說吃，「單身索仔條」照樣香脆可口；說美，就非「雙人伴」不可了！君不見，「雙人伴」形象漂亮，又有情意。古以色列智者給我們揭露了「雙人伴」的秘密，露骨地說：「兩個人同睡彼此都暖和，一個人獨睡怎能得溫暖呢？」（《聖經・傳道書》4:11）

　　妙哉！下次回來，一定要買幾條「雙人伴索仔條」來吃吃，來欣賞欣賞。

【06】

三腳桌，企燴住。

Saⁿ-kha toh, khiā boē-tiâu.

Sāⁿ-khā toh, khiā bē-tiâu.

沒有你活不成了！

　　說的是，「欠你一腳啦！」──缺乏合作的人或條件，就成不了事。正如，方桌四腳，缺了一腳就沒辦法站穩。同類句：「四面桌，三腳企燴在。」

　　企燴住：不能站立。

【07】

大石，也著石仔拱。

Toā-chióh, iā-tióh chióh-á kēng.

Toā-chiō, iā-tiō chiō-á kēng.

大將須要兵與卒。

喻指，就算是一個能力好、辦法有的人，仍然須要能力不及他的人的合作，如此，才能成就大事功。譬喻，大石頭要站穩，仍然須要小石頭來撐住它。

石仔：石頭仔，小石頭也。仔，做名詞的接尾詞，有「細、小」的意思，例如，囝仔、尪仔、刀仔、釘仔、鑽仔、錶仔、桌仔、椅仔，等等。 拱：（從旁邊用物件、手臂等）撐住（東西、身體使之站穩）。

【08】

二人同心，其利斷金。

Jī-jîn tông-sim, kî lī toān-kim.

Jī-jîn tōng-sim, kī lī toān-kim.

同心剪鐵工場。

斷言，合作的力量非常強大，就是像金屬那樣堅牢的東西都可裁斷。

這句老名諺大有來頭！據說是出自孔夫子的教言，他說：「君子之道，或出或處，或默或語。二人同心，其利斷金。同心之言，其臭如蘭。」（《易‧繫辭上》）孔子教的是同心人，可發出無比的力量。

然而民間興趣的「同心」，變得很功利，此類俗語有：「二人同心，烏土變金」「三人同心，黃土變金。」「兄弟同心，烏土變做金。」（→512.06）「翁某同心，烏土變黃金。」（→525.43）

　　驚死我！同心的效果豈是中國的「隔空抓藥」所能比擬的？噫，台灣人要發財，難道只有到中國去冒險當呆商？只要同心把台灣的政治、經濟做好，自由世界的烏土，都在等候台商去變成黃金呢！

【09】

會當，共搓圓；膾當，毋通共捘扁。

Ē-tàng, kâng so-îⁿ; boē-tàng, m̄-thang kâng tēⁿ-píⁿ.

Ē-tàng, kâng sō-îⁿ; bē-tàng, m̄-thāng kâng tēⁿ-píⁿ.

高抬貴手多玉成！

　　用來鼓勵人，好心好行，在自己的能力範圍內，協助別人，完成他／她的「好事」，切莫破壞。

　　會當…膾當：能夠的話…不能的話。　共：是「給人〔kā-lâng〕」的省音詞，省掉了第一字的母音和第二字的前置輔音而成為「kâng」。　搓圓…捘扁：做好…弄壞；牽成…破壞。

【10】

七分鑼鼓，三分唱。

Chhit-hun lô-kó˙, saⁿ-hun chhiùⁿ.

Chhit-hūn lō-kó˙, sāⁿ-hūn chhiùⁿ.

豈只是伴奏？

　　斷言，要使工作、事業順利成功，必要有很好的背景的配合，因為後場強力的支援，決定前場演出的成功。

　　背景：演戲的人，不僅要有前場的頭手，還有後場的樂師，這是所謂的「三分前場，七分後場。」那麼什麼是後場音樂？僅以布袋戲的音樂而言，須要嗩吶、鼓、鑼、二胡、笛等五位樂師。這是古典布袋戲必要的音樂。現代台灣的布袋戲已經進入聲光效

果的金光戲，在「金光閃閃，瑞氣千條」的光芒下，後場的師傅急速地退隱、凋零、散失。❷

【11】

合字，歹寫。

Kap jī, oh siá.

Kap jì, ó siá.

一人一口！

　　斷言，合作這件事是非常難以實踐的，如同「合」這字頗不好寫。

　　這句俗語的修辭格用得非常特別，乃是拆字法。「合」的筆劃和結構都頗簡單，為甚麼說「歹寫」？因為「合」字是「一人一口」，你要寫「好」，他要寫「歹」，寫來寫去寫不成。

　　是的，合作很難，乃是生命共同體的試金石。其實，合作的動機、方式和規則透明、合理；能力、權利、義務的規則公正，裁判和觀眾水準高，哪怕「一人一口」！再多的意見，也不至於像現在的立法院吧？看他／她亂成一團，連合字都不會寫！

【12】

放尿抄沙，𣍐做堆。

Pàng-jiō chhiau-soa, boē choè-tui.

Páng-jiō chhiāu-soa, bē chó-tui.

酒精抄沙能嗎？

　　用來譏刺。刺某一群人，某一團體或民族，缺乏團隊合作的精神和意志。

　　這句的描寫手法是諷刺。試想，要抄沙使之成堆，哪有人用「放尿」的方法？如此不像人子，當然沙也就不要成堆了。本句有

僅用「放尿抄沙」的，也有唯恐台灣人自己不知反省，而特別強調
做：「台灣人放尿抄沙，燴做堆！」

　　據說，日本人抄沙很能成堆；為甚麼台灣人不能？罔而言
之，日本人可能是用麻糍糊抄沙的吧！

【13】

牛稠內，觸牛母。

Gû-tiâu laī, tak gû-bú.

Gū-tiāu laī, tak gū-bú.

內鬥小人。

　　用來諷刺不合作的人。在團體裏面很喜歡內鬥，對外則是軟
腳蝦一隻。

　　（本句另解，請看512.17）

【14】

灶，卡冷鍋仔。

Chaù, khah léng oe-á.

Chaù, khá leng oē-á.

觀光去了。

　　用指主事者，已經對於合作事工失去興趣。如同，爐灶比小
鍋還冷淡。同義句：「鼎，卡冷灶。」

【15】

歕鼓吹的，累死扛轎的。

Pûn-kó͘-chhoe--ê, le̍k-sí kng-kiō--ê.

Pūn-kó͘-chhoe--è, le̍k-si kng-kiō--è.

氣喘病人鼓吹手。

形容團隊工作的缺乏協調。說的是，吹嗩吶的只管急速地吹著，不理抬轎的人爲要配合音樂而累得要死。

歕鼓吹的：是「歕鼓吹的人」的省略；鼓吹，嗩吶。(→19.31)。 **扛轎的**：扛轎的人，轎夫也。

【16】

企高山，看馬相踢。

Khiā koân-soaⁿ, khoàⁿ bé sio-that.

Khiā koān-soaⁿ, khoáⁿ bé siō-that.

袖手旁觀看熱鬧。

用來嘲諷缺乏團體意識的人，看來應該插一手來協助的事工，就是不願投入，冷眼旁觀，一派事不關己的態度。

「馬在相踢」能力可及者，不應該冷眼來看要死馬哥或要死馬嫂，而應該下山來排紛解難。前年我國九二一大地震，「企高山，看馬相踢」的當然有，但有一種人更不可思議，他／她們成群結隊進去災區，不是去協助，不是去慰問，而是去「觀光」！當然啦，有邊看邊流淚的，有滿面愁容的，但更多的是到處亂逛認眞拍照來「留念」的！

不僅如此，平時社會上發生大小不幸事故，看熱鬧是常事，幾乎成爲「台灣文化」，一種生活的恆常模式。最不該的是火災現場，附近總有千百「觀衆」，要叫救火員、消防車、雲梯車、救護車如何操作？

雖然有許多災變，不是一般仁人志士所能投入拯救的，但看災難當做看「熱鬧」的人，難免令人懷疑有啥「無抵好」的地方。假如，這是一種民族性的傾向，那麼，這個民族恐怕要進療養院了！

【17】

唔出錢，唔出工；要出嘴，閣要塞嘴孔。

M̄ chhut-chîⁿ, m̄ chhut-kang;

 beh chhut-chhuì, koh-beh that chhuì-khang.

M̄ chhut-chîⁿ, m̄ chhut-kang;

 bé chhut-chhuì, kó-bé that chhuí-khang.

黑氏塞嘴孔顧問。

 調侃一個對於團體的合作事工有損無益的人。他不但不願意出錢出力，而且有一大堆意見，又很貪，吃相還很難看！

 出嘴：出主意，意見很多。   *要…閣要：要…又進一步要。*   *塞嘴孔：指吃花酒、收顧問費、歪糕A錢，等等貪瀆。*

【18】

隔界竹腳無竹刺，公衆廳堂生青苔。

Keh-kaì tek-kha bô tek-chhì,

 kong-chiòng thiaⁿ-tĥg siⁿ chhiⁿ-thî.

Ké-kaì tek-kha bō tek-chhì,

 kōng-chiòng thiāⁿ-tĥg sīⁿ chhīⁿ-thî.

也算公私分明！

 用來諷刺唯利是圖，缺乏分擔公共事務的責任意識的人。說的是，在自己範圍裏的「隔界竹腳」的私事做得不錯，但分擔責任的「公衆廳」的工作就沒有人做了。

 背景：按台中縣陳信平先生注解這句俗語所說的：「從前農家以種刺竹做為兩家的界址。為防範竹叢的新芽舊枝過度蔓延，佔去自己的土地，雙方都會主動清理，或砍除做柴火。因此，竹腳處乾淨清潔…。

　　然而，屬於宗族公用的廳堂，除定期祭拜之外，平時乏人打掃，久而久之，土磚、泥地、牆角等處，長滿青苔。」(「台灣精諺」《自由時報》)

　　類似句：「公家廳無人掃，公家糞用無夠。」

　　公家[kong-ke]：私人團體公有的、公用的，不是政府的。　公家糞[kong-ke pùn]：舊時農村幾個農戶共同做的堆肥(粗肥、有機肥料)。

【19】

公事無人當，公田放咧荒。

Kong-sū bô-lâng tng, kong-chhân pàng-leh hng.

Kōng-sū bō-lāng tng, kōng-chhân páng-lé hng.

天下無公。

　　用來嘲諷，說有些人根本不理公衆的事，不管共有的田園，他／她們只管自己的，更是興趣將公歸私，正是「公衆某肥朏朏，公衆牛剩一枝骨」！

　　放咧荒：放著不耕種，讓它荒廢。　肥朏朏[puî chut-chut]：肥肥胖胖。　公衆某：妓女也，民間稱她們爲「公衆某」；在這句俗語，只有修辭用意，用與「公衆牛」比對。　公衆牛：大農場的牛隻，不是我家的牛哥；公共器物也。

【20】

日頭赤映映，隨人顧生命。

Ji̍t-thaû chhiah-iāⁿ-iāⁿ, suî-lâng kò͘ sìⁿ-miā.

Ji̍t-thaû chhiá-iāⁿ-iāⁿ, suī-lâng kó͘ síⁿ-miā.

老命難保快逃生。

　　做警言，用來勸戒自私，雖然字面說的是，人各爲己，自己

照顧老命。

　　這句俗語的修辭格是起興式，主句是「隨人顧生命」；然而，如此直述頗爲無聊，來一個興句「日頭赤映映」，使人一聽，靈魂覺醒來改良自私的根性。

　　照顧自己是個人起碼的本分，然而互相照顧也是爲人的責任。事實上，個人很難「隨人顧生命」！文明愈發達，人愈無法孤立來自顧。用最淺顯的例子來說吧：「破病」了，除了個人生的意志以外，有親人、醫生、護士、藥師、社工師，等等專業人士，用心來解決「個人的」病苦。

　　噫！就算是猿人，也都是靠著合作，才能生存，才能進化——猿人沒有「猛獸我驚驚，隨人顧生命！」

【21】

十軍，九頭目。

Cha̍p kun, kaú thaû-ba̍k.

Cha̍p kun, kau thaû-ba̍k.

天有九日！

　　斷言人多言雜，團體中處處有頭，無法合作來做事。比如，一班十個小兵，有九個班長，可否？能作戰嗎？恐怕連開飯都有困難！

【22】

十嘴，九尻川。

Cha̍p chhuì, kaú kha-chhng.

Cha̍p chhuì, kau khā-chhng.

多數狗屁黨。

　　譏刺，小團體多意見，紛紛亂亂，正經的代誌不用心討論，

黃的黑的，八卦烏龍吵得亂七八糟！

　　這句俗語是簡單有力的直述，說「十個人當中，有九個在放臭屁！」句用「十嘴」指代「雜亂的發言」，用「九尻川」指「放狗屁」──烏煙瘴氣，私心自用，大大破壞做大事的理想！狗屁黨的破壞性言論是不可掉以輕心的，因為古人所謂「可衆志成城，衆口鑠金！」(《國語・周語》)謊言百遍假也眞，擾亂民心，凶惡甚於洪水猛獸。

【23】

台灣蟮蟲仔，南的要唱，北的要歇睏。

Taî-oân siān-thâng-á, lâm--ê beh chhiùⁿ,

　　pak--ê beh hioh-khùn.

Taī-oān sēn-thāng-á, lâm--è bé chhiùⁿ,

　　pak--è bé hió-khùn.

意見可以不同，台灣總是獨一。

　　用做警語。說，團體內部意見紛紛，難以協調，以致於一事無成，自召禍害。譬喩台灣的「蟮蟲仔」南鳴北默。

　　這句俗語是直陳句，用台灣蟮蟲仔，濁水溪以南的會叫，以北的不會叫的特性，來形容黨派不同，意見各一，無法合作。

　　蟮蟲仔：壁虎。　　要歇睏：要休息，不來了。

【24】

一人，行一路。

Chi̍t lâng, kiâⁿ chi̍t-lō͘.

Chi̍t lâng, kiāⁿ chi̍t-lō͘.

誰要跟你同行！

　　形容彼此無法合作，各有不同見解，無法溝通，只好各持己

見，各行己路了。

在一個必要合作的團體，各行其道的話要不是散伙，就是亂成一團，難以做事。古賢曰：「四馬不和，取道不遠！」(劉向《說苑‧敬慎》)同類語：「三個人，行五條路。」；「一個要東，一個要西。」

不過，團體中有時因爲主旨、走向和做法，難以接受，這時「一人，行一路」反而是很好的，也是允許的辦法。公元前第八世紀，在以色列傳道的先知阿摩司說：「兩人不同意，他們會並肩走路嗎？」(《聖經‧阿摩司》3:3)當然不能！一路走來，爭爭吵吵的話，成何體統。

我國有人吵著要被中國統一。眞是頭殼歹去！中國極權，我國自由民主；志不同道不合，拉拉扯扯要搞在一起？行不得也。何況，原來就是一邊一國！

【25】

鼓做鼓拍，簫做簫歕。

Kó͘ choè kó͘-phah, siau choè siau-pûn.

Kó͘ chó kó͘-phah, siau chó siau-pûn.

獨奏專門伴奏免。

用來諷刺不能合作的團體，成員各做各的事，互不協調。譬如樂團的鼓簫手不聽指揮，各逞其能，演出亂七八糟。

【26】

一個師公，一個和尙。

Chi̍t-ê sai-kong, chi̍t-ê hoê-siuⁿ.

Chi̍t-ē saī-kong, chi̍t-ē hoê-siuⁿ.

道法不同免同壇。

用指無法協調，各作各的。例如，喪家做法事，雖然可能在同一個埕上有佛壇和道壇，但並不能同壇祭拜，因爲道和佛不同宗教信仰，師公要弄鐃做功德，和尚尼姑要念經超度。

坊間有詞典將這句俗語解釋做：「謂雙方都屬同類的可以合作。」我們認爲這樣解釋可能有誤，因爲民間沒有這種事實。就算是主家不在意，但道佛唸的經不同，儀式不同，做法根本目的不同，不論「師公」和「和尚」合作精神多麼好，也沒有「屬同類的合作」的餘地。

【27】

濟牛，踏無糞。

Chē gû, ta̍h bô-pùn.

Chē gû, tā bō-pùn.

吃草去了！

形容人多工作效果差，可能是頭家缺乏管理的能力，可能是工人投機偷閒。如牛隻多，踏堆肥的效果反而減少。

這句是台灣名諺，老先人由之看到了另一面，而加上了第二分句，成爲「濟牛踏無糞，濟某無地睏。」——諸位太太，妻權大作，老翁眞的無室可歸了。

牛踏糞：用牛隻來踏爛稻草等有機物，來做粗肥。

【28】

造公工，算人額。

Chō kong-kang, sǹg lâng-gia̍h.

Chō kōng-kang, sńg lāng-giā.

陳濫芋！有！

用法有二：一、形容某種工作，看來工作者很多，但大多是

「有算無貫」，數算人頭，佔個位置而已。二、用來表示謙遜。當人家大大讚美台端在貴公司是超級大經理時，先生一聽，雖然歡喜在心，嘴巴罔假，回他：「哪有影，造公工，算人額啦！」

　　背景：日本領台後期，終戰前數年，人民常常要參加大小型的勞動。一般地方性的，例如，多防警衛、修道路、清溝渠、造公共的「防空壕」等等勞動。這種「公工」規定每戶一人。報到時，只算人頭，不論男女老幼。有人就可以啦，誰管他手無縛雞之力！所以說「造公工，算人額。」

【29】

做戲的要煞，看戲的吅煞。

Choè-hì--ê beh soah, khoàⁿ-hì--ê m̄ soah.

Chó-hì--ê bé soah, khoáⁿ-hì--ê m̄ soah.

好戲就此停鼓。

　　形容合作的事工，主事者的決定要停，但參與者不能同意，堅持要繼續進行。本句，字面上說的好像是這樣：這場歌仔戲演得太好了，雖然已經落幕，但觀眾戲癮未得滿足，不願離開，紛紛要求繼續。

　　這是常用俚諺，特別是在選舉時期看到，例如，某某候選人經黨主席召見，懇談後馬上宣佈退選。可是，那一大群「死忠，兼換帖」(→53.18)的轎夫和樁腳，大大不以為然，就替他宣佈競選到底──「掠魚的叫煞，捾籃的吅煞！」

　　掠魚的[liah-hî--ê]*：捕魚的人。　叫煞：叫停，停止還正在進行的工作。　捾籃的*[koāⁿ-khah--ê]*：掠魚的幫手，他背著一個「籃仔」，盛魚小竹籠跟在後面。　煞：停止（正在進行的工作、行動）。*

【30】

頭仔興興，尾仔散雄。

Thaû-á hèng-hèng, boé-á soàⁿ-hêng.

Thaū-á héng-hèng, bé-à soáⁿ-hêng.

三分熱頭症候群。

用來譏刺做事不能貫徹始終的人。這是成員在團體中無法合作的重要原因之一。這種人說是起初興致很高，但後來就很「散雄」了。

這句是常用的俚諺，可見合作一件事頗不容易，難怪國民黨的「貫徹始終」也是愈唱愈無力氣了。同類句：「頭仔興興，尾仔若杜定。」(→437.38*)

背景：這句台灣名諺所描寫的，是一隻眞有鷄族性的鷄母。牠爲著要負起宇宙繼起的生命，就非常勇敢又熱情來獻身生產的運動。這隻鷄母身體健康，頭殼尖尖，目睭重痕，尻川翹翹，性情活潑大方，吸引了眞濟鷄角來鬥陣。

鷄母眞歡喜，生一大堆鷄卵。自信自己正當是靑春生団好時機，相好的翁婿也攏是少年鷄，穩當會生一大陣好鷄仔団來報答主人。所以，起頭這隻鷄母認眞坐岫，頭一日二日，24小時孵透透。

到了第三天，鷄母心肝鬱卒，腰酸背痛，感覺生產運動眞無聊，不比和鷄角談情說愛。對彼時起，鷄母就溜渲了，上Pub，跳迪斯可，搞搖頭丸派對！

主人心內期待一大陣鷄仔団要出世。一月日，二月日……三個月過去啦，無貓也無鴉鴿。就來到鷄稠看眛咧……「鷄母咧！走去倒位了？」提卵起來照日，一看：「夭壽哦！一大堆臭鷄

卵……頭仔興興，尾仔散雄啦！」

【31】

掠人唔做穑，掠蜂唔做蜜。

Liảh-lâng m̄ chò-sit, liảh-phang m̄ choè-bịt.

Liā-lâng m̄ chó-sit, liā-phang m̄ chó-bịt.

官唔做嘛繪掠得。

喻指要做好一件工作很難用強迫的，好像強迫自己孩子去種田，不情不願的，怎能做好？就是蜜蜂也是一樣。

當然，有意志的人是不能強迫的，除非要毀滅他的人格，就算是動物，也難強迫，語云：「按牛頭，吃不得草。」（明、天然癡叟《石點頭》）同義句：「掠人繪做事，掠蜂繪做蜜。」

背景：「掠人唔做穑」容易理解。至於「掠蜂唔做蜜」可能比較難，高雄張德開先生的解釋是：「被抓去強迫工作……蜜蜂雖會採取花蜜，但如果忽略了以蜂王來誘其自然組合，就算捉再多的蜜蜂，也釀不出蜜來。」（「台灣精諺」《自由時報》）

【32】

一人主張，唔值著二人思量。

Chit-lâng chú-tiuⁿ, m̄-tảt-tiỏh nn̄g-lâng su-niû.

Chit-lâng chu-tiuⁿ, m̄-tảt-tiō nn̄g-lâng sū-niû.

民主勝獨裁。

斷言，集思廣益，集眾人的意見來做判斷和決定，比一人的苦思獨斷好得太多了。

同義句：「一人智，唔值著二人議。」

【33】

蕃藷，扱做堆。

Han-chî, khioh choè-tui.

Hān-chî, khió chó-tui.

同類相聚。

　　合作事工要順利進行，管理要有效率，所有的人員應該要有同理心，認同所要做的代誌，同心者聚合，眾志成城。例如，農夫收成作物，一定是芋仔一堆，蕃藷一堆，來分別收藏的。

　　同心志，同理想的人聚集，容易產生默契，容易彼此支持，這就是所謂的：「尻川，扱相倚。」

　　扱相倚[khioh sio-oá]：互相支持，字面是「湊在一起」。

【34】

籬憑籬，壁憑壁。

Lî pn̄g lî, piah pn̄g piah.

Lî pn̄g lî, piah pn̄g piah.

籬壁相依望久遠。

　　形容彼此倚憑，互相扶持，正如籬與籬連接成籬笆，壁和壁聯結而成家屋四壁。

　　是的，團體中的成員彼此扶持，才能發出團體的力量。古人有言：「土相扶爲墻，人相扶爲王。」（《北齊書·尉景傳》）

【35】

狗蟻，扛大餅。

Kaú-hiā, kng toā-piáⁿ.

Kau-hiā, kn̄g toā-piáⁿ.

蟻公移山！

　　用法有二：一、積極的，用指合作的方法，就是大家出力，同心努力，如同螞蟻能抬重大餅。這是蟻得食以聚眾，協力扛大餅進倉庫，分送到餐桌上，歡歡喜喜大家來食腥臊。二、消極的，說沒辦法啦，抬不動的了，人微力輕啦！

　　這兩種用法表達的意思剛好相反，不同語意可由前後語來判斷。

【36】

有錢出錢，有力出力。

Ū-chîⁿ chhut chîⁿ, ū-la̍t chhut-la̍t.

Ū-chîⁿ chhut chîⁿ, ū-la̍t chhut-la̍t.

合作的基本原理。

　　斷言，合作沒有奧祕，在乎各獻其長，分享所有。

　　同義句：「有，出錢；無，出工。」「有，出錢；無，出藝[chhut gē]。」「有，出錢；無，扛攆[kng lén]。」

　　從上面這幾句看，本句俚諺是以地方的迎神賽會的「分工合作」做背景而言的。君不見，沒有錢的人家只好「出工」來共襄盛舉：家裏有俊美的少年，就來「出藝」，裝扮成仙童玉女，坐在藝閣上，來踩街，來陪伴媽祖婆出巡；家裏有勇壯的青年，就來扛王爺公的攆轎。如此，分工合作，代誌才能順利進行。

【37】

開埤造圳，人人有份。

Khui-pi chō-chùn, lâng-lâng ū-hūn.

Khuī-pi chō-chùn, lāng-lâng ū-hūn.

公民責任開埤圳。

　　斷言，地方公共設施的建設人人有責，必須參與。例如，農村要建水埤，要開排水溝，都是人人有份的。同義句：「開埤造圳，建者有份。」

　　背景：簡炯仁教授指出，屏東縣檳榔林庄的東南邊，隔萬安溪與頭溝水庄…五溝水等庄相爲比鄰。這幾個部落的先民沿著東港溪的上游的萬安和佳平兩溪，逐漸由下往上開拓。客家先民，每到一個地方拓墾，必先開鑿水利系統，所以六堆地區的客家人，就有這句「開埤造圳，建者有份」流傳下來。❸

【38】

勇腳，則𣍐倒。

Ióng kha, chiah boē tó.

Iong kha, chiá bē tó.

利他當中兼利我！

　　合作之道無他，主腦者應該顧及同工的利益的分享，如此大家要做事才有堅定的基礎。譬如，農民給水稻適當的「利益」，才可望稻穀好，收成豐。

　　勇腳：水稻的稻莖硬挺，頗耐風雨。這和品種、肥料和農藥的使用有關。

　　噫，勇腳！台灣有一種專業叫做「椿腳」，油水極豐。椿腳和候選人同品種的話，若再加上錢肥料足，農藥思想灌得夠，也是很勇腳的！選舉生態如此，黑金黑道出入立法院，各級議會，如入無人之境——這是台灣的民主政治嗎？

【39】

橋墩，唔通比橋面高。

Kiô-tún, m̄-thang pí kiô-bīn koân.

Kiō-tún, m̄-thāng pi kiō-bīn koân.

坐轎扛轎要分明。

用做警語。用來勸戒幕僚或部屬，務必謙卑地做個好下屬，硬要出頭，難免出頭損角。此理，宛如「橋墩」主要在支撐、扶持，或承吊橋面。

注釋

1. 哥林多教會位於南希臘，Peloponnesos 半島東北部，是一個老港口。關於「一體的教義」，保羅有詳述。請看，《聖經‧哥林多前書》12:12-26。

2. 參看，螢火蟲，「斷曲——老樂師的生命圖」《自由時報》1999 (4.8):41。

3. 參看，簡炯仁，《台灣開發與族群》(台北：前衛出版社，1995)，頁 364。

第五節 恩恩怨怨有還報

本節段落：

感念恩德01-04 施恩勿念05-07 必要報恩08-10 謹慎禮酬11-14

報恩報怨15-20 道歉謝罪21-22 忘恩負義23-26 吃裏扒外27-31

【01】

紅柿好食，佗位起蒂？

Âng-khī hó chiảh, tó-uī khí-tì?

Āng-khī ho chiā, to-uī khí-tì?

吃果子拜樹頭。

用做警語，也用來教導小孩感恩。看到自己現在的成就，應該感謝思念栽培提攜的恩師、恩人。正如要吃甜如蜜的紅柿的時候，應記得「去蒂」這一回事。

這句修辭用了一個雙關法，用紅柿好吃，來講恩情之美好甘甜；用「起蒂」吃柿，來關聯人生「起致」的根源。

細漢，吃紅柿的時，老母常常用「紅柿好食，佗位起蒂？」來敎示阮。伊講，「起蒂」就是紅柿連在紅柿樹的蒂頭，親像紅嬰阿的「肚臍」連在阿母的腹肚內。古早人就用紅柿的「起蒂」，來講起人的「起致」，人的出身……。紅柿好吃，著感謝種紅柿的，多謝賣紅柿的，也著感謝阿母買紅柿互恁食，著感謝……！

是啦，阿母！戇囝受敎了。一生受恩深廣，心肝常常歡喜感謝。

【02】

食台灣米，飲台灣水大漢的。

Chia̍h Taî-oân bí, lim Taî-oân chuí toā-hàn--ê.

Chiā Taī-oān bí, līm Taī-oān chuí toā-hàn--ê.

多謝祖國台灣。

　　用來呼籲愛台灣。提醒台灣人，不要忘記養你育你的祖國台灣──特別是大敵當前，台奸處處要凌辱，要消滅台灣祖國的時候。

　　相當諷刺的，這句俗語曾是台灣重要的選舉時，過去壓迫台灣民主鬥士和民主運動的候選人口中喊出來的。他非常感性的宣傳自己是「食台灣米，飲台灣水大漢的」新台灣人。一般人真率直，聽著大人的甜言蜜語，隨時上鉤！

　　台灣人愛惜台灣，就是愛惜自己。候選人競選的電視廣告和選舉運動大喊這種口號的用意，也就非常清楚可見了。大恩不可掛在嘴巴當標語！拚幾項愛台灣的實際行動出來看看！

【03】

飼狗，也會搖尾。

Chhī kaú, iā-oē iô-boé.

Chhī kaú, iā-ē iō-boé.

狗知感謝！人呢？

　　用來教示序細。受到痛惜，感受恩情，必要有感謝的行動表示──狗都會用「搖尾」致意，何況是人！

　　這句用的是擬人法，將狗的搖尾做了人性化解釋。同義句：「互狗食，也會搖尾。」

【04】

食果子，拜樹頭。

Chia̍h koé-chí, paì chhiū-thaû.

Chiā koe-chí, paí chhiū-thaû.

多謝柿樹，辛苦了！

　　用來教示感恩圖報。一生在世受盡天恩人情，個人的大小成就，莫不是親、師、友、國恩的養育、教導、援助和庇蔭。這些都是根源，都是如人吃果子，應該感謝的果樹。

　　反義句：「食果子，無拜樹頭。」

　　拜樹頭：謝謝恩人，感謝根源；不是民間的「拜松樹公」的大樹崇拜信仰。

【05】

施恩莫念，受恩勿忘。

Si-un bo̍k liām, siū-un bu̍t bōng.

Sī-un bo̍k liām, siū-un bu̍t bōng.

勿討勿忘真情意。

　　用做警言。提醒人在「施和受」二種角色當中，要謹記所受的恩惠，但不可念念不忘施恩於人。──崔瑗的《座右銘》有言：「施人慎勿念，受施慎勿忘。」

　　為甚麼「施恩莫念」？基本原因在於：「施恩」的人，同時也是一個「受恩」者。從信仰層次看，他所施的「恩」，都是上帝「託管」的恩物，施恩含有代上帝分派恩惠的意思。君不見，一切可施的「恩」都是生不帶來，死不帶去的，在在說明「受託」這層信仰的實在性。

　　或問，「既是如此，感謝上帝足矣，何須感謝恩人？」話不是

這樣講，因為這個恩人——黑官黑金和A錢者不算——有完全的權利和自由，來用或不用這項恩典；所以，一分一角或一碗飯一杯水，既是上帝的恩典，也是恩人的恩情。如此，人應該「受恩勿忘」！

化「受恩不忘」的感情來普施慈善吧。苦難人間正是分享天恩的道場。

【06】

人情，卡大天。

Jîn-chêng, khah-toā thiⁿ.

Jīn-chêng, khá-toā thiⁿ.

老天求報嗎？

用做警語，也用來諷刺。提醒自己，不可為了給人一點點幫忙，或什麼「恩情」，就看得很嚴重，而念念不忘。當然，也用來諷刺這種施恩牢記的人。

更強烈諷刺的同義句：「人情，卡大腳桶。」

這兩句俗語的修辭式是反諷。君知否，「人情，卡大天」的那種人情，有多大？據我的考證，有「天窗」那麼偉大。再問，「人情，卡大腳桶」的那--類人情，有多麼貴重？這這這，不好說！不得不說的話，就算有古早古早老祖賢伉儷洗屁股的小木桶，小腳桶的貴重！

誠然，恩情不能比大小，比起「天恩」，再大的恩情都比遜比扁了。把珍貴無比的「人情」比做「腳桶」，真是大膽猥褻！當知「腳桶」是禁忌，是老祖母深閨裏的衛浴木器；如此，比出了許多「不好意思」和無量「歹勢」。

天不求報，捨施大恩大德的人也應如是！

【07】

無討人情在，有討人情無。

Bô-thó jîn-chêng chāi, ū-thó jîn-chêng bô.

Bō-thó jīn-chêng chāi, ū-thó jīn-chêng bô.

變恩爲債大傻瓜。

　　用做警語，說，千萬不要討人情，那是毀掉人情的傻事。

　　這句俗語，台北吳美雪女士解釋得很好，值得抄來共勉，她說：「施恩望報，便不算美德，因爲一旦望『報』，便化『施』爲『借』，有借得還，何施之有？可惜常見有人偶有施捨，便逢人自炫，面有得色，好似政府應該表揚他『好人好事』，這叫做『爲德不卒』，反而把一番好人情，付之流水了。不如默默付出，這份人情倒會長留在別人心中。」（「台灣精諺」《自由時報》）

【08】

食人一口，報人一斗。

Chia̍h lâng chi̍t-kháu, pò lâng chi̍t-táu.

Chiā lāng chi̍t-kháu, pó lāng chi̍t-táu.

報不盡隆恩盛情。

　　用做警言。要人時時記得受恩必報，而且要多多回報，比如，「一口」飯的恩情，必要報以「一斗」米才行。

　　這是一句老俚諺。語見，《格言諺語》，同義句有「食人一斤，也著還人四兩。」──報是一定要的，能力有所不逮，只好盡量；人家是不在意什麼報多報少，反正「恩」和「情」是報不了的也。

　　我國2000年「三合一」大選時，有某個候選人常常大喊這句俗語。據說，是先前樁腳向他要百萬，他給千萬。現在，他要向這

些「負債人」大樁腳，發揮同樣「報恩」，多多給我綁架選票，送我登上寶座。更諷刺的是，有一位黑大哥，給他站台，也是口口聲聲說什麼「食人一口，報人一斗。」只因為他在「建設經費」和「法律問題」吃過他一大口肥肉。

報恩是應該的，但用納稅人的錢來收買樁腳，購買選票，枉法受授，絕不是什麼「恩」，乃是奸詐、罪過，還說什麼報或不報。重感情的台灣人千萬不可被搞亂了是非曲直才好！

人際關係應該建立在道與義，若因為食下那一口，就得出賣靈魂，自毀人格來回報，算哪一門邪說？

【09】

車倒米，拂有加。

Chhia-tó bí, put ū-ke.

Chhiā-to bí, put ū-ke.

多了不少土砂。

用來嘲諷。恥笑某人滿口恩義，時時宣傳如何的善盡報答恩情。聞者，看穿他在臭彈，不好弄破他的雞歸，但也不願輕饒，就說：「著，著，車倒米，拂有加！」

這句俗語的修辭格是反諷，多拂給對方的是什麼？據先人的觀察：原來車倒的米減少了，多拂了許多土沙糞埽！──請教，如此對待，算是什麼報答？所以，這句雖然是用來諷刺，其實也是要人反省：我用什麼來報答有恩於我的人？

【10】

有恩必報真君子。

Iú un pit-pò chin kun-chú.

Iu un pit-pò chīn kūn-chú.

感怨圖報大丈夫。

斷言，頂天立地的男子漢大丈夫，一定要感恩報德。

這句老諺再多的解釋也說不完，重要的是盡力實踐就是了。本句，《格言諺語》做成一對，加上「有仇不報非丈夫」。但是，咱台灣民間絕大多數的人是強調「報恩」不主張「報仇」的，因爲仇可解不可結。

【11】

註生娘娘，呣敢食人無囝油飯。

Chù-siⁿ niû-niû, m̄-káⁿ chiàh lâng bô-kiáⁿ iû-pñg.

Chú-siⁿ niū-niū, m̄-kaⁿ chiā lāng bō-kiáⁿ iū-pñg.

圖利未成免後謝。

用做警語，小心酬謝。用來回絕無應該接受的酬謝，因爲「無功，不敢受祿」也！

背景：註生娘娘，又稱爲臨水夫人、三奶夫人等名。相傳是唐朝，另說明朝福州人，姓陳名靖姑，是個學過仙術的道士。靖姑24歲那年，雖然已是大腹便便，但因福州一地大旱，奮不顧身，祈雨作法，因此操勞過多，以致難產而亡。地方感念她的善行，祀之爲專司生育，保佑孕婦安產的神明。神誕日是三月20日，此日可能看到許多婦女前來求孕或求順產。❶

民間相信「註生娘娘」是有求必應的，所以那些向她求孕，而一舉弄璋的，就得在滿月時，用油飯來答謝娘娘。那些求而不應的，當然不會來答謝。這時娘娘就是很愛吃油飯，也只好自己動手了。善男信女看在眼裏，就造出這一句「註生娘娘，呣敢食人無囝油飯」來說娘娘正經得很，不貪食，不A錢。

【12】

食人的嘴軟，拿人的手軟。

Chia̍h-lâng--ê chhuì nńg, the̍h lâng--ê chhiú nńg.

Chiā-làng--ê chhuí nńg, thē-làng--ê chhiú nńg.

胡拿濫吃難為人！

用做警語，指出不當收受的危害。一旦接受別人的招待和好處，尤其是官吏要員吃人花酒，收人黑金，辦起公事該說的不敢說，該辦的也都馬虎了事。

句裏的「食人⋯拿人⋯」就是製造司法官員或大小官吏成為「犯罪公司」股東的陷阱和圈套。當今文明國家，幾乎沒有嘴軟手軟的法官，所以無期徒刑罪犯，保釋就醫來競選立委、縣長的，尚未見過！

台灣嘴軟手軟的檢察官和法官存在一日，則台灣人受苦、受難、受恥辱一日。

【13】

食人頭鍾酒，講人頭句話。

Chia̍h lâng thaû-chiong chiú, kóng lâng thaû-kù oē.

Chiā lāng thaū-chiong chiú, kong lāng thaū-kú oē.

花酒下肚好話講。

當主賓，坐大位要小心。被主人請坐大位，被敬第一杯美酒，如此受寵的上賓，不給主人家講幾句大吉大利，大褒大獎的話是不可能的了。

這句俗語坊間有注解做：「酒筵上，先拿起酒杯，先說話。居被人尊重的地位。」這樣解釋是對的，但只解釋一半：他／她是個VIP。另一半，是這句俗語的精妙處，藉著「食人⋯，講

人⋯」的句式，來表達「旣已被奉爲上賓，主人的頭杯酒也喝下肚了，不給主人面子是不行的了」這層意思。

【14】

欠錢好清，欠情歹還。

Khiàm-chîⁿ hó chheng, khiàm-chêng phaíⁿ hêng.

Khiám-chîⁿ ho chheng, khiám-chêng phaiⁿ hêng.

物有限，心無窮！

　　斷言，人情、感情、愛情，一切的情都很難還清，假如要算「情債」的話；相對而言，錢債是比較好還的。

　　同義句：「錢債好還，人債歹還。」

　　爲甚麼情債難還，錢債易還呢？深入淺出而言，那是「物」和「心」的難易問題；物有盡處，心無界限，例如，在半路店賒欠他百元米錢，總有還帳的定數；若是店主招待一餐一飲，這種感情沒辦法加以量化和物質化。如此，不難想像「欠情歹還情債」！

　　錢債要還，太潦倒的話也是很難，但一般情形也有分期還，借來還，工代錢還，賣身爲奴還，子孫代還，等等還錢法。所以說，「欠錢好清」。

【15】

有恩報恩，有仇報仇。

Iú un pò-un, iú siû pò-siû.

Iu un pó-un, iú siû pó-siû.

恩恩怨怨有還報。

　　大善人用來勸善解惡，因爲人間以及冥冥之中有報應。

　　本句雖然第二分句說「有仇報仇」，但民間還是極力勸化仇怨，要人看開，因爲「冤冤相報，幾時休？」何況，報私仇是違法

的，那是野蠻人的行爲；再說，記仇念怨於心，大大有害心理健康！語見《格言諺語》。同類句：「以怨報怨，以德報德。」「以牙還牙，以眼還眼。」

　　這裏的三句俗語，有顯然的「唐山味」。在儒教的影響下台灣先人難免想到「以德報怨」的問題。但答案通常是孔夫子的「何以報德？以直報怨，以德報德。」(《論語・憲問》)當然，「以德報德」沒話說，那是應該的！而「以直報怨」是社會秩序和公義的原則，也沒有什麼可懷疑的。

　　然而「以德報怨」和「何以報德」，沒有放在一起考慮的必要；也就是說，「以德報怨」不致於虧負有恩於我的人，否則施恩和市恩有何差別？施恩之人不計較什麼「以德報怨」！報德何須「以直報怨」來突顯報恩的公平性？

　　「以德報怨」雖難，但值得考慮，它是逆理性的眞理。非如此，個人間、族群間和國際間，恐難打開和睦和平的通道。

【16】

一命，賠一命。

Chi̍t miā, poê chi̍t-miā.

Chi̍t miā, poē chi̍t-miā.

再添一命爲公道？

　　斷言，公平的報應就是理之所在。

　　這句老諺也是古世界普遍的法律：牙牙眼眼的報應大法也。現代刑法有較周全的考慮，已經不是如此單純的一命賠一命了。相似句：「殺人償命，欠債還錢。」語見，《注解昔時賢文》。

　　姑不論殺人是否一定要「一命，賠一命」，❷但「求償」是可能的！三年前淸大女學生命案，苦主通過律師求償2,400萬，包括

自小讀到研究所的教育費1,500萬，精神撫慰金450萬，喪葬費17.7萬；另撫育費尙保留請求權。——原告聲稱，求償金全數捐給公益團體。

至於交通事故的人命賠償，則是「不同社會有不同的生命價值」。幾年前，台灣人旅遊葬身於中國千島湖者，每人三萬元人民幣，約15萬台幣。不久，有四個台灣人，在美國搭乘小飛機遊峽谷，不幸喪生，每人得賠償四十萬美元，當時值台幣1,080萬。(→《自由時報》1998(3.5):15)

雖然生命無價，但確實有行情！爲甚麼？爲何行情相差這麼多？——旅行買保險之外，切記夫子聖敎：「危邦不入！」

【17】

拍死癩痾，好人賠命。

Phah-sí thaí-ko, hó-lâng poê-miā.

Phá-si thai-ko, ho-lâng poē-miā.

作惡沒有特權。

斷言，報應不論貴賤，沒有特權，就算是王子犯法仍與民同罪！

這句俚諺的修辭格是借喻，用「癩痾」，痲瘋病人，來指代「弱者」，社會所輕賤、厭惡、拒絕的人。他／她們雖是弱者，仍然不是所謂「好人」，強勢團體中人所可以隨意侵犯欺凌的。本句，淺白直述，表象粗糙，但是傳達的「道理」卻是鏗鏘有聲。同義句：「拍死乞食，好人賠命。」

這句俗語雖然說到「癩痾」不是隨意加害的對象，但說這句諺語的民族並沒有進一步來醫治、照顧他／她們。說來也頗見笑，最初來醫治、照顧台灣的痲瘋病人，不是台灣人而是外國的基督

教醫療宣教師。

在南台灣，1967年，28歲的馬立娜護士由芬蘭來我國。當時枋寮以南有許多患有痲瘋、結核、腦膜炎的病患。她用簡陋的巡迴醫療車，做遠距離的社區醫療服務。雖然一般人對痲瘋病非常驚恐排拒，但她卻是愛護備至。之後，她和幾位宣教醫師成立恆春基督教診所，即是現在恆春基督教醫院的前身。

馬立娜護士已經服務台灣人30年了。現在又用精通的台灣話來教外籍新娘。三年前，她獲得李登輝總統召見，獲頒象徵人道關懷最高榮譽的「醫療奉獻獎」。(→《自由時報》1998(4.9):7)

台灣痲瘋由外國人照顧，台灣人感想如何？……洋番！傻瓜！……？

【18】

冤有頭，債有主。

Oan ū-thaû, chè ū-chú.

Oan ū-thaû, chè ū-chú.

總有主事者負責。

指出，發生任何糾紛或責任問題，都有應該負責，來受罰或理賠的對象。

這原是一句古諺，見於《聯燈會要》，卓頭杖云：「冤有頭，債有主。」假如，這個債主提前道駕西天，要這麼辦？辦法是有的，乃是：「父債，子還！」──繼承債務，並非古俚諺說說而已，乃是當今於法有據的。

驚死我！冤債如此可怕，能不謹慎小心？

【19】

得罪土治公，飼無鷄。

Tek-choē Thó·-tī-kong, chhī bô ke.

Tek-choē Thó·-tī-kong, chhī bō ke.

管區大人勿得罪！

用來諷刺和嘲笑。說某人得罪了「土治公」，因此被鬧得鷄犬不寧。

本句修辭是借喩格，借「土治公」指地方的「有力者」，像角頭的兄弟人、管區的壞警察，他們豈是善良平民所敢罪得的？萬一有所衝突，那一定是「飼無鷄」的了──民間咸信，土治公是鷄仔鳥仔的警備司令官。

（參看，「報鳥鼠仔冤。」337.03）

【20】

咱無踏著伊的尾，伊𣍐咬咱的腳。

Lán bô-tảh i-ê boé, i boē-kā lán-ê kha.

Lán bō-tā i-ē boé, i boē-kā lán-ê kha.

鐘敲聲響理當然。

用做警語。注意切勿傷人，否則人必反彈反擊。譬如，不踏痛狗尾巴，這隻忠善愛犬是不會咬我足下的。

這句俚諺用的是串對修辭式，踏伊尾的粗心爲因，引出咬我足的痛果。類似句：「伊無踏我的腳，我𣍐拍伊的頭。」「你剃人的頭，人也剃你的頭。」

【21】

鬱鬱於心底，笑笑賠人禮。

Ut-ut tī sim-té, chhiò-chhiò poê lâng lé.

Ut-ut tī sīm-té, chhió-chhiò poē lāng lé.

上報道歉誰甘心？

斷言，失禮於人，必要道歉，雖是不情願，仍然必要忍氣吞聲來「笑笑賠人禮」。❸

此時，接受賠罪的對方，氣不見得全消，但也得表現一派君子風度，秀一下「氣氣在心底，笑笑回人禮。」

蹔蹔：心氣不暢快，蹔卒也。　　**賠…禮**：賠罪、道歉也。

【22】

將功，補罪。

Chiong kong, pó· choē.

Chiōng kong, po· choē.

功以抵過。

說的是，犯了過失的人，准許他去做某些要求的事，來替代原有的處罰。

這種做法古今內外都有，並且應用的範圍非常廣闊：舊時，有「帶罪立功」的大官大將；就是現代，我國的小學甚至是大學的訓導體制也有「記過、記功」，這顯然給學生留下「將功，補罪」的餘地；在宗教修養上，民間道教信徒的修持「功過格」，清清楚楚的是一種「將功補罪」的修煉。

當然，「將功，補罪」比抓來打殺，比抓來坐監有比較積極的意義。但，問題是「罪是如何定的？」以無罪為有罪的話，談不上補不補罪。亂判入罪，判者罪加一等！而盲從補罪的人，豈不是共犯？

【23】

台灣糖籠——有去無回。

Taî-oân thng-láng——iú-khì bû-hoê.

Taī-oân thng-láng——iu-khì bū-hoê.

大恩難報嗎？

　　形容忘恩的人。他承受恩惠毫無感謝懷恩，正如台灣生產的蔗糖，裝在糖籠運往日本，運往上海，都是一去不回頭的。

　　這是一句厥後語，謎面「台灣糖籠」是裝糖的竹籠，糖運到目的地，糖籠形同廢物，不再運回台灣。殖民地政府剝削台灣，蔗糖雖然源源輸出來賺大錢，但蔗農血本跟糖籠一樣，有去無回——誰回頭來看一眼台灣受苦的蔗農？

【24】

桌頂食飯，桌腳放屎。

Toh-téng chia̍h-pn̄g, toh-kha pàng-saí.

Tó-téng chiā-pn̄g, tó-kha páng-saí.

殘殺美善人情。

　　用來譏刺恩將仇報的人。他享受主人生命的必需品，享有主人的愛戴和信任，卻將這些美好的情意，用一堆臭屎來回報。

　　這句俚諺的修辭格是借喻，借「桌頂食飯」指物質和精神的一切利益和好處的分享；「桌腳放屎」喻指這個忘恩人用惡劣的行為，來對待主人，使他傷心、氣憤。

　　同類句：「桌頂食飯，桌腳講話。」——說恩人的壞話。

【25】

飼鳥鼠，咬破布袋。

Chhī niáu-chhí, kā-phoà pò͘-tē.

Chhī niau-chhí, kā-phoá pó͘-tē.

台灣鄉愿養老鼠。

　　用來譏刺。刺那恩將仇報的人鳥鼠不如——如此糊塗「恩人」，活該！好貓不養，要養鼠為患。

當然，飼鳥鼠招徠破袋、鼠疫，算是主人的糊塗，但「惡鼠」並不能因爲主人的古意而脫罪。鼠輩應該受到嚴厲批評和制裁的，古人起碼的修養是：「食其食者，不毀其器；蔭其樹者，不折其枝。」(《韓詩外傳》)——鼠性難改也！要鳥鼠不咬布袋，除非改變基因，製造無牙仔鳥鼠。

這句俚諺近年來常常出現在台灣重要的選舉運動。高雄縣榮民曾有「十問郝柏村」，說他身爲國民黨副主席，爲了反對李登輝總統而爲新黨助選。其中第三問是：「您這樣做，很多人說您是『吃裏扒外』，『飼鳥鼠，咬破布袋』，您是否同意這樣的批評和質疑？」(《中央日報》1995(11.25):2)

在台灣本土派的媒體，許多台灣有識之士，紛紛投書，用這句俗諺來譏刺那些立委。罵他們是台灣的咬袋鼠，今天在台灣搗亂議會，紛亂人心，明天已經到北京向中國高幹諂媚拍馬，亂罵我國政府，以求喝香吃辣。

　　(本句另解，請看329.04)

【26】

飼狗，咬主人。

Chhī kaú, kā chú-lâng.

Chhī kaú, kā chu-lâng.

猶狗造反。

用法相似於上一句。但本句比「飼鳥鼠，咬破布袋」的負義度高出了許多。指責的語氣也比較強烈，因爲直接受害的已經是「主人」本身。

【27】

北港媽祖，興外方。

Pak-káng Má-chó͘, heng goā-hng.

Pak-kang Ma-chó͘, hēng goā-hng.

台灣優先！

用來嘲諷。說本地有力人士，對於外地人，外地事的關心照顧多於本地，如同北港媽祖，興旺外方的善男信女。

本句修辭式是借喻，是貶義的。❹借「北港媽祖，興外方」來說本地人士未盡全責來服務本鄉。同類語：「媽祖婆，興外方。」「白目佛，興外方。」——「興外方」和「蔭外方」可冠以其他地方的媽祖，例如，「關渡媽祖，興外方。」

外方：外地、外鄉。 蔭[im]：致蔭，庇佑。 白目佛：喻指戇佛；不知大力福佑自己的弟子為急務，卻比較趣味關照外鄉外人。

這句俚諺顯然是北港本地人發明的，而這種帶微酸的口氣，可能由於外鄉的媽祖團隊按時按節熱鬧無比地前來割香，外方的善男信女無暝無日前來虔敬祈福拜謝，而認為媽祖婆庇蔭外人比福佑北港本地的弟子為多。

舊時的北港鄉親這種感覺是可以理解的，但問題是否「近廟欺神」？北港鄉親有沒有大大的發揮媽祖的台灣精神，用媽祖的無數香火錢來開設一流的慈善醫院和救濟事業？只要好好的發揮媽祖婆的愛台灣精神，這句俗語就有了很正面的意義了。

花蓮基督教門諾醫院半世紀以來，默默拯救無數台灣原住民病患，而經濟來源竟然是美國的基督徒——真是「美國基督，興外方」啊！我們不知道台灣的關渡媽、大甲媽、清水媽、彰化媽、北港媽、新港媽、安平媽，如此豐富的香火錢，建了幾座一流的慈善病院、療養院、公園，或台灣文史研究所？

【28】

鷄籠無城，食飽著起行。

Ke-lâng bô siâⁿ, chiἀh-pá tiὁh khí-kiâⁿ.

Kē-lâng bō siâⁿ, chiā-pá tiō khi-kiâⁿ.

反牙刷主義者。

　　用來鼓勵認同，勸戒吃台灣米、壞台灣事的人。說的是，請別說「鷄籠無城」留不得我；我賺夠了，食飽了，就要帶馬回府。

　　這句話原是基隆人的誠心呼籲，請那些來到本港賺食的人，摸摸良心，不盡看錢財，也得考慮留下來共同奮鬥，興旺本地。

　　乍看這句俚諺，眞是「火燒豬頭──面熟面熟！」(→31.76)雖然說的是鷄籠，但實在是「華人」的牙刷主義。數百年前從唐山下南洋賺食的，至今猶仍是吸金機器；對當地，對當地人有啥認同？免想！

　　戰後隨蔣介石逃難來台灣的難民之中，大部份抱著「台灣無城，食飽著起行」的心態。君不見，許多大官吃飽了錢，就送子送孫往美國、加拿大起行──現在，那些嘴喊「回歸中國」的，也是哀給北京聽的；吃黑金的這邦人，心裏是沒有啥祖國的，以「錢」爲祖國也。

【29】

食碗內，說碗外。

Chiἀh oáⁿ-laī, soeh oáⁿ-goā.

Chiā oaⁿ-laī, soé oaⁿ-goā.

鬥內媚外專門。

　　用來罵人。說他這個人吃裏扒外，吸取裏面的利益，卻說外面人的話。這句話也說成「食碗內，洗碗外」，同義句有「食曹操

米,講劉備話。」

曹操[Chô Chhò]:155-220,字孟德,小字阿瞞。舉孝廉,任都尉,鎮壓黃巾,壯大勢力;196年挾獻帝以號令,後破袁紹,統一北方勢力。子曹丕稱帝時,追封爲武帝。操是文武全才,著作多種,有《曹操集》行世。 劉備[Laū Pī]:161-223,字玄德,東漢遠之皇族,幼貧與母販鞋織蓆爲業。討黃巾賊有功,曾投靠曹操、劉表等人而漸出頭角。後得諸葛亮輔助,聯孫拒曹,成爲蜀漢領袖,於221年稱帝,國號漢。

【30】

助他人志氣,滅自己威風。

Chō͘ tha-jîn chì-khì, biat ka-kī ui-hong.

Chō͘ thā-jîn chí-khì, bet kā-kī uī-hong.

布袋鼠哀哀。

用來警告吃裏扒外的人。他貶損自己所屬的陣營,來提高別人的面子。

這是一句古俗諺,屢見於《三國演義》、《水滸傳》和《西遊記》等等古典小說。同義句:「滅家己的志氣,贊別人的威風。」

贊[chān]:助也、支持、贊助。

這句老諺並沒有老化,君不見,我國亂源立法院的某一類男女立委,時時在「廟堂」上,臉不紅氣不喘地推銷中國侵吞台灣的言論;近日又有財閥王某大談台灣沒入中國的謬說。這些都是「助他中國志氣,滅我台灣威風」,其心可鄙!

難道台灣人如此無志無氣,總是要寄人籬下,寄荷西,寄明鄭,寄清國,寄日本,寄國民黨政府,寄……?難道又要寄在中國的籬笆邊?台灣人不宜妄自菲薄,必要在國際上爭得整全的,

獨立的國格！

【31】

內神，通外鬼。

Laī-sîn, thong goā-guí.

Laī-sîn, thōng goā-guí.

可惡的內奸家賊。

　　用來譏刺「桌頂食飯，桌腳放屎」的人。這種人如同「家神」勾結外面巡行的孤魂野鬼，來陷害供養香火的弟子。

　　內神：家裏奉祀的神明。這是因人而異，最普遍的可能是觀音媽、媽祖和佛祖。　外鬼：無祀野鬼，可能是哈香火而來的吧。

　　近日報紙載：高雄市有人到法院按鈴申告現任某立委「通敵」，告他將軍事機密洩漏給中國。噫，爲甚麼會有這種怪事？「內神，通外鬼」？可惡！

注釋

1. 參看，林衡道，「臨水夫人」《台灣宗教》，頁325-326。又，阮昌銳，《莊嚴的世界（下）》，頁5-60-63。

2. 紐約修女達瑞安佐，在1994年推動爲死刑犯求饒一命的「生命宣言」，其中有一段話說：「假如我被人謀殺，我要兇手接受制裁，但不要將其處決。」這雖然沒有法律效力，但可能當做法官判刑的參考。報載，我國三年後可能廢止死刑；無疑的，這將是全體國民對於「刑罰」和「報應」觀念的重大挑戰。從來台灣人習慣地接受「一命，賠一命」，以殺止殺，用

「重典」來維持治安的思想。現代，文明社會多在公義與慈愛的兩難之中來探求最妥當的處罰和防範。這種「廢死刑」的運動，可能是許多鄉親須要思考的新課題了。

3. 應該一提的是，坊間諺書有「鬱鬱於心底，笑笑陪人禮」一句，並解釋做「心情不好也要將之埋在心底，以笑容面對他人」。筆者懷疑所謂「…陪人禮」可能是「…賠人禮」的筆誤。是的話，那麼該書的解釋就閃失掉「賠禮」這一層重要的意思了。

4. 坊間有解本句說：「寓意爲神力無邊的北港媽祖，對異鄉也照拂。」這樣解釋是對的，但沒有把握住這句話的「語意」，那是反諷修辭特有的重要「話尾」。譬如說，「咱貓鼻頭的劉金山立委，歸年透天攏徛在高雄、台中、台北來做全國性的民眾服務。啊，眞正是『貓鼻頭媽祖，興外方！』」這樣講，是否貓鼻頭的選民在恭維劉立委的神通廣大，全台服務透透呢？非也，是在諷刺他辜負本地選民的期待，外面的代誌做太多；清楚地帶有「吃裏扒外」的貶意。

本卷索引

一、發音查句索引

說明：

一、以諺語首字的本調爲準，按照台灣話羅馬字字母順序排列。

二、諺語的索引號碼是依照本文的「章節」和該句在節裏的「次序」構成的。

三、索引號碼小數點左邊的數字代表「章、節」，右邊的是「諺句」，例如：

　「阿兵哥，錢多多，無某，瘤仙哥。」　　　　　13.36

　「13.36」表示該句俗諺在，本卷，第一章，第三節，第36句可以找到。

四、同字異音，如文白二音，仍然按照不同的發音，分開排列，例如：阿 a／oʰ；買 bé／boé；賣 bē／boē；要 beh／iàu；無 bô／bû；十 cha̍p／si̍p；爭 cheng／chiⁿ一chi̍t／it；食 chia̍h／si̍t；做 chò／choè；千 chheng／chhian；會 ē／oē；官 koaⁿ／koan；人 lâng／jîn；三 saⁿ／sam；山 soaⁿ／san；大 toā／taī；同 tâng／tông；有 ū／iú，等等。

五、諺句的形式和意義顯然相似的，分屬於比較常用者之下，並用「星號」（萬用字元）「*」表示之。例如：

　「阿斗，繪扶得。」　　　　　24.02

　「死主，繪扶得。」　　　　　24.02*

A

a	阿里山碰壁。	44.10*
	阿兵哥，錢多多，無某，瘤仙哥。	13.36
	阿斗，繪扶得。	24.02
ah	押雞，唔成孵。	23.14
aīⁿ	揹死人過溪。	19.35
ài	愛食饅頭，閣驚死父。	51.25

âng	紅姨嘴，糊褸褸。	15.01
	紅姨順話尾，假童害眾人。	15.02
	紅葵笠，坐火車——有夠力。	43.11
	紅管獅白目眉，無人請家己來。	21.14
	紅柿好食，佗位起蒂？	55.01
aù	朽柴，艙刻得尪仔。	41.01
	朽棺柴，鎮塚。	44.03
	餲鮭，餲人食。	17.06*
	餲鮭，成蠅。	17.06
	餲姝若有情，扁佛就無靈。	17.05*
	餲姝若有情，神主就無靈。	17.05
aū	後靠山，比王城壁卡崎。	42.10
	後山路遠，眞歹行；十個傳道，九個驚。	15.17

B

baí	醜醜一下笑，燒燒一杯茶。	21.06
bák	木虱，食客。	31.70
bān	萬丈高樓從地起，英雄何論出身低。	41.04*
	慢來，罰三杯。	31.71
bat	曾抵著，則知豬母肉韌。	35.12
	識稗，無田通做。	42.14
bé	買賣無成，情義原在。	12.26
	買賣憑仲人，嫁娶憑媒人。	16.05
	買賣算分，相請無論。	12.31
	買賣，趁熟似。	12.38*
	買者不明，賣者擔當。	12.22

	無錢烟，大嘴吞。	31.66
	無錢，也敢做大哥。	31.42
	無錢，講無話。	31.11
	無錢，人上驚。	36.16
	無針不引線，無媒不成親。	16.06
	無食烏豆，叫伊放烏豆屎。	33.14
	無食西螺米，唔通講道理。	35.09
	無田無園，盡靠鹿耳門。	11.20
	無彼號心，嘛有彼號嘴。	31.06*
	無好厝邊，相連累。	22.08
	無交錢，不成買主。	12.46*
	無看僧面，嘛著看佛面。	32.42
	無悾無戇，無做童乩。	15.04
	無人緣，臭乞食羶。	42.04
	無名無姓，問鋤頭柄。	31.05
	無腹腸，唔通行善；無道行，唔通做仙。	31.60
	無賒不成店，賒了店不成。	12.50
	無大你年，嘛大你月。	31.07*
	無大你輩，嘛大你歲。	31.07*
	無討人情在，有討人情無。	55.07
boé	尾省，出聖佛。	41.08
boē	𣍐曉剃頭，抵著鬍鬚。	35.16
bû	無功，不敢受祿。	55.11*
	無三，不成禮。	31.72
	無事，不入公門。	33.01

chiⁿ	爭面子，活無久。	32.38
chîⁿ	錢，無二文燴陳。	32.05
	錢做人，唔是人做人。	36.10*
	錢債好還，人債歹還。	55.14*
	錢大百，人著落肉。	12.86
	錢大百，人消瘦落肉。	12.86*
chí	只可他無情，不可我無義。	51.05
	只驚孤對抵，唔驚大姓府。	32.34
	只有錦上添花，少有雪中送炭。	36.13*
chià	蔗尾卡淡，蔗頭卡甜。	35.11*
chia̍h	食無錢飯。	33.19
	食，食人歡喜酒；趁，趁人甘願錢。	51.11
	食，食施主；眠，眠廟宇；唸經無夠人抵。	15.11
	食曹操米，講劉備話。	55.29*
	食菜無食臊，狗肉煮茼蒿。	15.10
	食菜，食到肚臍為界。	15.09
	食彼號飯，唸彼號經。	52.13
	食烟茶，入來坐。	21.17
	食果子，無拜樹頭。	55.04*
	食果子，拜樹頭。	55.04
	食人一斤，也著還人四兩。	55.08*
	食人一口，報人一斗。	55.08
	食人的嘴軟，拿人的手軟。	55.12
	食人骨髓，拐人家伙，後日做乞食煞尾。	17.08
	食人飯，犯人問。	52.11

chit	一攕菜，一百下拜。	11.12
	一隻厲鴿，佔七里雞仔。	43.07
	一千買，八百賣。	12.72
	一千賒，唔值著八百現。	12.49
	一千賒，八百賣；講三成，趁五成。	12.72*
	一手交錢，一手交貨。	12.46
	一個要東，一個要西。	54.24*
	一個一斤，一個十六兩。	32.06*
	一個泄尿的，換一個滲屎的。	25.10
	一個人客，九個主人。	21.12*
	一個半斤，一個八兩。	32.06
	一個師公，一個和尚。	54.26
	一個山頭，一個鷓鴣。	32.13*
	一下雷，天下響。	41.20
	一下搔，平波波。	32.41
	一府四縣，遊透透。	35.06*
	一分錢，一分貨。	12.12
	一文，無二文艙陳。	32.05*
	一日落海，三日艙放屎。	11.21
	一日，三行情。	12.09
	一更散，二更富，三更起大厝。	18.13
	一腳戶定內，一腳戶定外。	53.20
	一枝食，二枝夯，三技著喊掠。	51.07
	一枝搖，百葉動。	34.01
	一枝鐵，打無賴濟釘。	54.02

	上天叫三界，落地叫無代。	36.28
	上天講價，落地還錢。	12.44
chiú	酒後不語眞君子，財上分明大丈夫。	26.16*
	酒鍾會拋過省，拳頭𣍐鑿過壁。	31.03
	酒互人食，酒甕煞互人損破。	36.34
	酒逢知己飲，詩向會人吟。	26.20
	酒肉朋友，柴米夫妻。	31.28
	酒食兄弟千個有，患難之時一個無。	36.32*
chng	磚仔廳，𣍐發粟。	12.78
chńg	指甲眉深。	14.12
chò	做無一湯匙，食欲歸糞箕。	23.24
	做無鬚仔老大。	32.43
	做一擺媒人，卡好食三年清茶。	16.02
	做戲的要煞，看戲的唔煞。	54.29
	做鷄做鳥討食，做水牛澇屎。	12.67*
	做官無離印，做生理無離秤。	19.08
	做官，好無過三代。	19.18
	做官若淸廉，食飯著攪鹽。	13.09
	做官，騙厝內。	13.03
	做公親，蝕本。	32.45
	做乞食，也著一腳茭織本。	12.79*
	做乞食，𣍐堪得狗凌治。	36.17
	做媒人，包入房，無包你生团。	16.11*
	做媒人，貼聘金。	16.17
	做婊趁，生瘡了。	17.09

chhaî	裁縫師傅穿破衫，做木匠的無眠床。	19.16
chhân	田無溝，水無流。	31.61*
	田缺做久無換變田崩，長工做久無換變老翁。	24.09
	田是主人，頭家是人客。	44.14
chhaú	草花仔蛇，領雙癀。	23.28
	草地親成，食飽起行。	31.73
	草地，發靈芝。	41.07
chhaù	臭臊神，掠卡有魚。	42.02
	臭耳人醫生，無聽見人得哀。	23.08
	臭焦，掩無熟。	12.36
chhe	妻子面前莫說眞，朋友面前莫說假。	26.23
	差牛去躂馬，馬去連牛無。	23.16
chhek	粟濟挨出米來，人濟講出理來。	51.15
chhèng	鎗籽拍到位都冷啦！	34.07
chhēng	穿全一領褲。	53.08
	穿尼龍的──看現現。	41.09*
chhiⁿ	睛暝牛仔，唔識禮數。	31.04
chhì	試看，則會知豬母肉。	32.23
chhī	飼狗，也會搖尾。	55.03
	飼狗，咬主人。	55.26
	飼鳥鼠，咬破布袋。	55.25
chhia	車倒米，拂有加。	55.09
chhiáⁿ	請媽祖，討大租。	12.54
	請神容易，送神難。	21.27*
chhiàⁿ	倩乞食，講好話。	31.56

chhù	厝內無貓,鳥鼠仔曲腳。	23.23
chhuì	嘴,互卵鳥塞咧。	51.27
	嘴佮舌上好,有時也會相咬。	32.01*
	嘴水給你抹,價錢無走差。	12.43
	嘴唇皮相款待。	36.05
chhùn	寸絲爲定,千金不移。	12.45
chhut	出錢人,主意。	52.07
	出核頭仔錢,要飲XO!	31.65
	出家如初,成佛有餘。	15.14
	出家,閣帶枷。	15.12
	出門看天色,入門看面色。	21.23

E

ē	會食,𣍐相咬。	23.24*
	會食,則會做。	23.04
	會食則會做,會睏則會大。	23.04*
	會做的生理,𣍐做的先死。	19.24
	會做官,會察理。	13.02
	會扛轎,即通開轎店。	19.10
	會飛天,會鑽地。	43.16
	會算𣍐除,糶米換蕃藷。	612.89
	會當,共搓圓;𣍐當,唔通共捘扁。	54.09
eng	英雄造時勢,時勢造英雄。	41.17
	英雄,不論出身低。	41.04

G

gaû	勢相粗會陣亡,勢相告會做獄王。	33.10

han	蕃藷,扱做堆。	54.33
	蕃藷三塊,湯照配。	52.17
	蕃藷藤,肉豆藤,牽歸綰。	34.10
hàn	漢賊,不兩立。	53.15
hān	頇慢,兼偷食。	23.24*
hâng	行行出狀元。	19.41
	行行出狀元,類類有高低。	19.42
	行有行規,店有店規。	52.06
haū	校長,兼摃鐘。	23.12
he	嗄龜,𣍐忍得嗽。	22.16
hê	蝦仔兵,草蜢將。	13.35
	蝦看倒彈,毛蟹看沸涎。	42.05
hì	戲無夠,仙來鬥。	36.03*
	戲虎哈燒茶,師公穿破鞋。	35.10
	戲看半齣,著喊煞——擋𣍐稠。	51.21
	戲若做無路,就用神仙渡。	36.03
	戲棚腳,企久人的。	19.12
	戲棚頂皇帝——做𣍐久。	44.05
hî	魚蝦,水卒。	23.29
hiâm	嫌戲無請,請戲無嫌。	23.11*
	嫌貨,則是買貨人。	12.30
hiân	賢臣擇主而事,良禽擇樹而棲。	24.03
hit	彼時爲理,這時爲米。	44.15
hiu	休戀故鄉生處好,受恩深處便爲家。	53.04
hó	好柴,無流過安平鎮;婿查某,無留置四鯤鯓。	12.06

hoat	法律，不外人情。	51.01
hoe	花食露水，人食嘴水。	31.06
	花著插前，毋通插後。	31.32
hoé	火車坐到鷄籠——盡磅。	44.10
	火到豬頭熟，錢到公事辦。	13.16
	火燒豬頭——面熟面熟。	31.76
	火燒豬頭旁——半面相熟。	31.76*
	火炭做枕頭——烏龜。	17.13
	伙記食飯配烏鯧，頭家食飯配鹹薑。	23.03
hoê	砌磋籬笆——獪扳得。	43.09
hoē	會社故障——無錯。	41.10
hȯk	服從多數，尊重少數。	52.25
hong	風毋入，雨毋出。	31.61
hù	富在深山有遠親，貧居鬧市無人問。	36.12*
hū	父母之命，媒妁之言。	16.04
	父債，子還。	55.18*
hun	烟茶炭，鼻黏涎	21.16

I

i	伊無嫌你貧憚，你無嫌伊少錢。	23.27
	伊無踏我的腳，我獪拍伊的頭。	55.20*
	伊通放火燒厝，我毋通點火食烟。	13.22
	醫生，自病不能醫。	14.09*
	醫生講無代，護士聽了頒。	14.06*
	醫術好，毋值著醫德好。	14.13
í	已經入落土，只是猶未埋。	18.20

一肩行李，兩袖清風。　　　　　　　　　13.07

一舉，二運，三本事。　　　　　　　　　41.18

一牽成，二好運，三才情。　　　　　　　41.18*

一馬不備兩鞍，忠將不事二主。　　　　　24.05

一山，不容二虎。　　　　　　　　　　　32.13

一審重判，二審減一半，三審食豬腳麵線。　13.15; 33.18

一德，二命，三風水，四積陰功，五讀書。　41.19

一朝天子，一朝臣。　　　　　　　　　　25.04

iú　　有財堪出行，無衣懶出門。　　　　　　31.10

有福同享。　　　　　　　　　　　　　　53.12

有福同享，有禍同當。　　　　　　　　　53.12*

有條有理，無法無天。　　　　　　　　　33.15

有恩必報眞君子。　　　　　　　　　　　55.10

有恩報恩，有仇報仇。　　　　　　　　　55.15

iû　　油湯趁，油湯食，無趁做乞食。　　　　19.34

J

jī　　二一，添作五。　　　　　　　　　　　12.56

二人同心，其利斷金。　　　　　　　　　54.08

jiat　熱爐添炭，食力兼歹看。　　　　　　　36.14

jîn　　人無橫財不富，馬無夜草不肥。　　　　19.01*

人無艱苦計，難得世間財。　　　　　　　19.01

人在人情在，人亡人情亡。　　　　　　　36.27

人情，卡大腳桶。　　　　　　　　　　　55.06*

人情，卡大天。　　　　　　　　　　　　55.06

人情世事陪隨到，無鼎閣無灶。　　　　　31.43

kang	工仔做，工仔食；工仔無做，就做乞食。	11.25
	工夫在手，不論早慢。	11.28
	工字，無出頭。	11.24*
	工字，無凸頭。	11.24
	江湖一點訣，妻子不可說。	19.09
kāng	仝寮牛，相知氣力。	36.04
	仝天，各樣月。	25.05
kap	合字，歹寫。	54.11
	佮好人行，有布通經；佮歹人行，有囝通生。	31.51
kau	交和尚，倒桶仔米。	15.15
	交友無交錢，交錢無朋友。	26.17
	交官窮，交鬼死，交牛販食了米。	31.21
	交陪醫生做藥櫥，交陪牛販駛瘦牛。	31.22
	交陪論緣份，相勁看時陣。	31.45
	交著，海底行的人。	26.08
kaú	九十九，問一百。	35.18*
	九牛六娼，三寡婦。	19.17
	九房的，時鐘行倒退。	23.19
	九代黃金九代窮，割藤背囝出聖賢。	14.23
	狗仔，扶起無扶倒。	36.15
	狗膣屄，芳七里路。	41.24
	狗兄，狗弟。	26.01
	狗蟻，扛大餅。	54.35
	狗蟻拜天地。	31.16
	狗死，狗虱也著無命。	34.18

	狗頭扶旺，無扶衰。	36.15*
kaû	猴咬猴，咬到血愈流。	32.39*
	猴死，豬哥也著無命。	34.19
ke	加到，一塊碗，一雙箸。	21.07
	加人加水，無加米。	21.09
	傢伙了，秀才無。	44.09
	鷄仔，隨鴨母。	25.06
	鷄規寮仔，歕鷄規。	11.27
	鷄看拍咯鷄，狗看吹狗螺。	42.06
	鷄籠無城，食飽著起行。	55.28
	鷄報寅，做到日落申。	23.18
	鷄屎藤，呣敢拋桂花樹。	31.14
	鷄細，禮大。	31.39
	鷄隨鷄啼，狗隨狗吠。	34.04
ké	假結婚，眞賣淫。	17.16
	假童，害衆人。	15.02*
keh	隔行如隔山。	19.44
	隔界竹腳無竹刺，公衆廳堂生青苔。	54.18
	隔空，抓藥。	14.04*
	隔壁親家——獪親。	22.05
keng	宮口五棚戲。	43.13
keng	耕者有其田。	11.19
	經一事，長一智。	35.01
kéng	揀佛燒香，揀菜落油。	21.10*
kèng	敬酒呣飲，要飲罰酒。	32.19

ki	居必擇鄰，交必擇友。	31.18
kìⁿ	見面，三分情。	32.46
	見人講人話，見鬼講鬼話。	15.03
kiaⁿ	驚块，唔通入土礜間。	19.02
kiâⁿ	行船跑馬，三分命。	18.09
kiàn	見小利，失大利。	12.65
kiān	健奴無禮，驕兒不孝。	24.10
kiang	姜太公釣魚──願者上釣，不願者回頭。	12.29*
	姜太公釣魚，離水三寸。	12.29
kiat	結交須勝己，似我不如無。	31.19
kim	金憑火煉方知色，人用財交便見心。	31.53
kím	錦上添花無稀罕，雪中送炭卡困難。	36.13*
	錦上添花處處有，雪中送炭世間無。	36.13
kin	芎蕉好食，雙頭交。	31.25
kiô	橋墩，唔通比橋面高。	54.39
kiong	恭敬，不如從命。	31.69
kiông	強將手下，無弱兵。	34.06
kiuⁿ	薑，卡講也是老的辛。	35.11*
kiú	九規熟透透，討錢沿路哭。	12.53
	久住令人賤，貧來親也疏。	21.28
	久病成名醫。	14.07
kng	扛棺柴，兼包哭。	23.17
ko	高升，做壯丁。	44.02
ko˙	孤行，獨市。	12.16*
kó˙	古井，獪離得絆桶；關公，獪離得周倉。	26.06

	鼓做鼓拍，簫做簫歕。	54.25
	鼓不打不響，人不打不招。	13.26; 33.12
kò	告曆了曆，告田了田。	33.05
koaⁿ	官𣍐威，牙爪威。	13.27*
	官，情薄如紙。	13.24
	官好，衙門歹。	13.28*
	官府定罪三五多，人嘴定罪歸世人。	52.27
	官，可瞞不可欺。	13.06
	官人見錢，蚊仔見血。	13.05
	官員好見，衙役難纏。	13.27
	官司好拍，狗屎好食。	33.06
	官斷，不如民願。	52.26
koan	官有正條，民有私約。	52.02
	官官相衛。	13.29
	官，帶兩口。	13.01
	觀音請羅漢。	21.13*
	觀其言，察其行。	25.14
koán	管人生管人死，管人食無道理。	51.19
koàn	慣者，為師。	35.03
koân	高嘸成高，低嘸成低。	41.12
koeⁿ	關門，賣癲禒藥。	12.16
koè	過街老鼠人人打。	52.23*
	過橋，枴仔就放揮撒。	36.29
	過橋卡濟你行路，食鹽卡濟你食米。	35.08
	過五關，斬六將。	35.07

kok	國正天心順，官清民自安。	13.13
kong	公衆某肥朒朒，公衆牛剩一枝骨。	54.19*
	公衆司，無人醫。	36.36
	公親，變事主。	32.44
	公家生理歹做。	19.36
	公家廳無人掃，公家糞用無夠。	54.18*
	公事無人當，公田放咧荒。	54.19
ku	龜頭，也是龜內肉。	12.34*
kū	舊柴草快著火，舊籠床好炊粿。	26.19
	舊囚，食新囚。	25.07
kun	君子愛財，取之有道。	52.10
	君子之交淡如水，小人之交甜如蜜。	26.18
	君子絕交，不出惡聲。	31.47
	君子動嘴，無動手。	32.26

KH

kha	尻川無著椅。	19.03
	尻川幾枝毛，看現現。	41.09*
	尻川，扱相倚。	54.33*
	尻川門柄——好額。	43.14
	腳踏馬屎，憑官氣。	42.12
khah	卡好，也會冤家。	32.01
khám	憨眞夯涼傘——倒落。	44.04
khan	牽豬哥，趁暢。	16.01
khang	空手，收單刀。	12.81
khaú	口說不如身逢，耳聞不如目見。	35.04*

khe	溪埔拍矸轆——周轉不靈。	12.70*
kheh	客無親疏，來者當受。	21.04
	客來主不顧，自是無良賓。	21.03*
	客人叫保正——好勢。	43.10*
	客隨主便。	21.29
khek	曲館邊的豬母，會拍拍。	22.11
khí	起厝好厝邊，做田好田墘。	22.02*
	起人，起客。	21.02
khì	去鷄籠擔土炭，轉來錫口當被單。	18.16
	氣氣在心底，笑笑回人禮。	55.21*
	氣死唔告狀，餓死唔展當。	33.09*
khiā	企厝愛好厝邊，做田愛好田邊。	22.02
	企高山，看馬相踢。	54.16
	企三年藥店櫃頭，道要做大先生。	14.05
khiàm	欠錢，走主顧。	12.51
	欠錢好清，欠情歹還。	55.14
khiap	怯儑愛照鏡，歹命愛看命。	14.20
khih	缺嘴食米粉——看現現。	41.09
khin	輕輕仔和，唔通重重告。	33.08
khit	乞食灶孔——人人穿。	17.07*
	乞食做三工，田園放乎空。	18.21
	乞食趕廟公。	21.19
	乞食，相爭門戶。	32.10
khò͘	褲帶，結相連。	26.04
khoàⁿ	看要死豬哥，抑是要死豬母。	32.22*

	看戲要知戲文內意，做人著識人情義理。	51.04
	看人撒油。	21.10
	看破，做電化。	11.26
khoah	闊做窄收，狼狽到手。	12.68
khoe	葵扇頭拍人艙疼，情意不該。	51.26
khui	開弓，無回頭箭。	32.30
	開埤造圳，建者有份。	54.37*
	開埤造圳，人人有份。	54.37
khùn	睏晏晏，燒火炭。	18.19
khut	屈死唔告狀，餓死唔做賊。	33.09

L

laî	來無張弛，去無相辭。	31.54*
	來者承受，去者不留。	21.08
	來悾悾，去戀戀，枕頭公，腳桶王。	17.04
	來時嘿嘿叫，去時一桶尿。	21.16*
laī	內神，通外鬼。	55.31
	內場，卡濟繳腳。	12.04
lâm	男女，授受不親。	31.57
	南北二路，行透透。	35.06
lán	咱無踏著伊的尾，伊艙咬咱的腳。	55.20
lâng	人要人群，狗要狗黨。	31.01*
	人交桃園結義，咱交林投竹刺。	26.13*
	人敬有錢人，狗敬放屎漢。	36.11
	人敬有，狗咬醜。	36.17*
	人講一個影，你生一個囝。	34.02

	人腳跡，肥。	21.01
	人長交，賬短結。	52.08
	人有人情理，賊有賊情理。	51.12
long	弄大枝關刀。	12.77
laū	老人呣講古，少年呣識寶。	35.05
	老頭家食名，新主顧幹個娘。	12.40
	老鷄母，好踏。	36.19
	老命，配你凊肉凍。	32.23*
lé	禮數，在人。	31.38
	禮數，當然。	31.30
leng	乳流囝哭，死長工閣要轉來食中晝。	11.11
lêng	寧可錯殺一百，不可逃掉一人。	13.25*
	寧可佮散赤人做伙行，呣通佮皇帝做親成。	31.17
	寧與智者同死，不與愚人同生。	31.48
	寧爲鷄口，無爲牛後。	13.30*
	龍虎交戰，龜鱉受災。	34.17
	龍游淺水遭蝦戲，虎落平陽被犬欺。	36.23
	龍交龍，鳳交鳳，隱龜交凍戇。	31.50
lí	你要我死，我要你無命。	32.22
	你無嫌我秤頭，我無嫌你鮭餲。	12.92
	你我兄弟，林投竹刺。	26.13
	你敢講，人呣敢聽。	51.23
	你鬼，我閻羅。	32.20
	你辦事，我放心。	25.13
	你剃人的頭，人也剃你的頭。	55.20*

	理出公論。	51.13
	理字無若重，萬人扛膾動。	51.03
	理長唔驚講，情理屬衆人。	51.14
lî	籬憑籬，壁憑壁。	54.34
lī	利不及費。	12.60
liàh	掠魚的叫煞，掉簑的唔煞。	54.29*
	掠姦在床，掠賊在贓。	52.21
	掠人膾做事，掠蜂膾做蜜。	54.31*
	掠人唔做穡，掠蜂唔做蜜。	54.31
	掠秀才，擔擔。	23.15
lim	飲斟，捐拍。	31.59*
lióng	兩虎相爭，必有一傷。	32.35
ló	老爹，婊子嘴。	13.01*
	腦丁，免做兵。	19.14
lô	鑼鼓陳，腹肚弦；鑼鼓煞，腹肚愜。	18.08
lô͘	奴欺主，食無久。	24.08
	羅漢請觀音——主多客少。	21.13
lō͘	路見不平，氣死閒人。	51.16
	路見不平，拔刀相助。	51.16*
	路徑不平，氣死行人。	51.16*
	路邊尿壺——衆人漩。	17.07*
lóh	落水平平霑，全無重頭輕。	53.11*
	落井，下石。	36.21*
	落車頭，無探聽。	43.12
lȯk	鹿耳門寄普。	44.08

| lông | 狼要狼群，狗要狗黨。 | 31.01 |

M

m̄	唔曾做著大家，腳手肉慄慄慄。	35.17
	唔識銀請人看，唔識人死一半。	31.02*
	唔出錢，唔出工；要出嘴，閣要塞嘴孔。	54.17
	唔驚虎生三個嘴，只驚人有二樣心。	53.23
	唔驚你識字，只驚你識人。	31.02
	唔驚你，夯天來蓋。	32.24
	唔通笑我散，炮聲若陳你著知。	18.15
	唔通騎人王爺馬。	31.12
má	媽祖婆，蔭外方。	55.27*
mô͘	毛呼龜粿粽，紅包在你送。	15.06
moê	媒人嘴，糊褸褸。	16.08
	媒人禮，卡濟聘金。	16.13
	媒人婆，食百頓。	16.12
	媒人婆，三日倚壁趖。	16.14
	媒人，頭尾包。	16.15

N NG

nî	尼姑和尚某，和尚尼姑奴。	15.13
	年多好收，查某人發嘴鬚。	11.10
niau	貓面，卡有點。	42.01
	貓徙岫，三窟無一著。	19.13
	貓肚，馬腳，牛港力。	23.20
niáu	鳥鼠泅過溪──人人喊拍。	52.23
niû	娘快做，嫺奧學。	24.11

nńg	軟殼蝦，會食得。	36.18
nn̄g	二人同心，烏土變金。	54.08*
ngó͘	五子登科。	13.19

O Oʼ

oʼ	阿彌陀佛，食菜無拜佛。	15.07*
	阿彌陀佛，食菜拜佛。	15.07
	烏面祖師白目眉，無人請家己來。	21.14*
	烏龜宰相量，賊仔狀元才。	17.11
	烏龜食到肥朒朒，白龜餓到嘴開開。	17.14; 51.24
	烏龜，假大爺。	17.12
	烏龜生理。	12.27
oàⁿ	晏啼的雞仔，卡大格。	41.11
oá	倚韻，看命。	14.14
oa̍h	活人某，死人墓。	31.58
oan	冤家，糧債。	32.25
	冤家，路頭狹。	32.02
	冤家，變親家。	32.48
	冤鬼，拜正。	21.20
	冤有頭，債有主。	55.18
oán	遠親不如近鄰，近鄰不如對面。	22.04*
	遠水難救近火，遠親不如近鄰。	22.04
oàn	怨可解，不可結。	32.47
	怨生無怨死，怨大人無怨囡仔疽。	32.47*
oān	援助交際。	17.17
ông	王爺的尻川，無人敢摸。	43.08

	包入房，無包你生卵脬。	16.11*
	包入房，無包你生雙生。	16.11*
	包你過門，無包你生囝。	16.11
peh	白手起家。	41.15
	白目佛，興外方。	55.27*
	白白布，染到烏。	32.17
pêng	朋友某無大家，朋友查某大家的。	26.24
	朋友著相照顧，唔通相褪褲。	26.21
pîⁿ	平平冊五棧。	43.17
	棚頂婿，棚腳鬼。	18.06
piáu	婊子無情，戲子無義。	18.07
pîn	貧無達士將金贈，病有高人說藥方。	36.02*
	貧有達士將金贈，病有國醫說藥方。	36.02
	貧居鬧市無人問，富在深山有遠親。	36.12
	貧憚頭家，無骨力辛勞。	23.02
pñg	飯店判飯。	12.90
	憑番勢，李仔春。	42.13
	憑人涼傘影。	44.07
pó	保領入房，無保領一世人。	16.11*
pò	播田面憂憂，割稻撚嘴鬚。	11.09
poaⁿ	搬戲悾，看戲戇。	18.05
poah	博繳君，買賣賊。	12.33
poh	薄禮，卡贏失禮。	31.31*
pû	匏仔出世成葫蘆，幼柴浸水發香菇。	41.05
pun	分無平，拍到二九暝。	32.11

PH

S

	生理人,烏龜性地。	12.27*
	生理人,豬食狗睏。	12.83
	生同生,死同死。	26.09
	生爲萬人妻,死做無夫鬼。	17.10
sèng	勝者爲王,敗者爲賊。	53.14*
sêng	成就一對夫婦,勝造七級浮屠。	16.03
	誠意食水甜。	21.05
si	西瓜,倚大旁。	53.06
	施恩莫念,受恩勿忘。	55.05
sí	死蛇,卡貴烏耳鰻。	12.15
	死蛇,活尾溜。	43.18
	死罪,無餓罪重。	52.28
	死主,繪扶得。	24.02*
	死田螺,浮歸角。	31.24
	死忠,兼換帖。	26.07; 53.18
sì	四面桌,三腳企繪在。	54.06*
	四兩鷄,半斤頭——大頭鷄。	41.26
sī	是稻就留,是草就監。	52.19
sia	賒杉起厝,賣現錢。	12.71
siá^n	啥人的米,隨人落鼎。	52.14*
sià^n	聖聖觀音,抵著悾闇弟子。	24.01*
	聖聖佛,鼻芳香。	43.01
	聖聖佛,抵著悾闇弟子。	24.01
sian	仙拚仙,害死猴齊天。	32.40
	先小人,後君子。	12.41

	相拍無讓手，相罵無讓嘴。	32.28
	相拍鷄，頭無冠。	32.37
	燒磁食缺，織蓆睏椅。	19.15
sió	小新婦未來，唔知大新婦好。	25.08*
siòk	俗物，無好貨。	12.13
siong	相敬，不如從令。	31.69*
	相識滿天下，知心能幾人？	31.77
	商人，無祖國。	19.26
siòng	相士會相別人，膾相家己。	14.17
siōng	上觀天文，下察地理。	44.16
	上不正，下則歪。	34.13
sı̍t	食人之祿，擔人之憂。	52.12
siù	秀才人情，紙半張。	31.40
	秀才抵著兵，有理講膾清。	13.33
sǹg	算命若會準，草仔埔都會生竹筍。	14.15
	算命若會靈，世上無散人。	14.16
	算盤吊在頷頸。	31.64
so	搓草像乞食，割稻是皇帝。	11.09*
soaⁿ	山頂無好叫，山腳無好應。	34.03
	山豬，唔曾吃米糠。	35.15
soat	雪中送炭眞君子，錦上添花是小人。	36.13*
soh	索仔條，雙人伴。	54.05
sòng	送君千里，終須一別。	31.75
sù	四海之內，皆兄弟。	53.17
sū	士爲知己者死，女爲悅己者容。	26.11

| | 事少錢濟，離厝近。 | 18.20 |
| suî | 隨人討米，隨人落鼎。 | 52.14 |

ㄊ

taî	台灣人放尿抄沙，燴做堆。	54.12*
	台灣截蟲仔；南的要唱，北的要歇睏。	54.23
	台灣糖籠──有去無回。	55.23
	台北金龜，有食罔窩，無食著過區。	17.02
	台頂有人，台腳也著有人。	42.09*
	台頂有人，台腳也有人。	42.09
taī	大義，滅親。	52.04
	大家落水，平平霑。	53.11
	大家平平是蕃藷仔。	53.01
	大丈夫，不可一日無權。	43.02
tan	單絲不成線，獨木不成林。	54.01
tán	等識稗仔，無田通做。	35.20
tâng	同行，不如同命。	53.09
taú	斗六大鑼，無臍會哄。	41.14
taū	豆菜底，唔是扁食底。	41.06
	豆腐，要佮石頭敲。	32.31
tē	地獄烏縷縷，串串關法師。	15.05
	地獄烏縷縷，串關傳道佮牧師。	15.18
	地球圓的，相抵會著。	32.03*
	第一好，做醫生；第二好，賣枝仔冰。	19.28
	第一好做冰枝，化水會堅凍；	
	第二好做醫生，水道水賣有錢；	

	第三好客人莊做壯丁，威勢奪人。	19.29
	第一行郊，第二牛販。	19.30
	第一戇，插甘蔗互會社磅。	11.14
	第一衰，剃頭歕鼓吹。	19.31
tek	竹管仔箸挾土豆仁──一粒一。	26.03
	得罪土治公，飼無鷄。	55.19
téng	頂屬人教囝，下屬人囝乖。	22.09
	頂港有名聲，下港有出名。	41.21
	頂司管下司，鋤頭管糞箕。	25.01
tēng	訂死豬仔價。	12.14
ti	知性，可以同居。	31.49
	豬要刣，嘛著互吱幾聲。	51.08
	豬母近館邊，會歕簫，會打拍。	22.11*
	豬母豬仔，杰歸陣。	21.22
	豬哥姆也，伴五娘賞月。	31.15
tiáⁿ	鼎，卡冷灶。	54.14*
tiám	點龍眼，醫虎喉。	14.02
tiàu	吊胘，搶後腳。	36.22
tiâu	朝無赤腳宰相，野無穿鞋農夫。	19.07
	朝內無人莫作官。	13.31
	朝廷不差餓兵。	23.13*
tiò	釣竿甩互伊遠遠，要釣龍尖佮沙腸。	11.23
tiong	中山袋，大個。	13.18
	忠臣不怕死，怕死非忠臣。	13.11
	忠臣死在先，奸臣死路尾。	13.11*

tham	貪四，無貪六。	12.34
	貪賒，貴買。	12.17*
	貪俗，貴買。	12.17
	貪俗，食狡鯊。	12.17*
	貪俗，食破家。	12.17*
thàn	趁錢有數，生命著顧。	12.84*
	趁錢有數，身體著顧。	12.84*
	趁貨頭，捨貨尾。	12.35
that	踢著鐵枋。	32.04
thau	偷掠鷄，也著一把米。	12.79
thaû	頭仔興興，尾仔若杜定。	54.30*
	頭仔興興，尾仔散雄。	54.30
	頭仔番喧，呣通後來多端。	51.10
	頭家趁倒，辛勞趁坐。	12.61
thē	蛇，靠蝦做目。	42.08
theh̍	提人錢財，替人消災。	19.05
thiⁿ	天無邊海無底，鴨仔出世無娘嬭。	41.03
	天公若有報，做穡人著有靠。	11.04
	天頂無雲繪落雨，世間無媒不成親。	16.07
thiah	拆破曆，包死牛。	12.64
thian	天無寒暑無時令，人不炎涼不世情。	36.08
	天下興亡，匹夫有責。	53.16
thih	剃頭刀，剉大欉樹。	32.32
	鐵人，繪欠得紙人的錢。	52.09
thiò	糶米賣布，趁錢有數。	12.58

thó͘	土治公無目眉，無人請家己來。	21.14*
	土治公無畫號，虎唔敢食人。	24.07
thò͘	兔死狐悲，物傷其類。	53.10
thô	桃園三結義，張飛關公扶劉備。	26.10
thok	讀書不成，山醫命相。	14.24

U

ū	有後台，則行有腳步。	42.07
	有廟公，無廟厝。	44.13
	有錢出錢，有力出力。	54.36
	有，出錢；無，出藝。	54.36*
	有，出錢；無，出工。	54.36*
	有，出錢；無，扛攆。	54.36*
	有錢衙門八字開，有理無錢免進來。	33.03*
	有錢烏龜坐廳，無錢秀才人人驚。	19.38
	有錢辦生，無錢辦死。	13.15*
	有錢捧錢場，無錢捧人場。	18.04
	有錢通摸，無錢通趁。	12.59*
	有錢有酒多兄弟，急難何曾見一人。	36.32
	有食無食的工夫。	18.01*
	有食，有食的工夫；無食，無食的工夫。	33.15*
	有食有縛，無食濫擅縛。	18.01
	有執照的土匪，穿制服的強盜。	13.37
	有風，宰相；無風，猴。	18.10
	有緣千里來相會，無緣對面不相識。	31.78
	有樣通好看，無罪通好擬。	51.28

	有棺柴，無靈位。	41.27
	有幾年的朋友，無幾年的頭家。	23.10
	有腳食到樓梯，無腳食到桌櫃。	13.16*
	有開井，有拔泉。	12.02
	有來有去，無來淸爽。	31.46
	有禮，卡贏無禮。	31.31
	有理走遍天下，無理寸步難行。	51.02
	有三年狀元，無三年伙記。	12.76; 23.05
	有衫，扭俉無袂。	31.26
	有勢，坩仔大個。	43.06
	有蝕本頭家，無蝕本辛勞。	23.06
	有賒有欠，百年老店。	12.48
	有算，無貫。	12.59
	有，在菜砧；無，在灶頭。	21.24
	有道獲，無著剝。	44.12
	有趁，腳鬆手弄；無趁，面靑目紅。	12.85
ut	鬱鬱於心底，笑笑賠人禮。	55.21
ut	鷸蚌相爭，漁翁得利。	32.36

二、筆劃查句索引

6劃

在厝繪曉迎人客	21.03*	有，在茱砧；無	21.24
在楚爲楚，在秦	53.05	有三年狀元，無	12.76; 23.05
在職怨職。	19.06	有來有去，無來	31.46
好人互歹人乘，	34.11	有後台，則行有	42.07
好人講唔聽，歹	34.14	有衫，扭佮無袂	31.26
好囝唔做兵，好	13.32	有風，宰相；無	18.10
好事無相請，歹	36.33	有食，有食的工	33.15*
好來不如好去，	31.52	有食有縛，無食	18.01
好店底，卡贏三	12.07	有食無食的工夫	18.01*
好朋友，睏牽手	26.14	有恩必報眞君子	55.10
好家教，歹厝邊	22.06	有恩報恩，有仇	55.15
好柴，流繪過安	12.06	有財堪出行，無	31.10
好柴，無通流過	12.06*	有執照的土匪，	13.37
好銅唔鑄鐘，好	13.32*	有條有理，無法	33.15
好駛牛，也著牽	41.16	有理走遍天下，	51.02
好醫生開嘴相褒	14.03	有幾年的朋友，	23.10
好鐵唔拍釘，好	13.32*	有棺柴，無靈位	41.27
年冬好收，查某	11.10	有趁，腳鬆手弄	12.85
成是蕭何，敗也	34.05	有開井，有拔泉	12.02
成就一對夫婦，	16.03	有勢，坩仔大個	43.06
扛棺柴，兼包哭	23.17	有腳食到樓梯，	13.16*
曲館邊的豬母，	22.11	有道獲，無著剝	44.12
有，出錢；無，	54.36*	有福同享，有禍	53.12*
有，出錢；無，	54.36*	有福同享。	53.12
有，出錢；無，	54.36*	有算，無貫。	12.59

做得好免煩惱，　16.16
做媒人，包入房　16.11*
做媒人，貼聘金　16.17
做無一湯匙，食　23.24
做無鬚仔老大。　32.43
做戲的要煞，看　54.29
做穡，著有一坵　42.11
做穡著認路，田　11.15
做鷄做鳥討食，　12.67*
健奴無禮，驕兒　24.10
偷掠鷄，也著一　12.79
匏仔出世成葫蘆　41.05
商人，無祖國。　19.26
國正天心順，官　13.13
婊子無情，戲子　18.07
將功，補罪。　55.22
將軍無於地，小　23.23*
強將手下，無弱　34.06
得罪土治公，飼　55.19
情意好，食水甜　21.05*
掠人毋做穡，掠　54.31
掠人𣍐做事，掠　54.31*
掠秀才，擔擔。　23.15
掠姦在床，掠賊　52.21
掠魚的叫煞，揹　54.29*
教人生教人死，　19.22
殺人可恕，情理　51.17
殺人償命，欠債　55.16*
殺鷄教猴。　51.18
深犁重耙，卡好　11.03
牽豬哥，趁暢。　16.01
理出公論。　51.13
理字無若重，萬　51.03
理長毋驚講，情　51.14
第一好，做醫生　19.28
第一好做冰枝，　19.29
第一行郊，第二　19.30
第一衰，剃頭歕　19.31
第一戇，插甘蔗　11.14
細漢食父母，大　33.20
船過，水無痕。　36.30
蛇，無頭𣍐行。　54.03
貪四，無貪六。　12.34
貪俗，食狡鯊。　12.17*
貪俗，食破家。　12.17*
貪俗，貴買。　12.17
貪賒，貴買。　12.17*
貧有達士將金贈　36.02
貧居鬧市無人問　36.12
貧無達士將金贈　36.02*

無交錢，不成買	12.46*	粟濟挨出米來，	51.15
無名無姓，問鋤	31.05	結交須勝己，似	31.19
無好厝邊，相連	22.08	善的掠來縛，惡	13.21
無事，不入公門	33.01	善者不來，來者	32.07
無事，不登三寶	31.67	華佗再世。	14.01
無彼號心，嘛有	31.06*	菜好食，行奧修	15.08
無看僧面，嘛著	32.42	菜金，菜土。	11.06
無食西螺米，唔	35.09	裁縫師傅穿破衫	19.16
無食烏豆，叫伊	33.14	註生娘娘，唔敢	55.11
無討人情在，有	55.07	買物無師傅，加	12.91
無針不引線，無	16.06	買物著看，關門	12.93
無悾無戇，無做	15.04	買者不明，賣者	12.22
無腹腸，唔通行	31.60	買厝，買厝邊。	22.01*
無種，無收成。	11.08	買賣，趁熟似。	12.38*
無賒不成店，賒	12.50	買賣無成，情義	12.26
無錢，人上驚。	36.16	買賣算分，相請	12.31
無錢，也敢做大	31.42	買賣憑仲人，嫁	16.05
無錢，講無話。	31.11	趁貨頭，捨貨尾	12.35
無錢烟，罔噗。	31.66	趁錢有數，生命	12.84*
猴死，豬哥也著	34.19	趁錢有數，身體	12.84*
猴咬猴，咬到血	32.39*	開弓，無回頭箭	32.30
番仔兄弟——怨	31.34	開埤造圳，人人	54.37
眠晏晏，燒火炭	18.19	開埤造圳，建者	54.37*
硬鎚，拍硬挣。	32.15	飯店判飯。	12.90
等識稗仔，無田	35.20	飲斟，摃拍。	31.59*

播田面憂憂，割	11.09
熟似，食厝內。	12.38
熟似人，行生份	31.37
熱天的風是圓的	36.20
熱爐添炭，食力	36.14
蔗尾卡淡，蔗頭	35.11*
蝦仔兵，草蜢將	13.35
蝦看倒彈，毛蟹	42.05
請神容易，送神	21.27*
請媽祖，討大租	12.54
豬母近館邊，會	22.11*
豬母豬仔，炁歸	21.22
豬要刣，嘛著互	51.08
豬哥姆也，伴五	31.15
賢臣擇主而事，	24.03
賣茶講茶芳，賣	12.88
賣無，趁坐。	12.61*
賣粟青，對石利	11.16
賣碗盤的，車倒	12.74*
賣磁的食缺，織	19.15*
踢著鐵枋。	32.04
駛車的，紅衫穿	18.11

16劃

憑人涼傘影。	44.07
憑番勢，李仔春	42.13
樹大，椏蔭人。	36.01
燒磁食缺，織蓆	19.15
磚仔廳，燴發粟	12.78
縛籠床，有食有	18.01*
蕃藷，扱做堆。	54.33
蕃藷三塊，湯照	52.17
蕃藷藤，肉豆藤	34.10
褲帶，結相連。	26.04
親耳聽，唔值著	35.04
貓肚，馬腳，牛	23.20
貓面，卡有點。	42.01
貓徙岫，三窟無	19.13
錯掠，無做放。	13.25
錯買，無錯賣。	12.20
錢，無二文燴陳	32.05
錢大百，人消瘦	12.86*
錢大百，人著落	12.86
錢做人，唔是人	36.10*
錢債好還，人債	55.14*
錦上添花處處有	36.12
錦上添花無稀罕	36.13*
隨人討米，隨人	52.14
頭仔番喧，唔通	51.10
頭仔興興，尾仔	54.30
頭仔興興，尾仔	54.30*

三、語義分類查句

台灣良知隆重鉅獻

▶ 台獨運動教父　台語研究巨擘

王育德全集

伊做學問，阮良心出版，恁來做功德。

◎關於王育德（ Ong Iok-tek ）博士

一九二四年出生於台南世家，一九四三年考進東京帝國大學，一九四四年因避空襲返台，任嘉義市役所庶務課職員。一九四五年終戰後，任台南一中教員，兼事台灣新戲劇運動。一九四七年二二八事件，其兄王育霖遇害。一九四九年，他深感危機四伏，乃經香港輾轉逃亡日本。一九五〇年復學進入東京大學，一九五三年考上東京大學研究所，一九五五年獲碩士學位，並考取博士班，一九五八年起任明治大學兼任講師，一九六〇年創設「台灣青年社」，發行《台灣青年》雜誌，積極展開台灣獨立運動。一九六七年獲聘明治大學專任講師。一九六九年獲東京大學文學博士學位，升任明治大學副教授，並在多所大學兼課，專事語言教學。一九七五年出任「台灣人元日本兵補償問題思考會」事務局長。一九八五年九月九日因心肌梗塞去世。

王育德博士本身多才多藝，他不僅是享譽國際的台語語言學家，也是台灣獨立運動的先驅和精神領袖，是大名鼎鼎的台灣獨立運動教父。他對台灣的疼惜，一生一世，堅定無悔，他對台灣獨立建國的用功，鞠躬盡瘁，死而後已。

徵

求助印・功德無量

[王育德全集]出版真言

王育德博士是世界語言學界所公認的台灣語學權威，也是無數台灣熱血青年的思想啓蒙者，他自1949年逃亡日本，迄1985年逝世爲止，一直都是國府的頭痛的黑名單人物，不僅本身無法再回到他心愛的故鄉台灣，連他在日本出版的全部著書，在台灣也都屬「禁書」之列，台灣人大都無緣讀到。

王先生的著作涵蓋面很廣，除學術性的台灣話、福建話研究之外，也包含專門性的歷史學、政治、社會、文學評論，及創作性的小說、隨筆、劇本等，在各該領域都屬出類拔萃的佼佼者，尤其筆下常帶台灣意識和感情，素爲日本學界及台灣人社會所敬重。

身爲台語研究學者兼台獨運動理論大師，王先生的著述是台灣人學識的智慧結晶，也是台灣良知的總體表露，即使放之世界，亦能閃耀金字塔般的光芒。本社忝爲專業台灣本土出版機構，企劃出版【王育德全集】是多年來的宏願和責任。由於王先生的著作全部都以日文寫成，本社特別成立編輯委員會加以匯整漢譯，共編爲15卷。王先生有言，他寫書的最主要目的是要寫給台灣人閱讀，今【王育德全集】能完整地在他朝思暮想的台灣故鄉出刊發行，是公道，也是天理。

本【王育德全集】將於2000年全部出齊，照預定編目15冊，定價將超過5000元。現在助印只要3000元（日本地區請加郵費600元、歐美地區請加陸空聯運郵費2000元）

只有先知先覺的人才有這種福份！

【王育德全集】全十五卷書目 (全部軟皮精裝典藏版)

①《台灣苦悶的歷史》(已出版，NT$300)
②《台灣海峽》(已出版，NT$280)
③《台灣話講座》(已出版，NT$300)
④《台語入門》(已出版，NT$200)
⑤《台語初級》(已出版，NT$200)
⑥《台灣話常用語彙》
⑦《閩音系研究》
⑧《台灣話研究卷》
⑨《閩南語研究卷》
⑩《隨筆卷》
⑪《文學卷》
⑫《政論卷》(1)
⑬《政論卷》(2)
⑭《史論卷》
⑮《王育德略傳》

WA00/ 助印特價 NT3000 元

感謝海內外台灣同鄉熱烈支持，目前助印已達250套，正陸續增加中⋯⋯

國家圖書館出版品預行編目資料

台灣俗諺語典, 卷六‧社會百態/陳主顯著.
--初版.--台北市：前衛, 2001 [民90]
680面；21×15公分
含索引
ISBN 978-957-801-315-5（精裝）

1.諺語--台灣

539.9232   90012703

台灣俗諺語典

《卷六‧社會百態》

著　　者　陳主顯
出 版 者　前衛出版社
　　　　　10468 台北市中山區農安街153號4F之3
　　　　　Tel: 02-25865708　Fax: 02-25863758
　　　　　郵撥帳號：05625551
　　　　　E-mail: a4791@ms15.hinet.net
　　　　　http://www.avanguard.com.tw
出版總監　林文欽
法律顧問　南國春秋法律事務所 林峰正律師
出版日期　2001年08月初版第一刷
　　　　　2010年01月初版第三刷
總 經 銷　紅螞蟻圖書有限公司
　　　　　台北市內湖舊宗路二段121巷28.32號4樓
　　　　　Tel: 02-27953656　Fax: 02-27954100

©Avanguard Publishing House 2001

Printed in Taiwan　ISBN 978-957-801-315-5

定　　價　新台幣550元